W0326363

Horst Seidl

Einführung in die antike Philosophie

VERLAG KARL ALBER

Über dieses Buch:

Die vorliegende Untersuchung geht von der erstaunlichen Tatsache aus, dass in der antiken Philosophie sich Probleme und Lösungen über weite räumliche und zeitliche Abstände wie auch über nationale Grenzen hinweg entwickelt haben, gleichsam mit innerer Konsequenz, und erklärt diese Entwicklung aus dem realistischen Bezug der Philosophen zu den Dingen selbst, an die sie die Probleme stellen und aus denen sie die Lösungen gewinnen.

Die Untersuchung widmet sich einschlägigen Texten bei Vorsokratikern, Sophisten, Platon, Aristoteles, Epikur, Stoikern, Sextus Empiricus, Plotin und Proklos und legt dar, wie sie schrittweise immer mehr die ursächlichen Verhältnisse in den Dingen erschließen, von den materiellen Ursachen zu den immateriellen, seelischen, bis zur menschlichen Vernunft und einer ersten transzendenten Ursache (Gott). Diese Ursachenforschung war der Ursprung der Wissenschaften im Abendland.

Die Probleme und ihre Lösungen betreffen – naturphilosophisch und metaphysisch – das Wesen der Natur, den Gegensatz von Werden und Sein, sowie ihrer Ursachen, der immanenten und einer transzendenten, ersten Ursache, ferner das Wesen der Seele, sodann – epistemologisch – den Gegensatz zwischen Einzelnem und Allgemeinem, zwischen Subjekt und Objekt, zwischen Sinnlichkeit und Vernunft. Ethisch gesehen geht es um das sittliche Gute und das Naturrecht, im Gegensatz zum nützlich Angenehmen und positiven Recht.

Immer vermochte die forschende Vernunft sich selber als entscheidende Ursache in die gesamte Realität einzubeziehen und sich in Analogie zur ersten Ursache, der göttlichen Vernunft, zu begreifen, was von großem Einfluss auf die Philosophie des Mittelalters und der Neuzeit wurde.

Über den Autor:

Horst Seidl, geb. 1938, Studium der Alten Geschichte, der Klassischen Philologie und der Philosophie an der Ludwig-Maximilians-Universität München, dort a.o. Professor 1970-1979, Ordinarius für Antike Philosophie an der Katholischen Universität in Nimwegen 1979-1988, für Ethik an der Lateran-Universität in Rom 1988-2002, für Antike Philosophie bis zur Emeritierung 2008. Seitdem dort Visiting Professor. Regelmäßige Gastvorlesungen (traditionelle Metaphysik, Naturphilosophie und Ethik) in Deutschland und China. Herausgeber der Reihe »Epimeleia« beim Georg-Olms-Verlag.

Horst Seidl

Einführung in die antike Philosophie

Hauptprobleme und Lösungen, dargelegt anhand der Quellentexte

Verlag Karl Alber Freiburg / München

Originalausgabe

www.verlag-alber.de

Umschlagmotiv: Luca della Robbia, »La dialettica«,
Marmortafel (1437). Museo dell'Opera di Santa Maria del Fiore, Florenz.

Satz: SatzWeise Föhren
Druck und Bindung: fgb · freiburger graphische betriebe
www.fgb.de

Gedruckt auf alterungsbeständigem Papier (säurefrei)
Printed on acid-free paper
Printed in Germany

ISBN 978-3-495-48407-4

Inhaltsverzeichnis

Vorwort 9

Einige Literaturhinweise 16

Hauptteil 21

1) Vorsokratiker 21
Heraklit 24
Parmenides 28

2) Sophisten und Sokrates 33
Protagoras 33
Gorgias 36
Sokrates 39

3) Platon 49
Platons Leben: Siebter Brief 49
a) Frühdialoge: Erkenntnistheorie und Ethik 54
Laches 54
Protagoras 56
Euthydemos 59
Menon 64
Charmides 67
Euthyphron 70
Großer Hippias 72
Gorgias 77
Lysis 81
b) Mittlere Dialoge: Ethik, Anthropologie und Metaphysik . 85
Phaidros 85
Symposion 88
Phaidon 93
Staat 102

c) Spätdialoge: Vertiefung der Metaphysik usw. 128
Parmenides 128
Sophistes 134
Theaitetos 141
Timaios 150
Philebos 155
Gesetze, Buch X, Proömium 159

4) Aristoteles 163
a) Organon: Logische und epistemologische Schriften . . . 166
Kategorien 166
Vom Satz 173
Erste Analytiken 177
Zweite Analytiken 182
b) Pragmatien 195
Physik 195
Über Entstehen und Vergehen 217
Über die Entstehung der Lebewesen 221
Über die Seele 227
Metaphysik 237
Nikomachische Ethik 269

5) Epikur 307
a) Erkenntnislehre 307
b) Naturlehre 309
c) Ethik 310

6) Stoiker 313
a) Erkenntnislehre 313
b) Stellungnahme zu a) 317
c) Korrektur zur stoischen Erkenntnislehre 318
d) Physik (Naturphilosophie, Metaphysik, Theologie) . . . 319
e) Stellungnahme zu d) 321
f) Ethik 323
1. Das sittliche Gute als Tugend 324
2. Zum Verhältnis von Logos und Natur 326
3. Das natürliche Sittengesetz 326
4. Widerlegung des epikureischen Hedonismus 327
5. Der Weise und die »Fortschreitenden« 329

7) Sextus Empiricus 331
Pyrrhonische Grundzüge 331
1. Sextus über seine skeptische Philosophie 332
2. Ainesidems zehn Tropen 333
3. Sextus' fünf Tropen 334
4. Abschließende Bemerkungen zu Sextus 335

8) Plotin 339
a) Metaphysik und Naturphilosophie 341
Enn. V 1: Die drei ursprünglichen Hypostasen 342
Enn. VI 1: Die Gattungen des Seienden 347
Enn. VI 9: Über das Gute oder Eine 349
Enn. II 9: Gegen die Gnostiker 351
Enn. III 7: Über Ewigkeit und Zeit 352
b) Anmerkungen zu Plotins Metaphysik usw. 353
c) Anthropologie und Psychologie 355
Enn. I 1: Was das Lebewesen sei und was der Mensch . . 355
Enn. IV 8: Der Abstieg der Seele in den Leib 356
d) Ethik 357
Enn. I 2: Über die Tugenden 357
Enn. I 5: Ob Glücklichsein in der Zeit zunimmt 358
Enn. I 6: Über das Schöne 359
e) Abschließende Bemerkungen zu Plotins Philosophie . . 361

9) Proklos 369
Theologische Elemente 369
Prop. 1–6: Das Viele und das Eine 369
Prop. 7–13: Über Ursachen 370
Prop. 14–24: Über die Stufen der Realität 370
Prop. 25–39: Hervorgang und Rückgang des Seienden aus dem und zum Einen 373
Prop. 40–51: Über das an sich Bestehende 375

Nachwort 377

Vorwort

An Philosophen der Vergangenheit können wir in einer philosophiehistorischen oder in einer theoretischen Einstellung herangehen. Die erste Einstellung widmet sich der sorgfältigen Aufnahme und Wiedergabe der überlieferten Lehren, Schulen und Richtungen, wobei der Historiker keine bevorzugt, um jeder gerecht zu werden. Es geht ihm nur um die Frage, was jeder Philosoph gelehrt hat. Die zweite Einstellung prüft jede Lehre auf ihre Wahrheit und Falschheit hin im Vergleich mit den anderen. Die Frage ist hier, ob ihre Argumente, ihre Problemstellungen und Lösungen zu wahrer Erkenntnis führen oder nicht. Beide Einstellungen sind einander nicht entgegengesetzt, sondern ergänzen sich. Die theoretische Beurteilung jeder Lehre setzt voraus, dass wir sie philosophiehistorisch studiert und korrekt aufgenommen haben, gleichsam auf einer ersten Zugangsebene, um dann, auf einer zweiten Ebene, ihren Wahrheitsgehalt zu befragen und mit ihr ins Gespräch zu kommen, was über die historische Ebene hinausgeht.

Wenn der Philosophiehistoriker auch ein theoretisches Interesse hat, kann er besser mit jeder der überlieferten Lehren mitphilosophieren. Andernfalls neigt er eher einer bestimmten historisch einflussreichen Philosophierichtung zu. So gab es z. B. im Zeitalter der Aufklärung Eklektiker, von denen die einen aus den vergangenen Philosophien nur jene auswählten, die mit dem Christentum übereinstimmten, andere hingegen die nur rein weltlichen. Auch im 19. und 20. Jahrhundert haben Gelehrte die Philosophiegeschichte aus einem bestimmten Standpunkt betrachtet, z. B. dem neukantianischen, dem hegelianischen oder dem neuthomistischen, der von manchen als »philosophia perennis« vertreten wurde,[1] mit Berufung auf die abendländische Tradition, die mit dem christlichen Erbe in Thomas von Aquin einen bleibenden Höhepunkt erreichte.

---

[1] Siehe hierzu Wilhelm Schmidt-Biggemann, *Philosophia perennis*, Frankfurt am Main 1998.

Die vorliegende Untersuchung befasst sich mit der antiken Philosophie in theoretischer Einstellung und stützt sich dabei auf die Forschungsergebnisse, wie sie in den bekannten philosophiegeschichtlichen Darstellungen zugänglich sind.[2] Sie widmet sich den Hauptproblemen und Lösungen, welche die antiken Philosophen erörtert haben, wobei sie zu gewissen wahren Einsichten in die Ursachen des Realen, d. h. der Natur, der Welt und des Menschen, gelangt sind.

1.

Unter diesem Gesichtspunkt bietet die Beschäftigung mit der antiken Philosophie den Vorteil, die Entstehung der Philosophie aus ihren Anfängen zu verfolgen und zu verstehen, was sie ursprünglich ihrem Wesen nach ist, nämlich die Betrachtung und Erschließung der gesamten Realität auf ihre ersten Ursachen hin. Es bilden sich dann verschiedene Disziplinen aus: Naturphilosophie, Metaphysik, Natürliche Theologie, Erkenntnistheorie, Lehren über den Menschen und die Seele, Ethik und Politik, Kunsttheorie u. a. In jedem Gebiet entwickeln sich hinsichtlich erster Ursachen gewisse Probleme und Lösungen, die zu weiteren Problemen und Lösungen führen, wie auch diese wieder zu weiteren usf. Dabei erfolgt diese Entwicklung mit einer erstaunlichen inneren Konsequenz über weite räumliche und zeitliche Abstände wie auch über nationale Grenzen hinweg, was sich nur aus dem realistischen Bezug der antiken Philosophen zu den Dingen selbst erklären lässt, an die sie die Probleme stellen, und aus denen sie schrittweise die Lösungen gewinnen.

Probleme und Lösungen werden bereits in der Antike in Traditionen durch den Lauf der Zeiten, ja der Jahrhunderte hindurch bewahrt, wie ein kostbarer Schatz, welcher von den jeweils älteren Generationen an die jüngeren durchgegeben wird. Dieses Durchgeben (παράδοσις, latein. *traditio*) hat nicht den Zweck, Überkommenes zu konservieren, sondern erfolgt jeweils in lebendiger Aneignung, um des Fortschrittes willen; denn die Späteren, so bemerkt Aristoteles, können durch die Kenntnis der Früheren vermeiden, deren Fehler zu wiederholen, und müssen das von ihnen als wahr Erkannte nicht wieder von neuem suchen und finden, sondern das Gefundene nützen, um es zu ergänzen und weiterzuführen.

---

[2] Siehe S. 16–19 die Literaturhinweise, in Auswahl.

Die Tradition entspricht einer genialen Ökonomie der menschlichen Vernunft, die nicht an einem Tage in einem einzigen Denker alle Probleme und Lösungen auf einmal erfassen kann, sondern dies nur mit den vereinten Kräften von Denkern über viele Generationen hin zu erreichen vermag. Dieses Vorgehen stiftet zudem eine Gemeinschaft der Menschen über die räumlich-zeitlichen und nationalen Grenzen hinweg und bringt sie ins Gespräch. Dies ist etwas Großartiges.

Dass die Erkenntnis des Realen nur aus einer Entwicklung vieler Probleme und Lösungen erfolgt, liegt letztlich auch im Realen selbst, welches vielschichtig und tiefgründig ist, so dass es sich erst allmählich erschließt. Dem entspricht die Lehre von der Seinsanalogie in der abendländischen Philosophie.

2.

Die Tatsache, dass der Menschengeist fähig ist, beim Studium der Philosophiegeschichte ihre verschiedenen Epochen zu überblicken, erweist ihn als geschichtsüberlegen. Nur aus einem Standort über der Geschichte kann der Geist sie überschauen und verstehen lernen.

Wenn nach verbreiteter Auffassung das Verständnis von Geschichte sich erstmals in der Heilsgeschichte der Bibel und ihrer Auslegung bei Kirchenvätern ausgebildet hat, so beweist dies eine Überlegenheit des Geistes, der bereits die Gesamtgeschichte von ihrem Anfang mit der Schöpfung bis zu ihrem Ende, den »letzten Dingen«, überblickt.

Ferner zeigt das Studium des Begriffes »Geschichte«, dass sie als ein komplexes Phänomen sich nur sehr schwer unter eine einheitliche Definition bringen lässt, und dass sie gewisse über die Menschheitsgeschichte hinausgehende Voraussetzungen hat: erstens die Natur, mit der Abfolge der Generationen, zweitens den Menschengeist als den Autor der Geschichte, und drittens Gott als den Schöpfer der Natur und des Menschen und als den Herrn der Geschichte.[3]

Zur These, dass alles Reale in seinem Sein geschichtlich sei, und daher auch alles Erkennen des Menschen, ja selbst seine Wesenheit, lässt sich sagen, dass sie auf einer historisch-hermeneutischen Position beruht, die innerhalb der Ideengeschichte ihren Platz hat, aber nicht als Voraussetzung für deren Untersuchung gelten kann.

---

[3] Dieser Gesichtspunkt ist näher ausgeführt in meiner Abhandlung *Philosophiegeschichte und bleibende Wahrheit*, Weilheim-Bierbronnen 1995.

Der geschichtsüberlegene Geist ist fähig, sich dem Realen zu stellen, welches neben den veränderlichen Inhalten auch eine formale, zeitlos unveränderliche Seite hat. Tatsächlich wird bei unserer Lektüre des antiken Autors dieser gleichgegenwärtig mit uns, da wir der formal selben Realität gegenüberstehen wie er. Dass wir geschichtlich die Späteren sind, muss nicht bedeuten, dass wir die philosophisch bessere Einsicht in das Reale haben als die Früheren, es sei denn man setzt das Reale mit dem Geschichtlichen gleich.

Übrigens besäßen wir überhaupt nicht den Begriff der »Realität« ohne die traditionelle Metaphysik, da er aus einer zeitlosen Reflexion ihrer Transzendentalienlehre hervorgegangen ist. Freilich ging er dann in den Alltagsgebrauch vieler Sprachen ein und nahm neue, ihm unangemessene Bedeutungen an. Doch rechtfertigt dies nicht, seine ursprüngliche, ontologische Bedeutung aufzugeben.

Es macht für das Studium der veränderlichen Inhalte der Dinge viel aus, ob sie auf das Unveränderliche, Wesentliche in ihnen bezogen werden oder nicht. Unsere Untersuchung möchte zeigen, dass die antike Philosophie auch zeitlos gültige Einsichten bietet, so dass wir bis heute noch mit ihnen im Gespräch bleiben können, nach über zweitausend Jahren. Im Übrigen wäre bei der Beschäftigung mit dem antiken Autor zu vermeiden, moderne Interpretationsprobleme in ihn hineinzutragen, um auf die Probleme einzugehen, die sich dem antiken Autor selbst stellen.

Zu dem gebrochenen Verhältnis, das in der Neuzeit zunächst die Denker wie Descartes und Kant zur Tradition aus Antike und Mittelalter hatten, ist zu bedenken, dass sie ihnen mehr aus Handbüchern bekannt war, weniger aus ihren Schriften, da diese ihnen nicht so verfügbar waren wie uns heute. Erst die historische und philologische Forschung des 19. Jh. hat den Grundstein gelegt für Textausgaben, die uns nun ein genaueres Studium der Klassiker ermöglichen. Dieses Studium ist schon deshalb notwendig, weil die modernen Denker noch großenteils die aus Antike und Mittelalter tradierten Begriffe verwenden, ihnen aber ganz neue Bedeutungen geben, worauf J. Pieper, Ch. Taylor u. a. aufmerksam gemacht haben.

3.

Von den verschiedenen Disziplinen, welche die abendländische Tradition ausgebildet hat, ist die Metaphysik die grundlegende, die von der

Erkenntnistheorie begleitet wird, und der sich Naturphilosophie, Psychologie, Anthropologie, Ethik u.a. anschließen. Die in der antiken Philosophie sich ausbildenden Hauptprobleme mit ihren Lösungen, denen sich die vorliegende Untersuchung widmet – wobei sie sich auf einige von paradigmatischer Bedeutung beschränken muss, besonders in den Disziplinen der Metaphysik, Erkenntnislehre und Ethik –, betreffen den Gegensatz zwischen Einzelnem und Allgemeinem, zwischen Subjekt und Objekt, zwischen Sinnlichkeit und Vernunft, Akzidens und Wesenheit, Schein und Sein u.a. Hinzu kommen Probleme der Ethik über das sittliche Gute und das Naturrecht, im Gegensatz zum nützlich Angenehmen und zum positiven Recht. Die Lösungen haben zu wertvollen Einsichten geführt, wie die in die sog. Seinsanalogie und die Transzendentalien des Einen, Wahren, Realen und Guten, sowie in das Sittengesetz.

In der Moderne und Gegenwart treten teilweise dieselben Probleme wieder auf – über den Gegensatz zwischen Einzelnem und Allgemeinem, zwischen Subjekt und Objekt, zwischen Sein und Werden, zwischen Realem und Idealem –, die aber nun unauflösbare werden: vor allem als Gegensätze zwischen Realismus und Transzendentalismus bzw. Idealismus, zwischen Wesenheit und Existenz, mit der Ausprägung in Essentialismus und Existentialismus, zwischen Natur und Geschichte, zwischen dem Positiven und dem Erlebbaren: Gegensätze, welche sich in Positivismus und Phänomenologie bzw. transzendentale Psychologie und die Sozialwissenschaften ausprägen; ferner als Gegensätze zwischen Denken und Sprache, sowie schließlich, im rechtlichen und ethischen Bereich, zwischen positivem und natürlichem Recht bzw. Sittengesetz. Es stellen sich Probleme, die nun weitgehend keine Lösung mehr finden, ja mitunter sich in unaufhebbaren Gegensätzen darbieten.

Eine Krisensituation ergibt sich aus dem Problem des Ausgangspunktes der Philosophie selbst: Zwar muss jede Philosophie unvermeidlich von etwas Vorgegebenem ausgehen; denn sie kann ja nicht aus dem Nichts Probleme aufwerfen. Aber in der Neuzeit beginnt sie sogleich mit der kritischen Reflexion am Realen, ob und wie etwas als Reales bestimmt werden oder gesetzt werden könne. Anders gehen die aus Antike und Mittelalter kommenden Traditionen vor. Sie beginnen bei etwas vorgegebenem Realen und erkennen es an, um es dann in einer erkenntnistheoretischen Reflexion zu rechtfertigen, die eine erste, evidente Voraussetzung aufdeckt, nämlich das Sein der Dinge, schon als ihr schlichtes Dasein und Etwassein. Dadurch erhalten die Probleme, die sich in der Antike erstmals stellen und teilweise schon die modernen vorwegnehmen – besonders die über Einzelnes und Allgemeines, Subjekt und Objekt, Sinnlichkeit und Vernunft, Sein und Werden –, einen realistischen Ansatz, der den Problemen in der Neuzeit verloren gegangen ist, da sie ihn selbst zum Problem machen.

Freilich erfordert der Blick auf die gesamte Realität eine theoretische Einstellung zu ihr. Sie würde z. B. durch skeptische oder utilitaristisch-praktische Einstellungen verstellt, die nur von Bedürfnissen menschlicher Lebensgestaltung geleitet wären, seien sie von individueller oder sozialer oder politischer, von moralischer oder ästhetischer oder anderer Art.

4.

Bei der von uns gewählten theoretischen Einstellung, in der wir der fortschreitenden Entwicklung der Probleme und Lösungen in der antiken Philosophie nachgehen wollen, erhebt sich die Frage nach Beurteilungskriterien hinsichtlich des Fortschrittes der Probleme und Lösungen. In dieser Hinsicht scheint mir immer noch Aristoteles' Vorgehen in seiner »Philosophiegeschichte« – d. h. in seinem Rückblick (*Metaphysik* I) auf die Vorsokratiker, Sokrates, die Sophisten und Platon – lehrreich zu sein. Aus ihr lassen sich zwei Kriterien entnehmen: ein objektives des Erkenntnisfortschrittes in der Erklärung der Dinge und des Menschen aus ihren Wesensursachen, und ein subjektives, das in einer zunehmend intensiveren Tätigkeit der Vernunft liegt, sofern sie sich zur höchsten, metaphysischen Ursache (Gott) zunächst blind verhält, wie die Augen der Nachtvögel zum Sonnenlicht. Hiernach liegt schon beim Übergang von den materiellen zu den nicht mehr materiellen Ursachen ein gewisser Fortschritt, ein Erwachen der Vernunft zu intensiverer, hellerer Erkenntnis, die schließlich auch objektiv zur hohen Selbsterkenntnis der Vernunft als einer immateriellen Ursache führt.[4]

Nach dem objektiven, ursächlichen Kriterium betrachtet, kamen die frühen Vorsokratiker auf der Suche nach dem ersten Prinzip, trotz ihrer metaphysischen Intention, tatsächlich nicht weiter als zu materiellen Ursachen, wie Aristoteles richtig feststellt. Die späteren erreichten darüber hinaus auch Bewegungs- und Zweckursachen, was schon

[4] Zu den zwei Kriterien siehe die auf S. 11, Anm. 3 genannte Abhandlung.

ein Fortschritt war, »von der Natur der Dinge« gezwungen, wie es in den Texten vortrefflich heißt. Schließlich ging Platon mit der Einführung der Formursachen, der sog. Ideen, die zugleich auch Zweckursachen waren, wieder weit über die Vorgänger hinaus und näherte sich erstmals einer Erfassung der Wesenheiten der Dinge und der transzendenten ersten (mit Gott gleichgesetzten) Ursache. Bei Aristoteles, und dann weiter bei den Stoikern und Neuplatonikern, vertieft sich die Sicht auf die immanenten Wesensursachen der Dinge, sowie besonders auf die Seele des Menschen und die erste transzendente Seinsursache. In der Patristik und mittelalterlichen Scholastik entfalten sich die philosophischen Disziplinen der Metaphysik, Naturphilosophie, Anthropologie und Ethik, nun einbezogen in den weiteren Rahmen der christlichen Theologie vom Gott der biblischen Offenbarung.

Die neuzeitlichen Philosophien, mit der Wende kritischer Reflexion auf das menschliche Subjekt, scheinen zwar einen Bruch mit den vorhergegangenen zu bedeuten, bleiben aber trotzdem in vielfacher Hinsicht mit ihnen verbunden (schon durch die aus ihnen übernommenen Begriffe, wenn auch in veränderten Bedeutungen) und zeigen einen Fortschritt in der ursächlichen Erkenntnis. Im Rationalismus, Transzendentalismus und Idealismus unterscheiden sie ja weiter zwischen Verursachtem und Ursachen, Bedingtem und Bedingungen, bis zum Unbedingten, Absoluten. Im eigenen schöpferischen, konstruktiven Denken, das zur Ausbildung der Natur- und der Geisteswissenschaften führt, entdeckt der Mensch in seinem Geist eine eigene Ursächlichkeit gegenüber Natur und Geschichte, die dann entweder auf Gott bezogen oder aber verabsolutiert wird. Es kommt auch zum Rückschritt in Materialismus oder Positivismus, der das Reale auf das bloß Materielle oder sinnlich-empirisch Gegebene verkürzt.

Die vorliegende Darstellung antiker Philosophen, welche sich auf das Paradigmatische ihrer Problemstellungen und Lösungen konzentriert, kann den Leser dazu anregen, sie auf moderne Denker zu beziehen und in Vergleich mit deren Problemen zu bringen. An dieser Stelle möchte ich dem Leiter des Alber-Verlages, Herrn Lukas Trabert, herzlich für die Aufnahme dieser Abhandlung in sein Philosophieprogramm danken.

Rom, Januar 2010 Horst Seidl

Einige Literaturhinweise

Handbücher

Friedrich Ueberwegs Grundriss der Geschichte der Philosophie. Erster Teil: Die Philosophie des Altertums, hrsg. von Karl Praechter, Berlin [12]1926.

Grundriss der Geschichte der Philosophie, begründet von Friedrich Ueberweg, völlig neu bearbeitete Ausgabe, hrsg. von Helmut Holzhey. Die Philosophie der Antike, Bd. 2.1, Sophistik, Sokrates, Sokratik, Mathematik, Medizin, hrsg. von Hellmut Flashar, Basel 2007.

Grundriss der Geschichte der Philosophie, begründet von Friedrich Ueberweg. Völlig neu bearbeitete Ausgabe, hrsg. von Helmut Holzhey. Die Philosophie der Antike, Bd. 2.2, Platon. Hrsg. von Michael Erler. Basel 2007. Hier finden sich die vollständigen Angaben der Textausgaben und der antiken wie modernen Kommentare.

Grundriss der Geschichte der Philosophie, begründet von Friedrich Ueberweg, völlig neu bearbeitete Ausgabe, hrsg. von Helmut Holzhey. Die Philosophie der Antike, Bd. 3, Ältere Akademie, Aristoteles, Peripatos, hrsg. von H. Flashar, Basel 1983. Hier finden sich die vollständigen Angaben der Textausgaben und Kommentare, der antiken (Alexander von Aphrodisias u. a.) wie der modernen (H. Bonitz, D. Ross, G. Reale u. a.).

E. Zeller, Die Philosophie der Griechen in ihrer geschichtlichen Entwicklung, 6 Bde., Leipzig 1919–1923, Reprint: Hildesheim 1990.

W. Kranz, Die griechische Philosophie, Bremen [3]1957.

W. Kranz, Geschichte der griechischen Literatur, Leipzig 1941.

Textausgaben

Die Fragmente der Vorsokratiker, Griechisch-Deutsch, bearbeitet von Hermann Diels, hrsg. von Walther Kranz, 2 Bde., Dublin/Zürich 1969.

Die Vorsokratiker. Die Fragmente und Quellenberichte, übersetzt und eingeleitet von Wilhelm Capelle, Stuttgart [7]1968.

Platonis Opera, Bibliotheca Oxoniensis, ed. Ioannes Burnet, 5 vol., Oxford 1958.

Platon, Werke in 8 Bänden, Griechisch-Deutsch, übersetzt von Friedrich Schleiermacher und Dietrich Kurz, Darmstadt [2]2001.

Plato, Greek-English, Loeb Classical Library, 12 vol., Cambridge, Mass./London 1975.

Aristotle, Bibliotheca Oxoniensis, ed. by Ingram Bywater, David Ross et al., 9 vol., Oxford 1956.

Aristotle's Metaphysics I-II, Greek-English, ed. by David Ross, Oxford 1924, 1970. (Vom selben Autor liegen nützliche Kommentar-Ausgaben auch zu anderen Werken des Aristoteles vor.)

Aristoteles, Werke in deutscher Übersetzung, begründet von Ernst Grumach, hrsg. von Hellmut Flashar, 19 Bde., Berlin/Darmstadt 1962 ff.

Aristotle, Greek-English, Loeb Classical Library, 23 vol., Cambridge, Mass./London 1955 ff.

Aristoteles' Zweite Analytiken, Griechisch-Deutsch, mit Einleitung, Übersetzung und Kommentar hrsg. von Horst Seidl, Würzburg/Amsterdam ²1984.

Aristoteles' Metaphysik, Griechisch-Deutsch, bearbeitete Übersetzung von Hermann Bonitz, mit Einleitung und Kommentar hrsg. von Horst Seidl, 2 Bde., Hamburg ³1989, ³1991.

Aristoteles' Über die Seele, Griechisch-Deutsch, bearbeitete Übersetzung von Willy Theiler, mit Einleitung und Kommentar hrsg. von Horst Seidl, Hamburg 1995.

Epicuro, Opere, frammenti, testimonianze sulla sua vita, a cura di E. Bignone, Bari 1920.

Diogenes Laertius, Buch X, Epikur, Griechisch-Deutsch, hrsg. von Klaus Reich und Günter Zeckl, Hamburg 1968.

Stoicorum veterum fragmenta, coll. Ioannes ab Arnim, 3 Bde., Stuttgart 1968.

Cicero, Loeb Classical Library, 29 vol., Cambridge, Mass./London 1971.

Cicero, Vom rechten Leben. De officiis liberi III, Latein.-Deutsch, eingeleitet und neu übersetzt von Karl Büchner, Zürich 1953, 1964.

Seneca, Philosophische Schriften, Latein.-Deutsch, hrsg. von Manfred Rosenbach, 5 Bde., Darmstadt 1995.

Seneca, Philosophische Schriften, übersetzt und mit Einleitungen und Anmerkungen versehen von Otto Apelt, 4 Bde., Hamburg 1993.

Seneca, Tutti gli scritti, a cura di Giovanni Reale, prefazioni, traduzione e note di Aldo Marastoni e Monica Natali, Milano 1994.

Sextus Empiricus, Grundriss der Pyrrhonischen Skepsis, eingeleitet und übersetzt von Malte Hossenfelder, Frankfurt am Main 1968.

Plotins Schriften, übersetzt von Richard Harder, neubearbeitet mit griechischem Lesetext und Anmerkungen von Rudolf Beutler und Willy Theiler, 5 Bde., Hamburg 1956 ff.

Plotino, Enneadi, a cura di Giuseppe Faggin, Giovanni Reale e Roberto Radice, Milano ³1992.

Proclus, Théologie platonicienne, texte établi et traduit par H. D. Saffrey et L. G. Westerink, 4 tomes, Paris 1968.

Πρόκλου διαδόχου στοιχείωσις θεολογική – Proclus, The Elements of Theology, revised text with translation, introduction and commentary by E. R. Dodds, Oxford 1963.

Spezielle Literatur

zu den Vorsokratikern:
K. v. Fritz, Philosophie und sprachlicher Ausdruck bei Demokrit, Plato und Aristoteles, New York/Leipzig 1938.
Edw. Hussey, The Presocratics, London 1972.
R. E. Allen and D. J. Furley (Eds.), Studies in Presocratic Philosophy, London 1975.
W. Kranz, Vorsokratische Denker, Berlin 1939.
H. Cherniss, Aristotle's Criticism of Presocratic Philosophy, Baltimore 1935.
K. Freemann, The Presocratic Philosophers. A Companion to Diels, Oxford 1946.

zu Platon:
A. Olerud, L'idée de macrocosmos et de microcosmos dans le Timée de Platon. Étude de mytholgie comparée, Uppsala 1951.
G. Matthews, Plato's epistemology and related logical problems, London 1972.
E. A. Wyller, Der späte Platon, Hamburg 1970.
A. E. Taylor, Plato. The Man and His Work, London 1978.
E. Jain und S. Grätzel (Hrsg.), Sein und Werden im Lichte Platons. Festschrift für Karl Albert, Freiburg/München 2001.

zu Aristoteles:
D. J. Allan, The philosophy of Aristotle, Oxford 1952.
K. von Fritz, Die ἐπαγωγή bei Aristoteles, München 1964.
W. Jaeger, Aristoteles. Grundlegung einer Geschichte seiner Entwicklung, Berlin 1923, 1955.
H. Seidl, Beiträge zu Aristoteles' Erkenntnislehre und Metaphysik, Würzburg/Amsterdam 1984.
H. Seidl, Beiträge zu Aristoteles' Naturphilosophie, Amsterdam/Atlanta, 1995.
H. Seidl, Sein und Bewusstsein. Erörterungen zur Erkenntnislehre und Metaphysik in einer Gegenüberstellung von Aristoteles und Kant, Hildesheim, 2001.

zu Epikur:
W. Schmid (Hrsg.), Studien zur epikureischen Philosophie, Hildesheim 1967.

zur Stoa:
M. van den Bruwaene, La théologie de Cicéron, Louvain 1937.
M. L. Coolish, The Stoic Tradition from Antiquity to the Early Middle Ages, 2 Bde., Leiden 1985.
Il. Hadot, Seneca und die griechisch-römische Tradition der Seelenleitung, Berlin 1969.
A. A. Long, Hellenistic Philosophy. Stoics, Epicureans, Sceptics, London 1974.
M. Pohlenz, Die Stoa. Geschichte einer geistigen Bewegung, 2 Bde., Göttingen 1948.
J. M. Rist, Stoic Philosophy, Cambridge 1969.
J. B. Gould, The philosophy of Chrysippus, Leiden 1970.

zum Skeptizismus:
M. Dal Pra, Lo scetticismo greco, Milano 1950.
L. Robin, Les Sceptiques grecs, Paris 1950.

zu Plotin:
Fr. Heinemann, Plotin. Forschungen über die plotinische Frage, Plotins Entwicklung und sein System, Leipzig 1921.
E. Bréhier, La philosophie de Plotin, Paris 1928.
H. Fischer, Die Aktualität Plotins, München 1956.
M. de Gandillac, La sagesse de Plotin, Paris ²1966.
C. Carbonara, La filosofia di Plotino, 2 vol., Neapel 1964.
Ll. P. Gerson (Ed.), Plotinus, Cambridge 1996.
P. Henry (Ed.), Les sources de Plotin, Paris 1960.
V. Cilento, Saggi su Plotino, Mailand 1973.

zu Proklos:
G. Martano, L'uomo e Dio in Proclo, Neapel 1952.
L. H. Grondijs, L'âme, le nous et les hénades dans la théologie de Proclus, Amsterdam 1960.
W. Baierwaltes, Proklos. Grundzüge seiner Metaphysik, Frankfurt a. M. 1965.

Allgemein zur griechischen Philosophie:
A.-E. Chaignet, La psychologie de l'École d'Alexandrie, Paris 1893, Reprint: Bruxelles 1966.
J. Pépin, Idées grecques sur l'homme et sur Dieu, Paris 1971.

Hauptteil

1) Vorsokratiker

Der Beginn der abendländischen Philosophie bei den Griechen, den Jonischen Naturphilosophen im kleinasiatischen Koloniegebiet, als den sog. Vorsokratikern, ist treffend als Übergang »vom Mythos zum Logos« bezeichnet worden,[1] der sich vom religiösen Denken zu einer vom Verstand *(lógos, ratio)* geleisteten Naturerklärung vollzog. Aristoteles lässt sie, in seinem historischen Rückblick (*Metaphysik,* Buch I) auf die früheren Denker, mit Thales von Milet beginnen, gefolgt vom Schüler Anaximander und dessen Schüler Anaximenes. Er nennt sie »Theologen«, wohl deshalb, weil ihre Naturforschung noch stark mit religiösen Anschauungen verbunden war. Die Loslösung von diesen erfolgte also erst allmählich.

Die Blütezeit des Thales ist aufgrund seiner Vorhersage der Sonnenfinsternis von 585 v. Chr. bestimmbar. Mit ihr lässt sich zugleich der erwähnte Übergang schön veranschaulichen; denn Thales hatte Kenntnis von statistischen Tabellen der Sonnen- und Mondfinsternisse der Babylonier, aus denen hervorging, dass sich diese Himmelsereignisse nach einem Zyklus von 16 Jahren (dem sog. Saros) wiederholen, was den Babyloniern nur zu religiösen kultischen Zwecken diente. Es war dem Genius des griechischen Geistes vorbehalten, nach den Ursachen der regelmäßigen Himmelserscheinungen zu forschen. Dies war der Beginn von Philosophie und bald aufkommenden Wissenschaften. So bildete sich auch eine Astronomie aus, welche die Ursache der Sonnen- und Mondfinsternisse entdeckte (s. u. S. 186 ff., Aristoteles, Wissenschaftslehre).

Der Übergang von griechischer Mythologie zur Philosophie, der auch als »Entdeckung des griechischen Geistes«, nämlich des wissen-

---

[1] Die Bezeichnung ist der Titel des bekannten Buches von Wilhelm Nestle, *Vom Mythos zum Logos,* Stuttgart 1942.

schaftlich forschenden, bezeichnet worden ist,[2] lässt sich gut an dem Bedeutungswandel des wichtigen Begriffs *arché / principium* ersehen: Während Hesiods *Theogonie* den »Anfang« mit dem Chaos bezeichnet, von dem an er die Entstehung der Götter aus Uranos und Gaia erzählt, geben ihm die ersten Naturphilosophen eine neue Bedeutung als »Prinzip«, einer Ursache, aus der die Naturdinge entstehen und worein sie vergehen. Es handelt sich also nicht mehr um den Anfang einer religiösen Geschichte, mit dem auch die Bibel beginnt (»Im Anfang war ...«), sondern um ein Prinzip (»Erstannahme«), mit dem sich Naturvorgänge erklären lassen. Darin liegt auch ein erster Anfang wissenschaftlicher Einstellung.[3]

Das angezielte Prinzip für die Erklärung der Natur führte zu dem Problem, wie es zu bestimmen sei. Die ersten Antworten bei Thales, Anaximander, Anaximenes und Heraklit, es als Wasser, Grenzenloses, Luft oder Feuer zu bestimmen, waren freilich unbefriedigend, wenn auch der Versuch als solcher, durch Verstandesgründe jenes gesuchte Prinzip zu erfassen, sehr beachtlich ist. Thales begründet das Prinzip als Wasser mit zwei Beobachtungen, erstens dass alles Lebendige aus feuchtem Samen hervorgeht, und zweitens dass das Festland von Wasser umgeben ist. Anaximanders Begründung für das Prinzip als Grenzenloses *(ápeiron)*, Unbestimmtes, ist diese: Da alle Dinge mit ihren gegensätzlichen Eigenschaften aus dem einen Prinzip hervorgehen, kann dieses keine der Eigenschaften der Dinge besitzen, sondern muss sich zu ihnen unbestimmt verhalten. Anaximenes' Begründung des Prinzips als Luft ist von medizinischer Art und beruht auf der Beobachtung, dass alles Lebendige vom Atem beseelt ist. Zu gleicher Zeit wirkt Pythagoras aus Samos, Gründer einer religiösen Gemeinschaft und einer philosophischen Schule, welche die Naturerklärung auf Zahlenverhältnisse gründet.

Das Problem stellt sich dadurch, dass das gesuchte Prinzip nicht mehr von den Sinnen wahrgenommen, sondern nur durch Überlegung erschlossen werden kann. Es findet dann seine Lösung in der höchst bedeutsamen Unterscheidung, die erstmals Heraklit zwischen zwei Erkenntnisweisen bzw. -vermögen vollzieht, zwischen dem Sinnesver-

---

[2] Siehe Bruno Snell, *Die Entdeckung des griechischen Geistes. Studien zur Entstehung des europäischen Denkens bei den Griechen*, Hamburg 1948.

[3] Siehe Walther Kranz, *Die griechische Philosophie*, Leipzig 1941, sowie Kurt von Fritz, *Die Anfänge der Wissenschaft bei den Griechen*, in: Ders., *Grundprobleme der Geschichte der antiken Wissenschaft*, Berlin 1971.

mögen und einem nicht-sinnlichen Vermögen, dem Verstand *(lógos, ratio)*, fähig das Prinzip zu erfassen. Auch Parmenides aus Elea in Unteritalien, der die Natur als das nicht-sinnliche Eine Seiende auslegt, führt zu dessen Erfassung ein von den Sinnen verschiedenes Erkenntnisvermögen ein, die Vernunft *(noûs, intellectus)*.

Im Gegensatz zu den Älteren Vorsokratikern nehmen die Jüngeren, Empedokles und Anaxagoras, viele Prinzipien an, in bestimmten materiellen Elementen, aus deren Zusammensetzungen und Trennungen sich die Naturdinge ergeben, und fragen erstmals auch nach der Ursache ihrer Bewegungen sowie ihrer Zweckmäßigkeit. Hierzu werden sie – nach Aristoteles' vortrefflicher Bemerkung (*Metaphysik* I) – »durch die Natur der Dinge«, »durch die Wahrheit selbst gezwungen«. Für Empedokles sind die natürlichen Elemente mit Bewegungskräften begabt, Anaxagoras hingegen führt eine göttliche Vernunft *(noûs)* ein, die von den materiellen Elementen wesentlich verschieden ist und sie aus einem anfänglichen chaotischen Gemenge in die Ordnung der Naturdinge, des Kosmos, überführt hat. Demokrit hingegen fällt auf eine materialistische Naturbetrachtung zurück, welche die Dinge und ihre Veränderungen aus den unteilbaren Elementen, den Atomen, und dem Mechanismus ihrer Bewegungen erklärt, ohne eigene Bewegungs- und Zweckursachen.

Aristoteles hat in seinem Rückblick (*Metaphysik* I) auf die Vorsokratiker diese mit seiner Lehre von den vier Ursachen beurteilt und an den ersten Vertretern Kritik geübt, dass ihre Erforschung eines ersten Prinzips der Naturdinge nur zu materiellen Ursachen gelangte. Nach dem Urteil moderner Interpretation tat Aristoteles ihnen Unrecht, da sie doch bei ihrer Forschung auf ein umfassendes göttliches Prinzip abzielten. Indes, Aristoteles war sich m. E. dessen wohl bewusst; denn er nennt sie ja »Theologen«. Ferner trägt er die Einteilung der vier Ursachen: der Materie-, Form-, Bewegungs- und Zweckursache, nicht wie eine fremde Lehre an die der Vorsokratiker heran, sondern hat sie teilweise aus ihnen gewonnen. Doch ist einfach nicht zu leugnen, dass die ersten Vorsokratiker tatsächlich nicht über die Angabe materieller Ursachen hinausgekommen sind. Zwar ist die Erklärung der Natur durch diese nicht falsch, wohl aber unzureichend, besonders in Bezug auf die Lebewesen. Dies veranlasste dann die Jüngeren Naturphilosophen und nach ihnen Platon, gleichsam »von der Wahrheit der Dinge selbst gezwungen«, weitere Ursachen einzuführen, nämlich die Bewegungs-, die Zweck- und schließlich die Formursache.

Heraklit

Im Folgenden gehe ich näher auf Heraklit und Parmenides ein, sofern sie sich um die Lösung zweier Probleme bemühen: das des Gegensatzes von Werden und Sein, sowie das der Erkennbarkeit des Naturprinzips.

Heraklit (Blütezeit ca. 500 v. Chr.) führt zum ersten Mal den Begriff der »Philosophen« ein, die mit der Erforschung vieler Dinge beschäftigt sind.[4] Er forscht, wie die Jonischen Naturphilosophen vor ihm, nach dem Prinzip der Natur, aus dem sich die regelmäßigen Veränderungen in ihr erklären lassen. Dabei wird er, wie gesagt, auf das Problem von Werden und Sein aufmerksam und auf das einer nicht mehr sinnlichen Erkenntnis des Naturprinzips.

1. *Das Naturprinzip als Feuer*

Ähnlich wie Thales und Anaximenes, die das Naturprinzip als Wasser und als Luft bestimmten, sieht es auch Heraklit in einem der Naturelemente, im Feuer. Ferner, wie Thales und Anaximenes ihre Begründung, das Prinzip in dieser Weise zu bestimmen, aus der Beobachtung der Naturphänomene entnahmen, um sie durch das so gewählte Prinzip erklären zu können, so auch Heraklit, welcher von der Beobachtung geleitet ist, dass alles in der Natur in Bewegung ist, so dass das Naturprinzip das beweglichste, feinste Element sein muss, nämlich das Feuer. Dieses galt in der Antike als ein Element (im Unterschied zu moderner Erkenntnis, dass es ein Oxydationsprozess ist).

2. *Werden statt Sein*

Es ist für Heraklits Lehre eigentümlich, dass sie die Natur gänzlich in Veränderung sowie in Entstehen und Vergehen sieht, so dass davon auch seine Bestimmung des Prinzips geleitet ist. Die Ausrichtung auf

---

[4] *Die Fragmente der Vorsokratiker*, Griechisch-Deutsch, bearbeitet von Hermann Diels, hrsg. von Walther Kranz, 2 Bde., Dublin/Zürich 1967, Bd. 1, Heraklit, *Fragm.* 35: »Gar vieler Dinge kundig müssen philosophische (= weisheitsliebende) Männer (φιλοσόφους ἄνδρας) sein.«

die ständig in Veränderungen sowie in Entstehen und Vergehen begriffenen Naturdinge führt zu dem Problem des Werdens in Bezug auf die existierenden Dinge, das so lautet: Wie kann etwas werden? Aus Nichtseiendem kann nichts werden, und was da ist, braucht nicht mehr zu werden, sondern ist schon da. Heraklits Antwort ist die, dass er das Werden bzw. die Bewegung selbst zum Prinzip macht. Das Feuer-Prinzip ist in ständiger Bewegung, das Beweglichste, ja selbst gleichsam gänzlich Bewegung, so dass auch das Sein der in Bewegung befindlichen Naturdinge selbst Bewegung ist. Wenn deshalb unseren Sinnen die Dinge als bleibendes Seiendes (τὸ ὄν) erscheinen: Pflanzen, Tiere, Menschen, so sind dies nur täuschende Erscheinungen. In Wahrheit ist alles im Werden oder Entstehen und Vergehen sowie in Veränderung. Es gibt nichts Seiendes.

Es ist klar, dass diese Antwort auf das Problem des Werdens keine Lösung bietet; denn da das Werden der Übergang vom Nichtseienden zum Seienden ist, muss es von diesem her erklärt werden:

$$\text{Nichtseiendes} \xrightarrow{\text{Werden}} \text{Seiendes}$$

Bei Heraklit wird das erklärungsbedürftige Werden selbst zum Prinzip erhoben, und das Sein der Dinge geleugnet, was nicht angeht.

3. *Das Naturprinzip als Logos. Sein Bezug zum Erkennenden*

Kehren wir nochmals zu Heraklits Lehre vom Prinzip als Feuer zurück, die es ähnlich wie die vorhergehenden Physiker mit einem Naturelement identifiziert, so stellen wir fest, dass einige Fragmente es auch als Logos bezeichnen, womit er weit über die früheren Denker hinausgeht. Das Wort Logos (λόγος, latein. *ratio*), das zu seiner Zeit eine Denkkraft bezeichnet, wie unser Wort »Verstand«, die Vieles zur Einheit zusammenführt, bedeutet nun bezüglich der Natur das in den vielen Veränderungen einheitsstiftende Gesetz.[5] Heraklit beschreibt dieses als

[5] Die lateinische Übersetzung *lex*, »Gesetz«, kann sich vorteilhaft auf die Etymologie mit dem Wort *legere* stützen, das mit dem griechischen *légein* verwandt ist und »lesen« bedeutet (das noch an das Zusammenlesen, Vereinigen denken lässt).

»gegenstrebige Harmonie«, mit dem Blick darauf, dass die Veränderungen sich zwischen Gegensätzen vollziehen.

Heraklits Lösung des Problems führt zu einer unsinnlichen Erkenntnis des Prinzips; denn wenn es durch ein Naturelement bestimmt wird, hängt seine Erkenntnis noch von sinnlichen Vorstellungen ab, während es doch unsinnlich zu erschließen und zu begründen ist. Die neue, sehr bedeutsame Bestimmung des Naturprinzips als Logos zeigt nun den Bezug zu einem nicht-sinnlichen Erkenntnisvermögen an, zum Logos / Verstand in der Seele. Wenn Heraklit das Feuer-Prinzip als verstandesbegabt bezeichnet, also mit dem Logos gleichsetzt,[6] so zeigt dies seinen Versuch an, die Erkenntnis des Prinzips von der Sinnesanschauung zu befreien, was freilich noch nicht gelingt. Immerhin wird das Naturprinzip nicht von den Sinnen erfasst, sondern hinter den sinnlich wahrnehmbaren Phänomenen vom Logos / Verstand erschlossen. Bekannt ist Heraklits Feststellung:

»Die Natur liebt es sich zu verbergen …« (Heraklit *Fragm.* 123).

die hier von der Natur als dem gesuchten Prinzip spricht. Insofern war die Bestimmung des Prinzips als Feuers sowie als Logos eine erschlossene.

Heidegger verkehrt den Inhalt des Fragments, wenn er die Natur als die Dinge, »das Seiende«, versteht, das sich uns in deren Erscheinen als »das Sein« entbergen und erlebt werden will.[7]

Die Anwendung des Logos-Begriffs, der bislang eine Erkenntniskraft im Menschen bezeichnete, auf das Naturprinzip, im Sinne eines umfassenden Gesetzes aller Naturvorgänge, stiftet eine religiöse Beziehung mit dem Göttervater Zeus. Philosophisch gesehen, zeigt sie eine Verwandtschaft zwischen dem Naturprinzip und unserem Verstand an, so dass dieser etwas Verwandtes in der Natur und in all ihrem Geschehen entdeckt und herauszulesen sucht. Wir denken fast unwillkürlich an das Bild bei Galilei, wonach der Physiker im Buch der Natur

---

6 Wir haben keinen direkten Ausspruch Heraklits, der das Feuer mit dem Logos gleichsetzen würde, sondern nur eine späte Überlieferung beim Bischof Hippolytos, die vom vernünftigen Feuer (φρόνιμον πῦρ) spricht, siehe *Die Fragmente der Vorsokratiker*, Bd. 1, 12 Heraklit, B *Fragm.* 64.

7 Siehe Martin Heidegger, *Vom Wesen der Wahrheit* (GA 34), Frankfurt am Main 1988. Vgl. meine Stellungnahme: *Heideggers Fehlinterpretation antiker Texte*, Bonn 2005, 19–21.

zu lesen verstehe. Dieses Bild kann auch etymologisch an den lateinischen Begriff von *legere* und *lex* anknüpfen (s. o. S. 25, Anm. 5).

Zusammenfassend können wir feststellen, dass Heraklits naturphilosophische Lehre vom Naturprinzip als Logos von einer wichtigen Reflexion auf den Erkennenden begleitet ist; denn er unterscheidet zwischen den Sinneswahrnehmungen, die auf die sinnlichen Phänomene bezogen sind, und dem Verstand / Logos, der auf das Prinzip gerichtet ist und dieses hinter den Phänomenen erschließt.

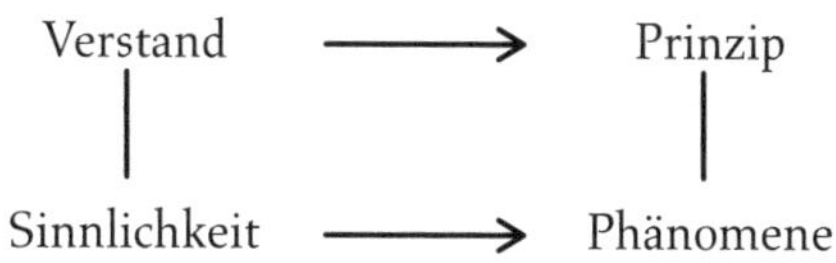

Zur Einsicht, dass der Logos das allen Dingen gemeinsame Gesetz ihrer Veränderungen ist, das selbst unverändert besteht und so alles beherrscht, kommt die weitere Einsicht, dass der Logos als Erkenntnisvermögen allen Menschen gemeinsam ist:

»Der Logos ist allen gemeinsam …« (Heraklit *Fragm.* 2).

Diese Einsicht bereitet die Antwort auf das Problem vor, wie wir Menschen zu gemeinsamen Erkenntnissen über die Naturprinzipien kommen. Bezeichnenderweise beklagt sich Heraklit über seine Mitbürger (Heraklit *Fragm.* 1), dass jeder nur seiner eigenen Ansicht nachgeht, und dass sie seine Lehre über die Natur der Dinge nicht verstehen, obwohl sie eine allen gemeinsame Erkenntnis darbietet.

In *Fragm.* 1 vergleicht Heraklit die unbelehrbaren Mitbürger mit Schlafenden, die sich vom Logos und seiner Erkenntnis nicht beleben lassen. Der über die Stoa in den *Johannes*-Prolog eingegangene Begriff des Logos hat die Bedeutung des Leben spendenden Prinzips, nun auf Christus bezogen.

In psychologische Richtung weisen Heraklits sehr beachtliche Äußerungen:

»Der Seele Grenzen kannst du nicht ausfindig machen, auch wenn du jegliche Straße abschrittest; einen so tiefen Grund *(lógos)* hat sie«. – »Ich suchte mich selbst« (Heraklit *Fragm.* 101).

Parmenides

1. *Die Natur als das Eine Seiende*

Die Lehre des Parmenides aus Elea (in Unteritalien), eines etwas jüngeren Zeitgenossen Heraklits, ist großenteils durch die Gegenstellung zu ihm gekennzeichnet; denn dieser lehrte, dass die Dinge in ihrem unveränderlichen, identischen Sein, als Seiendes, nur den Sinnen so erscheinen, während der Verstand die Dinge als in unaufhörlicher Bewegung und Veränderung beurteilt. Dem widerspricht nun Parmenides und deckt erstmals auf, dass das Sein der Sinnesdinge nicht mehr von den Sinnen erfasst wird, sondern von einem anderen Vermögen, nämlich der Vernunft (νοῦς, *noûs,* latein. *intellectus*), die ebenso wie der Logos bei Heraklit den Sinnesvermögen gegenübersteht.

Anders als der diskursive Logos ist die Vernunft eine intuitive Erkenntniskraft. Parmenides hat den Begriff zu seiner philosophischen Bedeutung erhoben, mit der er dann in die abendländische Tradition eingegangen ist. Während er zuvor noch eine sinnliche Wahrnehmung bedeutete, steht er bei Parmenides für eine geistige Wahrnehmung, die nun das Sein der Dinge – schon als schlichtes Dasein – rezeptiv erfasst. Ihm entspricht der Begriff des Intellekts (latein. *intellectus, »Einsehen«)* und der deutsche der *Vernunft* (vom Verbum *vernehmen*).

Die Kernaussage in Parmenides' Lehre über alle Dinge der Natur als Seiendes ist die: Das Seiende ist, das Nichtseiende ist nicht. Damit entdeckt die Vernunft erstmals ihr eigenes Objekt, das Seiende, das nicht mehr sinnlich wahrnehmbar, sondern intelligibel ist.

Dieser Entdeckung verleiht Parmenides einen geradezu festlichen, freudevollen Ausdruck in Hexametern. Dies geht freilich auf Kosten der philosophischen Klarheit, was spätere Kommentatoren wie Simplikios beklagen; denn an sich bietet ja Parmenides' Text keine Dichtung, sondern Philosophie, wiewohl in dichterischer Form.

Doch verfällt Parmenides der Einseitigkeit, unter dem Aspekt des Seienden, der allen Dingen gemeinsam ist, sie alle in dem Einen Seienden zusammenfallen zu lassen, also ihre Vielheit, sowie ihre Bewegung und Veränderung zu leugnen, wobei er auch von seinem Lehrer Xenophanes beeinflusst ist, der das All als das göttliche Eine begreift.

Mit der Lehre vom Seienden eröffnet Parmenides den Weg in die später sog. Ontologie, die dann von Platon und weiter von Aristoteles ausgebildet wird, entfernt sich aber von der Naturphilosophie, wie

Aristoteles kritisch bemerken wird; denn ihre Aufgabe es ist, die Naturdinge gerade von ihrer Bewegung her und auf ihre Bewegungs- und Zweckursachen hin zu erforschen.

Ferner, wenn für jede Wissenschaft das Vorgehen vom verursachten Gegebenen zur Ursache / dem Prinzip eigentümlich ist, dann ist es angesichts der Natur als des Einen Seienden nicht mehr möglich zu sagen, ob sie das verursachte Gegebene oder die Ursache / Prinzip *(arché)* ist. Von welcher Ursache sollte sie Gegebenes sein, oder von welchem Gegebenen Ursache? Tatsächlich nennt an keiner Stelle Parmenides das Eine Seiende Prinzip. Aristoteles, der von Parmenides die Betrachtung der Dinge als Seiendes übernimmt, wird dieses als den gegebenen Ausgangsgegenstand seiner Metaphysik nehmen. Platon wiederum versteht das parmenideische Seiende als Prinzip und bezieht es auf die Wesenheiten der Dinge, die von ihm so genannten Ideen.

2. *Sein statt Werden*

Indem Parmenides der heraklitischen Ansicht von der Natur als dem Werdenden und Vergehenden, Veränderlichen, seine eigene von der Natur als dem unveränderlichen Seienden entgegensetzt, nimmt er auf seine Weise Stellung zu dem Problem des Werdens, das er ausdrücklich erwähnt, dass nämlich aus Nichtseiendem nichts werden kann, und das Seiende nicht mehr zu werden braucht (*Die Fragmente der Vorsokratiker*, Bd. 1, 18 Parmenides, *Fragm.* 8, 5–11). Da das Werden zwischen dem Nichtseienden und dem Seienden steht, kann es für das Problem, so scheint es, nur zwei Möglichkeiten seiner Auflösung geben: Entweder das Seiende wird geleugnet, wie bei Heraklit, der das Werden gleichsam zum Prinzip macht, oder das Werden wird geleugnet, wie bei Parmenides, der nur das Seiende zulässt.

3. *Der Bezug der Vernunft zum Seienden*

Mit Parmenides' Lehre von den Naturdingen als dem Einen Seienden verbindet sich eine sehr beachtliche Reflexion auf das erkennende Subjekt. Wir finden bei ihm, wie bei Heraklit, die Unterscheidung zwischen den Sinnesvermögen, welche, auf die veränderlichen Phänomene gerichtet, den Menschen täuschen können, und einem wesentlich anderen Vermögen, der Vernunft, gerichtet auf das intelligible Sein der Dinge. Im Proömium seiner Schrift gebraucht Parmenides das dichterische Bild von zwei Wegen: dem der trügerischen Sinne, der hinab zu den sinnlichen Erscheinungen führt, fern von der Wahrheit, und dem untrüglichen der Vernunft, der himmelwärts der Sonne entgegen führt, d. h. zur Wahrheit, geleitet von der Göttin des Rechts, Dike.

Wichtig sind die Texte, welche vom erfassenden Akt der Vernunft (νοεῖν, dem Verbum von νοῦς, latein. *intellegere*, scholast. *intelligere*) sprechen, mit dem sie auf das Sein (εἶναι, latein. *esse*) der Dinge, als Seienden, gerichtet ist. Die Feststellung lautet:

»Denn es ist dasselbe: das vernünftige Erfassen und das Sein«: τὸ γὰρ αὐτὸ νοεῖν ἐστίν τε καὶ εἶναι (Parmenides *Fragm.* 5).

Dabei ist zu beachten, dass wegen der dichterischen Form in Hexametern bei Aussagen Wörter ausfallen, die aus dem Sinn des Kontextes zu ergänzen sind, meistens »das Seiende«, das der alleinige Gegenstand durch das ganze Lehrgedicht hindurch ist. Unsere Stelle setzt eine Aussage über das Seiende voraus und schließt an sie mit einem begründenden »denn« an, was moderne Interpreten nicht beachtet haben. Sie ist so zu ergänzen:

»Denn es ist dasselbe: das vernünftige Erfassen ⟨des Seienden⟩ und das Sein ⟨des Seienden⟩.«

Das heißt: beides, vernünftiges Erfassen und Sein, haben etwas Identisches durch ihren gemeinsamen Bezug zum Seienden. Es ist immer das Sein des Seienden, worauf das vernünftige Erfassen bezogen ist. Diese traditionelle Interpretation, wie sie Thomas von Aquin und Philosophiehistoriker des 20. Jhs., Praechter, Capelle u. a., bieten, wird von Philosophen unserer Zeit verlassen, die in jenen bekannten Vers einen modernen idealistischen Gedanken hineintragen, als ob er Denken und Sein identisch setzte. Von diesem Anachronismus abgesehen, lässt der Vers eine solche Deutung nicht zu; denn er sagt nicht einfach, dass Denken und Sein identisch sind, sondern spricht vom Identischen vorweg am Satzanfang: »Es ist dasselbe …«, spricht also von einem identischen Sachverhalt zwischen Denken und Sein, dass sie nämlich beide auf das (zu ergänzende) Seiende bezogen sind. Auch im anschließenden Satz ist das Seiende zu ergänzen:

»Es ist nötig zu sagen und vernunftmäßig zu erfassen, dass das Seiende ist; denn es verhält sich so, dass ⟨das Seiende⟩ ist, und das Nichts nicht ist.«

Dass es bei dem vorgenannten Vers um eine Erkenntnisbeziehung zwischen vernunftmäßigem Erfassen und Sein geht (d.h. um eine intentionale, nicht um eine ontologische Identität), nämlich dank des gemeinsamen Bezuges zum Seienden, erhellt auch aus dem Paralleltext:

»Dasselbe ist vernunftmäßiges Erfassen und das, wofür das vernunftmäßig Erfasste steht.« (Parmenides *Fragm.* 8, 34–36)

Wiederum ist die Aussage eindeutig so zu ergänzen:

»Dasselbe ist vernunftmäßiges Erfassen ⟨des Seienden⟩ und das, wofür das vernunftmäßig Erfasste steht ⟨nämlich für das Seiende⟩.«

Besonders beachtlich ist hier, dass Parmenides' Reflexion den Erkenntnisgehalt in der Vernunft erreicht, das »vernunftmäßig Erfasste« (*nóema*, νόημα), das für die Dinge, das Seiende, steht und sie in der Vernunft repräsentiert.

Im abschließenden Teil seiner Schrift bietet Parmenides eine merkwürdige Sicht auf die Natur als wohlgerundete Kugel, was sich wohl daraus erklärt, dass er einerseits »Über die Natur« handeln will (wie der Titel der Schrift lautet), also von der sichtbaren Welt, andererseits aber sich auf den intelligiblen Seinsaspekt konzentriert, so dass nun die Welt, gleichsam symbolhaft, als geometrische Kugel vorgestellt wird.

Parmenides' Schüler Zenon von Elea versucht die Lehre seines Meisters von dem Einen Seienden und der Leugnung der Bewegung mit Argumenten dadurch zu rechtfertigen, dass er die Annahme des Gegenteils, dass es Bewegung gibt, ins Absurde führt. Durch diese indirekte Beweismethode, die *reductio ad absurdum,* ist er der Begründer der sog. Dialektik. Bekannt sind seine Argumente mit Achilleus und der Schildkröte und dem stehenden Pfeil: In beiden Beispielen argumentiert Zenon mit dem Begriff der unendlichen Teilbarkeit von Strecken, die daher nicht durchlaufen bzw. nicht durchflogen werden können, so dass die Bewegung aufgehoben wird.

Nach Aristoteles ist die Bewegung eine unleugbare Gegebenheit. Zenon überträgt irrtümlich das Unendliche, als mathematische Größe, auf die Natur. In ihr gibt es keine aktuelle Unendlichkeit. Zwar sind an jedem materiellen Kontinuum beliebig viele Teilungen möglich, nicht aber unendlich viele aktuell vollzogene.

Anaxagoras (Blütezeit ca. 450 v.Chr.) hat in seiner Naturphilosophie sicherlich von Parmenides den Vernunftbegriff *(noûs)* übernommen, wenn er neben den materiellen Elementen (Homöomerien) die sie ordnende Zweckursache als göttliche Vernunft einführt (*Die Fragmente der Vorsokratiker,* Bd. 1, 46 Anaxagoras, B *Fragm.* 12). Dass sie als alles Materielle beherrschende, alles erkennende und ordnende, göttliche Vernunft bestimmt wird, ergibt sich aus der Analogie mit der menschlichen Vernunft.

2) Sophisten und Sokrates

Der Beitrag der Sophisten (zweite Hälfte des 5. Jh.s v. Chr.) für die Philosophie war, aufgrund ihrer skeptischen bis agnostischen Haltung, nicht konstruktiv, oder nur indirekt dadurch, dass sie durch ihren Subjektivismus und Relativismus bei Sokrates, Platon und später bei Aristoteles Kräfte zu dessen Überwindung weckten. Das negative Urteil Platons über die Sophisten hat seinen Einfluss bis in die Neuzeit ausgeübt, und erst die Gegenwart beginnt, die Sophisten positiv zu schätzen, zum Teil auch aus einer ihnen geistesverwandten Haltung. Im Folgenden beschränke ich mich auf Protagoras und Gorgias und gehe auf sie nur insoweit ein, als sie bei Platon und Aristoteles zu Problemstellungen beigetragen haben.

Protagoras

1. *Der Mensch als Maß aller Dinge*

Protagoras aus Abdera (Blütezeit ca. 444/3 v. Chr.) stellt die bekannte These auf (*Die Fragmente der Vorsokratiker*, Bd. 2, 80 Protagoras, B *Fragm.* 1): »Der Mensch ist das Maß aller Dinge, der seienden, dass sie sind, der nichtseienden, dass sie nicht sind.«

Und weiter: »Wie jedes mir erscheint, so ist jedes für mich, und wie es dir erscheint, so ist es für dich. Mensch aber sind du und ich.« Damit wird wahre Erkenntnis individualistisch und subjektivistisch relativiert. Der Anspruch objektiver Wahrheit fällt dahin.

Wie aus Platons Referat und kritischer Erörterung dieser Lehre, im Dialog *Theaitetos*, hervorgeht, orientiert sich Protagoras an den Sinneswahrnehmungen, wenn er als Beispiel den Wind anführt, der dem einen warm, dem andern kalt erscheint. Und sogar ein und demselben Individuum kann derselbe Gegenstand einmal so erscheinen, ein andermal anders.

2. *Platons und Aristoteles' Kritik*

Platon unterzieht diese These der Kritik, indem er herausstellt, dass die Seele (das Subjekt) nicht bei den momentanen, wechselnden Sinneseindrücken stehen bleibt, sondern über sie hinausgehend etwas von den Sinnesdingen festhält: zuerst in Erinnerung, dann in Vorstellung und Meinung, Erfahrung, bis hin zur Wissenschaft. Daraus ergibt sich: Protagoras' These hat zwar Recht hinsichtlich der Sinneswahrnehmungen, die in Bewegung sind und ständig wechseln, dass ihre Erkenntnis subjektiv und relativ ist, so dass auch jedes Urteil immer wieder wechselt. Der Irrtum liegt aber darin, die menschliche Erkenntnis auf die Sinneswahrnehmungen zu verkürzen, die nur ihr Anfangsstadium sind, während sie zu weiteren Stadien in Erinnerung, Vorstellung, Meinung, Erfahrung und Wissenschaft fortschreitet. Platon kritisiert also an Protagoras den Sensualismus, der Erkenntnis mit Wahrnehmung gleichsetzt.

Auch Aristoteles setzt sich, in *Metaphysik* IV 5, kritisch mit Protagoras' These auseinander. Die Behauptung, dass entgegengesetzte Urteile von denselben Dingen wahr seien, ergibt sich nur hinsichtlich des sinnlich Wahrgenommenen.

In *Metaphysik* V 15 greift er den Gesichtspunkt der Maßbeziehung für die Erkenntnis auf, die kein zweiseitiges, sondern ein einseitiges Verhältnis zwischen Subjekt und Objekt ist (denn das Gemessene hängt zwar vom Maß ab, nicht jedoch dieses vom Gemessenen), aber er korrigiert Protagoras darin, dass nicht die Seele (das Subjekt) das Maß für die Dinge ist, sondern vielmehr die Dinge das Maß für die erkennende Seele sind. Ferner wird die falsche Ansicht korrigiert, dass die Dinge (das Objekt) bloß wechselnde Erscheinungen seien, während sie doch substantiell für sich bestehen, mit ihrer Wesenheit, und so das Maß für die Erkenntnis sind. Damit wird der Realismus gewahrt, der den Phänomenismus und Relativismus vermeidet.

Aristoteles verwirft Protagoras' These nicht gänzlich, sondern anerkennt, dass in jeder Erkenntnis der Mensch einen aktiven Anteil hat (wenn er auch nicht das Maß der Dinge ist); denn die Seele verhält sich nicht rein passiv in der Begegnung mit den Dingen, sondern eignet sie sich an, vergegenwärtigt sie in sich. Daher kann er zu Protagoras' These feststellen, dass sie etwas Selbstverständliches enthalte: »So sagen sie (die Protagoreer) nichts Besonderes, sondern scheinen es nur zu sagen« (*Metaphysik* X, 1). Hieraus lässt sich ein sehr beachtlicher erkenntnistheoretischer Fortschritt entnehmen, welcher die sophistische Skeptik überwindet.

Aristoteles' Klärung in Bezug auf »die Dinge«, dass sie mehr sind als bloß wechselnde Erscheinungen, scheint mir besonders wichtig zu sein, da Protagoras' These von den »seienden« (τῶν ὄντων) und den »nichtseienden Dingen« (τῶν μὴ ὄντων) spricht! Dabei benützt er den von Parmenides eingeführten Begriff des Seienden, ohne jedoch die mit ihm verbundene Intention zu beachten; denn für den Eleaten bedeutet, die Sinnesdinge *als* Seiendes zu betrachten, gerade nicht mehr, sie *als* sinnlich wahrnehmbare Erscheinungen, sondern in ihrem intelligiblen Sein zu betrachten, wie oben dargelegt. Insofern liegt bei Protagoras ein Missbrauch dieses Begriffes vor, der hinter den Fortschritt zurückfällt, den die Eleaten erreicht haben.

Denselben Missbrauch des Begriffes des »Seienden« finden wir wieder bei Demokrit, der in seiner Naturphilosophie zwei Prinzipien annimmt, die Atome und den leeren Raum, wobei er die ersteren »das Seiende« nennt, den letzteren »das Nichtseiende«. Das Seiende wird also mit den soliden atomaren Körpern identifiziert, das Nichtseiende mit dem Raum, in dem sie sich bewegen. Damit geht die eigentliche (ontologische) Bedeutung der beiden Begriffe verloren.

Die Absicht, mit der Protagoras und andere Sophisten die Skeptik und den Relativismus vertraten, war weniger von theoretischer als vielmehr von praktischer Art. Sie entsprach der Einstellung von Politikern, die im öffentlichen Leben ihre subjektiven Ansichten und Ziele verfolgten und sie mit der Überredungskunst der Rhetorik beim Publikum durchzusetzen versuchten. Über Protagoras' Ethik ist uns zu wenig überliefert. Er scheint sie nicht philosophisch, sondern religiös begründet zu haben, wie der ihm zugeschriebene Mythos von Gerechtigkeit und Scham als Gaben des Zeus an die Menschen zeigt.

Gorgias

Gorgias von Leontinoi (ca. 483–375) ist uns aus Platons nach ihm benanntem Dialog bekannt, und zwar als Lehrer der Rhetorik, der diese Überredungskunst durchaus als ambivalentes Mittel versteht, das zu guten Zwecken wie auch zu schlechten gebraucht werden kann, was aus ethischer Sicht für Platon unannehmbar ist. Gorgias verfügt nicht über das Wissen der Gerechtigkeit, das Platon von einem Manne fordert, der als Sophist, d.h. als »Weisheitslehrer«, auftritt und auf die Politik Einfluss ausübt.

Uns interessiert Gorgias' Kritik an der eleatischen Philosophie, wie sie sich in einer Schrift ausdrückt, die den bezeichnenden Titel *Über das Nichtseiende oder die Natur* (*Die Fragmente der Vorsokratiker*, Bd. 2, 82 Gorgias, B *Fragm.* 1ff.) hat und drei Thesen zu beweisen sucht: 1. Es gibt kein Seiendes. 2. Gäbe es ein Seiendes, könnte es nicht erkannt werden. 3. Wäre das Seiende erkennbar, könnte es doch nicht mitgeteilt werden. Die Beweise jeder These gehen dialektisch so vor, dass das Gegenteil *ad absurdum* geführt wird.

Die Annahme des Gegenteils der 1. These, nämlich dass es etwas Seiendes gebe, führt ins Unmögliche; denn es müsste entweder geworden oder ewig sein. Es kann aber nichts werden (nach Parmenides, vgl. o. das Problem des Werdens); denn aus nichts kann nichts werden, und was schon ist, braucht nicht mehr zu werden. Wenn es hingegen ewig wäre, dann müsste es unendlich sein (grenzenlos in Zeit und Raum). Das Unendliche ist aber nirgends, da es weder in sich, noch in einem anderen sein kann, und was nirgends ist, ist nicht. – Das Gegenteil der 2. These, nämlich dass das Seiende erkennbar sei, erweist sich ebenfalls als unmöglich; denn dann müsste, was nicht erkennbar oder denkbar ist, nicht sein, was aber den Irrtum aufheben würde, der ja darin besteht, Nichtseiendes zu denken (für seiend zu halten). Den Irrtum jedoch gibt es unleugbar. – Das Gegenteil der 3. These, nämlich dass erkennbares Seiendes mitteilbar sei, endet wiederum in Absurdem; denn die Mitteilung erfolgt durch Zeichen, d.h. durch Worte, akustische Laute, die vom Bezeichneten verschieden sind, z.B. Farben, also diese nicht mitteilen können.

Moderne Interpreten sind sich darüber uneinig, ob Gorgias diese Argumente im Ernst oder als Scherz vorgebracht hat, um mit solcher Dialektik die Philosophie vom Seienden unglaubwürdig zu machen. Wie auch immer, für den Agnostiker ist jede philosophische Erkenntnisbemühung über die Natur oder das Seiende vergebliche Mühe. Aber warum dies? Meines Erachtens wegen des Sensualismus, dem wir schon bei Protagoras begegnen, und der die Rede vom Seienden absurd macht. Indes, der Irrtum liegt darin (wie oben schon zu Protagoras und zu Demokrit bemerkt), dass das Seiende sinnlich-körperlich vorgestellt wird. Gorgias leugnet also nicht, dass es etwas gibt – für ihn ist es Materielles in durchgängiger Bewegung –, sondern dass es Seiendes gebe, für sich identisch bestehend und erkennbar; denn es könnte für ihn nur das Sinnliche sein. Dieses ist aber durchgehend veränderlich, ohne Identität und unerkennbar.

Daraus dann das Absurde der 1. These; denn das Seiende als Sinnesding müsste entweder begrenzt und geworden oder ungeworden und unbegrenzt sein. Es kann jedoch keinen unendlich großen Körper geben. Dass das Sinnesding, als Seiendes betrachtet, einen intelligiblen Aspekt hat, ist außer Sicht. Ebenso auch Seinsursachen, die immateriell sind, wie die Seele, die ohne Werden und gleichwohl endlich ist, aber ohne körperliche Grenzen. – Auch das Absurde der 2. These ergibt sich daraus, dass sie das Gedachte als sinnlich materiell nimmt und es mit Seiendem, d. h. mit sinnlichen Dingen verbunden sieht, was die Verbindung mit Nichtseiendem ausschließt. Tatsächlich beruht jedoch die Erkenntnis auf etwas Gedachtem, Begrifflichem, in der immateriellen, rationalen Seele, das sich auf Intelligibles in den Sinnesdingen bezieht. Sinneseindrücke allein, für sich genommen, sind noch keine Erkenntnis. – Ebenso lässt sich das Absurde der 3. These vermeiden, da die Mitteilung mehr ist als das Hervorbringen von akustischen Lauten. Zu Zeichen von kognitiv Bedeutungsvollem werden sie durch den Verstand, das immaterielle Erkenntnisvermögen, der in den Dingen Intelligibles erfasst.

Das Verwirrspiel, das Gorgias' Argumente bieten, beruht also auf dem Missbrauch des Begriffes des Seienden, den er zwar von Parmenides übernimmt, aber ohne Verständnis der mit dem Begriff verbundenen (ontologischen) Bedeutung. So fällt er mit seinem Sensualismus weit hinter den Eleaten zurück.

Von den jüngeren, radikalen Sophisten ist Kallikles zu erwähnen. Platon lässt ihn im Dialog *Gorgias* auftreten mit einer hemmungslosen Triebmoral, die er Sokrates' Tugendmoral entgegensetzt. Kallikles führt dort die an sich wichtige Unterscheidung ein zwischen dem gesetzlichen, konventionellen Recht und dem natürlichen Recht, die Platon übernimmt, sich aber entschieden vom Sophisten absetzt, was den

Naturbegriff betrifft; denn »das natürliche Recht« bezieht sich auf die Natur des Menschen. Diese ist für den Sophisten nur die leiblich-triebhafte, während Platon (s. u. S. 159 ff.) erstmals die Einsicht vorträgt, dass zur Menschennatur auch der Verstand *(lógos)* bzw. die Vernunft *(noûs)* gehört, ja in höherem Maße als der Trieb. Die Erörterung über das Naturrecht kehrt bei Platon in seinem Alterswerk *Gesetze (Nomoi)*, Buch X, wieder und wird dann von Aristoteles (s. u. S. 288 ff.) und den Stoikern (s. u. S. 326 ff.) aufgenommen.

Abschließend ist festzustellen, dass die Sophisten Probleme aufwerfen, ohne um Lösungen bemüht zu sein, vielmehr suchen sie ihre Unlösbarkeit zu zeigen und damit ihren Skeptizismus zu verteidigen, der auf einem Sensualismus beruht. Diesen möchte ich unter folgenden Gesichtspunkten zusammenfassen:

1. Das Problem des Seienden führt zur These, dass es das Seiende nicht gibt, da das sinnlich Wahrnehmbare in ständiger Veränderung ist (wie bei Heraklit). Doch wird hier missbräuchlich vom Seienden gesprochen; denn dieser (erstmals von Parmenides reflektierte) Begriff hebt an den Sinnesdingen ihr Sein als intelligiblen Aspekt hervor, der also nicht von der Sinneswahrnehmung aus geleugnet werden kann.

2. Das Problem der Erkenntnis des Seienden, die entweder relativiert wird auf die wechselnden Sinneserscheinungen, bei denen der nach ihnen urteilende Mensch das Maß ist, oder überhaupt geleugnet wird, liegt wieder im Sensualismus, der sich im Skeptizismus oder gar im Agnostizismus äußert.

3. Das ethische Problem des sittlich rechten Handelns drückt sich im Gegensatz zwischen dem konventionellen und dem natürlichen Recht aus. Die radikalen Sophisten erklären alle Gesetze, Verfassungen der Städte, ferner auch alle kulturellen Einrichtungen und den religiösen Glauben, für Konvention und halten für das natürliche Recht nur die Forderungen der Triebnatur des Menschen. Nun ist zwar die wichtige Unterscheidung zwischen konventionellem und natürlichem Recht anzuerkennen, aber die Ausrichtung des natürlichen Rechts an der Triebnatur ist falsch; denn es müsste auf die Vernunftnatur bezogen werden, wie Platon und Aristoteles darlegen werden.

Sokrates

1. *Der historische und der platonische Sokrates*

Sokrates' (470–399 v. Chr.) Philosophie ist nicht leicht festzulegen, da er keine Lehre in schriftlicher Form hinterlassen, sondern nur mündliche Unterredungen mit Zeitgenossen geführt hat, und sein großer Schüler Platon, der in vielen seiner Dialoge Sokrates als Gesprächspartner auftreten lässt, weitgehend seine eigene Lehre ihm in den Mund legt. Xenophons *Memorabilia Socratis* geben uns, philosophisch gesehen, nicht viel; denn der Autor, der Landwirt und Soldat war, zeigt uns Sokrates weniger als Philosophen, sondern mehr als Bürger, der im Frieden wie im Krieg vorbildlich gelebt hat, und stellt seine leuchtenden Tugenden dar. Es spricht übrigens für Xenophons Urteilsvermögen, dass er seine Zeit der Urteilslosigkeit (*akrisía, Hell.* 7, 5, 27) beschuldigte, so dass er umso mehr Sokrates als einen Mann von klarem Urteil schätzen konnte.

Trotz der spärlichen Quellenlage lässt sich für Sokrates' Philosophie einiges aus den historischen Tatsachen erschließen (vgl. Platons *Apologie des Sokrates*): vor allem, dass ein von Delphi, dem Heiligtum des Lichtgottes Apollon, ergangenes Orakel Sokrates für den weisesten Mann in Hellas erklärte, ferner, dass Sokrates sich daraufhin mit den Sophisten unterredete, die in jener Zeit für die Weisheitslehrer galten, um sie über ihr Wissen vom Guten und Gerechten zu prüfen, sie aber ihrer Unwissenheit überführte, was ihm die Feindschaft der sophistischen Volksführer eintrug; denn sie fühlten sich bloßgestellt vor den Jugendlichen, die an Sokrates' kritischer Prüfung ihre Freude hatten, und beseitigten den lästigen Mann durch verleumderische Verurteilung zum Tode. Historisch ist auch die Anklage des Anytos und Meletos, Sokrates verderbe die Jugend und führe fremde Götter ein, die der Staat nicht verehre.

Aristophanes' Darstellung des Sokrates in der Komödie *Die Wolken*, wie er in einem Korb in den Lüften hängend den Himmel beobachtet, trifft auf den historischen Sokrates nicht zu, der sicherlich keine Studien an Himmelserscheinungen machte, sondern wollte ihm politisch schaden; denn sie brachte ihn in Vergleich mit Anaxagoras, damit er wie dieser verurteilt würde. Bekanntlich wurde Anaxagoras 431 v. Chr. ebenfalls wegen Gottlosigkeit verurteilt, da er lehrte, dass die Sonne, die der Volksglaube als Gott Helios verehrte, nur eine

Masse heißer Erde sei. Auch damals ging es um einen Scheinprozess, inszeniert von Gegnern des Perikles, um dessen Freund Anaxagoras zu beseitigen. Sokrates war kein Atheist, sondern ein religiöser Mann, der sein Philosophieren als Auftrag des Gottes Apollon ausübte, empfänglich für göttlichen Zuspruch eines »Daimonion« (gleichsam einer Gewissensstimme), was seine Ankläger in Gottlosigkeit verdrehten.

Ein wichtiges Zeugnis bietet uns Aristoteles (*Metaphysik* I, 6), wenn er, in seinem Rückblick auf die Denker vor ihm, dem Sokrates ein zweifaches Verdienst zuschreibt: 1. dass er in ethischen Gegenständen philosophierte, in denen er »das Allgemeine suchte«, und 2. dass er »sich auf die Definitionen verstand«. Das »Sich-Verstehen auf etwas« (*epistasthai*, ist das Verbum zum Substantiv *epistéme*, Wissenschaft). Wahrscheinlich hat sich der historische Sokrates um die Definition des Guten und einiger Haupttugenden bemüht, was als Anfang wissenschaftlicher Untersuchung zu bewerten ist, die auf das Wesen der Dinge geht. Nach Xenophons Bericht wäre er freilich nur zur einfachen Definition des Guten als des zweckvoll Nützlichen gelangt.

2. *Platons Apologie des Sokrates*

Bevor Sokrates in seiner Rede vor Gericht, d. h. vor den Richtern und den Bürgern von Athen, auf die Anklageschrift des Meletos gegen ihn eingeht, macht er einige Vorbemerkungen (*Apologie des Sokrates* Kap. 1–10): dass sie keine rhetorisch geschmückte Rede erwarten mögen, die auf Überredung abzielt, sondern eine einfache philosophische Erörterung über das Wahre seiner Lehre und das Falsche, das gegen ihn vorgebracht worden ist. Er erwähnt frühere, schon seit langer Zeit gegen ihn geführte Verleumdungen, nämlich dass er Dinge am Himmel und unter der Erde erforsche, um solche Beschäftigung als gottlos hinzustellen, während er sich selbst nie mit solchen Dingen beschäftigte. Da er sein Philosophieren als Weisheitssuche im Auftrag des Gottes Apollon begonnen hat, ist dies ein Beweis gegen den Vorwurf der Gottlosigkeit. Eine andere Verleumdung lautet so, dass er Unrecht zu Recht verdrehe und darin andere lehre, während er umgekehrt das Unrecht sophistischer Politiker in philosophischer Prüfung aufdeckte, was ihm deren Hass zuzog, auch weil die jungen Zuhörer sich dann selber in diesem prüfenden Verfahren versuchten, um es auf andere anzuwenden.

Der Hauptteil der Verteidigungsrede (Kap. 11–15) setzt sich mit Meletos' Anklage auseinander, die lautet (24b–c):

»Sokrates frevelt, indem er die Jugend verdirbt und die Götter, welche der Staat annimmt, nicht annimmt, sondern anderes neues Daimonisches.«

Den ersten Punkt, »die Verderbung der Jugend«, weist Sokrates mit dem Argument zurück, dass der Ankläger kein kompetentes Wissen in der Frage der Erziehung der Jugend hat. Ferner hat Sokrates' Philosophieren eine gute Wirkung gehabt. Seine jungen Hörer wurden nicht verdorben; denn sie verübten nichts Böses in der Stadt. Zum zweiten Punkt, dass Sokrates »nicht die Götter des Staates verehre«, stellt Sokrates fest, dass die Anklage ihn nicht als Gottlosen bezichtige könne, sondern nur als einen, der möglicherweise andere Götter als die staatlich anerkannten verehre. Meletos konnte auch nicht mehr behaupten, beschuldigte aber widersprüchlich hierzu, dass Sokrates überhaupt an keine Götter glaube, wie dies auch den früheren Naturforschern fälschlich unterstellt wurde, z. B. dem Anaxagoras, weil er die Sonne für eine heiße Erdmasse hielt.

Historisch gesehen gerieten freilich die Philosophen in Konflikt mit dem staatlich vorgeschriebenen Vielgötterglauben, wenn sie zur philosophisch geläuterten Auffassung von dem einen Gott kamen, wie er sich bei Xenophanes, Parmenides, Platon und Aristoteles anbahnte. Sokrates aber, unerachtet seiner gelegentlichen Erwähnung eines Daimonion, verehrte ja Zeus und Apollon. Doch spricht er auch einfach von dem Gott.

Indes, der eigentliche Grund der Anklage ist, wie Sokrates dann feststellt (Kap. 16 ff.), der Hass derer, die sich von seinem auf die Tugenden abzielenden Philosophieren in ihrem politischen Egoismus und ihrer Triebmoral angeklagt fühlten. Sie wollten nicht eigentlich seinen Tod, sondern nur den lästigen Prüfer entfernen oder zum Schweigen bringen. Es bot sich auch der Weg in die Verbannung. Sokrates kann aber nicht schweigen: Sein Philosophieren über das Gute und Gerechte versteht er als einen Auftrag des Gottes, ja als »Gottes Gabe« an die Athener. Daher wird er nicht dem Rat der Athener, vom Philosophieren abzulassen, sondern vielmehr dem Auftrag des Gottes folgen:

»Ich bin euch, ihr Athener, zwar zugetan und freund, gehorchen aber werde ich dem Gotte mehr als euch.« (29d)[1]

---

[1] Wir denken an dieselbe Äußerung des Petrus vor dem Hohen Rat.

Das Daimonion ist nur eine innere Stimme in ihm, die ihm in konkreten Angelegenheiten zu einer Handlung rät oder von ihr abrät. Er selbst ist niemandes Schüler gewesen und hat als Lehrer kein Geld für einen Unterricht genommen. Er hat nicht auf den eigenen Vorteil geachtet, sondern auf das Wohl der Gemeinschaft.

Im Übrigen sagt er den Athenern, er werde nicht von der Möglichkeit Gebrauch machen, die Richter um Gnade anzuflehen, da er den Tod nicht als Übel fürchte.

Nach der Verurteilung zeigt sich Sokrates sehr tapfer und besonnen. Er begründet, dass er den Tod der Verbannung vorgezogen hat, da er in ihr nicht mehr die philosophische Aufgabe erfüllen könnte, und nennt den Grund seiner Verurteilung durch die Athener (37c-d):

»… da ihr, meine Mitbürger, nicht imstande gewesen seid, meine Lebensweise und meine Reden zu ertragen, sondern sie euch zu beschwerlich und zu verhasst geworden sind, so dass ihr euch nun davon loszumachen sucht.«

Doch irren sie sich. Es werden andere kommen und sie wieder über die rechte Lebensweise prüfen, in philosophischen Reden über das Gute und Gerechte. Er rät den Richtern, über seine Söhne zu wachen, dass sie sich nicht »um Reichtum oder um sonst irgend etwas mehr bemühen als um die Tugend«. Dann das abgeklärte Schlusswort:

»Es ist nun Zeit, dass wir gehen, ich, um zu sterben, ihr, um zu leben. Wer aber von uns beiden zu dem besseren Geschäfte hingehe, das ist allen verborgen außer dem Gott«.

3. *Sokrates in Platons Kriton*

Mit der *Apologie des Sokrates* gehört der Dialog *Kriton* eng zusammen, der Zeitumstände und der Thematik nach. Dem Sokrates im Gefängnis bieten Freunde, die Kriton zu ihm senden, die Möglichkeit zur Flucht an. Sokrates lehnt ab, und zwar um der Geltung der Gesetze willen, denen man sich nicht entziehen darf, sondern die zu befolgen sind. Dem Gesetz, das für Gottlosigkeit und Verderbung der Jugend die Todesstrafe vorsieht, will er sich unterwerfen, auch wenn die Athener es missbrauchten.

Sokrates verteidigt die Gesetze, da kraft ihrer Geltung jeder Bürger, auch er selbst, ihnen die rechtlich gewährleistete Existenz in der Stadt verdankt, ja das ganze Leben von der Geburt bis zum Tode, mit

Erziehung und Bildung, mit Familie und Nachkommenschaft. Sehr eindrucksvoll lässt Platon die Gesetze personifiziert auftreten, die sich dem fliehenden Sokrates anklagend in den Weg stellen würden. Das heißt: Die Gesetze sind gleichsam die personifizierte Vernunft, die im staatlichen Gemeinwesen das Zusammenleben der Bürger ordnet.[2]

Diese Einsicht wird aber nur erreicht durch die Unterscheidung zwischen den subjektiven Meinungen der Vielen, die auf den eigenen Vorteil gehen, und der objektiven allgemeinen Vernunfterkenntnis bei denen, welche den in Frage stehenden moralischen Gegenstand philosophisch untersuchen.

4. *Sokrates' Nichtwissen*

Sokrates' Philosophie stellt sich als ethische Bemühung über das Gute und Gerechte bzw. die Tugend dar. Sie ist ein Streben nach Weisheit und erfordert, analog zu den anderen Künsten, ein zu erwerbendes, objektiv allgemeines Fachwissen des Verstandes *(lógos)*, der sich zum Gegenstande zunächst unwissend verhält, weil von subjektiven Meinungen ausgehend. Auf der Suche nach Weisheit ergibt Sokrates' Befragung der Sophisten-Politiker über das Gute und Gerechte, dass sie nur ihre subjektiven Meinungen vorweisen (die mit ihren eigenen Interessen verbunden sind) und diese für Weisheit ausgeben.

Mit den Sophisten teilt Sokrates die Wendung von der Naturbetrachtung der Vorsokratiker hin zum Bereich menschlicher Praxis und Moral. Er betont ausdrücklich, sich nicht mit Naturforschung befasst zu haben. Zur Erörterung steht nun das Gute und Gerechte.

Im Unterschied zu den partikulären Gegenständen der Sinneserfahrungen und der auf sie gestützten Meinungen ist der Gegenstand des Verstandes objektiv allgemein, auf das bezogen die anfänglichen Meinungen ein Nichtwissen sind. Das sokratische Nichtwissen ist kein skeptisches oder agnostisches, sondern ein positives, methodisches, was als Problembewusstsein bezeichnet werden muss.

Um vom Nichtwissen zum Wissen bzw. zur Wissenschaft über das gesuchte Wesen des Objekts überzugehen, bedarf es der Untersuchung im Dialog, welcher von gegensätzlichen Meinungen ausgeht. Sokrates

---

[2] Aristoteles kennzeichnet das Gesetz als »Vernunft ohne Streben« (*Politika* III 16, 1287a 32).

möchte mit den Sophisten einen solchen Dialog führen, der aber von ihnen verweigert wird, wegen ihres Sensualismus bzw. Empirismus, der bei den anfänglichen, subjektiven Meinungen stehen bleibt und am Erwerb allgemeinen objektiven Wissens überhaupt nicht interessiert ist. Mit der dialogischen Methode an jedem Gegenstand, die zu seiner Wesensdefinition führt, wird der Skeptizismus der Sophisten überwunden.

Erwähnt sei, dass diesen Sachverhalt Karl Popper verfehlt, da er das sokratische Nichtwissen als skeptisches auslegt, das dem Menschen allgemeine und notwendige Erkenntnisse abspricht. Eine solche Auslegung entspringt dem modernen Empirismus, der in dem antiken der Sophisten seinen Vorläufer hat.

Für die sokratisch-platonische Philosophie ist wesentlich, dass sie sich im Dialog zwischen zwei oder mehreren Personen vollzieht; denn alle wahre allgemeine Erkenntnis gewinnt nicht der Einzelne allein, sondern nur in Gemeinschaft mit anderen, mit denen er sich im gemeinsamen Dialog auf den Weg der Auffindung macht.

Bezeichnend ist eine im *Phaidon* erwähnte Episode. Sokrates' Hinrichtung verschob sich um einige Tage, weil man noch auf die Rückkehr des Festschiffes aus Delos zu Ehren des Gottes Apollon wartete. Während dieser Tage nun machte Sokrates im Gefängnis Gedichte. Seine Schüler verwunderten sich hierüber und fragten ihn nach dem Grund; denn niemals zuvor widmete er sich dem Dichten. Seine Antwort: Der Gott riet ihm im Traume zu dichten. Sokrates verstand dies zunächst als Aufforderung, weiter zu philosophieren. Doch dann, nach Apollons wiederholtem Rat, begriff er, dass er Gedichte machen sollte.

Die entzückende Episode ist in zweifacher Hinsicht lehrreich: Warum konnte Sokrates, isoliert im Gefängnis, nicht mehr philosophieren? Weil dies nur im gemeinsamen Dialog möglich ist. Und warum konnte er zunächst die Aufforderung zum Dichten missverstehen als eine solche zum Philosophieren? Weil es mit ebenso großer Freude verbunden ist wie das Dichten. Welch ein Unterschied zu heute, wo häufig Philosophieren nicht mehr dialogisch, sondern monologisch verläuft, ohne Weisheit und Freude zu beanspruchen – und wenn in unserer Zeit Philosophieren gar noch als »Dichten« auftritt, um auf jede Terminologie zu verzichten.

5. *Sokrates' Maieutik*

Ein besonderes Merkmal im dialogischen Vorgehen ist Sokrates' »Maieutik«, in Anspielung auf die Hebammenkunst, die seine Mutter ausgeübt hat. Sie beschreibt er im Dialog *Theaitetos* (s. u. S. 141 ff.). Der Kontext ist dort die Definition der Erkenntnis. Die Auffindung der definitorischen Wesensmerkmale erfolgt nun im gemeinsamen Suchen, wobei der Lehrer Sokrates nicht seine Ansicht dem Schüler aufdrängt, sondern mit anderen Ansichten zur Diskussion stellt. Der eigentliche Führer des Dialoges ist der Logos, der Verstand in beiden, der sich auf das Ziel, die allgemeine Wesenserkenntnis, ausrichtet. Sie wird vom Logos in gewisser Weise schon vorweggenommen, wenn auch nur unbestimmt. Der Vorrang des Lehrers besteht in der Fähigkeit, sich vom Logos leiten zu lassen, der in den Dialogpartnern die allgemeine Wesenserkenntnis auffindet, mit definitorischer Methode.

Anmerkungsweise sei erwähnt, dass die sokratische Maieutik sich in verschiedenen pädagogischen Theorien der Neuzeit wiederfindet.[3] Eine der Theorien versteht das Lernen des Zöglings so, dass der Erzieher in ihm Kenntnisse über allgemeine Prinzipien wiedererweckt, die schon in seiner Seele verborgen liegen. Nach einer anderen Theorie versucht der Erzieher, anstatt dem Zögling Wissen von außen einzuflößen, ihm dazu zu verhelfen, sich Erkenntnisse innerlich anzueignen, sie gleichsam wiederzuentdecken.

Gegen Hegels Panlogismus bzw. Idealismus der begrifflichen Allgemeinerkenntnis setzt Kierkegaard die existentielle Erfahrung des Subjekts, die im Erleben des Individuellen liegt. Zu seiner Erschließung nimmt er Sokrates' Maieutik in Anspruch.

Das in Platons *Menon* formulierte Problem des Erkenntniserwerbes stellt sich ihm besonders auf religiösem Gebiet, das sich nur auflöst, wenn Christus selber der Maieutiker in den Gläubigen wird. Er teilt ihnen nicht einfach Glaubensinhalte mit, die in allgemeinen Begriffen dogmatisch objektiviert sind, sondern lässt sie diese in ihnen selber finden, wobei Christus sich selbst in ihnen finden lässt.[4] Hierzu möchte

---

[3] Vgl. den Artikel »Maieutik« von B. Waldenfels und H. Meinhardt in: *Historisches Wörterbuch der Philosophie,* Bd. 5, Basel 1980, Sp. 637–638.

[4] Siehe Sören Kierkegaard, *Philosophische Brosamen,* von ^{2}1865, hrsg. v. H. Diem u. W. Rest, Köln ^{2}1968.

ich zu bedenken geben,[5] dass Christus als der Lehrmeister über allen Gläubigen steht und alle inwendig zu objektiv denselben Glaubenswahrheiten hinführt.

Existentialisten unserer Zeit, die alles in Frage stellen angesichts des Nichts, des Todes, vergleichen mit ihrer Haltung die des fragenden Sokrates. Doch ist da ein großer Unterschied; denn sein Fragen geht sehr positiv auf das Wesen des jeweils untersuchten Gegenstandes, besonders auf das Wesen des Guten und der Tugenden. Und angesichts des Todes hat er keine Angst wie vor einem Nichts, vielmehr öffnet sich ihm der Blick auf die Seele.

Bei Sokrates gehört zum Weisheitsstreben eine tugendhafte Lebensform. Seine Philosophie als Tugendethik steht in eindrucksvollem Einklang mit seinem tugendhaften Leben, während der Skeptizismus der Sophisten-Politiker eine triebhaft egoistische Lebensweise rechtfertigt, auch den Hedonismus, lieber Unrecht zu tun als zu erleiden. Im Gegensatz hierzu lehrt Sokrates, dass nicht der Tod ein Übel ist, sondern die Ungerechtigkeit, und jeder für die Gerechtigkeit notfalls auch sein Leben einsetzen muss.

Als wichtige Aufgabe für das sittlich gute Leben tritt »die Sorge für die Seele« (ἐπιμέλεια τῆς ψυχῆς) hervor, die durch gutes Tun gefördert, genährt und gestärkt, durch schlechtes hingegen geschwächt und verdorben wird.[6] Daher bedarf es bei allem Tun der Gewissensprüfung. Der Text der *Apologie* kommt wiederholt auf diese Aufgabe zurück, siehe 29d-e, 36c, 37c-d, 41e; ferner auch *Charmides* 157a.

Abschließend gesehen, hat Sokrates mit den Sophisten nur eine äußere Ähnlichkeit – er trat öffentlich auf, sich mit den Mitbürgern unterredend, und widmete sich nicht mehr Fragen über die Natur oder den Kosmos, sondern über den Menschen und sein moralisches Verhalten –, aber seine Zielsetzung war sehr verschieden von den politisch bedenkenlosen Absichten der Sophisten, sowie ihrer Skeptik und fragwürdigen Moral, die er zu überwinden suchte.[7]

---

[5] Vgl. meine Abhandlung *Über das Verhältnis von Philosophie und Religion*, Hildesheim 2001, 153–160.

[6] Erwähnt sei, dass es eine von Helmut Kuhn († 2. 10. 1991) begründete Zeitschrift EPIMELEIA gab, die sich dem sokratisch-platonischen Gedanken verpflichtet wusste. Da nach seinem Tode die Zeitschrift nicht mehr weitergeführt wurde, entschlossen sich Kollegen aus seinem Schülerkreis, eine lose Reihe EPIMELEIA fortzuführen, die von mir beim Olms-Verlag herausgegeben wird.

[7] Zu dem Gegensatz vgl. Kranz, *Die griechische Philosophie*, 111 ff.

In unserer Zeit, welche die Sophistik neu bewertet, treffen wir auch eine neue, existentielle Auslegung von Sokrates' Philosophieren an. Sie betont den Zusammenhang mit dem Leben, der uns in der Tat bei Sokrates sehr beeindruckt.[8] Seine positive Einstellung unterscheidet ihn aber wesentlich von nihilistischen Existentialisten unserer Zeit.

Im Übrigen ist zu beachten, dass Sokrates' Nichtwissen kein skeptisches ist, wie es Popper missversteht, sondern ein methodisches Problembewusstsein; denn jede wissenschaftliche Untersuchung, sei es auf theoretischem oder auf ethischem Gebiet, muss von der scharfen Fassung des jeweils anstehenden Problems ausgehen, um dann eine Lösung anzustreben.

Es bleibt Sokrates' besonderes Verdienst, Philosophie in dialogischer Form eingeführt zu haben. Sie fordert von den Dialog Führenden die Bereitschaft, das jeweils anstehende Problem aus ihren unterschiedlichen Ansichten gemeinsam zu erörtern und zu lösen, mit dem Bewusstsein, dass die anfängliche eigene Ansicht noch nicht die Lösung zum Problem ist. Sokrates selber hat hierfür das Vorbild gegeben durch sein erklärtes Nichtwissen gegenüber der gesuchten Lösung, das, wie gesagt, ein methodisches Problembewusstsein bedeutet, wie es am Anfang jeder wissenschaftlichen Untersuchung zu pflegen ist.

Soweit jeder der beiden Partner am Beginn seine Ansicht zum fraglichen Gegenstand hat, wird er sie nur hypothetisch oder provisorisch vorbringen, jederzeit bereit, sich auf die Kritik des anderen einzulassen, aber auch bereit, des anderen Ansicht kritisch zu prüfen. Dabei sollen beide, mit dem Willen zur Wahrheit, sich vom Verstand *(lógos)* leiten lassen, der in das Wesen des Gegenstandes vordringt, und immer den besseren Argumenten folgen, um so die Lösung des gestellten Problems zu erreichen.

Das zweite Verdienst, das Aristoteles dem Sokrates bezeugt, ist die Definitionsmethode. Sie gelangt aus gegensätzlichen Ansichten, die im Dialog geprüft werden, zu den Wesensmerkmalen des jeweils zu erforschenden Gegenstandes. Diese Methode hat dann Platon ausgebildet und in seinen Dialogen erfolgreich angewandt.

---

[8] Ein Entwurf in dieser Richtung ist der von Helmut Kuhn, *Sokrates*, München 1960.

3) Platon

Aus den Dialogen Platons (427–347 v. Chr.) wähle ich jene aus, an denen sich die Entfaltung und Auflösung bestimmter Probleme besonders gut studieren lassen. Wir besprechen sie in der chronologischen Ordnung, die der allgemein anerkannten Einteilung von Platons Werk in eine frühe, mittlere und späte Schaffensperiode folgt, betrachten aber ihre Entwicklung nicht nur als historischen Vollzug, sondern – in theoretischer Einstellung – auch als thematischen Vollzug von systematischer Folgerichtigkeit. Anders gesagt: Die Probleme und ihre Lösungen entwickeln sich nicht nur, weil sie Platon zu verschiedenen Lebensperioden gedacht hat, sondern auch umgekehrt, weil sein Denken von den Problemen und ihren Lösungen in den verschiedenen Perioden geformt worden ist.

Wie sehr Platons Leben von der Philosophie geprägt ist, die er als Streben nach wissenschaftlicher (objektiv allgemeiner und notwendiger) Erkenntnis des wahren Seienden und Guten versteht, dafür gibt er selbst ein großartiges Zeugnis im *Siebten Brief*, in den daher zunächst kurz Einblick zu nehmen ist.

Platons Leben: Siebter Brief

Da Platon am Ende des Peloponnesischen Krieges durch die zerrütteten Verhältnisse Athens zu politischer Untätigkeit gezwungen und tief betroffen von Sokrates' Hinrichtung (399 v. Chr.) war, den er als den »Gerechtesten aller damals Lebenden« bezeichnet (*Siebter Brief* 324e),[1] versucht er durch Schriften auf seine Mitwelt einzuwirken; denn er ist überzeugt, dass die Verhältnisse sich nur dann zum Bes-

[1] Im Folgenden wird zitiert aus: *Platon, Werke*, hrsg. von Heinz Hofmann, Griechisch-Deutsch, 8 Bde., Ausgabe der Wissenschaftl. Buchgesellschaft, Darmstadt 1977, mit der Übersetzung von Fr. Schleiermacher, von der ich nur gelegentlich abweiche.

seren wenden würden, wenn die Philosophierenden zur Herrschaft im Staate gelangten, oder die Machthaber »durch göttliche Fügung« zu philosophieren begännen, d.h. zur Weisheit und einem sittlich guten, tugendhaften Leben kämen. Bekannt sind Platons erfolglose Bemühungen in Sizilien, für seine Idee den Tyrannen Dionysios den Älteren und, nach dessen Tod, den Jüngeren zu gewinnen (*Siebter Brief* 326b). Die Bewertung der sizilianischen Unternehmung als unrealistische Utopie wird der Tatsache nicht gerecht, dass normative Ethik immer ihre Gegner hat. Eine empiristische Haltung, welche die Realität auf das sinnlich Erfahrbare verkürzt, muss jede ethisch-normative Forderung, die auf das Gute in der Seele, auf Tugend und Gerechtigkeit, geht, als utopisch ablehnen. Platon spricht aber im *Siebten Brief*, wie auch in den Dialogen, sehr realistisch von diesem Guten und ist sich bewusst, dass seine Missachtung für das Leben des Einzelnen wie der Gemeinschaft zerstörerische Folgen hat.

Da sich der Empirismus mit dem Machttrieb und dem Egoismus des eigenen physischen Vorteils verbinden kann, wie bei den radikalen Sophisten, welche die tyrannische Existenz preisen, sieht sich Platon herausgefordert, diese Lehre philosophisch zu widerlegen und die tugendhafte Lebensform zu rechtfertigen. Während der Tyrann, wie ihn Platon treffend am Beispiel des Dionysios, darstellt, in Unfrieden mit sich selbst und den anderen ist, voll von Misstrauen gegen jeden und von Hass gegen seine Feinde, skrupellos seine Macht ausübend und seinen ungerechten Vorteil auskostend, ist der sittlich Gute mit sich im Frieden, in innerer Harmonie und Freude, wohlwollend zu den anderen und gerecht.

Das Problem normativer Ethik führt nicht nur zur Kritik an Platons »utopischer« Konzeption eines Idealstaates, sondern auch zur Kritik an seiner »intellektualistischen« Ethik, die meint, dass schon die Erkenntnis des sittlichen Guten den Menschen sittlich gut machen würde, was leider nicht stimme; denn es gebe viele Menschen, die zwar wüssten, was das zu praktizierende Gute sei, aber nicht danach handelten. Indes, Platon hat eine tiefere Sicht auf das Problem und löst es auf; denn die gute Handlung würde der Erkenntnis des Guten nicht folgen, wenn nicht ihrerseits die Erkenntnis vom Guten schon eine tugendhafte Haltung voraussetzte; denn ein Lasterhafter nimmt keine Belehrung und Erkenntnis über das Gute an, gerade weil er sonst sein Leben ändern müsste.

Im Rückblick auf seine dritte Sizilienreise (361 v. Chr.) nennt

Platon den Grund seines Misserfolgs: Dionysios machte sich nicht das Ideal einer Regierung in Gerechtigkeit und mit guten Gesetzen zu eigen. Es lag ihm nichts daran, dass dieses Ideal den Bürgern von Syrakus zu einem guten und glücklichen Leben verhelfen würde, ja den Bürgern aller Städte Siziliens, wenn sie dem guten Beispiel von Syrakus folgten. Stattdessen handelte der Tyrann mit frevlerischem Sinn, »gottvergessen« und »mit dem kecken Mut der Unwissenheit, in welcher alles Unheil wurzelt und keimt« (*Siebter Brief* 336b).

Philosophische Einsicht in das Gute und Gerechte kann nur bei demjenigen Eingang finden, der nicht den Leidenschaften und dem Lustvollen frönt, sondern einen guten Charakter zeigt und den altbewährten Tugendsitten folgt. Der richtige Weg ist nicht, in endlosen Kämpfen der um die Macht streitenden Parteien zu siegen, sondern die inneren Leidenschaften zu besiegen (*Siebter Brief* 336a–337b). Den Bürgern ging die Chance eines glücklichen Lebens in Freiheit verloren, und zurück blieb ein Tyrann in äußerem Scheinglück, der keine Freunde hatte, ja auch sich selbst nicht Freund sein konnte.

Dionysios täuschte dem Platon zunächst ein Interesse für dessen Philosophie vor. Platon durchschaute dies aber bei seinem dritten Aufenthalt in Syrakus. Als Prüfstein diente ihm dieser: »ob Dionysios wirklich von der Liebe zur Weisheit wie von einem zündenden Funken ergriffen sei«. Dies würde einschließen, dass er sich nicht der Mühe entzöge, philosophische Erkenntnis zu erwerben, beständig ihr nachgehend und sich dem Lehrer als Führer anvertrauend (*Siebter Brief* 340b–d). Dionysios entsprach dem jedoch in keiner Weise. Vielmehr hatte er sich, um seine Eitelkeit zu befriedigen, inzwischen sogleich an die Abfassung einer Schrift gemacht, wie Platon von Dritten hörte, und Gegenstände platonischer Philosophie wiedergegeben. Hierüber war Platon ungehalten und äußerte sich im *Siebten Brief* allgemein gegen Philosophie in schriftlicher Form. Denn philosophische Erkenntnis entsteht (im Unterschied zu anderen Erkenntnissen) nur »durch lange Beschäftigung mit dem Gegenstande und dem Sich-hinein-leben wie ein durch einen abspringenden Feuerfunken plötzlich entzündetes Licht in der Seele«, das »durch sich selbst Nahrung erhält« (*Siebter Brief* 341c–d).

Platon zeigt dann den Erkenntnisfortschritt auf, der sich auf fünf Stufen vollzieht (*Siebter Brief* 342a–343a):

1. der Name des Gegenstandes;
2. seine Nominaldefinition;

3. seine sinnliche Erscheinung;
4. seine rationale Wesenserkenntnis in der Seele;
5. die intellektuelle Anschauung des Gegenstandes in seinem Wesen.

Die letzte Stufe geht über die sprachliche Mitteilung hinaus. Es zeigt sich hier die »Ohnmacht der Sprache«. Das heißt: die Vernunft hat mehr vom Wesen der Dinge erfasst, als in die sprachliche Mitteilung eingeht.

Wer auf der Ebene der Sinneswahrnehmung stehen bleibt, wird auf allen fünf Erkenntnisstufen Widersprüche anmelden und Gegensätzliches aussagen, was nicht verwundert, da auf dieser Ebene alles in unaufhörlicher Veränderung ist. Daher fordert Platon von dem, der einen Erkenntnisfortschritt erzielen will, dass er seine Einstellung ändert und den Blick vom sinnlich Wahrnehmbaren zur intelligiblen, wahren Natur der Dinge hinwendet, was nicht mehr mit den Sinnen, sondern nur mit dem Intellekt / der Vernunft zu erfassen ist. Die Wesenserkenntnis durchläuft zunächst den rationalen Diskurs in Fragen und Antworten, mündet dann aber in ein einheitliches Schauen der Vernunft und erhellt sie wie ein Licht. Grundlage aber ist die Innenwendung des Menschen, ohne die alle belehrenden Worte vergeblich sind.

Dies gilt für alle Erkenntnis, sowohl die theoretische – Platon erläutert die fünf Erkenntnisstufen mit dem Kreis, einem Beispiel aus der Geometrie –, als auch umso mehr von der praktisch-ethischen Erkenntnis, da ihr Gegenstand, die Tugenden, im Subjekt selbst liegen. Es ist klar, dass einer nicht Einsicht in sie erlangen kann, ohne bei sich selbst einzukehren.

Im Ganzen gesehen, bietet der *Siebte Brief* ein wichtiges Selbstzeugnis Platons von seinem philosophischen Schaffen, auf das er im Alter von ca. 67 Jahren (er selbst bezeichnet sich als alten Mann) zurückblickt. Zur Auswertung mögen folgende Gesichtspunkte dienen:

1. Erkenntnistheoretisch gesehen, zeigen die fünf Erkenntnisstufen einen Fortschritt von der Sinneserfahrung – mit der Benennung der Sinnesgegenstände – hin zur Verstandes- bzw. Vernunfterkenntnis, zur Wissenschaft an. Die fünfte Stufe scheint gleichsam als mystischer Zustand erleuchteter Wesensschau beschrieben zu werden, wie Interpreten sie auslegen. Mir scheint aber Platon nur darauf hinzuweisen, dass es über der wissenschaftlich-diskursiven Erkenntnis des Verstandes bei der Auffindung der Wesensmerkmale jedes Gegenstandes (wel-

che die Definition zusammenstellt) eines abschließenden Vernunftaktes bedarf, diese Merkmale zur Einheit des Wesens zusammenzuschauen. Es muss also zum verstandesmäßigen Denken *(diánoia)* der intuitive Akt hinzukommen *(nóesis,* das Verbalsubstantiv zu *noûs,* latein. *intelligentia* zu *intellectus).*

2. Unter ethischem Gesichtspunkt fällt der enge Zusammenhang auf, welchen Platon zwischen der praktisch-ethischen Erkenntnis und dem sittlich guten Handeln sieht. Daher ist er überzeugt, dass die zerrütteten politischen Verhältnisse seiner Zeit sich nur dann zum Besseren wenden würden, wenn Philosophen die Regierung übernähmen, oder die Machthaber zu Philosophen würden. Dabei geht es nicht um ein äußerlich übernommenes Wissen, sondern um ein innerlich angeeignetes, in welches das intellektuelle Leben und die damit verbundene Freude eingeht, ja welches eine Liebe zur Weisheit, »Philosophie« erweckt. Wie sollte jemand einem solchen Wissen nicht mit freiem Willen folgen, das für ihn Freude und Glück bedeutet?!

3. Daher hält Platon es für erforderlich, dass derjenige, der moralische und philosophische Erkenntnis über die Tugenden erwerben will, einen guten Charakter und tugendhaftes Verhalten mitbringt, in welchem die Vernunft die Führung hat und vom Affekt unterstützt wird, sonst bleiben für ihn belehrende Worte eben nur leere Worte.

4. Die anthropologische Voraussetzung ist die, dass der Mensch wesensmäßig aus Leib und Seele besteht, und die Seele wiederum aus triebhafter Sinnlichkeit und Verstand bzw. Vernunft, so dass jede Tugend den Vorrang des Verstandes über dem Trieb bedeutet. Diese Einsicht, die auf einem Selbstzeugnis der Vernunft beruht, geht entscheidend über die sophistische Auffassung hinaus, welche das Wesen des Menschen nur in seiner Triebnatur sieht und das Laster für Tugend erklärt.

5. Was Platons negative Äußerung über die schriftliche Abfassung philosophischer Erkenntnis betrifft (vgl. den Dialog *Phaidros*), so widerspricht sie nicht, wie moderne Forscher meinen, der Tatsache, dass Platon seine Lehre in Schriften mitgeteilt hat; denn er wendet sich gegen die seinerzeit übliche Form philosophischer Schriften, die eine These mitteilen, ohne vorherigen Dialog. Von dieser Art war auch die von Dionysios abgefasste Schrift, die Platon daher als unphilosophisch ablehnte. Anders dagegen Platons Schriften, die in dialogischer Form jede These im Für und Wider der Argumente erörtern. Damit führte er eine neue Gattung philosophischer Schriften ein, die »Dialoge«.

a) Frühdialoge: Erkenntnistheorie und Ethik

Von den Frühdialogen, die auch die Sokratischen heißen, weil in ihnen Platon noch stark unter dem Einfluss seines Lehrers steht und ihn als Gesprächsführer auftreten lässt, werden hier die folgenden besprochen: *Laches, Protagoras, Euthydemos, Menon, Charmides, Euthyphron Großer Hippias, Gorgias* und *Lysis,* um in dieser Frühperiode an ihnen Platons Erkenntnistheorie und Ethik zu studieren.

Laches

Als gutes Beispiel für einen der Frühdialoge, die sich um die Definition einer Tugend bemühen, möchte ich kurz den Dialog *Laches* besprechen, der von der Tapferkeit handelt. Dabei stellt sich in allen Definitionsversuchen das Problem, dass sie von Einzelfällen des zu definierenden Gegenstandes ausgehen, dann aber Schwierigkeiten haben, den Weg zu seinen allgemeinen Wesensmerkmalen zu finden. Die Lösung bahnt Sokrates / Platon durch die Wendung vom Einzelnen, Akzidentellen, hin zum allgemeinen Wesentlichen an, von empirischen Einzelkenntnissen hin zu einer wissenschaftlichen Allgemeinerkenntnis, durch eine definitorische Methode. Sie wird jedoch behindert durch die Gesprächspartner, die ihr nicht folgen.

Die Einleitung des Dialogs stellt das Thema der Tapferkeit in den größeren Zusammenhang der Erziehung und Bildung der jungen Menschen. Die Gesprächspartner sind die älteren Familienväter Laches und Nikias, die sich um die rechte Erziehung ihrer Kinder im Jugendalter sorgen. Dazu gehört die körperliche wie die seelische Ertüchtigung. Als Beispiel der körperlichen dient die Fechtkunst. Aber es zeigt sich in praktischen Fällen, dass sie nicht dasselbe ist wie die Tugend der Tapferkeit, und dass diese nicht nur den Leib, sondern mehr noch die Seele bildet. Sie erfordert praktische Klugheit, wie sich bald im Dialog zwischen Nikias und Laches mit dem jüngeren Sokrates herausstellt, als sie versuchen, die Tapferkeit zu definieren.

Eine erste Definition erweist sich als zu eng, welche die Tapferkeit nur darin sieht, »in der Schlachtreihe auszuhalten und dem Feinde zu widerstehen«. Daher wird die Definition erweitert, so dass tapfer der ist, welcher gegen viele Gefahren standhält, nicht nur gegen Feinde im Krieg, sondern auch gegen Krankheiten, gegen Schmerz und Furcht, gegen Begierden und Lust. Eine zweite Definition bestimmt die Tapferkeit wiederum zu weit als »Aushalten der Seele« und wird dann eingeschränkt auf »das Aushalten mit Verstand«, d. h. mit Kenntnis der näheren Umstände der gefährlichen Situation, der Einschätzung der Gefahr, des richtigen Gebrauchs der Abwehrmittel (*Laches* 194e). Aber auch hierzu erhebt sich ein Einwand; denn diese spezielle Kenntnis kann nicht nur dem Tapferen, sondern auch dem Feigling dienlich sein. Daher erfolgt eine dritte Definition, die Tapferkeit allgemein als Weisheit, Einsicht in das Schlechte zu definieren, bzw. zugleich in das entgegengesetzte Gute. Doch ist diese Einsicht allen Tugenden eigentümlich, so dass der Dialog ergebnislos ausgeht.

Im Überblick gesehen, sind die drei Definitionen nicht drei gescheiterte Versuche, sondern bieten positive Ansätze: Zweifellos ist das Standhalten gegen Gefahren der Gattungsbegriff der Tapferkeit, zu dem eine spezielle Kenntnis der Gefahrensituation und der weiteren Umstände als spezifische Differenz hinzukommt. Doch bleibt die Definition mangelhaft, wenn sie nicht sagt, dass das Standhalten gegen Gefahren um des Guten willen erfolgen muss und als Widerstand gegen das Schlechte. Daher führt die Unterredung notwendig auf die allgemeine Kenntnis über Gut und Böse, die über die erwähnte spezielle Kenntnis hinausgeht und daher nicht in der Definition anzugeben ist; denn die allgemeine Erkenntnis in Gut und Böse gehört in die Definition der Tugend überhaupt und wird für die der Einzeltugenden schon vorausgesetzt. Hiermit würden sich zwei Interpretationsprobleme auflösen:[2] ob Nikias' kognitive Bestimmung der Tapferkeit oder Laches' mehr emotionale der Tapferkeit als Aushalten die richtige ist – m. E. machen sie zwei Glieder der gesuchten Definition aus –, und ob der Dialog aporetisch endet, weil Platon selbst die Lösung noch nicht wusste. Sie liegt, so scheint mir, in dem Verweis auf das Gute, um dessentwillen der Tapfere sich, mit Kenntnis der Gefahr, dieser aussetzt. (Man vergleiche Aristoteles, *Nikomachische Ethik* III, 9 ff.)

Im Übrigen enthält der Text Methodologisches über die Dialogführung; Platon lässt Laches und Nikias in Streit geraten. Keiner der beiden will vor dem jungen Sokrates als vom anderen widerlegt erschei-

---

[2] Zu den Problemen siehe *Grundriss der Geschichte der Philosophie,* begründet von Friedrich Ueberweg, völlig neu bearbeitete Ausgabe, hrsg. von Helmut Holzhey, *Die Philosophie der Antike,* Bd. 2.2, *Platon,* hrsg. von Michael Erler, Basel 2007, 154–155.

nen und jeder argwöhnt, dass der andere nur aus Ehrgeiz sich verteidige und Kritik äußere. Daraus wird deutlich, dass Streit und Ehrgeiz einen Dialog verhindern. – Ferner ist eine andere methodologische Bemerkung zutreffend: Laches fordert eine Übereinstimmung der Rede mit dem Leben. So bereite es Verdruss, einen Feigling über Tapferkeit reden zu hören.

Protagoras

In diesem Dialog, der nach dem berühmten Sophisten Protagoras benannt ist, wird das Thema der Tugend eng verbunden mit dem Anspruch des Sophisten als »Weisheitslehrer«, der verspricht, die jungen Menschen zu tüchtigen Anwärtern politischer Führung zu machen und sie die Staatskunst mit den Bürgertugenden zu lehren. Für Sokrates / Platon ist aber die Lehrbarkeit ein wichtiges Merkmal wissenschaftlicher Erkenntnis, die der Sophist nicht besitzt, sondern als »Weisheitslehrer« nur zu besitzen vorgibt. Im Hintergrund des Dialoges steht also der Gegensatz zwischen sophistischer Rhetorik und platonischer Philosophie, mit der Entscheidung, dass es dieser, nicht dagegen jener zukommt, die Staatskunst auszuüben.

1. Von Sokrates befragt, stellt Protagoras die These auf, dass die Tugend lehrbar ist (*Protagoras* Kap. 9). Sokrates opponiert mit der Gegenthese, dass Tugend nicht lehrbar ist (*Protagoras* Kap. 10), um den Anspruch des Sophisten zu prüfen, seine These der Lehrbarkeit auch einzulösen. Hierzu ist dieser jedoch nicht in der Lage, da er ja, wie oben erwähnt, einen empiristischen Standpunkt einnimmt, der die Erkenntnis auf Sinneserfahrungen verkürzt, wodurch die Möglichkeit wissenschaftlicher Erkenntnis von vornherein ausscheidet.

Sokrates, der als Fragender das Gespräch führt, versucht nun (*Protagoras* Kap. 17 ff.), den Weg zu einer allgemeinen Erkenntnis der Tugenden mit der Teilfrage anzubahnen, ob angesichts einer Vielheit von Tugenden die einzelnen sich wie Teile zu einer Gesamttugend verhalten, oder jede einzelne selbständig für sich besteht. Doch der Empirist Protagoras bleibt nur bei den einzelnen Tugenden stehen. Er bemerkt nicht, dass es für die Definition einzelner Tugenden, wie der Gerechtigkeit, der Besonnenheit oder der Tapferkeit, notwendig ist, den gemeinsamen Gattungsbegriff ins Auge zu fassen, da sie alle doch Tugend sind.

Daher widerlegt ihn Sokrates mit dem Argument, dass zwischen den einzelnen Tugenden eine identische Beziehung waltet, ja dass jede einzelne nicht ohne Bezug zu den anderen bestehen kann (Kap. 19). Sein Fragen zielt auf das Identische aller Tugenden, das in der ihnen gemeinsamen Erkenntnis des Guten liegt, aber Protagoras will dies nicht sehen. Vielmehr blockiert er den Fortgang des Dialoges, da sein Empirismus keine allgemeine Vernunfterkenntnis zulässt.

2. Mit Protagoras' Empirismus verbindet sich ein Hedonismus, bei dem das Gute, Nützliche und Lustvolle identisch sind. Doch Sokrates widerlegt ihn durch Argumente, dass die einzelnen Tugenden miteinander etwas Identisches haben, wie vor allem die Weisheit mit der Besonnenheit (*Protagoras* Kap. 20) und mit der Tapferkeit (*Protagoras* Kap. 34), und widerlegt den Hedonismus (*Protagoras* Kap. 35); denn auch ein Hedonist muss zwischen guter und schlechter Lust unterscheiden, was er durch seine Rede verrät, wenn er gelegentlich gesteht, »von der Lust bezwungen« etwas getan zu haben, was an sich schlecht war (*Protagoras* 353d–e).

Für den Hedonisten jedoch könnte die Rede: »dem Schlechten zu folgen«, nur bedeuten, dem weniger Lustvollen zu folgen gegenüber dem, was mehr Lust verspricht, was freilich absurd ist. Vielmehr zeigt der Hedonist mit der Unterscheidung und Vergleichung von »guter« / »nützlicher« und »schlechter« / »schädlicher« Lust, dass er eine rationale »Messkunst« oder Ökonomie von Lust und Unlust oder Schmerz durchführt, die der Erkenntnis bedarf. Damit kommt aber Gut und Schlecht mit Kenntnis und Unkenntnis in Verbindung (Kap. 36–37) und wird der Hedonismus überwunden.

3. Im Bezug auf die einzelnen Tugenden muss umso mehr gelten, dass sie jedes Mal Erkenntnis sind, so dass sich auch die Lösung zur Frage abzeichnet, was die Tugend sei (als Gattung der Einzeltugenden), nämlich Erkenntnis (des Guten) zu sein, was Protagoras verneint, so dass sie auch nicht lehrbar ist. Dadurch ergibt sich das Paradoxe, dass sich zwischen den Dialog Führenden die Thesen vertauschen: Am Ende des Dialoges nimmt Sokrates die Ausgangsthese des Protagoras an, dass die Tugend lehrbar ist, und Protagoras die Ausgangsthese des Sokrates, dass die Tugend nicht lehrbar ist.

Die Vertauschung der These und Gegenthese zwischen Protagoras und Sokrates zeigt einen echten, dynamischen Fortschritt im Dialog an, welcher von der Ausgangsfrage, ob die Tugend lehrbar (und was sie ihrem Wesen nach) sei, in Richtung auf ihre Lösung führt. Dass der

Dialog aporetisch endet, liegt nicht an einem Problem, das an sich unlösbar wäre, auch nicht an Sokrates / Platon, als ob er keinen Lösungsweg gesehen hätte, sondern liegt ausschließlich am Skeptizismus des Sophisten, der aufgrund seines Sensualismus oder Empirismus jeden Fortschritt in Richtung auf eine objektive Allgemeinerkenntnis des Verstandes abschneidet und bei seiner subjektiven partikulären Meinung stehen bleibt.

4. In Form eines großen Einschubes bringt Platon Protagoras' Mythos von der Entstehung des staatlichen Zusammenlebens der Menschen (*Protagoras* 320c/d ff). Im Unterschied zu den Tieren, die mit besonderen Eigenschaften (Spezialisierungen) zum Überleben ausgestattet wurden, fehlten solche den Menschen durch Epimetheus' mangelnde Umsicht, dem die Verteilung der Eigenschaften oblag, so dass dann Prometheus zu Hilfe kam mit der göttlichen Gabe des Feuers an die Menschen, das er dem Hephaistos stahl. Durch dieses bildeten die Menschen Technik und Kultur aus, um die Lebensnot zu überwinden. Doch gerieten die Menschen miteinander in Streit und Unordnung, so dass schließlich Zeus eingriff und ihnen Scham und Recht brachte, um zu einem Zusammenleben in Bürgertugenden zu gelangen. Der schöne Mythos wird gewöhnlich als eine erste Kulturentstehungstheorie interpretiert. In unserem Zusammenhang geht es darum, dass der Besitz der Tugend der Gerechtigkeit nicht nur wenigen Reichen vorbehalten ist, sondern als Anlage allen Menschen eigen ist und allen gelehrt werden kann, was freilich Protagoras nur als Mythos gelten lässt.

5. Protagoras' Verweis auf ein Gedicht des Simonides betrifft zwei widersprüchlich erscheinende Aussagen über die Tugend (Kap. 26). An der ersten sagt Simonides, dass es schwer ist, ein guter, tugendhafter Mensch zu werden, an der zweiten tadelt er ein Wort des Pittakos, dass es schwer ist, tugendhaft zu sein. Protagoras sieht darin einen Widerspruch, Sokrates nicht (*Protagoras* Kap. 28), da die erste Stelle bei Simonides vom Tugendhaft-werden spricht, die zweite hingegen vom Tugendhaft-sein. Er verteidigt Pittakos, der von Simonides nur getadelt werde, um sich ihm überlegen zu zeigen, und legt dann das Wort des Pittakos so aus, dass dieser sagen wollte: Schwer ist es schon, tugendhaft zu werden, noch schwerer aber, tugendhaft zu sein und fortwährend zu bleiben, was nur Gott zukommt; denn im Leben eines Menschen kann sich viel ändern, und ein Tugendhafter könne auch einmal wieder schlecht werden, sei es durch Ermüdung oder durch Krankheit

oder durch Verlust der Erkenntnis; »denn dies ist ja das einzige Schlechthandeln, der Erkenntnis beraubt zu sein« (*Protagoras* 345b). Mit diesem Hinweis deutet Platon indirekt das Wesen der Tugend an, dass es nämlich in einer Erkenntnis des Guten liegt, die nicht nur schwer zu erwerben ist, sondern die auch schwer ist, sie zu sein, zu leben.

Wie schwer es ist, praktische Erkenntnis zu gewinnen, die zur Tugend führt, zeigt ja Platon durch Sokrates' Dialog mit Protagoras, der sich den Weg zu ihr verschließt.

Beiläufig erwähnt Sokrates in der Simonides-Auslegung auch, dass niemand freiwillig Böses tut, wenn aus Unwissendheit verübt; denn diese macht unfrei. (Keine Freiheit ohne Wissen.)

Die Lösung, die sich im Dialog, für den Leser deutlich genug, abzeichnet, ist die, dass die Einzeltugenden ihrer Gattung nach Tugend sind, mit dem Wesensmerkmal allgemeiner Erkenntnis in das Gute.[3] Erläuternd können wir sagen, dass sie praktische, nicht theoretische Erkenntnis ist, die in der philosophischen Ethik ausgearbeitet und als Erkenntnis in das Gute bestimmt werden kann. Der Erwerb der ethischen Erkenntnis ist schwer, weil er den Übergang von der sinnlichen zur Vernunfterkenntnis bildet. In dieser das Kriterium des sittlich guten Lebens anzuerkennen, wird aber vom Sensualismus bzw. Hedonismus verweigert.

Euthydemos

Der Dialog *Euthydemos* unterzieht die sophistische Streitkunst (Eristik), hier vertreten durch Euthydemos und Dionysodoros, einer nachhaltigen Kritik, da sie verspricht, die Jugendlichen in guter Rede, sowie in Tugend und Weisheit zu unterrichten. Damit tritt sie in Konkurrenz zur sokratisch-platonischen Philosophie, die denselben erzieherischen Zweck bei der Jugend verfolgt. Wir erinnern uns, dass der historische Sokrates von sophistischen Politikern angeklagt worden war, weil er »die Jugend verderbe«. In diesem Dialog wird umgekehrt die sophistische Eristik als Scheinphilosophie bloßgestellt, deren völliger Relati-

---

[3] Die zwei Themen der Lehrbarkeit der Tugend im Allgemeinen und der Einheit der einzelnen Tugenden gehören eng zusammen, siehe Erler, *Grundriss der Geschichte der Philosophie*, Bd. 2.2, *Platon*, 186–187.

vismus für die Jugendlichen zu verderblichen Folgen führt. Dem Leser werden einige Proben von Streitgesprächen dargeboten. Die von Euthydemos und Dionysodoros mit einer Gruppe von Jünglingen geführten Reden werden unterbrochen von zwei philosophischen Gesprächen des Sokrates mit Kleinias, einem der Jünglinge, über Glückseligkeit und Weisheit. Im Folgenden werde ich beide Gespräche kurz referieren, um aus ihrer Gegenüberstellung zu den sophistischen Reden Platons Anliegen deutlich zu machen.

1. Der Text bietet mehrere Beispiele sophistischer Eristik, von denen ich zwei anführe. Sie bringen jeweils zwei alternative Fragen, die von der Art sind, dass die Antwort sowohl auf die eine, wie auf die andere Frage widerlegt wird. Beim ersten Beispiel lauten die zwei alternativen Fragen (*Euthydemos* Kap. 5): Wer von zwei Menschen ist der, welcher lernt, der Kluge oder der Unkluge? Kleinias' Antwort: der Kluge, wird dadurch widerlegt, dass der Lernende etwas vom Lehrer aufnimmt, was er nicht kennt, worin er also unklug ist. Aber auch die Antwort, dass der Unkluge lernt, wird widerlegt; denn das Lehren besteht darin, dass der zu erwerbende Gegenstand dem Lernenden vorgesagt wird. Um ihn aufzunehmen, muss er aber klug sein, nicht dumm.

Die Sophisten führen eine andere Streitfrage vor (*Euthydemos* Kap. 6): ob man lernt, was man weiß, oder was man nicht weiß. Die Antworten auf beide Fragen führen ins Gegenteil; denn das Lernen ist der Erwerb dessen, was man nicht weiß, aber mit Hilfe des Lehrers, an dessen Wissen der Lernende schon teilhaben muss, um es aufzunehmen.

Dem verwirrten Jüngling Kleinias kommt Sokrates zu Hilfe (*Euthydemos* Kap. 7), indem er unterstellt, die Sophisten hätten nur ihr Spiel mit ihm getrieben, und deckt in der (von den Sophisten ernst gemeinten) Streitrede leicht den Fehler auf, der im doppeldeutigen Wortgebrauch liegt; denn das Wort »lernen« kann sich auf einen noch unbekannten Gegenstand richten, aber auch auf den noch unbekannten Gebrauch des schon bekannten Gegenstandes. Ebenso sind auch die Wörter »klug« und »unklug« (unwissend), »wissen« und »nicht wissen«, mehrdeutig. Sokrates fordert dann die zwei Sophisten auf, im Ernst eine Probe ihrer Kunst zu geben, nämlich die jungen Menschen zu Weisheit und Tugend zu ermuntern, was er im Gespräch mit Kleinias vorführt.

2. Da alle Menschen glücklich zu sein wünschen, stellt Sokrates die

Frage, worin das Gute liegt, das die Menschen glücklich macht (*Euthydemos* Kap. 8). Liegt es im Reichtum, in Gesundheit, in guter Abkunft, Ansehen oder Macht? Oder vielmehr in Besonnenheit, Gerechtigkeit, Tapferkeit und Weisheit? Es stellt sich nun heraus, dass sich mit den äußeren Gütern nur dann Glück verbindet, wenn sie in rechter Weise gebraucht werden, was Weisheit (und mit ihr die inneren, seelischen Güter) erfordert.

Es zeigt sich weiter (*Euthydemos* Kap. 9), dass die äußeren Güter nur durch den rechten Gebrauch für uns Güter sind, der von ihrem Besitz verschieden ist. Ja ein unrechter Gebrauch bedeutet sogar ein Übel. Sokrates bemerkt (*Euthydemos* 281b):

> »Ist also wohl, beim Zeus, sprach ich, irgendein anderer Besitz etwas nutz ohne Einsicht und Weisheit? Würde wohl ein Mensch Vorteile haben, wenn er auch noch so viel besäße und täte, der keine Vernunft hat, oder vielmehr, wenn er weniges besitzt, aber Vernunft hat?«

3. Das Wort geht wieder an die Sophisten (*Euthydemos* Kap. 11), die Sokrates' Aufforderung zu einer Probe ihrer Weisheit ins Absurde wenden, mit der These: Weise werden wollen bedeutet seinen eigenen Untergang wünschen. Da Sokrates und Kleinias dies bestreiten, werden sie mit dem Argument widerlegt, dass nur ein Unweiser weise werden kann, was bedeutet, dass er ein anderer wird, d. h. aber, dass »er, der er jetzt ist, nicht mehr ist«. Dass hierüber Ktesippos, der Liebhaber des Kleinias, sich empört, da sein Liebling mit dem Tode bedroht werde, macht die Szene zur Komödie (*Euthydemos* Kap. 12). Freilich, die Sophisten wollten scherzen; sie meinten nicht den wirklichen Tod, sondern eine absurde Konsequenz des »Philosophierens«, um die von Sokrates, Platon und anderen vertretene Philosophie, mit ihrem Streben nach der einen objektiven Wahrheit und Weisheit, unglaubwürdig zu machen; denn die Sophisten sind Skeptiker, für die es nur die vielen Meinungen gibt (wie schon für Protagoras), die alle wahr und deshalb auch alle schon weise sind, ohne dass man erst weise werden müsste, wie Sokrates fordert.

Ktesippos muss nun von Sokrates beruhigt werden, dass nämlich der »Untergang«, von dem die beiden Sophisten sprachen, nicht als wirklicher Tod, sondern als Übergang von einem schlechteren Zustand zu einem besseren in der Seele zu verstehen sei (*Euthydemos* Kap. 13). Hiermit fordert er nun die Sophisten zum zweiten Male heraus, endlich hierfür eine Probe ihrer »neu erfundenen Kunst« zu geben. Dazu sind sie aber gar nicht in der Lage, nämlich wie Sokrates zwischen dem Weisen und dem Unweisen zu unterscheiden, zwischen der Einsicht und der Blindheit hinsichtlich des Guten und der Tugend. Vielmehr behaupten sie, dass alle mit ihren Meinungen »weise« sind und sich einander nicht widersprechen. Das Argument des Dionysodoros lautet so: Jeder spricht über alles, das ist (denn niemand kann über Nichtseiendes sprechen). Daher sind alle weise und sprechen über ein und dasselbe, das Seiende, und widersprechen einander nicht (*Euthydemos* Kap. 14).

4. Sokrates erweist die sophistische These als unhaltbar; denn nach ihr gäbe es keinen Irrtum, so dass auch Unterricht und Erziehung überflüssig wären (*Euthydemos* Kap. 15–16). Dann kommt er auf sein oben begonnenes Gespräch zurück, das die Weisheit als notwendig für ein glückseliges Leben empfiehlt (*Euthydemos* Kap. 17). Der Besitz aller äußeren und leiblichen Güter wäre nämlich nutzlos, ja sogar die (durch eine Kunst bewirkte) Fortdauer eines unsterblichen Lebens, wenn nicht die Weisheit über ihren rechten Gebrauch hinzukäme. Ohne sie gibt es kein glückseliges Leben. Die Redenschreiber bieten diese Weisheit nicht. Oder vielleicht die Staatskunst? Nun bemüht diese sich zwar um das Wohlergehen der Bürger, aber setzt hierzu die gesuchte Weisheit schon voraus. So bleibt die Frage offen,

»welches doch wohl jene Erkenntnis ist, die uns glückselig machen würde« (*Euthydemos* 292d).

5. Indem Sokrates mit dieser Frage sich wieder an die Sophisten wendet, erhalten diese nun wieder das Wort (*Euthydemos* Kap. 20) und diskreditieren aufs Neue Sokrates' Weisheitssuche, und zwar durch die These: Jeder weiß alles; denn dieses Wissen ist immer von Seiendem, und das Seiende umfasst alles. Jede Differenzierung in Wissen von einigem und Unwissen von anderem weisen die Sophisten ab und machen damit jede differenzierte Rede über bestimmte Dinge unmöglich, die aus individueller Meinung geäußert wird. Es blieben eigentlich nur tautologische Aussagen übrig: Der Mensch ist Mensch usw.

Eine Streitrede argumentiert so: Sokrates' Stiefvater Chairedemos ist »ein anderer« bezüglich seines leiblichen Vaters Sophroniskos, also »nicht Vater«. Ebenso ist der letztere »ein anderer« gegenüber Chairedemos, d.h. auch »nicht Vater«, weil »ein anderer«. Also ist Sokrates vaterlos (*Euthydemos* Kap. 24). Ein anderes Beispiel: Der Vater des Ktesippos ist »der seinige«. Aber auch sein Hund, der Junge gezeugt hat und Vater geworden ist, ist »der seinige«. Also ist der Hund auch Ktesippos' Vater, und er selbst Bruder der Hunde-Jungen.

Ein weiteres Beispiel (*Euthydemos* Kap. 25) der Sophisten, die Sokrates' These, dass erst durch die Weisheit alle Güter brauchbar werden, durch folgendes Argument zerstören: Das Gute ist das, dessen die Menschen bedürfen, wie der Arznei, der Waffenrüstung, des Goldes u. a. m. Da man das Gute »immer und überall haben muss«, wird jeder seinen ganzen Leib mit diesen Gütern überhäufen, Bauch und Kopf angefüllt mit Gold, was ins Absurde führt. Die sophistischen Kunststücke sind für Sokrates leicht zu durchschauen; denn sie missbrauchen die Bedeutungen der Worte (*Euthydemos* 295c).

Abschließend (*Euthydemos* Kap. 30–32) stellt Sokrates, zusammen mit Kriton, die Frage nach einer wahrhaft guten Erziehung der Jugend, die nicht von Rednern der sophistisch-eristischen Richtung geleistet werden kann; denn »sie treiben Possen und geben sich um unwerte Dinge eine unwürdige Mühe«. Er erwähnt einen Anonymen, der eine mittlere Position zwischen Philosophie und Politik einzunehmen versucht und zu jenen gehört, »die auf der Grenze zwischen Philosophen und Staatsmännern stünden«, sowie »sich mäßig mit der Philosophie einließen und mit den Staatsgeschäften« (*Euthydemos* 304e–305c–d). Doch beurteilt er diesen Kompromiss als schlecht.

Abschließend gesehen, bietet Platon die Eristik nicht bloß als lächerliches Schauspiel dar, sondern als eine verfehlte Form von »Philosophie« gewisser Sophisten, die mit ihr die Jugend zu egoistischen Interessen gewinnen wollen, und stellt ihnen Sokrates' Protreptik entgegen, die zu wahrer Philosophie als Suche nach Erkenntnis des Wahren und Guten einlädt.[4] Damit wird auch das Thema der Erziehung der Jugend gestreift.

Die eristischen Trugschlüsse – die später Aristoteles in den *Sophistischen Widerlegungen* analysiert[5] – beruhen nicht nur auf dem undifferenzierten Wortgebrauch, sondern auch auf dem Missbrauch der parmenideischen Lehre vom Einen Seienden, das immer wahr erfasst wird und jeden Widerspruch ausschließt; denn die Sophisten sind (empiris-

[4] Wie die jüngere, in *Grundriss der Geschichte der Philosophie*, Bd. 2.2, *Platon*, 124–125, zusammengestellte Forschung zeigt, will offenbar Platon »einer Verwechslung der sokratisch-akademischen Methode mit jener der Eristiker vorbeugen«.

[5] Siehe die Verweise in: *Grundriss der Geschichte der Philosophie*, Bd. 2.2, *Platon*, 123–124.

tisch) auf die Vielheit der Sinnesdinge ausgerichtet, so dass sie von diesen fälschlich als vom Seienden sprechen, während dagegen Parmenides mit dem Seienden den intelligiblen Aspekt der Dinge herausstellte. Damit wird die Philosophie vom Seienden verdorben zugunsten eines Skeptizismus.

Den eigentlichen Wert bieten aber die in die sophistischen Streitgespräche eingeschobenen Aufforderungen des Sokrates zur Philosophie als Suche nach jener Weisheit, welche die Antwort auf die Frage nach dem guten Leben in Tugend und Glückseligkeit geben kann. Wie Platon andeutet, liegt das Gute in der Weisheit selbst, d. h. in einem guten, von der Vernunft geleiteten Leben. Nur in dieser Form empfiehlt sich die Philosophie für die Erziehung der Jugend.

Daher lehnt Platon für diese Aufgabe auch eine neu aufgekommene Rhetorik ab, die sich selber zwischen Politik und Philosophie ansiedelt und sich mit beiden nur teilweise beschäftigt. Man könnte an Isokrates denken, der, wie auch andere Rhetoren jener Zeit, tatsächlich den Anspruch öffentlicher Erziehung erhob und mit großem Erfolg praktizierte. Seine Protreptik zu Tugend und sittlich gutem Leben bezeichnete er als die »wahre Philosophie«.

Menon

Der Dialog *Menon* widmet sich derselben ethischen Tugend-Thematik wie die Dialoge *Protagoras* und *Gorgias* und erörtert ausführlicher die mit ihr verbundene Erkenntnis-Frage.

1. Der hauptsächlich der Ethik gewidmete Dialog geht von der Eingangsfrage aus (*Menon* Kap. 1), ob die Tugend lehrbar sei, und lässt sie unentschieden. Stattdessen schreitet er zur Hauptfrage fort (*Menon* Kap. 2), was die Tugend (ihrem Wesen nach) sei, worauf die Definition abzielt, während ihre Lehrbarkeit nur eine Eigenschaft von ihr wäre. Es folgen zunächst Definitionsversuche, die aber abgewiesen werden: dass die Tugend das Vermögen sei, über Menschen zu herrschen (*Menon* Kap. 5); ferner, dass sie das Streben nach dem Schönen und Guten sei (*Menon* Kap. 10).

Dabei kommt eine Seitenfrage auf, ob einer auch das Böse erstreben kann. Doch erweist sich dies dann als unhaltbar, da das Böse Schaden bringt, so dass einer, der wissentlich Böses täte, sich selbst schaden wollte, was absurd ist.

2. Eine zweite Seitenfrage taucht auf, nämlich die Möglichkeit des Lernens (*Menon* Kap. 14): Wie kann man etwas lernen und suchen, das man nicht kennt? Also im vorliegenden Fall: die Tugend suchen, wenn man sie (in ihrem Wesen) nicht kennt? Die Frage wird mit der These beantwortet, dass Lernen als Übergang vom Nichtkennen eines Gegenstandes zum Kennen (seines Wesens) durch Wiedererinnerung der Seele vom Wesen des Gegenstandes geschieht, das sie vor der Geburt in der jenseitigen Welt geschaut hatte. Lernen ist also das Bemühen, von einem anfänglichen, schwachen Wiedererinnern des gesuchten Wesens durch Untersuchung zu seinem klaren Erkennen zu gelangen.

Erhärtet wird diese These durch ein Experiment (*Menon* Kap. 16–20) mit einem jungen, ungebildeten Knecht, welchen Sokrates durch methodisches Fragen eine geometrische Konstruktion auffinden lässt, als Lösung der Aufgabe, zu einem gegebenen Viereck ein anderes von doppeltem Inhalt zu finden. Das Ergebnis, dass Lernen durch Wiedererinnerung erfolgt, wird dann auf die vorliegende Suche nach dem zu definierenden Wesen der Tugend bezogen, die also möglich sein muss.

Aus der erhärteten These folgt als zweites Ergebnis (*Menon* Kap. 21), dass die Seele unsterblich ist, d. h. über den Tod hinaus weiter existiert, wie sie auch vor der Geburt schon existiert hat.

3. Der Dialog kehrt dann zur Ausgangsfrage zurück (*Menon* Kap. 22 ff.), ob die Tugend lehrbar sei, und lässt sie unentschieden. Im positiven Fall ergäbe sich aber für die Hauptfrage: was die Tugend sei, dass sie, wenn lehrbar, auch erkennbar wäre, ja Erkenntnis sein müsste, und zwar vom Verstand vollzogene; denn »die Tugend wohnt dem Menschen inne« (*Menon* 86d–87–d), d. h. der verstandesbegabten Seele, die nicht mehr Objekt der Sinne ist, sondern nur des Verstandes selbst.

Es folgt schließlich das Argument: Wenn die Tugend gut ist, dann auch nützlich, und dies kann sie nur mit der Erkenntnis von ihrer Gutheit und Nützlichkeit sein (*Menon* Kap. 24–26).

Die Unentschiedenheit in der Frage, ob die Tugend lehrbar sei, ergibt sich aus den negativen Zeugnissen aus Vergangenheit und Gegenwart, da es nach Sokrates keine Lehrer in der Tugend gab noch gibt. Und ohne Lehrer konnte es auch keine Erkenntnis der Tugend geben. Wie sie dann aber lehrbar sein sollte, bleibt eine offene Frage. Es bietet sich die von Anytos vorgetragene Alternative an, dass allein schon wahre Meinung über die Tugend zu ihrer Erwerbung ausreiche, wie die Politiker und Rhetoren bezeugen, die nur über Meinungen verfügen, nicht über Erkenntnis / Wissenschaft und gleichwohl mit ihnen Erfolg haben.[6] Doch an Sokrates' / Platons philosophischem Maßstab gemessen, befriedigt die Alternative nicht. So endet der Dialog in einer Aporie.

Zusammenfassend gesehen, ist die Untersuchung des Dialoges der Beginn philosophisch wissenschaftlicher Ethik, welche die Frage nach dem Guten und der Tugend zu klären hat. Die Erkenntnis über die Tugend führt nun dazu, dass diese Erkenntnis selbst wesentlich zum tugendhaften Leben gehört; denn sie ist die Herrschaft der Vernunft über den Trieb im Menschen. Insofern käme dem ersten Definitionsversuch, wonach die Tugend das Vermögen der Herrschaft über die Menschen sei, eine tiefere Bedeutung zu, wenn man die Herrschaft nicht als eine äußere im sophistischen Sinne (Gorgias) verstünde, sondern als eine innere versteht.

Dies führt zur anthropologischen Grundlage der Ethik; denn die Tugend wohnt dem Menschen inne, seiner Seele. Die Herrschaft der Vernunft über den Trieb und den Leib verweist auf die Wesensordnung im Menschen, mit der Unterordnung des Leibes unter die Seele, und des triebhaften Prinzips in der Seele unter das vernünftige. Die Vernunfterkenntnis der Tugend ist auch die der Vernunft von sich selbst und des Guten, das in der Vorrangstellung der Vernunft über dem Trieb und dem Leib liegt.

Was den Erkenntniserwerb für die Tugend betrifft, erörtert Platon erstmals das Problem des Lernens, das ein Übergang vom Nichtwissen zum Wissen ist, aber nicht beim Nichts beginnen kann; denn sonst wüsste man nicht einmal den Gegenstand, den man lernen will. Wer aber den Gegenstand schon kennt, braucht ihn nicht mehr zu erlernen. Platons Lösung ist philosophisch unbefriedigend mit der religiösen These, dass Lernen, d. h. der Erkenntniserwerb, eine Wiedererinnerung der Seele vom Wesen der Dinge ist, das sie im Jenseits geschaut hat. Aristoteles wird das Problem befriedigend durch seine Lehre der Abstraktion lösen.

---

[6] Erler macht in *Grundriss der Geschichte der Philosophie*, Bd. 2.2, *Platon*, 171, darauf aufmerksam, dass Menon ein Schüler des rhetorischen Sophisten Gorgias ist.

Charmides

Der Dialog *Charmides* führt innerhalb der Ethik zu einem schwierigen Erkenntnis-Problem, das er näher erörtert. Thema ist die Tugend der Besonnenheit (σωφροσύνη, sophrosýne, *sanitas animi*), das in Schwierigkeiten führt, sie zu definieren. Sie schürzen sich in dem Problem der Selbsterkenntnis zusammen; denn der Tugendhafte muss, wenn seine Handlungen sittlich gut sein sollen, auch ein Wissen von dem Guten in ihnen haben, sowie schließlich in ihm, dem Handelnden selbst, was sich nicht leicht erklären lässt.

1. Im Dialog mit Sokrates versucht zunächst der junge Charmides, der Neffe des stadtbekannten Kritias, die Besonnenheit als Bedächtigkeit zu definieren (*Charmides* Kap. 7). Doch die Prüfung ergibt: Wer in allen Tätigkeiten, den leiblichen und den seelischen, langsam vorgeht, wird eher getadelt, die Schnelligkeit hingegen gelobt, z. B. in der Gymnastik, wie auch im Lesen und Schreiben. Auch der zweite Versuch, die Besonnenheit als Schamhaftigkeit zu definieren (*Charmides* Kap. 8), hält der Prüfung nicht stand, da sie nicht immer gut ist, z. B. in Armut (mit falscher Scham). Der dritte Versuch (*Charmides* Kap. 9) will die Besonnenheit als das Vermögen definieren, »das Seinige zu tun« (auf die eigene Lage bedacht zu sein). Dagegen spricht jedoch, dass die Menschen nicht nur ihren eigenen Angelegenheiten nachgehen, sondern auch denen der anderen; dass also z. B. nicht jeder seine eigenen Schuhe und Kleider verfertigt. Die Künste dienen vielmehr den anderen.

2. Nun interveniert Kritias (*Charmides* Kap. 10 ff.) und gibt der dritten Definition eine neue Wendung in der Weise, dass die Besonnenheit als ein alle menschlichen Verrichtungen (in den verschiedenen Künsten) begleitendes Wissen erscheint, sofern sie Gutes wirken. So ist z. B. der Arzt, wenn er jemanden heilt, besonnen, indem er weiß, dem anderen mit der Heilung Gutes zu tun. Die Kenntnis vom Guten führt aber den Handelnden zum Guten in ihm selbst zurück, und d. h. zur Tugend in ihm als Erkenntnis vom Guten. Daher erscheint nun die Besonnenheit des Handelnden als Erkenntnis seiner selbst, und der Spruch am Eingang des Apollon-Tempels in Delphi: »Erkenne dich selbst!« deutet wohl auf die Besonnenheit (*Charmides* Kap. 12).

Die nähere Prüfung dieser Definition führt jedoch zu folgendem Problem (*Charmides* Kap. 13–15): Jede Erkenntnis ist nämlich auf ein Objekt gerichtet, die der Besonnenheit jedoch auf keines mehr, da sie Erkenntnis von ihrer eigenen Erkenntnis (ἐπιστήμη αὑτὴ αὑτῆς,

Charmides 166c, 166e) und allen anderen Erkenntnissen sein will, so der aller Künste. Es werden zwei Möglichkeiten geprüft:

a) Wenn die Erkenntnis des Besonnenen die von sich selbst bzw. von seiner eigenen Erkenntnis sein will, dass sie sei und wie beschaffen sie sei, so spricht dagegen (*Charmides* Kap. 16) der Vergleich mit allen Erkenntnistätigkeiten, dass sie nicht sich selbst zum Objekt haben können, z. B. die Sinneswahrnehmung nicht sich selbst, da sie sonst farbig sein müsste. Aber auch die Vorstellung kann nicht sich selbst Objekt, d. h. Vorstellung der Vorstellung, werden. Folglich ist auch nicht eine »Erkenntnis der Erkenntnis« (ἐπιστήμη ἐπιστήμης εἶναι, *Charmides* 169a) möglich, oder zumindest fragwürdig (169b).

b) Wenn aber die Besonnenheit Erkenntnis der anderen Erkenntnisse wäre, wie der aller Künste, dann müsste sie auch alle Objekte von ihnen kennen, was ihr nicht möglich sein wird (*Charmides* Kap. 17).

Schließlich stellt sich auch die Frage nach dem Nutzen einer solchen Erkenntnis der Erkenntnis (*Charmides* Kap. 18 ff.). Sie müsste zu einem schönen, guten, glückseligen Leben führen. Es ist jedoch nicht einzusehen, wie sie etwas Gutes bewirken soll. Aus unserer bloßen Erkenntnis der Erkenntnisse, die Gutes wirken – z. B. der ärztlichen Erkenntnis, die Gutes wirkt –, werden wir nicht besser, nämlich gesünder. Der Nutzen resultiert aus der Sachkenntnis der einzelnen Künste, nicht aber aus der Erkenntnis von deren Erkenntnissen. So nimmt die Erörterung ein aporetisches Ende.

Den tiefgründigen Dialog möchte ich nach folgenden Gesichtspunkten auswerten:

1. Die ersten zwei Definitionsversuche enthalten schon etwas Wahres, das durch eine empiristische Sicht verdeckt wird, die nur auf das sinnlich Wahrnehmbare schaut. Die Merkmale jeder Definition – wie hier der Besonnenheit –, die auf das intelligible Wesentliche des Gegenstandes abzielen, können ja keine sinnlichen, sondern müssen intelligible Merkmale sein (die der Intellekt erfasst). Die Bedächtigkeit ist also nicht im äußeren Verlauf von Handlungen zu sehen (z. B. im langsamen Laufen, Reden, Lesen usw.), sondern im inneren Verlauf seelischer Akte, dass man sich nicht übereilt, ohne Überlegung, zum Handeln entscheidet. Ferner ist auch die Scham mehr als nur das äußerliche Erröten, sondern eine gefühlsmäßige Reaktion auf unrechte Vorstellungen. Sie hat ihren Platz im sittlichen Verhalten, wenn sie

auch nicht Kriterium für dessen Richtigkeit sein kann (wie auch nicht andere Gefühle).

Dabei wird die Untersuchung auch von methodologischen Bemerkungen begleitet, so z. B. von dieser (*Charmides* Kap. 9):

»Denn allewege ist nicht darauf zu achten, wer etwas gesagt hat, sondern ob es richtig gesagt ist, oder nicht.«

Besonders beachtenswert ist, wie Platon Sokrates' Vorgehen im Dialog selbst als besonnen darstellt. So verweist er es dem Gesprächspartner, wie im *Protagoras* und *Gorgias*, vorschnell Schlüsse zu ziehen für eine Lösung, oder eine solche schon zu unterstellen.

2. Auch die Kritik am Merkmal der Besonnenheit, »das Seinige zu tun«, ist empiristisch äußerlich, wenn sie an das Verfertigen der eigenen Kleider und Schuhe denkt, während es an die Besinnung eines jeden auf seine sittliche Aufgabe appelliert. Daher nimmt dann der Dialog eine vorteilhafte Wendung, wenn die Besonnenheit des Handelnden in der »Erkenntnis der Erkenntnis« und jeder seelischen Verrichtung gesucht wird.

3. Da Erkenntnis allgemein eine Beziehung zwischen dem Erkennenden (Subjekt) und den Dingen (Objekt) ist, ergibt sich dann das Problem einer »Erkenntnis der Erkenntnis«; denn sie ist nicht mehr auf ein Objekt gerichtet, sondern auf Erkenntnisse, die nicht wieder Objekte sind. So ist die sinnliche Erkenntnis von farbigen Objekten nicht selbst wieder ein farbiges Objekt.

Im Text fehlt es nicht an Hinweisen des Sokrates / Platon, dass eine Erkenntnis der objektgerichteten Erkenntnisse von anderer Art ist als diese, weil ein formales Mitwissen zu allen Erkenntnissen, sowie zu allen menschlichen Verrichtungen, das nach späterer Terminologie treffend als »Bewusstsein« bzw. als »Gewissen« bezeichnet wird (griech. συνείδησις, latein. *conscientia*). Hierzu ist der vorliegende Dialog ein Quellentext.[7]

Indes, um auf dieses Bewusstsein aufmerksam zu werden, welches natürlich jeder Mensch hat, bedarf es einer Reflexion (»Sich-Zurückbeugens«) des Subjekts auf sich selbst, welche der Anfang der Selbsterkenntnis ist, die aber Kritias nicht vollzieht.

[7] Jedenfalls schließe ich mich der Interpretation an, wie sie Erler in *Grundriss der Geschichte der Philosophie*, Bd. 2.2, *Platon*, 107, darbietet, nach welcher Platon die Existenz eines Wissens des Wissens nicht ablehnt.

4. Ferner geht die alle Erkenntnisse begleitende Erkenntnis auch auf das Gute, das in ihnen allen, bzw. in ihren Gegenständen liegt, z. B. in der Gesundheit, dem Gegenstand der Arztkunst. Dieses Gute entgleitet jedoch wieder, wenn es wie ein Objekt neben den Objekten der menschlichen Erkenntnisse (empiristisch) gesucht wird und als solches sich nicht findet. Vielmehr ist das Gute ein formaler Aspekt der Qualität an allen Objekten sowie der auf sie gerichteten Erkenntnisse und Beschäftigungen, dem gerade das formale Mitwissen entspricht.

5. So wird dem Einzelnen auch das Gute in ihm selbst nur mitbewusst, wenn er Erkenntnisse und Beschäftigungen verrichtet, indem er sie auf ihre Gutheit hin prüft, wobei er dann auch sich selbst kennen lernt, wer er ist. Der delphische Spruch: »Erkenne dich selbst!«, ist eine moralische Aufforderung an jeden, sich in dem, was er denkt, redet und tut, zu erkennen. Die Besonnenheit ist im vorliegenden Text die Gewissenhaftigkeit, mit der sich der Mensch auf das Gute in seinem Handeln und Leben prüfend besinnt.

6. Der Dialog enthält auch einen wertvollen Hinweis von psychotherapeutischer Art: Am Beginn wird von Charmides erwähnt, dass er Kopfweh habe. Dazu bemerkt Sokrates, dass wir bei der Heilung eines Körperorgans auf seinen Zusammenhang mit dem ganzen Leib zu achten haben, ja letztlich auch auf den des ganzen Leibes mit der Seele, von deren Übeln auch die leiblichen Übel ihren Ursprung haben (*Charmides* Kap. 4–5).

Euthyphron

Dieser Dialog, der von der Frömmigkeit handelt, ist ein wichtiger Quellentext für die später aufkommende Religionsphilosophie. Die hier erörterte Schwierigkeit, das Verhältnis der Seele zu den Göttern oder dem Gott richtig zu bestimmen, liegt darin, dass der junge Euthyphron es äußerlich in frommen Verrichtungen sucht, was Sokrates korrigiert.

Das einleitende Rahmengespräch weist bereits auf den Zusammenhang zwischen Frömmigkeit und Gerechtigkeit hin. Beide Dialogpartner, Sokrates und Euthyphron, sind auf dem Weg zum Gericht, wegen Streitfällen, die einen religiösen Hintergrund haben. Sokrates wird von Meletos der Verderbung der Jugend und der Gottlosigkeit angeklagt, weil er, dem staatlichen Götterkult zuwider, sich öfters auf ein Daimonion in ihm berufe. Der junge Euthyphron will seinen Vater wegen fahrlässiger Tötung verklagen, weil dieser einen Knecht (der einen anderen getötet hatte) in Haft nahm und sich einige Tage nicht um ihn kümmerte, so dass er starb. Der Jüngling hält es nun für eine fromme, gottgefällige Pflicht, den der Tötung schuldig befundenen Vater gerichtlich zu belangen (*Euthyphron* Kap. 1–6), was ihm übrigens Sokrates dann verweisen wird.

Euthyphrons erster Versuch, das Fromme als gerechtes Tun bzw. als Bestrafung des Übeltäters zu definieren (*Euthyphron* Kap. 6), orientiert sich an den Göttermythen. Dagegen wendet jedoch Sokrates ein (Kap. 7–8), dass in ihnen Götter auch Unrecht tun und zwischen ihnen Streit über Recht und Unrecht herrscht.

Euthyphrons zweiter Versuch, das Fromme als das zu definieren, was den Göttern lieb ist, erweist sich durch Sokrates' Prüfung als schwierig, da die Frage auftritt, was denn gottgeliebt ist. Die Antwort kann nicht sein: Das Gottgeliebte ist das Fromme, weil dann die Erklärungen zirkulär würde. Vielmehr geht es um die Frage, wodurch denn das Fromme gottgeliebt ist (*Euthyphron* 10a). Was ist dies? In Euthyphrons Verlegenheit kommt Sokrates mit dem Hinweis zu Hilfe (*Euthyphron* Kap. 13), dass das Gottgeliebte zwar eine Eigenschaft des Frommen ist, nicht aber sein Wesensmerkmal, und dass dieses im Gerechten liegen könnte. Nicht dass alles Gerechte fromm wäre, wohl aber dass das Fromme einen Teil des Gerechten ausmachte, nämlich den auf die Götter bezogenen.

Euthyphron sucht dann, die Frömmigkeit als Dienst an den Göttern, als Kult der Bitte und der Opfergaben, zu bestimmen (*Euthyphron* Kap. 15–16), als Handel zwischen den Menschen und den Göttern des Gebens und Empfangens. Doch hält diese zu äußerliche Bestimmung der sokratischen Prüfung nicht stand; denn die Götter bedürfen keiner menschlichen Gaben, als ob ihnen etwas fehle. Euthyphron erwähnt die Ehrengaben an die Götter als etwas ihnen Angenehmes, Liebes.

Damit fällt aber Euthyphron in das oben aufgetretene Problem der Definition des Frommen als des Gottgeliebten zurück; denn wenn ein menschliches Verhalten von den Göttern geliebt wird, weil es fromm ist, und fromm, weil gottgeliebt, wird die Definition zirkulär. So endet der Dialog in der Aporie.

Zusammenfassend gesehen, enthält der dritte Definitionsversuch, der an der Frömmigkeit den Aspekt des Gerechten herausstellt, die Lösung des Problems. Dass Euthyphron darauf nicht aufmerksam wird, liegt an seiner Unkenntnis über das Gerechte, das für ihn in einem äußerlichen Tauschhandel des Gebens und Nehmens besteht. Im religiösen Verhältnis der Menschen zu Gott geht es jedoch im Opferkult nicht um Gaben, welche die Menschen Gott schenken, um ihn milde zu stimmen oder bei ihm »lieb Kind« zu werden, sondern darum, ihm die geschuldete Ehre zu geben. Damit erwerben sich die Menschen die Tugend der Gerechtigkeit, und diese liebt Gott in den frommen Menschen. Der Dialog deckt also das wahre Wesensmerkmal der Frömmigkeit auf, das in einem tugendhaften gerechten Verhalten der Menschen zu Gott besteht und sich im Opferkult als Ehrbezeigung gegenüber Gott äußert.

Großer Hippias

Dieser Dialog ist einer der wichtigen Texte zu Platons Kunstphilosophie (neben *Staat* X); denn er handelt vom Schönen, ausgehend von den Ansichten des berühmten Sophisten Hippias aus Elis, eines Vertreters der Dichter-Interpretation, welche er als Philosophie ausgibt. Sie wird von Sokrates / Platon einer kritischen Prüfung unterzogen, wodurch sie sich als Scheinweisheit erweist. Die Erörterung des Hauptthemas, des Schönen, führt ebenfalls in Schwierigkeiten, da es zwar sinnfällig ist, aber auf seine Herkunft im intelligiblen Bereich verweist. Auf diesen ist aber der Empirist Hippias gar nicht eingestellt.

1. Der Dialog beginnt mit einem einleitenden Gespräch zwischen Sokrates und Hippias, der nach Athen gekommen ist, um als sophistischer Weisheitslehrer aufzutreten und sowohl in den speziellen Kenntnissen der einzelnen Künste als auch in der allgemeinen Kenntnis der Leitung des Staates (Polis) zu unterrichten, wobei ihm zum Beweis seiner Weisheit das viele Geld dient, das er durch den Unterricht verdient. Durch Sokrates' Befragung zeigt sich freilich der Gegensatz zwischen dieser neuen Weisheit des Sophisten Hippias und jener der alten (sieben) Weisen. Es zeigt sich auch der Verlust altehrwürdiger Tradition in Athen, die hingegen in Sparta bewahrt blieb.

2. Nach dem Schönen befragt (*Großer Hippias* Kap. 8), was es sei, antwortet Hippias mit schönen Dingen, wie z. B. einem goldenen Ring oder einem schönen Mädchen. Doch wird damit die Frage verfehlt, die auf das Wesen des Schönen abzielt, wodurch die schönen Dinge schön sind, deren es überaus viele gibt, von unterschiedlicher Schönheit.

Zudem kann, was in einer Beziehung schön zu sein scheint, in anderer Hinsicht hässlich erscheinen.

Darauf versucht Hippias das Schöne im angepassten Material zu bestimmen (*Großer Hippias* Kap. 12–13). Doch ergibt sich, dass ein Instrument zwar für seinen Zweck ein angepasstes Material hat, das aber nicht schön ist.

Hippias legt dann eine andere Definition vom Schönen vor (*Großer Hippias* Kap. 13, Ende) als dem, was immer und allen so erscheint, und verdeutlicht dies mit einem reichen, gesunden, von allen Hellenen geehrten Manne, der alle Glücksgüter des Lebens genießt. Das Ungenügen dieser Antwort (*Großer Hippias* Kap. 15–16) liegt für Sokrates wiederum darin, dass sie einzelne Dinge (Glücksgüter und Umstände) benennt, nicht aber das Wesen des Schönen aufzeigt, wodurch sie schön sind. Zudem erweisen sich die aufgezählten Dinge als wandelbar und nicht allen erreichbar.

So kommt es zum weiteren Versuch (*Großer Hippias* Kap. 17–18), das Schöne als das Schickliche zu definieren, das sich an den Gegenstand anpasst (wie z. B. Kleider, Schuhe an den Leib) und ihn schön machen. Die nähere Prüfung ergibt jedoch, dass das Schickliche mehr etwas »schön erscheinen«, statt »schön sein« macht, und damit auch selbst mehr schön erscheinend, nicht schön seiend wäre. Hinsichtlich »schöner Einrichtungen und Handlungsweisen« gäbe es aber keinen Streit, ob sie schön seien oder nicht, wenn es nicht um das ginge, was wirklich schön sei (*Großer Hippias* 294c-d).

Es folgt ein neuer Definitionsversuch über das Schöne als das Brauchbare (*Großer Hippias* Kap. 19–20), das nützliche Handlungen oder Tätigkeiten zu wirken vermag (wie z. B. bei den Augen das Sehen). Dagegen lässt sich jedoch einwenden, dass etwas auch brauchbar oder vermögend sein kann, Schlechtes zu verrichten.

Der Einwand führt zu einem neuen Definitionsversuch (*Großer Hippias* Kap. 21), dass das Schöne als das Nützliche die Ursache des Guten sei. Dagegen erhebt sich wiederum der Einwand, dass dann Schönes und Gutes (wie Ursache und Verursachtes) verschieden sein müssten, während sie doch für zusammengehörig gehalten werden.

Schließlich versuchen es Hippias und Sokrates mit einer weiteren Definition (*Großer Hippias* Kap. 22), das Schöne als das Angenehme zu bestimmen, was dem Gesichts- und dem Gehörssinn gefällt (*Großer Hippias* Kap. 22–28). Hierzu treten aber folgende Schwierigkeiten auf: Zunächst (*Großer Hippias* Kap. 23) ist nicht alles Angenehme schön.

So empfinden wir das, was wir mit den übrigen Sinnen empfinden (z. B. Geruchs- und Tastsinn), zwar als angenehm, aber nicht als schön. Wollte jemand behaupten, auch diese Gattungen von Sinnesempfindungen wären schön (obwohl sie doch an sich unschön sind), so dürften sie nur schön sein als Nichtangenehmes, was lächerlich wäre (*Großer Hippias* 299a). Ferner (*Großer Hippias* Kap. 24), wenn wir zwischen dem für den Gesichtssinn und dem für das Gehör Schönen unterscheiden, so müsste der Unterschied im Angenehmen liegen, nicht in den verschiedenen Sinnesvermögen. Das Angenehme ist aber etwas ihnen Gemeinsames, wiewohl es jedem einzeln zukommt. Ferner (*Großer Hippias* Kap. 25–26) stellt sich die Frage, ob es Qualitäten gibt, die jedem von zwei Dingen allein nicht zukommen, wohl aber beiden zusammen, und umgekehrt, Qualitäten, die beiden zusammen nicht zukommen, wohl aber jedem einzelnen für sich. Hippias verneint dies mit Beispielen wie z. B. dem Gerechten, das zwei Menschen individuell und beiden gemeinsam zukommt (*Großer Hippias* Kap. 27). Sokrates tritt aber auch für die andere Alternative ein (*Großer Hippias* Kap. 28), mit dem Zahlenbeispiel: Zwei Dinge haben dieselbe Eigenschaft, Eins zu sein, aber zusammen sind sie nicht Eins, sondern Zwei. Und wenn ihnen die Zwei zugehört, kommt diese gleichwohl nicht auch ihnen einzeln zu; denn jedes ist Eins, nicht Zwei. Daraus würde für das Schöne folgen, dass es dem Angenehmen für den Gesichtssinn und das Ohr gemeinsam zukäme, nicht aber jedem einzeln, während es doch auch dem Angenehmen für jeden einzelnen Sinn zukommen sollte.

Schließlich, wenn man vernünftigerweise das Angenehme nur beim Gesicht und Gehör (*Großer Hippias* Kap. 29–30) als schön bezeichnet, dann liegt es nahe, dieses auch als nützlich zu betrachten, das Gutes wirkt, was zur früheren Definition des Schönen als des Nützlichen zurückführen würde, die aber die Schwierigkeit einer Abhängigkeit des Guten vom Schönen mit sich brachte. So endet der Dialog in der Aporie.

Eine Auswertung des Dialogs könnte trotz seines aporetischen Endes in ihm positive Ansätze zu einer Definition des Schönen finden. Dass sie nicht zur Geltung kommen, liegt an Hippias' Verhalten, der sich empiristisch auf die sinnlich wahrnehmbaren Verhältnisse ausrichtet und auf seine subjektiven Meinungen hierüber beschränkt, also an einer objektiven, allgemeinen Erkenntnis, wie sie für eine Definition gesucht wird, gar nicht interessiert ist.

1. Bereits Hippias' erste Versuche, das Schöne zu bestimmen, verfehlen das definitorische Vorgehen, wenn er das Schöne in einzelnen schönen Dingen und im schönen Material sucht; denn die Definition eines Gegenstandes geht zwar von Einzeldingen aus, sucht aber das ihnen spezifisch allgemeine Wesen, dessen Merkmale nicht mehr sinnlich wahrnehmbar, sondern intelligibel, d.h. vom Intellekt / von der Vernunft zu erfassen sind.

2. Die weiteren Versuche lassen zwar die Breite all dessen sehen, was schön ist: vom Materiellen, zum Leiblichen bis zum Seelischen, dem ästhetisch und moralisch Schönen, »den schönen Einrichtungen und Betätigungen«, was eine zweifache Bedeutung des Schönen nahe legt, die auch Sokrates mit der Unterscheidung andeutet zwischen dem sinnenhaften Schönen als dem Schicklichen, Nützlichen, Zweckvollen, und dem intellektuellen Guten, dem Zweck, als der Ursache von jenem. Aber Hippias greift diesen Lösungshinweis nicht auf; denn er erfordert den Übergang vom Sinnlichen zum Intelligiblen, der dem Sophisten durch seinen Sensualismus verwehrt ist. So müsste das Gute vom sinnlich Schönen abhängen, während doch dieses von jenem abhängt.

Ohne Zweifel gehören zum ursächlichen Guten die schönen Betätigungen der Seele, die sich nicht nur in Dichtung, sondern auch in philosophischen Dialogen, in wissenschaftlichen Untersuchungen vollziehen. Der von Hippias bekundete Missmut an diesen beweist, dass er sie gar nicht innerlich vollzieht und auch nicht das Schöne in ihnen erfährt. Arm an geistigen Erfahrungen des Schönen kann er schwerlich die Definition des Schönen finden, die ja das geistige Schöne als Ursache für das sinnenhafte einschließen muss.

3. Einige Erörterungen des Dialoges, die sich vom Thema des Schönen zu entfernen scheinen, gehören in die von Sokrates begonnene und von Platon ausgearbeitete Definitionslehre. So besonders die Frage (*Großer Hippias* Kap. 25–26), ob es Eigenschaften gibt, die zwei (oder mehreren) Einzeldingen zugehörend ihnen auch gemeinsam zukommen. Dies betrifft gerade das Vorgehen der Definition: nämlich für den spezifischen, zu definierenden Gegenstand gemeinsame Merkmale aus den Einzeldingen dieser Spezies zu gewinnen. In unserem Falle: Das Angenehme wurde als Gattung aus den angenehmen Einzeldingen gewonnen, und das Schöne erweist sich als eine Spezies des Angenehmen, die wiederum aus angenehmen und schönen Einzeldingen gewonnen wurde. Das Zahlenbeispiel zeigt, dass die Eins und die Zwei sich nicht zueinander verhalten wie Individuum und Spezies.

4. Schließlich verwendet Sokrates (und mit ihm Platon) noch ein feines Mittel, das für die Natur des Dialoges sehr aufschlussreich wird. Er führt nämlich einen unbekannten Mann ein, der dem Sokrates die Fragen gestellt hat oder stellen würde, welche nun Sokrates dem Hippias stellt, wobei er sich bei allen Nachprüfungen immer auf jenen Mann beruft, wie dieser wohl alles nachprüfen würde. Dies ist nicht nur ein Stilmittel des Sokrates, um mit seiner Kritik dem berühmten Sophisten nicht zu nahe zu treten – denn der Mann im Hintergrund ist unerbittlich hart, scheltend, ja mit Prügel drohend! –, vielmehr dient es der wahren Natur des Dialoges; denn er soll sich zwischen zwei individuellen Partnern vollziehen unter Leitung einer dritten Instanz, welche der Verstand / Logos ist. Offenbar ist der anonyme Mann im Hintergrund der objektive Logos in den Individuen, was der Text am Ende des Dialoges (*Großer Hippias* Kap. 30) andeutet, wenn er die von Sokrates angeführten Einwände als vernünftig bezeichnet (*Großer Hippias* 303e–304a): Wir müssen Vernunftgründen zustimmen,

»… wenn wir vernünftig sind; denn es ist unerlaubt, was einer richtig sagt, ihm nicht einzuräumen.«

Hippias wirft Sokrates vor, mit seinen Reden alles in »Brocken und Schnitzel« zu zerpflücken, während er selber im Stande sei, »eine ganze Rede gut und schön vorzutragen« (*Großer Hippias* 304a, vgl. auch 301b). Damit macht Platon den Gegensatz zwischen sophistischer Prunkrede und philosophischem Dialog deutlich. Im Dialog enthalten die verschiedenen Definitionsversuche durchaus richtige Teilstücke, die sich zur einheitlichen Definition zusammengefügt hätten, wenn der Sophist sie als solche erkannt hätte, was aber seine empiristische Einstellung verhinderte.

Bezeichnend ist auch dies: An zwei Stellen, als Sokrates' Fragen Hippias in Verlegenheit bringen, eine Antwort zu geben, sagt dieser, eine solche würde ihm schon einfallen, wenn er »nur auf kurze Zeit allein gehen und überlegen könnte« (*Großer Hippias* 295a, vgl. auch 297e). Eine solche Haltung ist der dialogischen entgegengesetzt; denn sie stellt keine Fragen, um sie gemeinsam mit anderen zu erörtern, sondern bildet sich problemlos ihre eigene Meinung allein und sucht dann, sie anderen durch Überredungskunst einzureden.

Gorgias

Der Dialog *Gorgias*, benannt nach dem seinerzeit gefeierten Rhetor (aus Sizilien, kam 427 v. Chr. nach Athen, s. o. S. 36 ff.), hat als Hauptabsicht diese, der sophistischen Rhetorik ihren falschen philosophischen Anspruch der Staatsmannskunst, der Politik, streitig zu machen und ihr die wahre Philosophie gegenüberzustellen, welche allein jenem Anspruch genügen könnte. Da es dem Staatsmann obliegt, für Gerechtigkeit im Staat zu sorgen, eine Erkenntnis von ihm zu gewinnen und die Bürger gerecht zu machen, ergibt sich als Thema die Gerechtigkeit und ihre Grundlage, das »von Natur Gerechte«, zu bestimmen. Die wichtige Unterscheidung zwischen konventionellem und Naturrecht geht auf die Sophisten zurück und wird von Platon aufgenommen, wobei sich aber die Frage stellt, was das Naturrecht sei, die im abschließenden Dialogteil behandelt wird.

Gorgias übernimmt von Protagoras die These, dass der Mensch das Maß aller Dinge sei. Der darin liegende Subjektivismus und Relativismus, der von Protagoras primär in erkenntnistheoretischer, nicht in ethischer Bedeutung gemeint war, wurde von Gorgias auch auf den praktisch-politischen Bereich ausgedehnt, nämlich Macht zum eigenen Vorteil auszuüben und hierzu die Bürger durch Überredung zu gewinnen.

Der Dialog entwickelt sich in drei Gesprächen des Sokrates mit Gorgias und seinen Schülern Polos und Kallikles. Im ersten Gespräch (*Gorgias* Kap. 7 ff.) erweist sich der Anspruch des Sophisten als fragwürdig, mit der Redekunst »das größte Gut für die Menschen« zu besitzen; denn einerseits verspricht sie demjenigen, der sie erwirbt, »frei zu sein« und ihn zu befähigen, »über andere zu herrschen, jeder in seiner Stadt, … durch Worte zu überreden, sowohl an der Gerichtsstätte die Richter als auch in der Ratsversammlung die Ratsherren und in der Gemeinde die Gemeindemänner …« (*Gorgias* 452d–e), doch andererseits vermag sie kein Fachwissen vorzuweisen, im Gegensatz zu den anderen Künsten, die, wie z. B. die Baukunst und die Arztkunst, über ein solches zu je ihrem bestimmten Gegenstand verfügen (*Gorgias* Kap. 13 ff.). Auf Sokrates' Befragung hin muss Gorgias zugeben, dass die Rhetorik das erforderliche Wissen zum Guten und Gerechten nicht besitze, sondern nur eine Überredungskunst, die zu den anderen Künsten hinzukomme, um ihre Interessen zu verstärken. Ferner räumt er ein, dass die Rhetorik zu guten Zwecken gebraucht, aber auch zu schlechten missbraucht werden könne. So ergibt sich, dass der Rhetor über das Gerechte im Staat nur ein Scheinwissen hat, tatsächlich aber nur über Meinungen verfügt, weshalb sie auch zu schlechten Zwecken missbraucht werden kann.

Sokrates' zweites Gespräch mit Polos geht von der politisch-rhetorischen Ebene zur ethischen über. Die Feststellung, dass die Rhetorik ein Wissen über das Gerechte und Gute haben müsste, es aber nicht besitze, veranlasst den jungen Schüler Polos zum Eingreifen (*Gorgias* Kap. 16 ff.): Sein Meister habe Sokrates nur zugestimmt, um sich vor den Zuhörern nicht zu schämen. In Wahrheit jedoch gehe es den Menschen nicht um Tugend und Gerechtigkeit, sondern um den eigenen Vorteil, das subjektiv Nützliche und Angenehme. Dass die Rhetorik ihnen dies verschaffe, sei schön. Polos vertritt als sophistische These, dass das Gute nur das Nützliche und Angenehme sei, dem die subjektiven Meinungen entsprechen.

Mit Polos' These tritt das Problem auf, dass die Erkenntnis der wahren Staatskunst in das Gute und Gerechte die allgemeine Ethik einer sittlich guten Lebensweise voraussetzt, während Polos' These von der Überzeugung einer hedonistischen Lebensweise ausgeht, der die Rhetorik das Wort redet. Damit verhält sie sich zur Staatskunst vergleichsweise so wie die Zuckerbäckerei zur Heilkunst und Turnkunst (*Gorgias* Kap. 19 ff.). Zugrunde liegt die Analogie zwischen Leib und Seele. Wie die erstere durch Angenehmes dem Leibe schmeichelt und seine Gesundheit verdirbt, die letzteren dagegen dem Leibe das wahre Gute besorgen und seine Gesundheit fördern, so schmeichelt die Rhetorik der Seele mit dem lustvoll Angenehmen und verdirbt sie, während die philosophische Staatskunst ihr das wahre Gute verschafft. Es geht also um Verlust oder Erhaltung der seelischen Gesundheit, d. h. der Tugend, der moralischen Gutheit.

Schließlich eröffnet sich der weitere Gegensatz, der sich in zwei Thesen des Sokrates und des Polos ausdrückt. Die des Sokrates lautet: Unrecht leiden ist besser als Unrecht tun, das für den Menschen das größte Unglück ist, während dagegen die des Polos besagt: Unrecht tun ist besser und macht glücklicher als Unrecht leiden. Doch kann er dies nicht begründen, sondern nur das schreckliche Bild des zum äußersten geschundenen, ja gekreuzigten Gerechten vor Augen stellen, das von Sokrates' These abraten will.

Sokrates hingegen begründet seine These mit dem Argument (*Gorgias* 467c ff), dass Unrechtleiden schön, weil gut, d. h. begehrt ist, und gut, weil mit Erkenntnis verbunden, während das Unrechttun hässlich, d. h. abstoßend ist, weil übel und mit Unkenntnis verbunden. Die Erkenntnis (vom Guten, Gerechten) wirkt wie eine Heilung auf die Seele, die hingegen durch Unkenntnis krank wird. Ebenso ist auch die Bestrafung (*Gorgias* 476b ff) gut und schön, weil sie die Seele des Übeltäters besser macht. So gesehen erscheint auch die Rechtsprechung als Befreiung von der Ungerechtigkeit (*Gorgias* 477e). Aus alledem folgt für die Rhetorik, dass sie keinen Nutzen erbringt, da sie ohne Erkenntnis ist und möglicherweise dem Unrechttun dienen kann.

Das dritte Gespräch zwischen Sokrates und dem radikalen Sophisten Kallikles (*Gorgias* Kap. 37 ff.) führt zur Grundlage der Politik und Ethik, nämlich zur Auffassung über den Menschen, und wirft das Problem des von Natur Gerechten auf, das von dem konventionellen Recht verschieden ist, da es vielmehr auf die Natur des Menschen verweist. Kallikles erklärt alles in den Städten seiner Zeit geltende Recht für ein bloß konventionelles. Die Konvention ist unedel, feige; denn sie biedert sich dem Volkshaufen an, der sich zu erheben droht, wenn er nicht vor der Willkür von Gewalthabern durch Gesetze geschützt wird. Dagegen vertritt Kallikles als Naturrecht das Gesetz des Stärkeren, des Gewaltherrn im ungehemmten Herrschen, das als edel und schön erscheint. Es fordert, dass die Besseren, wie er, mehr haben.

Sokrates' Prüfung dieser These (*Gorgias* Kap. 42 ff.) ergibt, dass die in ihr gebrauchten Begriffe des »mehr«, »stärker« und »besser« zwar in physischem (naturalistischem) Sinne verstanden sein wollen, aber näher besehen einen moralischen, intellektuellen Sinn enthalten, den Kallikles als edel und schön erklärt, der sich aber nicht ohne Erkenntnis gewinnen lässt. Nun beansprucht auch Kallikles Erkenntnis. Das Besser-sein des Sophisten soll auch in besserer Erkenntnis liegen. Er verweigert aber, dieser mit Sokrates nachzugehen, weil behindert durch seine triebhafte Lebensweise, so dass er in einen inneren Widerspruch mit sich selbst gerät, auf den Sokrates aufmerksam macht (*Gorgias* 482b–c).

Kallikles setzt Sokrates' Tugendmoral seine Triebmoral entgegen mit der These (*Gorgias* 491e–492a):

»Dies ist eben das von Natur Schöne und Gerechte, was ich dir nun ganz freiheraus sage, dass, wer richtig leben will, seine Begierden muss so groß werden lassen wie möglich und sie nicht einzwängen; und diesen, wie groß sie auch sind, muss er dennoch Genüge zu leisten vermögen durch Tapferkeit und Einsicht und das befriedigen, worauf seine Begierde jedes Mal geht.«

Von Natur seien alle Menschen so gesinnt, aber weil nur wenige zur Herrschaft gelangen, müssen die vielen Schwachen sich durch positives Recht und Gesetz schützen und dieses für gut heißen, »wegen ihrer eigenen Unmännlichkeit«.

Sokrates' Stellungnahme hebt zuerst hervor (*Gorgias* Kap. 47 ff.), dass es um die Frage geht, »wie man leben muss« (*Gorgias* 492d), angesichts zweier verschiedener Lebensweisen, »der besonnenen und der zügellosen«, der tugendhaften und der hedonistischen (*Gorgias* 493d), und argumentiert dann gegen den Hedonismus (*Gorgias* Kap. 49 ff.), der das Gute mit der Lust gleichsetzt, auf folgende Weise: Der Hedonist muss für das Handeln zwischen guter und schlechter Lust unterscheiden und kann dies nur durch den Verstand, der also Erkenntnis darüber erwerben muss, was gut und schlecht ist. Dadurch verbinden sich aber Gut und Schlecht mit Erkenntnis und können mit Lust und Unlust nicht mehr identisch sein.

»Lust haben ist also nicht (dasselbe wie) gut leben und Unlust haben nicht (dasselbe wie) schlecht leben, so dass das Angenehme verschieden ist vom Guten« (*Gorgias* 497b).

Hierdurch ist der Hedonismus schon widerlegt. Nun gilt, dass man »um des Guten willen alles tun muss«, und dass »aller Handlungen Zweck das Gute ist«. Die Erkenntnis des Guten, worin es besteht, ist jedoch nicht einer hedonistischen Lebensweise zugänglich, sondern nur einer tugendhaften. Letztere wird aber nicht durch eine Rhetorik gefördert, die dem Hedonismus frönt, sondern nur durch die Philosophie, die sich auf das Gute richtet (*Gorgias* Kap. 55 ff.).

Wie jede Kunst von ihrem Gegenstand eine Fachkenntnis (Wissenschaft) darbietet, z. B. die Heilkunst vom Leib und seiner Gesundheit, die an ihm eine Ordnung aufweist, so auch die Philosophie (als Ethik und Staatskunst): Sie geht auf »Ordnung und Anstand« (*Gorgias* 504a, τάξεως καὶ κόσμου) in der Seele, als Tugend und Ursache guten Lebens und Handelns. Wie es für den Leib Anordnungen und Gesundheitsregeln gibt, so analog auch für die Seele, die in Gerechtigkeit und Besonnenheit liegen (*Gorgias* 504c). Die Tugend ist eine Wohlgeordnetheit der Seele, verbunden mit Glückseligkeit (*Gorgias* Kap. 62 ff.).

Hierin liegt also das von Natur Gerechte, nicht aber im Ausleben des Machttriebes. Es steht in Analogie zur Ordnung in der Welt (*Gorgias* 508a). Zweck des Staatsmannes muss es sein, den Bürgern zur besseren Lebensweise zu verhelfen (*Gorgias* Kap. 69 ff.), wovon die bisherigen Politiker (auch Perikles) kein Vorbild gaben. Wenn ein Bürger tugendhaft lebt, droht ihm von Seiten der Machthaber, Unrecht zu erleiden und getötet zu werden (*Gorgias* Kap. 80: Anspielung auf Sokrates' Hinrichtung).

Lysis

Der Dialog *Lysis* über die Freundschaft gehört thematisch zu den Dialogen *Phaidros* und *Symposion* über die Liebe und soll daher im Hinblick auf sie besprochen werden; denn er bezieht ebenso wie die beiden anderen Dialoge in das Verhältnis von Liebe und Freundschaft das Gute ein. Sokrates' / Platons Versuch im *Lysis*, die Freundschaft zu definieren, endet in der Aporie, weil seine Gesprächspartner, die Jünglinge Menexenos und Lysis, unfähig sind, die Freundschaft in rechter Weise auf das Gute zu beziehen.

1. Vorbereitet wird dieser Gesichtspunkt schon im einleitenden Gespräch des Sokrates mit Hippothales, dem Liebhaber des Lysis, und mit diesem selbst (*Lysis* Kap. 1–7). Hippothales' Lobpreis auf seinen Liebling erweist sich nämlich als leer und langweilig, wenn nach dem Maßstab des Guten im Geliebten beurteilt, wodurch er liebenswert wäre. Im Gespräch mit Lysis ergibt sich die Frage, warum die Jünglinge in vielen Dingen dem Befehl der Erwachsenen, der Eltern, Lehrer und Aufseher unterstehen, was als Unfreiheit erscheinen könnte. Aber die erklärende Antwort ist, dass es den Jünglingen noch an vieler Kenntnis mangelt, so dass man sie nicht selbständig handeln lässt. Daher dann Sokrates' Rat an Lysis, Einsichten zu erwerben und Verstand anzunehmen (d. h. tüchtig und gut zu werden), um sich anderen liebenswert und nützlich zu erweisen.

2. Die dann folgende Erörterung, die Freundschaft näher zu bestimmen, verläuft in drei Versuchen. Der erste (*Lysis* Kap. 9) geht beim Verhältnis zwischen Liebhaber und Geliebtem die beiden Möglichkeiten durch: dass es entweder wechselseitig oder einseitig sei, und als letzteres nur vom Liebhaber her, was widersinnig erscheint. Aber Beispiele zeigen, dass in Liebesverhältnissen Anforderungen des Guten auftreten, die sie ungleichartig machen können.

Der zweite Versuch (*Lysis* Kap. 10–12) erörtert, ob das Liebesverhältnis bzw. die Freundschaft zwischen Ähnlichen oder Unähnlichen erfolgt, d.h. zwischen Guten, oder zwischen Guten und Schlechten oder zwischen weder Guten noch Schlechten. Die zweite Möglichkeit scheidet ohne weiteres aus. Aber auch die erste; denn zwei Gute bedürfen einander nicht, da sie sich selber genügen, Freundschaft aber auf gegenseitigem Nutzen beruht. So bleibt nur die dritte Möglichkeit (*Lysis* Kap. 13–14), die mit dem Verhältnis zwischen Philosophierenden verglichen wird, die zwischen den Weisen und den gänzlich Unweisen stehen und somit einander zum Erwerb der Weisheit helfen.

Indes erhebt sich eine Schwierigkeit (*Lysis* Kap. 15–18): Wer weder gut noch schlecht ist, aber zum Freund »um des Guten willen« strebt, müsste doch dem Guten selbst freund werden. Aber zu welchem Nutzen? Wieder »um des Guten willen«? Dann wiederholt sich die Schwierigkeit, was in einen Regress ins Unendliche führen würde.

3. Um dies zu vermeiden, macht Sokrates einen dritten Versuch und bestimmt die Freundschaft so, dass beide Freunde sie »um des Eigenen willen« (τοῦ οἰκείου) vollziehen; denn wenn sie aus einem Mangel zueinander streben, dann deshalb, weil ihnen etwas Eigenes fehlt, das sie voneinander zu erlangen streben. Dann bedeutet dies, dass jeder beim anderen das Eigene sucht. Worin liegt aber dieses Eigene? Doch wohl im Guten. Dann vollzieht sich aber die Freundschaft zwischen zwei Guten. Diese Möglichkeit wurde jedoch bereits beim zweiten Versuch abgewiesen. So endet der Dialog in der Aporie.

Die drei Versuche enthalten in den Erörterungen der von Sokrates aufgeworfenen Fragen echte Lösungshinweise, die zwar von seinen jugendlichen Gesprächspartnern nicht erkannt werden, wohl aber für den Leser erkennbar sind.

1. Ein wichtiger Hinweis liegt darin, dass die freundschaftliche Liebe zum anderen »um des Guten willen« erfolge. Dann ist aber klar, dass dieses Gute dem Liebenden nicht freund werden kann, d.h. nicht neben seinem Gegenstand, dem Freund, wieder als ein liebenswerter Gegenstand auftreten kann, da es vielmehr die Ursache seiner Liebenswürdigkeit in ihm ist.

2. Der andere wichtige Hinweis hebt hervor, dass im Verhältnis der beiden Freunde jeder auch »das Eigene« erstrebt, und dieses das Gute ist, das im Wesen des Mensch-Seins liegt, das beiden Freunden gemeinsam ist. Damit erfolgt die Blickwendung vom äußeren Guten zum inneren, seelischen Guten. Mit dem Bezug des einen zum anderen verbindet sich nun ein Selbstbezug jedes der beiden zu sich selbst, wo-

durch jeder auch Freund mit sich selbst sein soll, um Freund für den anderen zu sein, sowie ihn zum Freund zu haben.

Praechter sieht die zu ergänzende Lösung des aporetischen Dialogs darin,[8] dass »das Gute für das Neutrale das οἰκεῖον bildet«. Mir scheint aber, dass der neue Gesichtspunkt des »Eigenen« in den Freunden den sehr positiven Bezug zum Guten in beiden enthält (*Lysis* Kap. 17). Im *Lysis* geht es nicht um das Gute, das der weder Gute noch Schlechte hätte, sondern um das dem Wesen des Menschen konforme sittliche Gute, in welchem sich die Freunde fördern sollen. Diese Aussicht erwähnt das *Symposion* am Schluss bezüglich des Verhältnisses zwischen Alkibiades und Sokrates, der ihm dazu rät (*Symposion* 219a–b):

> »Von nun an wollen wir immer nach reiflicher Überlegung dasjenige tun, was hierin und in allem anderen uns beiden das Beste scheint«.

Hiermit sei die Besprechung der Frühdialoge abgeschlossen. Entsprechend der Absicht der vorliegenden Untersuchung, sich ausschließlich den Problemen und Lösungen zu widmen, wie sie sich in den Dialogen aus ihrem Inhalt selbst entwickeln, ließ unsere Interpretation die vielen historischen Aufschlüsse über die Zeit- und Lebensumstände der in den Dialogen auftretenden Personen und Platons selbst unerwähnt.

Ebenso unerwähnt blieben die individuellen Einstellungen und Verhaltensweisen der Dialogpartner gegenüber Sokrates wie auch dieses wundersamen Mannes selbst. Hinzu kommt die meisterhafte Gestaltung der Dialogszenen durch den Schriftsteller Platon. Das aporetische Ende der Frühdialoge scheint häufig am Verhalten der Dialogpartner des Sokrates zu liegen, teils weil sie dessen endloser Fragerei überdrüssig werden, teils weil sie bei drohender Widerlegung sich dieser entziehen oder von praktischen Interessen besetzt sind, teils auch weil Sokrates' Ironie arrogante, sophistisch eingestellte Gesprächspartner in ihrer Besserwisserei hängen lässt, wenn sie auf seine Fragen keine Antwort mehr zu geben wissen.

All diesen Umständen trägt literarische Forschung Rechnung und verhilft damit zu einem vollen Verständnis dieser Dialoge. Die vorliegende Interpretation der aporetischen Dialogschlüsse beschränkt sich aber auf eine rein philosophische Erklärung, dass nämlich der Dialog-

[8] Vgl. *Friedrich Ueberwegs Grundriss der Geschichte der Philosophie*, Erster Teil: *Die Philosophie des Altertums*, hrsg. von Karl Praechter, Berlin [12]1926, 238–239.

partner sich auf seine subjektive Meinung partikulärer Erfahrungen festlegt und nicht den von Sokrates angestrebten Übergang zur objektiv allgemeinen Erkenntnis vollzieht. Der sophistische Gegner nimmt sogar eine empiristische Position ein, die sich grundsätzlich der allgemeinen Wesenserkenntnis der Dinge verschließt.

b) Mittlere Dialoge: Ethik, Anthropologie und Metaphysik

Aus der mittleren Schaffensperiode Platons beschränke ich mich auf die Dialoge *Phaidros, Symposion, Phaidon* und *Staat,* um in ihnen Platons Ethik, Anthropologie und Metaphysik zu besprechen, sofern sie Probleme stellen und auflösen.

Phaidros

Der Dialog *Phaidros* behandelt zwei Themen: die erotische Liebe, in der pädophilen Form, und die Redekunst / Rhetorik. Anlass ist eine Rede, die Lysias als Liebhaber dem Phaidros gewidmet hat, und die dieser dem Sokrates zur Beurteilung vorlegt. Ich gehe hier auf den Dialog nur insoweit ein, als seine Erörterungen in beachtlicher Weise ethische, religiöse, psychologische, metaphysische und rhetorische Gesichtspunkte verbinden. Damit tragen sie Wichtiges bei zur Lösung des Problems, wie das affektive Leben des Menschen zu beurteilen ist. Sie entfalten sich in folgenden Schritten:

1. In seiner Rede (*Phaidros* Kap. 6–9)[9] stellt Lysias sich selbst, den Liebhaber, als völlig affektlosen Mann dar, der das leidenschaftliche Begehren als solches verurteilt, weil es ihm und dem Geliebten nur Nachteile brächte.

2. Sokrates kritisiert an Lysias (*Phaidros* Kap. 9–12) seine Verstellung; denn er liebt Phaidros leidenschaftlich, verbirgt dies aber, indem er sich als völlig sachlich denkend empfiehlt und durch eine bezaubernde Rhetorik den Geliebten für sich einnehmen will. Damit wird jedoch das Wesen der Erotik verfehlt und die Rhetorik missbraucht. Der Redner muss dem Gegenstande dienen und ihn genau kennen.

3. Daher bietet Sokrates eine eigene Rede über die erotische Liebe (*Phaidros* Kap. 13–19) und beginnt mit ihrer Definition, dass sie nämlich ein leidenschaftliches Begehren ist, das aber von der Vernunft geführt werden muss, mit der Tugend der Besonnenheit. Dann kommt in sie sogar eine göttliche Begeisterung. Ohne Vernunft und Tugend stellen sich freilich viele Nachteile für den Liebhaber und den Geliebten ein. Dagegen gewährt diese Liebe mit Vernunft und Tugend Vorteile für beide (*Phaidros* Kap. 20–23).

---

[9] *Platon, Werke,* Bd. 5, Dialog *Phaidros.*

4. Sokrates fügt seiner Rede eine Lehre über die Seele bei (Kap. 24–30). Sie wird definiert als Ursache aller körperlichen Bewegung, die von nichts anderem mehr bewegt wird, sondern ein Sich-selbst-Bewegendes ist und als solches sich als immateriell, sowie unsterblich erweist. Ferner wird von ihr erschlossen, dass sie aus einem rationalen Prinzip und zwei irrationalen besteht, dem muthaften und dem begehrlichen Prinzip. Dies wird mit dem Bilde vom Seelenwagen veranschaulicht (*Phaidros* Kap. 25), mit dem Wagenlenker und den zwei Rossen, einem edlen und einem unedlen: Jenem entspricht die leitende Vernunft, diesen das muthafte und das begehrliche Prinzip, die der Leitung durch die Vernunft bedürfen. Dem Eros entsprechen die Flügel, die sich am Wagen befinden und bei guter Führung wachsen, welche die Vernunft auf die Rosse ausübt, bei schlechter hingegen, wenn das unedle Ross den Wagen hinabzieht, verkümmern und schließlich abfallen. Je nachdem führt der Lauf des Seelenwagens – wobei das Bild sich ins Kosmische weitet – abwärts im Umschwung des Alls oder aufwärts, bis zu dem Punkt, wo der Wagenlenker (die Vernunft) einen Blick in den »überhimmlischen Ort« werfen darf (d. h. auf die Wesenheiten der Dinge).

Dies bedeutet für die Beurteilung der erotischen Liebe (*Phaidros* Kap. 31–38), dass sie von der Vernunft geführt werden muss, um als Kraft zu erstarken in der Aufwärtsbewegung der Seele zu den intelligiblen Gegenständen, zuletzt dem göttlichen.

5. Es schließen sich Bemerkungen über die Reden an: ihre verschiedenen Formen, die den verschiedenen Musen entsprechen (Kap. 40–41, mit dem schönen Mythos von den Zikaden), die Kennzeichnung der Rede als »Seelenführung« (*Phaidros* 261a), die Erfordernis der wohlgeordneten, organischen Darlegung der Inhalte, die Notwendigkeit der Erkenntnis der Wahrheit, der philosophischen Dialektik (*Phaidros* Kap. 42–58), schließlich über Nutzen und Schwächen der schriftlichen Form der Reden (*Phaidros* Kap. 39, 59–63). Nachdenklich stimmt der Mythos vom ägyptischen Gotte Theuth, der die Buchstaben erfunden und den Menschen geschenkt hat als Gedächtnishilfe der erworbenen Erkenntnisse. Tatsächlich aber bewirken sie oft das Gegenteil, nämlich dass die Menschen sich nur an geschriebene Worte halten, statt Erkenntnisse von ihrem Gegenstande zu erwerben. So können die schriftlich verfassten Reden zu äußerem Wissen mit Worten verleiten, ohne innere Einsicht, um dann Scheinweisheit in Vielwisserei zu erzeugen (*Phaidros* Kap. 59). Die abschließende Botschaft an Lysias und

Isokrates (*Phaidros* Kap. 64) stellt diesen als positives Beispiel jenem als negativem gegenüber.

Um den Dialog auf seinen wesentlichen Inhalt hin auszuwerten, möchte ich folgende Gesichtspunkte herausstellen:

1. Lysias' Verheimlichung seiner erotischen Liebe enthüllt ein gestörtes, problematisches Verhältnis des Verstandes zur ungeordneten Sinnlichkeit, der sich ihrer gleichsam schämt. Platon löst das Problem durch seine ausgewogene Psychologie auf. Hiernach umfasst die Seele Verstand und Sinnlichkeit nicht als gegensätzliche Prinzipien, sondern als zwei zwar wesentlich verschiedene, aber doch aufeinander zugeordnete, wie das beherrschende zum beherrschbaren Prinzip. Zu seiner Herrschaft bedarf aber der Verstand der Erkenntnis in die Verhältnisse der Seele und einer Pädagogik, jener »Seelenführung«, welche die Seele (das Herz) anspricht. Hierfür ist die Rede das geeignete Instrument der Vermittlung, welcher sich der zweite Teil des Dialoges widmet.

2. Die Rede wird als eigene Gattung neben der Dichtung und der übrigen Prosaliteratur, auch der Philosophie, betrachtet und in ihrer wichtigen pädagogischen Bedeutung erkannt, die sie für die Erziehung der Jugend unentbehrlich macht.

Moderne Interpreten haben mit Recht darauf hingewiesen, dass Platon die Rhetorik, die er im *Gorgias* als falsche Konkurrentin einer philosophischen Politik-Wissenschaft abweist, im *Phaidros* positiv beurteilt und ihr eine wichtige Aufgabe der »Seelenführung« zuerkennt. Daher fordert er von ihr psychologische und dialektische, d. h. metaphysische Kenntnisse. Bemerkenswert ist die Erwähnung des jungen Isokrates als eines vielversprechenden philosophischen Talents. Tatsächlich hat dieser Zeitgenosse Platons und bekannte Redner zur Entstehung einer pädagogischen Rhetorik im Athen des 4. Jh.s viel beigetragen, die sich von der Sophistik bewusst absetzte und sich ihr gegenüber als »wahre Philosophie« verstand.

3. Die Einleitung enthält einen wertvollen Hinweis über Platons Auffassung von der Kunst, hier der Mythendichtung. Der Rastplatz am Fluss, an dem Sokrates und Phaidros sich niedersetzen, ist nahe der Stelle, wo der Gott Borreas ein Mädchen geraubt haben soll. Dies veranlasst Phaidros, Sokrates nach der sophistischen »Entmythologisierung« zu fragen, was er davon halte; denn hinter dem Borreas-Mythos steht nur ein einfaches Naturereignis: Ein starker Windstoß hat das Mädchen in den Fluss gestoßen. Sokrates / Platon erwidert, sich

darüber nicht zu äußern, solange er, nach dem Delphischen Spruch, sich selbst noch nicht erkannt habe: ob er selbst vielleicht (in seiner Seele) von der Art eines Ungeheuers Typhon sei, oder eines milderen Wesens. Dies besagt, dass die Kunst zwar keine rationale »Psychoanalyse« bietet, gleichwohl aber eine Weisheit über die Seele, in symbolhafter Anschauung. Insofern ist sie für die Erziehung bedeutsam.

Symposion

Wie der *Phaidros* handelt ebenso das *Symposion* vom Eros. Wenn auch die Zuordnung der beiden Schriften zueinander umstritten ist, scheint mir das *Symposion* dem *Phaidros* nachzufolgen, da es die im *Phaidros* vorgestellte Konzeption einer pädagogischen Rhetorik erfüllt und in der Diotima-Rede ein schönes Beispiel echter Pädagogik vorlegt, die mit philosophischer Kenntnis psychologischer und metaphysischer Art einen jungen Menschen, Sokrates, zum rechten Verhalten gegenüber erotischer Liebe anleitet.

Die Schrift bietet keinen Dialog, sondern sechs Reden, die das Thema des Eros aus verschiedenen Standpunkten behandeln, entsprechend der seelischen und intellektuellen Einstellungen der Teilnehmer des Symposiums. Als erster spricht Phaidros, der (anders als Lysias im gleichnamigen Dialog) Eros als ältesten Gott und Urheber großer Taten rühmt. Er gibt den Liebenden den Mut ein, sich für den Geliebten aufzuopfern. Die zweite Rede ist die des Pausanias, der zwischen himmlischem und gemeinem Eros unterscheidet. Auch die dritte Rede des Arztes Eryximachos unterscheidet einen zweifachen Eros, in den göttlichen und den menschlichen Dingen, den Eros in der Natur und im menschlichen Bereich, auch als Objekt der Wahrsagekunst. Als vierte Rede folgt die des Komödiendichters Aristophanes, der den Mythos von den Kugelmenschen zum Besten gibt, die Zeus, als sie zu mächtig wurden, halbiert und in die zwei Geschlechter zerteilt, in Mann und Frau, die wieder zur Vereinigung zusammenstreben. Die fünfte Rede bietet der Gastgeber, der Tragödiendichter Agathon, der Eros als den jüngsten und zartesten Gott ehrt und seine Tugenden preist.

Den Höhepunkt der Schrift bildet die sechste Rede, die des Sokrates (*Symposion* Kap. 20ff.), welche sich vor den anderen durch tiefere Kenntnis, im Mythologischen wie im Philosophischen, auszeichnet und dem Wesen des Eros gerechter wird. Er führt die Priesterin aus

Mantinea, Diotima, ein (*Symposion* Kap. 22), die ihn einst in seinen jungen Jahren in den Dingen der Liebe unterrichtete. Aus dem Munde der Priesterin erhält nun Sokrates' weitere Ausführung auch einen religiösen Charakter.

Diotima deutet den Eros zuerst mythologisch. Er ist ein Daimon, also ein Halbgott, Sohn des Poros und der Penia, d.h. des Mittel und Wege Findenden und der Armut. Da er nach dem Guten und Schönen strebt, ist er dessen noch bedürftig, aber findig, es zu erlangen. Aus der Zwischenstellung, die Eros zwischen Göttern und Menschen einnimmt, kommen nun die Philosophierenden in seine Nähe; denn auch sie nehmen eine Zwischenstellung ein, da sie als »Weisheitsliebende« zwischen Weisheit und Unkenntnis stehen (*Symposion* Kap. 23). Zugrunde liegt das Streben nach dem Guten und Schönen, dessen Besitz Glückseligkeit bedeutet (*Symposion* Kap. 24). Mit erweitertem Blick auf die gesamte Natur stellt Diotima fest, dass in Erzeugung und Fortpflanzung sich ein Streben nach Unsterblichkeit ausdrückt, das zwar nicht das Individuum, wohl aber die Art erreicht (*Symposion* Kap. 24–26). Die Erzeugung, die beim Menschen im Schönen stattfindet, geht nicht nur auf das Fortleben im Leiblichen, sondern auch im Seelischen. In diesem sind das Erzeugte die Tugenden, Weisheit, Besonnenheit und Gerechtigkeit (*Symposion* Kap. 27).

Diotima versucht dann pädagogisch, den jungen Sokrates auf einem Stufenweg vom sinnlich leiblichen Schönen zum göttlichen Schönen hinaufzuführen, um ihn so in das tiefe »Geheimnis der Liebe einzuweihen« (*Symposion* Kap. 28). Da die erotische Liebe von der leiblichen Schönheit eines Einzelnen ausgeht, muss er als Liebhaber dann aber innewerden, dass in allen Leibern eine verwandte Schönheit liegt, eine gemeinsame Idee des Schönen, und dass diese ihm noch weit herrlicher in der »Schönheit in den Seelen« in Menschen begegnet, mit denen er schöne Reden pflegen soll, sofern sie »Jünglinge besser zu machen vermögen«. So wird er selbst dahin gebracht, »das Schöne in den Bestrebungen und in den Sitten anzuschauen«, um zu bemerken, dass auch in ihnen allen eine gemeinsame Schönheit liegt, die auf die höhere Schönheit in den Erkenntnissen verweist. In diesem weiten Bereich muss er »viele schöne und herrliche Reden und Gedanken erzeugen«, bis er sich im Streben nach Weisheit dieser nähert.

Die Weisheit führt ihn schließlich empor zur Schau des göttlichen Schönen selbst, in welcher er »der Vollendung in der Liebeskunst« entgegen geht. Es lässt sich nur negativ bestimmen, als verschieden von allem vorhergegangenen Schönen (*Symposion* Kap. 29). Im Rückblick stellt Diotima fest, dass auf dem Stufenweg schon auf der untersten Stufe das Liebesverlangen »um jenes einen Schönen wegen« (*Symposion* 211c), nämlich des göttlichen, bewegt wurde, weshalb es vom sinnlich-leiblichen Schönen weg zu dem seelischen und intellektuellen Schönen sich hinwandte. Aber erst beim göttlichen Schönen selbst angelangt, wird dem Menschen das Leben lebenswert, weil er das Wahre berührt. Ihm gebührt, »von den Göttern geliebt zu werden« (*Symposion* 212a).

Der Schlussteil der Schrift (*Symposion* Kap. 30–39), welcher von den vorhergegangenen Reden schon äußerlich durch den lärmenden Aufzug des angetrunkenen Alkibiades getrennt ist, bringt Sokrates mit diesem in Vergleich. In der Tat bestehen große Unterschiede zwischen dem alten Sokrates aus schlichter Herkunft, mit seinem unschönen Satyrgesicht, und dem jungen adligen, blendend schönen Alkibiades. Doch geht von Sokrates, dem in Tugenden ausgezeichneten Mann, eine innere Schönheit aus, die alle in Bann schlägt, auch den ausschweifenden Alkibiades, welcher den Anwesenden sein schlechtes Gewissen vor Sokrates bekennt: dass er sich um viele politische Angelegenheiten der Athener bekümmere, aber nicht darum, wie seine Seele besser werden könne, und des Sokrates Blick fliehe. Alkibiades erwähnt auch seine erotische Neigung zu Sokrates, die dieser jedoch bei einer gebotenen Gelegenheit entschieden zurückwies. Rühmend werden auch Sokrates' Tugenden hervorgehoben, so seine Tapferkeit auf dem Feldzug nach Poteidaia.

Für die Auswertung des Dialoges scheinen mir folgende Gesichtspunkte besonders beachtenswert:

1. Die Frage nach dem Wesen des Eros bzw. der erotischen Liebe wird, wie im *Phaidros*, so beantwortet, dass sie ein affektvolles Verlangen nach dem Schönen ist, das sich am Guten findet. Wir könnten folgendes Verhältnis feststellen: Wie zum Guten der Liebreiz des Schönen hinzukommt, so zum Willensstreben nach dem Guten der Affekt der erotischen Liebe (siehe das nachstehende Schema).

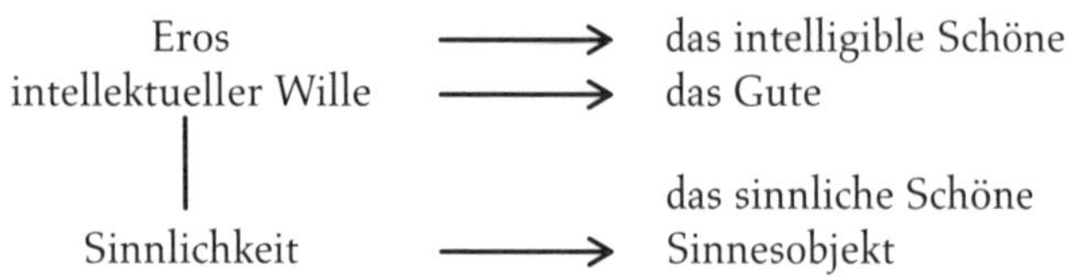

2. Das Schöne, dem der Liebende zunächst im Sinnlichen begegnet, ist ein Abglanz des Schönen im Unsinnlichen, Intellektuellen, in der Seele und in Gott. Damit löst sich das Problem, ob die Schönheit nicht nur sinnlich sei, und intellektuelle Schönheit ein bloßer Gedanke. Bei Platon ist sie komplex und umfasst beides, so dass wir von der sinnlichen Schönheit ausgehen müssen. Sie verhält sich zur intellektuellen wie die sinnenfällige Wirkung zur Ursache.

3. Dementsprechend gibt es auch keinen zweifachen Eros, einen sinnlichen (auf das sinnliche Schöne gerichteten) und einen intellektuellen (der auf das unsinnliche Schöne geht), wie Neuplatoniker und ihnen nachfolgende, moderne Interpreten annehmen möchten, sondern nur den einen Eros, der sich als das unvollkommene Anfangsstadium des intellektuellen Willens erweist, sofern dieser noch mit der Sinnlichkeit verbunden tätig ist.

Bei seinem dynamischen Fortschritt vom sinnlichen zum unsinnlichen Schönen verhält sich der erotisch Ergriffene so, dass er schon von Anfang an, wenn auf das sinnliche Schöne gerichtet, dieses »um des (göttlichen) Schönen selbst willen« liebt, was er ja auch durch sein Verhalten beweist; denn beim sinnlichen Schönen bleibt er nicht stehen und findet keine Befriedigung und Erfüllung, weshalb er ruhelos weiter strebt und damit seine intellektuelle Natur beweist. Daher bringt Platon auch die erotische Liebe mit der Philosophie, der Liebe zur Weisheit in Verbindung.

Zu Unrecht hat eine moderne Kritik von der schon sprichwörtlich gewordenen »platonischen Liebe« gesprochen, als ob Platon die sinnliche Erotik vergeistige. Dies ist jedoch nicht der Fall; denn wenn auch der Eros im Anfangsstadium mit der Sinnlichkeit verbunden tätig ist, gehört er doch zum intellektuellen Willen, wie gesagt. Dabei ist zu beachten, dass es für Platon beim Menschen keine rein sinnliche Tätigkeit gibt, ohne Verbindung mit dem Intellekt, der das Subjekt aller menschlichen Tätigkeiten ist, auch der sinnlichen.

4. Die Beschreibung des göttlichen Schönen verrät eine mystisch-religiöse Erfahrung, wie das von Mystikern gebrauchte Wort der »plötzlich« eintretenden Schau des eigentlich unbeschreiblichen, lichtvollen, göttlichen Schönen anzeigt. Daher darf man von der vorliegenden Stelle keine metaphysische Lehre von den Ideen erwarten, weder über die höchste Idee des Guten, noch über ihr Verhältnis zu den Sinnesdingen (wie sie sich hingegen in *Staat* VI findet).

Praechters Kommentar[10] zum vorliegenden Text nimmt Stellung zur neukantianischen Interpretation, dass Platon mit den Ideen nur Gesetzmäßiges und mit der obersten Idee die der Gesetzmäßigkeit selbst intendiert habe, und korrigiert sie dahin, dass Platon von der Konzeption der Ideen als logischer Begriffe ausgegangen sei, um dann im *Symposion* und im *Staat* zur Substantialisierung der Ideen zu gelangen. »Aus der logischen Bedeutung der ἰδέα, wie wir sie in Platons früheren Dialogen antrafen, hat sich die ontologische (metaphysische) entwickelt.« Dagegen spricht jedoch, dass im *Phaidon* Platon die Ideen von der ursächlichen Betrachtung der Dinge aus einführt, nämlich als Form- bzw. Zweckursachen, die dann freilich durch allgemeine Begriffe zu definieren sind. Es trifft also m. E. nicht zu, dass das göttliche Schöne, die oberste Idee, wie die anderen Ideen »der verdinglichte, zur Substantialität erhobene (hypostasierte) Begriff« sei. An keiner Stelle werden Begriffe hypostasiert. Im Übrigen hat Platon im *Parmenides* selbst zwischen dem Begriff im Intellekt und der Idee als realer Form- und Zweckursache unterschieden.

Der Text des *Symposion*, wonach das göttliche Gute und Schöne die menschliche Seele bewegt und zu seinem Liebhaber real verwandelt, zeigt den metaphysischen Realismus, unterstützt von der religiösen Erfahrung, dass ein solcher Liebhaber »von den Göttern geliebt« ist (*Symposion* 212a).

Die bei Praechter mit Bezug auf H. Lotze erwähnte »logische Umdeutung der Ideenlehre« ergibt sich aus der modernen empiristischen Voraussetzung, die in den Transzendentalismus Kants und der Neukantianer eingegangen ist, wonach uns Dinge nur in der Sinnesanschauung gegeben sein können. Tatsächlich reicht jedoch die intellektuelle Erkenntnis des Realen weiter als die sinnlichen Daten. Und dessen ist sich auch der Intellekt bewusst.

Das eigentlich leitende Prinzip im Seelenwagen-Gleichnis ist nicht die Vernunft, sondern das Ziel, von dem sie ihrerseits geleitet wird, nämlich das göttliche Schöne und Gute. Von ihm muss daher die Vernunft Erkenntnis erwerben, um die sich Platons Metaphysik bemüht, begleitet vom Fortschritt in den Tugenden.

[10] Karl Praechter, *Das Altertum*, Berlin [12]1926, 262–263.

Phaidon

Der Dialog handelt von der Unsterblichkeit der Seele, die in drei Beweisen dargelegt wird.[11] Ihnen gehen einleitende Erörterungen über den Tod und das auf ihn bezogene Leben voraus. Das Gespräch führt Sokrates mit seinen Jüngern im Kerker, vor seinem Tode durch den Schierlingsbecher.

1. Über den Tod und das philosophische Leben

Da Sokrates dem Tod in furchtloser, heiterer Verfassung entgegensieht, wird er nach dem Grund gefragt und antwortet (*Phaidon* Kap. 8–9), dass für den Philosophen das Leben ein beständiges Sterben ist. Er begründet dies damit, dass der Tod die Trennung der Seele vom Leibe bedeutet (*Phaidon* 64c), und dass die Seele unsterblich ist. Nun gibt es zwei Lebensweisen: die leiblich sinnenhafte, lustvolle, und die vernünftige, welche die philosophische ist. Für die sinnenhafte Lebensweise ist die vernunftgemäße der Tod, für diese hingegen ist die sinnenhafte der Tod, weshalb man ihr sterben muss, um zur vernunftgemäßen als dem wahren Leben überzugehen.

Den zwei verschiedenen Erkenntnisvermögen, dem sinnlichen und dem vernünftigen, entsprechen zwei verschiedene Objekte, die sinnlich wahrnehmbaren Dinge mit ihren veränderlichen Erscheinungen und die intelligiblen, unveränderlichen Wesenheiten (*Phaidon* Kap. 10). Um von der sinnlichen zur vernünftigen Erkenntnis aufzusteigen, muss die vernunftbegabte Seele eine Umkehr vollziehen, mit einer stufenweise erfolgenden Hinwendung zum intelligiblen Objekt, die eine »Reinigung« der Erkenntnisinhalte vom Sinnlichen erfordert, damit immer mehr der intelligible Gehalt hervortritt. Doch wird der Erkenntnisaufstieg der Vernunft durch die Bewegungen vonseiten des Leibes und der Sinne gestört, welche die Seele in Verwirrung bringen, während die Vernunft der Muße und Ruhe bedarf, um das unsinnliche Wesen der Dinge zu erfassen (*Phaidon* Kap. 11). Die Befreiung von all der Störung und des Ungemachs vonseiten des Leibes und der Sinne bringt aber der Tod, mit der Trennung der Seele vom Leib und der Sinnlichkeit, dem man daher tapfer und wohlgemut entgegengehen muss (*Phaidon* Kap. 12).

---

[11] *Platon, Werke,* Bd. 3, Dialog *Phaidon.*

Der Begriff der »Reinigung«, der wohl aus dem religiösen Bereich stammt, wird hier auf den Erkenntnisbereich angewandt und ist in die abendländische Philosophiegeschichte eingegangen. Einen Nachklang finden wir in Kants *Kritik der reinen Vernunft*. Analog zum Erkenntnisaufstieg muss sich ein sittlicher vollziehen, mit der Abkehr und »Reinigung« von der sinnenhaften Lebensweise und der Hinkehr zu einer vernunftgemäßen, tugendhaften (*Phaidon* Kap. 13).

Damit klären sich in den Einleitungskapiteln zwei Probleme: erstens, was das Leben des Menschen ist, indem seine Bedeutung von der sinnenhaften zur vernunftgemäßen vertieft wird; zweitens, wie die ethische Erkenntnis über ein vernunftgemäßes Leben Einfluss auf dieses nehmen kann. Die Antwort geht dahin, dass der Erkenntnisfortschritt von einem ebensolchen im moralischen Verhalten begleitet sein muss. So kommt zur ethischen Erkenntnis in das sittliche Gute auch die Erfahrung der Freude und des Friedens in der sittlich guten Lebensweise hinzu.

2. Unsterblichkeitsbeweis aus dem Objekt der Vernunft, den Ideen

Der Hauptteil begegnet den Zweifeln am Fortleben der Seele nach dem Tode, wobei nicht die gegenwärtige Existenz der Seele in Frage steht, sondern vielmehr ihre Unsterblichkeit. Auf diese gehen die Beweise, die aus der Immaterialität der Seele geführt werden; denn nur das Materielle ist zerstörbar (in seine Teile auflösbar), nicht dagegen das Immaterielle (das aus keinen materiellen Teilen besteht).

Der erster Beweis (*Phaidon* Kap. 14–17) argumentiert aus der Tatsache, dass Entstehen und Vergehen aus Gegensätzen erfolgt, wie z. B. das Schöne aus dem Hässlichen, das Gerechte aus dem Ungerechten usw., dass diese Vorgänge sich in beiden Richtungen vollziehen, also vom Ungerechten zum Gerechten, und vom Gerechten zum Ungerechten. Nun bilden auch Leben und Tod einen Gegensatz, so dass ihr Träger, der Mensch mit Leib und Seele, ebenfalls vom Leben zum Tod, und vom Tod zum Leben übergeht, stirbt und wieder auflebt, einen Körper verlässt und in einen anderen einkehrt. (Zugrunde liegt die religiöse Lehre der Orphiker von der Seelenwanderung.)

Da dieser Beweis die Existenz der Seele vor der Geburt des Menschen voraussetzt, führt Sokrates einen zweiten Beweis für die Präexistenz der Seele an (*Phaidon* Kap. 18–23), welcher sie aus der Natur des Objekts der Vernunftseele folgert. Das Problem ist hier ein metaphysisches, ob es ein immaterielles Objekt gibt. Die Lösung erfolgt durch die Einführung der Wesenheiten der Dinge, der sog. Ideen.

Ihr Aufweis geht von der Tatsache aus, dass die Vernunft schon auf der Ebene der sinnlichen Wahrnehmungen von den Sinnesdingen Aussagen mit allgemeinen Prädikaten macht. So sagt sie z. B. von zwei gleichen Hölzern aus, dass sie gleich sind, obwohl keine zwei konkreten Dinge absolut gleich sind. Daraus erhebt sich die Frage, woher die Vernunft den Begriff des Gleichen selbst hat (*Phaidon* 74b). So auch in anderen Fällen, wo die Vernunft bezüglich der konkreten, einzelnen Dinge und Menschen den Begriff des Schönen, des Guten, des Gerechten, des Frommen usw. selbst hat (*Phaidon* Kap. 20, 75c–d) und damit jeweils etwas wesentlich Seiendes, Identisches, von ihnen erfasst.

Da das konkrete Einzelne hinter seiner Wesenheit zurückbleibt, kann die Vernunft einen Begriff von ihr nur in einem übersinnlichen, jenseitigen Bereich gewonnen haben, in einer Schau der Wesenheiten, um sich dann hier im Diesseits an jenes Geschaute wiederzuerinnern, wenn sie mit den Sinnesdingen ihre Erfahrung macht, was die Präexistenz der Vernunftseele voraussetzt (*Phaidon* Kap. 22).

Es stellt sich auch die Frage über die Postexistenz der Seele nach dem Tod des Menschen (*Phaidon* Kap. 23). Sie scheint schon beantwortet zu sein durch den ersten Beweis; denn wenn Geburt das Aufleben aus dem Tode ist, musste die Seele schon davor bestanden haben. Doch soll die Frage noch eine weitere Antwort finden; denn in der Seele ist ein Kind, das des guten Zuspruches durch Vernunftargumente bedarf (*Phaidon* Kap. 24).

Der zweite Beweis stützt sich auf den Gegensatz der zwei Objektbereiche: des sinnlich Wahrnehmbaren, das veränderlich und vergänglich ist, und des Intelligiblen, Wesentlichen, das unveränderlich, immer mit sich identisch ist und immateriell (*Phaidon* Kap. 25).

»Jene Wesenheit, von deren Sein wir den Begriff wiedergeben« (αὕτη ἡ οὐσία, ἧς λόγον δίδομεν τοῦ εἶναι), verhält sich immer auf dieselbe Weise und identisch: »das Gleiche selbst, das Schöne selbst und so jegliches, was ist, selbst« (αὐτὸ τὸ καλόν, αὐτὸ ἕκαστον, ὃ ἔστι, τὸ ὄν, *Phaidon* 78d).

Während die veränderlichen sichtbaren Dinge von den Sinnen wahrgenommen werden, z. B. Menschen, Pferde, Kleider, sind die immer identischen Wesenheiten nur dem Verstand zugänglich.

»Das, was sich auf dieselbe Weise verhält (τῶν δὲ κατὰ ταὐτὰ ἐχόντων), kannst du wohl auf keine Weise irgend anders erfassen als durch Verstandesschluss der Überlegung« (τῷ τῆς διανοίας λογισμῷ, *Phaidon* 79a), da es unsichtbar ist.

Wie dem materiellen sinnlichen Objekt das Sinnesvermögen verwandt und daher mit dem Leibe verbunden ist (*Phaidon* Kap. 26–27), so ist analog auch der Verstand bzw. die Vernunft ihrem intelligiblen Objekt verwandt und d. h. immateriell wie dieses (*Phaidon* Kap. 28):

»... dass dem Göttlichen, Unsterblichen, Vernünftigen, Eingestaltigen, Unauflöslichen und immer sich auf dieselbe Weise identisch mit sich Verhaltenden die (Vernunft-)Seele am ähnlichsten ist, dem Menschlichen aber und Sterblichen, Unvernünftigen, Vielgestaltigen, Auflöslichen und nie auf dieselbe Weise und sich selbst identisch Bleibenden, diesem wiederum der Leib am ähnlichsten ist« (*Phaidon* 80b).

Zugrunde liegt eine schon vorsokratische Einsicht, wie sie Empedokles ausspricht, dass die Seele »Gleiches mit Gleichem« erkennt.

An das philosophische Argument schließt sich die religiöse Überzeugung an, dass die Seele, die auf Erden sich dem göttlichen Guten und Schönen verähnlicht hat, nach dem Tode im Jenseits von den Göttern aufgenommen wird, die schlechte Seele hingegen an dunklen Orten bei Gräbern schweifen wird (*Phaidon* Kap. 29–32). Hervorgehoben wird die befreiende Wirkung der Philosophie auf die Seele, so dass sie sich von der trügerischen Sinneswelt abkehrt und den göttlichen Gegenständen zuwendet (*Phaidon* Kap. 33–34).

Es folgen zwei weitere Einwände: dass die Seele nur die Harmonie des Leibes sei, wie die Stimmung am Instrument, und mit diesem mit zugrunde gehe; und dass die Seele zwar den Leib gebildet hat wie ihr Kleid, aber mit ihm so verhaftet sei, dass mit seinem allmählichen Verfall auch die Seele sich auflöst (*Phaidon* Kap. 36–37).

Sokrates antwortet zunächst mit einer methodologischen Vorbemerkung, dass man Reden nicht vorschnell glauben und ihnen nicht Feind werden soll, sondern sie mit Freude an der Rede sorgfältig zu prüfen hat (*Phaidon* Kap. 38–40). Die Annahme des ersten Einwandes, dass die Seele eine Stimmung des Leibes (seine Zusammensetzung) sei, würde sie erst mit dem Leib entstehen lassen, was mit der eingestandenen Lehre von der Wiedererinnerung der präexistenten Seele unvereinbar ist. Zudem könnte die Seele nicht Grade der Tugend und des Lasters annehmen, ferner auch nicht den Leib beherrschen (*Phaidon*

Kap. 41–43). Zum zweiten Einwand führt Sokrates aus (*Phaidon* Kap. 44–49), dass die Seele, wenn sie den Leib gebildet hat, seine Form- bzw. Zweckursache ist, und damit von wesentlich anderer, immaterieller Art.

Exkursartig wird die Bedeutung dieser Zweckursache im Anschluss an Anaxagoras beleuchtet, der neben den materiellen Elementen (den sog. Homöomerien) einen göttlichen Intellekt als Zweckursache von allem eingeführt hat. Angesichts der unbefriedigenden, rein materiellen Naturerklärung der meisten Vorsokratiker (*Phaidon* Kap. 45) begrüßt Sokrates / Platon Anaxagoras' Lehre als einen entscheidenden Fortschritt für die Erklärung der Zweckmäßigkeit und Ordnung in den Naturdingen und den Menschen (*Phaidon* Kap. 46), ist aber dann enttäuscht darüber, dass Anaxagoras in seiner Naturphilosophie die Zweckursache nicht verwendet, sondern stattdessen wieder alles mit den materiellen Elementen erklärt (*Phaidon* Kap. 47).

Wie ungenügend die rein materielle Erklärung der Vorgänge in der lebendigen Natur und der Menschen ist, zeigt Sokrates sehr anschaulich an einer Analogie mit der Zweckmäßigkeit im Bereich menschlichen Handelns und nimmt als Beispiel seine gegenwärtige Lage im Gefängnis, die keineswegs nur mit den materiellen Ursachen und Körperbewegungen erklärt wird, sondern vor allem durch die seelische Zweckursache mit dem entscheidungsfähigen Intellekt, der ihn in diese Lage gebracht hat, weil er ins Gefängnis ging und sich dem Todesurteil der Athener nicht entzog. Analoges muss auch für die Zweckmäßigkeit und Ordnung in den Vorgängen der belebten Natur gelten. Sokrates / Platon übt Kritik an den vorsokratischen Lehren, welche sie nur aus Bewegungen materieller Elemente erklären und jede Zweckursache außer Acht lassen, jede »höhere Kraft«, »das Gute und Richtige« (*Phaidon* 99c). Es geht also um die Erforschung einer nicht-materiellen Ursache (τῆς τοιαύτης αἰτίας ὅπῃ ποτὲ ἔχει μαθητής, 99c; τὴν τῆς αἰτίας ζήτησιν, *Phaidon* 99d).[12]

Die Allgemeinerkenntnis mit den Verstandesgründen (ἐν λόγοις σκοπούμενον τὰ ὄντα, *Phaidon* 99d) führt also (Kap. 48) – für die

---

[12] An vorliegender Stelle bemerkt Sokrates, er würde gern von jemandem die wahren Ursachen lernen. Darin sieht Erler in: *Grundriss der Geschichte der Philosophie*, Bd. 2.2, *Platon*, 178, mit Recht einen »subtilen Hinweis des Autors auf sich selbst«, d.h. auf Platons Ideenlehre, welche man nicht nur unter dem logisch-begrifflichen Gesichtspunkt sehen darf, sondern vor allem auch unter dem real-ursächlichen, wie von mir betont.

volle Erklärung der lebendigen Natur einschließlich der Menschen – zu nicht-materiellen Form- bzw. Zweckursachen, die im Bereich des intelligiblen Seienden liegen, nicht im sinnlich Sichtbaren und Vorstellbaren. So werden die Ursachen (περὶ αἰτίας) jeweils durch einen Vernunftgrund vorausgesetzt (ὑποθέμενος ἑκάστοτε λόγον, *Phaidon* 100a).

Die Untersuchung ist einfach (Kap. 49): Ausgehend von den vielen einzelnen Sinnesdingen mit einer spezifischen Eigenschaft, z. B. schönen oder großen Dingen, wird die der Ursache eigene Form (τῆς αἰτίας τὸ εἶδος), die Idee, aufgesucht, jene Wesenheit, das Schöne selbst, das Große selbst, wodurch die Einzeldinge die entsprechenden Eigenschaften haben. Diese Erklärungsweise ist wesentlich verschieden von der bloß materiellen. Sie bezieht sich auf die Wesenheit jedes einzelnen Dinges, das an ihr teilhat (ἕκαστον γιγνόμενον … μετασχὸν τῆς ἰδίας οὐσίας ἑκάστου οὗ ἂν μετάσχῃ, *Phaidon* 100b–101c).

Die griechischen Begriffe εἶδος bzw. ἰδέα bedeuten die Gestalt, Form, und bezeichnen im Erkenntnisbereich den Artbegriff, die Spezies, gewinnen nun aber die neue vertiefte Bedeutung der Formursache (z. B. *Phaidon* 102a: ἕκαστον τῶν εἰδῶν), auf die sich die Allgemeinbegriffe beziehen. Keineswegs darf Platons ἰδέα mit einer »Idee« im neuzeitlichen Sinne eines Gedankens im Intellekt verwechselt werden.

Von den Formursachen der Dinge und ihren Eigenschaften aus wird noch ein dritter Unsterblichkeitsbeweis der Seele erbracht (*Phaidon* Kap. 50–56), der in folgenden Schritten verläuft: Erstens schließen entgegengesetzte Wesensformen (Ideen) einander aus, z. B. das Ungerade das Gerade. Zu jedem Gegensatz gehört aber ein Zugrundeliegendes, z. B. zum Ungeraden die Zahl Drei, die nicht selber im Gegensatz zum Geraden steht, sondern nur durch ihre Form des Ungeraden (*Phaidon* Kap. 51–52). Zweitens, nicht nur die Gegensätze schließen einander aus, sondern auch das zugrundeliegende Ding mit einer bestimmten Form schließt die entgegengesetzte aus. So kann z. B. zum Drei-Seienden mit der Form des Ungeraden niemals die Form des Geraden hinzukommen (auch wenn das Drei-Seiende nicht in direktem Gegensatz zum Geraden steht, *Phaidon* Kap. 53). Auf die Seele angewandt, kann aus den zwei Voraussetzungen gefolgert werden, dass die Seele, als der Träger der Wesensform des Lebens, niemals die entgegengesetzte Form, den Tod, annehmen kann. Vielmehr, wenn dieser herannaht, entzieht sich ihm die Seele, die immer die Form des Lebens behält. Also ist die Seele unsterblich (Kap. 54–55). Was nicht stirbt, wie die Seele, dürfte – gegen Kebes' Bedenken – auch unvergänglich sein (Kap. 56).

Der Dialog schließt mit einem schönen Mythos vom Diesseits, der Erde, und dem Jenseits, mit der Unterwelt und dem Paradies, sowie von der Seelenwanderung von hier nach dort (*Phaidon* Kap. 57–61). Dabei macht der sittliche Zustand, den die Seele hier erwirbt, durch Tugenden oder Laster, viel aus für ihr Schicksal, das sie im Jenseits erfährt (*Phaidon* Kap. 62–63). So erhalten die Beweisargumente für die Unsterblichkeit der Seele ihre Unterstützung durch den religiösen Glauben.

Schlussbemerkung zum Problem des Allgemeinen und Platons Lösung mit der Einführung der Ideen:

Platon hat klar das Problem gesehen, das in der Tatsache liegt, dass die Vernunft schon auf der Ebene der sinnlichen Wahrnehmungen etwas Allgemeines bei den einzelnen Sinnesdingen erfasst, das sie nicht aus ihnen haben kann; denn es besteht ein Gegensatz zwischen dem Einzelnen und dem Allgemeinen.

Einzelnes	Allgemeines
sinnlich wahrnehmbar	intellektuell erfassbar
materiell	immateriell
Vieles	Eines über Vielem
veränderlich	unveränderlich
sich wandelnd	mit sich identisch
unwesentlich	auf Wesentliches bezogen

Daraus erhebt sich das erkenntnistheoretische Problem, woher die Vernunft das Allgemeine gewonnen hat. Platon löst es dadurch, dass er das Allgemeine nicht mehr auf Akzidentelles, sondern auf Wesentliches der Dinge bezogen sieht, aus welchem das Allgemeine seine Herkunft hat. Er nennt die Wesenheit der Dinge *eîdos, idéa,* Form, d.h. ihre Formursache, im Unterschied zur Materie der Dinge.

Mir scheint allein schon die Problemstellung sehr wertvoll, die in der Neuzeit wiederkehren wird, so bei Kant, der das Problem dann nicht mehr von den Dingen her aufzulösen vermag, sondern nur vom Subjekt her (durch die Kopernikanische Wende), so dass dann die Quelle der allgemeinen Erkenntnis apriori nicht aufseiten der Dinge liegt, sondern im Subjekt. Es bleibt aber für Platon das Problem, wo die Wesenheit / Idee, anzusetzen sei. In den Dingen ist es für ihn nicht möglich, da sie nur durch Allgemeines erkannt wird, das Allgemeine aber, wie gesagt, zu den Einzeldingen in Gegensatz steht.

Hinzu kommt ein anderes Problem, nämlich wie die Vernunft etwas lernen kann, das sie nicht schon kennt, und die Lösung hierzu annimmt, dass die zu erlernende Erkenntnis schon in allgemeiner, vager Form in der Seele sei (als Erinnertes, vor der Geburt im Jenseits Geschautes). Aristoteles' Kritik hieran (*Zweite Analytiken* II 19) ist überzeugend: dass wir in unserer Seele keine Erkenntnisse vorfinden, die wir nicht erworben haben. Immerhin ist auch die Aufstellung dieses Problems als solche (vgl. *Menon*) schon von großem Wert.

Platons Anerkennung der Wesenheiten / Ideen als Formursachen der Erfahrungsdinge ist ein entscheidender Fortschritt über die Vorsokratiker hinaus, die nur zu materiellen Ursachen gelangt waren.

Für Platon lässt die allgemeine Natur der Formursachen / Ideen nicht zu, sie in den Sinnesdingen anzusetzen, so dass er gezwungen ist, sie von ihnen abzutrennen. An dieser Abtrennung *(chorismós)* wird dann Aristoteles mit Recht Kritik üben, weil Formursachen, abgetrennt von den Dingen, deren Ursache sie sein sollen, nichts bewirken können.

Platons Formursachen sind vor allem auch Zweckursachen, welche die in den Naturdingen beobachtbare Zweckmäßigkeit erklären. An Anaxagoras anschließend, der als erster seine Aufmerksamkeit der zweckvollen Ordnung in der Natur zuwandte und den materiellen Elementen einen göttlichen Intellekt als Zweckursache gegenüberstellte, bietet dann Platon eine eingehendere Erklärung der Naturdinge aus der göttlichen Zweckursache im Dialog *Timaios.*

Zu den Unsterblichkeitsbeweisen:

Zu ihnen haben Forscher darauf hingewiesen,[13] dass sie logisch akzeptabel sind, aber ein gewisses Misstrauen bei den Hörern nicht ausräumen können, das der Text erwähnt. Das Problem scheint mir darin zu liegen, dass die Beweise nicht auf die Existenz der Seele gehen, sondern auf ihre Unsterblichkeit bzw. Immaterialität, wobei ihre Existenz schon vorausgesetzt wird. Ich möchte hinzufügen, dass es auch keinen Existenzbeweis der Seele, ebenso wenig wie der Vernunft, geben kann; denn die Vernunft gehört identischerweise zur Seele. Sie ist

---

[13] Siehe Erler, *Grundriss der Geschichte der Philosophie*, Bd. 2.2, *Platon*, 179.

sich evident gegeben und das Subjekt allen Beweisens. Vor allem stützt sich religiöse Erfahrung auf sie. Wohl aber kann in empiristischer Einstellung, die nur sinnlich Wahrgenommenes als real gegeben anerkennt, der theoretische Zweifel an der Existenz der Seele aufkommen.

Bemerkenswert ist der Realismus, mit dem Platon auch im *Phaidros* (Kap. 23 ff.), anschließend an die Rede über die erotische Liebe, zu deren Träger, der Seele, übergeht und nach ihrer Wesensnatur fragt, wobei er selbstverständlich ihre Existenz voraussetzt. Ebenso im *Staat*. Man denke ferner an den *Sophistes* (Kap. 33 ff.), wo Platon die Ideen auch damit verteidigt, dass selbst die Materialisten die Existenz von Lebewesen mit einem beseelten Leib und der Seele als etwas Seiendem zugestehen und einräumen, dass der Seele Vernunft und Gerechtigkeit eignen.

Der Mythos am Ende des Dialoges ergänzt das Thema des Fortlebens der unsterblichen Seele und verbindet so die religiöse Überzeugung über sie mit philosophischer, beweisender Erkenntnis.[14] Da Sokrates den Mythos als von einem Unbekannten gehörten vorträgt, darf man annehmen, dass er von Platon selbst gestaltet wurde, unter Verwendung traditioneller Motive. Er schildert die bewohnte Oberfläche der Erde mit ihren Niederungen und Höhen. Der mediterrane Raum ist eine Einsenkung, um welche die Menschen wie Frösche um einen Weiher herum wohnen. In unteren Zonen, mit Flüssen und Seen, befinden sich die bekannten Ströme Okeanos, Acheron, Pyriphlegeton und Styx / Kokytos. Es sind Aufenthaltsorte von Seelen für ihre Reinigung.

Mit den von ihm gestalteten Mythen hier wie am Ende des *Staates* scheint mir Platon jene Verbindung der Philosophie mit der Religion wieder herstellen zu wollen, die sie anfänglich mit ihr hatte, die ihr aber zu seiner Zeit durch Sophisten mit zersetzender Religionskritik verloren zu gehen drohte.

---

[14] Siehe Erler, *Grundriss der Geschichte der Philosophie*, Bd. 2.2, *Platon*, 180–181. Der Mythos enthält »traditionelle Motive aus Homer, aber auch aus ionischer und pythagoreischer Wissenschaft«.

Der Staat

1. Vorrede über Alter und Reichtum. Thema der Gerechtigkeit und Definitionsversuche (Buch I)

Platons großes Werk *Staat* (der Titel *Politeia* bedeutet Staatsverfassung) hat als Hauptthema die Gerechtigkeit, die zuerst im Staat, dann im Individuum bestimmt wird, weil es leichter ist, wie Platon bekennt, sie in den großen Verhältnissen des Staates zu studieren als in den kleinen der Menschenseele. Von den zehn Büchern hat das erste eine selbständige Form, ähnlich den Frühdialogen, die Sokrates in Auseinandersetzung mit einem Sophisten zeigen und aporetisch enden. Im vorliegenden Buch I, das von der Gerechtigkeit handelt, wird Sokrates vom radikalen Sophisten Thrasymachos angegriffen.

Die einleitenden Kapitel streifen das Thema der Gerechtigkeit und des Geldbesitzes und führen den gerechten alten Kephalos vor, mit seiner weisen Beurteilung des Alters und des Geldbesitzes (*Staat* I, Kap. 1–5). Gegen die Klagen vieler über das Alter, dass es nicht mehr die triebhaften Freuden der Jugend gewähre, lobt sich Kephalos das Alter gerade, weil es ihn von der ungestümen Triebhaftigkeit befreit hat und ihm die Entfaltung geistiger Tätigkeiten besser ermöglicht. Nicht das Alter ist schlecht, sondern die falsche seelische Einstellung zu ihm. Der Geldbesitz kann (als aufgehäufter Reichtum) zu Ungerechtigkeit verleiten, ist aber an sich gut, nämlich für den rechtschaffenen Menschen (τῷ ἐπιεικεῖ), der ihn gerecht verwendet. »Wer sich nichts Ungerechten bewusst ist« (μηδὲν ἑαυτῷ ἄδικον ξυνειδότι),[15] der geht mit guter Hoffnung dem Tod entgegen, ohne Angst vor Strafen im Jenseits.

Man beachte, wie hier in der griechischen Philosophie erstmals der wichtige Begriff »bewusst« auftritt, das Adjektiv des später sich bildenden Substantivs »Bewusstsein« (συνείδησις, latein. *conscientia*). Eine andere Stelle findet sich im *Symposion* (s. o. S. 88 ff.). Der Kontext zeigt die sittliche Bedeutung dieses Begriffes an, dass sich jemand des Guten oder Bösen seines Tuns bewusst ist. Ebenso wichtig ist der Begriff des Rechtschaffenen (ἐπιεικής, *probus*), der in der Ethik der Gerechtigkeit eine Rolle spielen wird.

Die Unterordnung des materiellen Besitzes unter die Gerechtigkeit gibt für Sokrates den Anlass, nach ihrem Wesen zu fragen. Dies führt

---

[15] *Platon, Werke*, Bd. 4, *Staat*, 331a.

im Folgenden zu ersten Definitionsversuchen, d.h. zu Abgrenzungen des Gegenstandes und des Bereiches der Gerechtigkeit (Kap. 6–9). Ein erster Versuch, das Gerechte als Zurückgeben des Geschuldeten zu bestimmen, schränkt es fälschlich nur auf den Geldhandel ein. Ein zweiter Versuch, das Gerechte in der Wiedervergeltung des Guten gegenüber den Freunden bzw. des Schadens gegenüber den Feinden zu definieren, schränkt es fälschlich auf bestimmte Mitmenschen ein, während es alle Menschen einschließen muss und auf Gut und Böse bezogen ist; denn man will dem Freunde nützen, weil er gut ist. Und wer einem anderen schadet, macht ihn nicht besser, sondern eher schlechter, was nicht Sache des Gerechten sein kann.

Daraufhin greift Thrasymachos (*Staat* I, Kap. 10–11) Sokrates mit der sophistischen These an, dass das Gerechte der Vorteil des Stärkeren sei, der die Macht in Händen habe (*Staat* Kap. 12). Damit stellt sich das Problem, wie Sokrates seine Forderung nach Gerechtigkeit als auf den Nutzen der anderen gerichtete begründen will. Er antwortet nun Thrasymachos mit der Begründung, dass jede Kunst (praktische Wissenschaft) – z.B. die Arzt-, Baukunst, Schifffahrtskunst (Kybernetik, Navigation) usw. – auf das Gute, den Nutzen der anderen abzielt: So setzt der Arzt sein Wissen für die Heilung der Kranken ein, der Schiffskapitän für die sichere Fahrt der Passagiere usw. (*Staat* I, Kap. 15). Daher wird auch das Wissen der Staatskunst auf das gemeinsame Gute der Bürger gehen, nicht auf den Vorteil der Regierenden (*Staat* Kap. 16–17).

Von den nicht wenigen methodologischen Seitenbemerkungen, mit denen Sokrates den in seinen Antworten ausweichenden Thrasymachos zur Ordnung des Dialoges zurückruft, fordert eine ihn auf, es offen zu sagen, wenn er eine frühere Annahme aufgeben oder ändern muss (*Staat* 345b):

»Bleibe zuerst bei dem, was du gesagt hast. Oder, wenn du es umänderst, so ändere es offenbar um und hintergehe uns nicht.«

Ein Versuch des Thrasymachos (*Staat* I, Kap. 16), das egoistische Verhalten der Regierenden, die ihre Bürger ausnutzen, zu verteidigen, durch den Vergleich mit den Hirten, die ihre Schafe weiden, um sie auszunutzen, wird von Sokrates als unzutreffend abgewiesen, weil Aufgabe des Hirten nicht die ist, die Schafe abzuschlachten, sondern sie in einen guten Zustand zu bringen. Das Schlachten obliegt einer anderen Kunst, der die Hirtenkunst untersteht (*Staat* I, Kap. 17).

Ein weiteres Problem stellt sich durch Thrasymachos' Behauptung, dass das Verfolgen des eigenen Vorteils für die Regierenden nicht nur gerechtfertigt sei, sondern auch tugendhaft und weise, womit sich der Dialog von der politischen Ebene zur allgemein ethischen erweitert. Sokrates' Entgegnung (*Staat* I, Kap. 19 ff.) besagt, dass die staatsmännische Kunst, analog zu den anderen Künsten, eine allgemeine Vernunfterkenntnis ist, die hier auf das Gerechte geht, und dass die der Gerechtigkeit, wie jede Kunst und die Weisheit, gerade in der allgemeinen Erkenntnis der Vernunft von ihrer Herrschaft im Menschen liegt. Die Ungerechtigkeit, die dem eigenen Vorteil nachjagt, verrät einen Mangel an Kenntnis oder Weisheit. Sie ist Unkenntnis bzw. Torheit, also auch nicht tugendhaft und gut, sondern lasterhaft. Der Rechtschaffene strebt nicht eigensüchtig nach dem Regieren, sondern muss zu ihm gleichsam gezwungen werden. Darin offenbart sich am Gerechten, der gegenüber seinesgleichen nicht mehr haben will, eine Weisheit und Gutheit (Kap. 21).

Ferner erweist sich die Ungerechtigkeit nicht als stark, sondern schwach; denn wenn die Ungerechten etwas gemeinsam in der Stadt oder im Heer auf einem Feldzug unternehmen wollen, aber untereinander ungerecht sich übervorteilen, so richten sie nichts aus. Vielmehr müssten sie untereinander sich gerecht verhalten (Kap. 22–23).

Letztlich geht es um die Frage, wie man leben soll (περὶ τοῦ ὅντινα τρόπον χρὴ ζῆν, *Staat* 352d). Daher tritt Sokrates nachhaltig dafür ein (Kap. 24), dass die Gerechtigkeit eine Tugend der Seele sei, und begründet sie abschließend mit dem Argument: Wie jedes Lebewesen sein spezifisches »Werk« (ἔργον, Aufgabe, Leistung) vollbringt, mit einer entsprechenden Tugend (besten Haltung seines Vermögens), so auch der Mensch in seinem bestimmten Lebensvollzug, als dem »Werk der Seele«, das seine Tugend erreicht. Diese ist aber die Gerechtigkeit in einem guten und glückseligen Leben (*Staat* 353d).[16]

2. Aufsuchung der Gerechtigkeit am Modell des Staates (Buch II,1–16)

Aus Buch I, dessen Erörterungen Platon selbst als einleitende bezeichnet, führt er in Buch II das Thema der Gerechtigkeit fort und möchte zuerst den von Thrasymachos vertretenen, sophistischen Standpunkt,

---

[16] Aristoteles hat dieses Argument in der *Nikomachischen Ethik* I, Kap. 6, übernommen zur Bestimmung des sittlichen Guten (s. u. S. 272 ff.).

welcher die Ungerechtigkeit verherrlicht, an der Wurzel bloßlegen, um dann die Gerechtigkeit im Staat und im Individuum zu erörtern. Bei der Analyse des sophistischen Standpunktes, die Sokrates mit Glaukon durchführt, offenbart sich die ihm zugrundeliegende hedonistische Einstellung, die im Unrechtleiden das größte Übel sieht. Das Gerechte wird nicht an sich gewollt, sondern nur wegen seiner Folgen, weil es Lob und Ehre bewirkt, und seine Übertretung Strafe (*Staat* II, Kap. 1–2). Von Natur hingegen ist das Unrechttun gut, um das Unrechtleiden zu vermeiden. Wer unbemerkt Unrecht tun kann, begeht es auch, was der Mythos vom Lyder-König Gyges und seinem Ring bestätigt (*Staat* II, Kap. 3).

An sich betrachtet, ist der Ungerechte der, welcher es versteht als Gerechter zu erscheinen, ohne ein solcher wirklich zu sein (Kap. 5–6). Er begeht seine üblen Taten soweit möglich verborgen, unterstützt von Gesinnungsgenossen, sowie durch rhetorische Verschleierung, wodurch er sich die angenehmsten Lebensverhältnisse verschafft. Dagegen wäre der Gerechte der, welcher auch unter ungünstigsten Lebensbedingungen, wenn er verfolgt, geschmäht und gefoltert würde, gleichwohl kein Unrecht begeht, sondern im gerechten Tun verharrt. Es geht also um zwei verschiedene Lebensweisen (360e, τοῦ βίου πέρι).

Adeimantos führt noch weitere Gründe an, weshalb so viele Menschen eher zum ungerechten Tun als zum gerechten schreiten. Das Lob der Gerechtigkeit und der Tadel mit der Bestrafung der Ungerechtigkeit sind Ergebnis nur einer Konvention und Erziehung, ebenso auch die Göttermythen, die vielleicht nur eine Erfindung von Dichtern sind. Die Mythen sprechen zwar von der Strafe der Götter, aber auch davon, dass sie sich von Ungerechten durch Opfergaben gnädig stimmen lassen, so dass das Unrecht straffrei ausgeht (Kap. 7–9). Es folgt Sokrates' / Platons Widerlegung mit denselben Argumenten gegen den Hedonismus, wie den im *Protagoras, Gorgias* und *Philebos* vorgetragenen (s. o.).

Angesichts der geschilderten Einstellung der Menge entschließt sich Sokrates, Erkenntnis vom Wesen der Gerechtigkeit zu gewinnen, und zwar zuerst im Staat, dessen Wesen von seiner Entstehung her gewonnen werden soll (Kap. 10). Im Hintergrund steht die Frage, welches die natürlichen Grundlagen des Staates sind. Die Polis / der Staat entsteht aus den natürlichen Bedürfnissen der Menschen, deren Erfüllung sie zusammenführt. Das erste Bedürfnis geht auf das Lebensnotwendige: Nahrung, Kleidung und Wohnung, das zu beschaffen die Menschen sich die Arbeit aufteilen und die verschiedenen Handwerkskünste ausbilden. Jeder verrichtet die Tätigkeit, zu der er am geschicktesten ist; denn die Menschen sind (in ihren Begabungen, Talenten)

»von Natur verschieden und jeder zu einer anderen Beschäftigung geeignet« (*Staat* 370a).

Daraus ergibt sich, dass jeder nur einer bestimmten Beschäftigung nachgeht – eben der ihm geeigneten –, nicht vielen Beschäftigungen, auch denen, die anderen vorbehalten sind, da sonst die arbeitsteilige Ordnung der Gemeinschaft gestört wird: Jeder muss dem,

»was getan werden soll, ordentlich nachgehen und nicht nur beiläufig«.

»Hiernach also wird alles reichlicher zustande kommen, schöner und leichter, wenn einer eine einzige (Beschäftigung) seiner Natur gemäß und zur rechten Zeit verrichtet, frei von der Beschäftigung mit allem anderen« (*Staat* 370c).

Vgl. unten dieselbe Feststellung, dass jedem nur eine Beschäftigung zugewiesen sei, »wozu jeder sich von Natur am meisten schickte …, um es schön auszuführen«. Dass jeder »das Seinige tut«, ist also offensichtlich ein natürliches Prinzip der Gerechtigkeit. Auf diese Weise bilden sich die verschiedenen Stände in der Stadt aus, und zwar zunächst der Stand der Bauern, Händler und Tagelöhner (Kap. 11, 374b–c.).[17]

Die Entwicklung führt aber zunächst nur zu einem Zustand materiellen Wohllebens, und der Vergleich mit einem Schweinestaat (*Staat* 372d) macht drastisch deutlich, dass er noch nicht der für die Menschen angemessene ist. Auch wird das Wachstum der Stadt zu territorialer Ausdehnung führen und damit zu kriegerischen Konflikten mit Nachbarn, was die Ausbildung eines Kriegerstandes erfordert (Kap. 12–15). Schließlich macht die Aufgabe des Regierens der Stadt einen dritten Stand notwendig, den der Regierenden oder Wächter, welche auf das Gemeinwohl bedacht sind. Für jeden Stand bedarf es der nach Begabung und Charakter geeigneten Bürger, damit jeder wirksam und mit

[17] Man hat hier einen Gegensatz zum modernen Gleichheitsprinzip gesehen (wie es z. B. in der amerikanischen Verfassung ausgedrückt ist: »All men are born equal«). Doch kennt auch Platon diese Gleichheit in der Menschennatur aller Bürger, vgl. Buch III, Kap. 17–23, während es an vorliegender Stelle um die notwendige Verschiedenheit der Begabungen geht, mit der die Bürger sich im Zusammenleben ergänzen. Anders Erler in: *Grundriss der Geschichte der Philosophie*, Bd. 2.2, *Platon*, 211.

Freude seine Aufgabe erfülle. Der Wächterstand muss »philosophisch und lernbegierig« sein. Von seiner Erziehung und Bildung hängt viel ab, »auf welche Weise im Staat Gerechtigkeit und Ungerechtigkeit entstehen« (Kap. 16).

3. Fragen der Erziehung der Staatswächter (Buch II,17-IV,5)

Ausführliche Darlegungen widmen sich der Erziehung der Wächter in Dichtung, Musik und Gymnastik, wobei die herkömmliche einer gründlichen Kritik unterzogen wird, angefangen bei Homer und Hesiod (*Staat* II, Kap. 17–21). Es folgen Anweisungen, was gute Dichtung für die Erziehung leisten könnte, wenn sie nicht das Lasterhafte, sondern das Tugendhafte anziehend darbietet und empfiehlt (*Staat* III, Kap. 1–8). Die Vorschriften über die Musik (Kap. 9–11) tragen der Tatsache Rechnung, dass sie mit ihren verschiedenen Weisen und Rhythmen großen Einfluss auf die Affekte der Seele des Menschen ausüben (Kap. 12):

> »Das Schöne wird er (der sich Bildende) loben und freudig in die Seele aufnehmend sich daran nähren und selbst gut und edel werden, das Unschöne aber mit Recht tadeln und hassen, auch schon in der Jugend und ehe er noch imstande ist, vernünftige Rede anzunehmen«.

Doch bemerkt Sokrates, dass diese musische Erziehung nicht eher erfolgen kann, »bis wir die Formen der Besonnenheit, der Tapferkeit, des Edelsinns, des Großmuts und was dem verschwistert ist, sowie auch wiederum des Gegenteils … erkennen und merken, dass sie da sind, wo sie sind …« (402c). Das heißt, das freudvolle Gefallen am Schönen und Guten muss mit der Erkenntnis in dieses verbunden sein, ebenso auch das Missfallen am Schlechten mit der Erkenntnis in dieses. Dann folgen die Anweisungen über die richtige Gymnastik (Kap. 13–18).

Die verschiedenen Begabungen derer, die zum Regieren, zum Kriegführen und zum Arbeiten bestimmt sind, erweisen sich freilich verschieden in ihrer Qualität – Sokrates vergleicht sie mit Gold, Silber und Eisen –, da sich nur wenige von der hohen Qualität finden werden, ihr ganzes Leben mit Eifer gänzlich für das Studium des dem Staat Förderlichen einzusetzen. Auch der Kriegerstand verlangt eine höhere Qualität, mit Leib und Leben den Staat zu verteidigen. Würden die Arbeiter, denen diese Qualitäten fehlen, an die Regierung kommen, so wäre dies für den Staat abträglich. Gleichwohl betont Sokrates, dass alle Bürger Brüder sind, also das Menschliche gemeinsam haben (*Staat* III,

Kap. 19–22). – Erwähnt werden noch Grundregeln für die Regierung der Stadt (*Staat* IV, 1–5).

4. Bestimmung der Gerechtigkeit im Staat. Die Seelenvermögen. Gerechtigkeit im Individuum (Buch IV, 6–19)

Aus den oben durchgeführten Erörterungen über die Aufgabenteilung unter den Bürgern und die drei Stände im Staat, sucht nun die Untersuchung die Folgerungen für die Bestimmung der Gerechtigkeit im Staat zu ziehen. Wenn im Staat die den drei Ständen eigentümlichen Tätigkeiten, nämlich die, welche die materiellen Güter erwerben, die, welche den Staat gegen kriegerische Bedrohung verteidigen, und die, welche den Staat regieren, ihre je eigene Tugend haben: d. h. die Mäßigkeit, die Tapferkeit und die Weisheit, so dass der Staat gut angelegt und »vollkommen gut sein« wird, dann fragt sich, wo die Gerechtigkeit anzutreffen ist.

Nachdem Sokrates die drei Tugenden durchgegangen ist (*Staat* IV, Kap. 6–9), ergibt sich (Kap. 10): Die Gerechtigkeit liegt darin, dass jeder Stand »das Seinige tut«, d. h. seine Aufgabe bestmöglich erfüllt, wozu jeder von Natur geeignet ist. Wenn also der erste Stand in Weisheit regiert, und die zwei anderen Stände ihn mit Tapferkeit und Mäßigkeit unterstützen, dann entsteht Gerechtigkeit. Wenn dagegen die unteren Stände sich auflehnen und die Regierung übernehmen, dann entsteht Vielgeschäftigkeit, bei welcher die einen den anderen ihre Aufgabe wegnehmen, und Ungerechtigkeit (*Staat* 427e-434c).

Die Untersuchung wendet sich dann der Gerechtigkeit in der Menschenseele zu und unterscheidet in ihr drei, den Ständen im Staat entsprechende, »Teile« oder Vermögen. Das der Ernährung und Erzeugung dienende ist das triebhaft begehrende (Kap. 11–13), während das die Führung im Menschen ausübende das Vernunftvermögen ist.

Dazwischen liegt ein affektives, muthaftes Vermögen, das mit keinem der beiden anderen identisch ist, sondern zwischen ihnen liegt (Kap. 14). Es kann sich mit dem vernünftigen Vermögen verbünden bei der Aufgabe, das triebhafte zu beherrschen (Kap. 15). Daraus die Folgerung (Kap. 16–17): Wenn jedes der drei Vermögen »das Seinige tut«, d. h. seine Aufgabe bestmöglich erfüllt, entsteht Gerechtigkeit.

Dem Vernunftvermögen gebührt aber, über die untergeordneten zu herrschen, dem triebhaften hingegen, den ihm vorgeordneten zu dienen, und dem muthaften, das zwischen beiden liegt, dem höheren zu dienen und mit dem höheren über das niedere zu herrschen. Indem jedes Vermögen seine Aufgabe mit der ihm eigenen Tugend ausübt – da dem Vernunftvermögen die Weisheit, dem muthaften die Tapferkeit, dem begehrlichen die Mäßigkeit zukommt –, entsteht die Gerechtigkeit in dem harmonischen Zusammenwirken der drei Vermögen mit ihren drei Tugenden.

Seelisches Vermögen	Tugend	
VERNUNFT bestimmendes Prinzip	WEISHEIT	Gerechtigkeit
↓		
GEMÜT bestimmbares und bestimmendes Prinzip	TAPFERKEIT	
↓		
BEGIERDE bestimmbares Prinzip	MÄSSIGKEIT	

Dementsprechend liegt die Ungerechtigkeit (Kap. 18) in einem Zwiespalt der Vermögen, in einer »Fremdtuerei und einem Aufstand« der untergeordneten Vermögen unter das von Natur aus höhere, herrschende (444b-c). In Analogie zur Gesundheit des Leibes, die in einem geordneten Verhältnis seiner Kräfte liegt, besteht in der Seele Gerechtigkeit, wenn ihre Kräfte in einem geordneten »naturgemäßen Verhältnis des Herrschens und Beherrschtwerdens« stehen, während die Ungerechtigkeit »in einem naturwidrigen Herrschen und Beherrschtwerden des einen von dem anderen« (444d) entsteht. Nach der Analogie mit dem Leib ist »die Tugend die Gesundheit, Schönheit und das Wohlbefinden der Seele, die Schlechtigkeit aber Krankheit, Hässlichkeit und Schwäche« (444e).

Diese Betrachtungsweise enthält den Aspekt der Zweckursache, aus dem sich nun abschließend auch ergibt (Kap. 19), dass die Gerechtigkeit zweckmäßiger für das menschliche Leben ist als die Ungerechtigkeit; denn wenn »die Natur dessen, wodurch wir eigentlich leben«

(445a), d. h. der Seele, in Unordnung und Verderbtheit gerät, dann wird sie Unrecht verüben und das Leben schwer machen.

5. Charakter und Ausbildung der Philosophen-Wächter (Buch V-VI Ende)

Es folgen wichtige Anordnungen für das Zusammenleben im Staat (von politisch sozialer und ethischer Art), und zwar zuerst über die Ehegemeinschaft zwischen Mann und Frau, einschließlich der Kinder. Nur mit großem Bedenken erwägt Sokrates / Platon eine Frauen- und Kindergemeinschaft um der vollkommenen Einheit (Eintracht) des Staates willen, wenn nicht mehr zwischen Mein und Dein unterschieden wird, sondern die Bürger alles gemeinsam besitzen (*Staat* V, Kap. 1–14), und Mann und Frau gleicherweise die Aufgaben erfüllen. Der Haupteinwand, der sich dagegen erhebt, ist der: Da sich die verschiedenen Aufgaben im Staat aus den verschiedenen natürlichen Anlagen der Menschen ergeben, wie oben (*Staat* II) festgestellt, und Mann und Frau von verschiedener Natur sind, müssen sie auch verschiedene Aufgaben erfüllen, während das nun vorgestellte Ideal eine Gemeinschaft des Besitzes und der Aufgaben von Mann und Frau vorsieht. Sokrates versucht dann den Widerspruch durch eine Differenzierung dessen aufzulösen, was von Natur verschieden und gemeinsam ist. Hiernach ist die geschlechtliche Verschiedenheit zwischen Mann und Frau eine andere als die in den Anlagen oder Talenten, mit denen die Bürger verschieden begabt und nur für bestimmte Aufgaben tauglich sind, nicht jeder für alle. Die geschlechtliche Verschiedenheit des Mann- und Frauseins hindert also nicht, dass sie natürliche, gemeinsame Begabungen haben, so dass sie dieselben Aufgaben, mit gemeinsamem Besitz, haben können.[18]

Es stellt sich dann die Frage, ob ein solcher idealer Staat, wie er soweit aufgezeigt worden ist, sich verwirklichen lässt (*Staat* V, Kap. 17). Die Antwort ist positiv, aber unter der Bedingung, dass die gegenwärtigen Verhältnisse sich ändern, und die philosophischen Bürger zur Regierung gelangen, oder die zur Zeit Regierenden philosophisch würden (Kap. 18). Eine philosophische Einstellung erfordert aber Liebe zu Erkenntnis und Weisheit (Kap. 19) und die Ausbildung des intuitiven Vernunftvermögens (Kap. 20), das durchaus verschieden

---

[18] *Platon, Werke,* Bd. 4, *Staat,* 453b-e.

ist vom sinnlichen Wahrnehmungs- wie auch vom Vorstellungsvermögen (Kap. 21–22).

Der Forderung, dass Philosophen die Aufgabe der Regierung, des Wächteramtes, übernehmen (*Staat* VI, Kap. 1), steht die von Adeimantos vorgebrachte Tatsache entgegen, dass gegenwärtig die sokratische Philosophie verachtet wird von sophistischen Pragmatikern und der ihnen folgenden Menge. Sie sind in der dialogischen Untersuchung ungeübt und an ihr auch uninteressiert, deren theoretische Ergebnisse für den Staat praktisch unnütz sind. Sie zeigen sich überzeugt, dass es für die Regierung keine Fachkenntnis (politische Wissenschaft) geben müsse, und wollen sich nicht regieren lassen, sondern selber regieren, ohne Fachkenntnis.

Darauf erwidert Sokrates in einem Bild, das den Staat mit einem Schiff vergleicht, und den Regierenden mit einem Steuermann. Damit die Fahrt sicher gelingt, müssen die Passagiere sich führen lassen und den Steuermann bitten, die Führung zu übernehmen, so dass also nicht dieser die Passagiere bitten muss, sich führen zu lassen. Ebenso müssen auch im Staat die Bürger bereit sein, sich regieren zu lassen, und zwar von Regierenden, welche eine Fachkenntnis besitzen. Unnütz erscheint sie nur den Unkundigen.[19]

Bevor Sokrates näher die Ausbildung der Philosophen zur Regierung bestimmt, stellt er nochmals die besondere natürliche Begabung des Philosophen heraus, die in der Liebe zur Wahrheit, zur Erkenntnis in die Natur jedes Gegenstandes liegt. Hinzu kommen müssen Tugenden in der Seele, wie Tapferkeit und Besonnenheit. Er erwähnt auch ihre Gefährdung durch verleumderisches Urteil von Seiten der großen Menge. Ferner kann auch ein Missbrauch der Philosophie durch Unwürdige geschehen (*Staat* VI, Kap. 1–10).

Der Dialog sucht dann (Kap. 11–23) die philosophische Ausbildung der künftigen Regierenden / Wächter näher zu bestimmen, mit dem Ziel, die gegenwärtigen schlechten Verhältnisse in den Staaten zu verändern durch philosophische Menschen, die bei den staatlichen Angelegenheiten, worüber die Menge (ihren eigensüchtigen Meinungen folgend) in Streit ist, sich auf das Seiende / Gute ausrichten:

---

[19] Aus den Begriffen κυβερνήτης und κυβερνητικὴ τέχνη im Bilde des Steuermanns ist durch Vermittlung der latein. Übersetzung: *gubernator, gubernatio,* die moderne politische Terminologie im Englischen: *governor, government,* hervorgegangen.

»auf das Wohlgeordnete und immer Gleichbleibende schauend, was unter sich kein Unrecht tut oder leidet, sondern nach Ordnung und Regel sich verhält«. Sie werden »dieses auch nachahmen und sich dem Vermögen nach ähnlich bilden« ... »Der Philosoph also, der mit dem Göttlichen und Geregelten umgeht, wird auch geregelt und göttlich, soweit es nur den Menschen möglich ist« (*Staat* 500d).

Man beachte den Zusammenhang von Erkennen und Leben! Jedenfalls sollen die vollkommenen Wächter Philosophen sein (Kap. 15). Ihre Ausbildung muss zur größten Erkenntnis hinführen, der Idee des Guten.

Der Weg zur genauen Erfassung der Idee des Guten geht von den Meinungen aus (Kap. 16–17), die noch mit den vielen Erscheinungen (Phänomenen) verbunden sind, während das eine Gute selbst sich in diesem Bereich nicht zeigt; denn es ist das, »was jede Seele anstrebt und um dessentwillen alles tut« (*Staat* 505d), die Ursache für das Gerechte.

Da aber die wahre Erkenntnis in das Gute selbst schwer zu erlangen ist, versucht Sokrates, es vorläufig nur in einem Gleichnis anzudeuten (*Staat* VI, Kap. 18–19). Dabei greift er auf die schon als bekannt vorausgesetzte Lehre von den Wesenheiten der vielen Dinge zurück. Wie nun die Dinge mit den Sinnesvermögen wahrgenommen werden, und zwar im Medium des Lichtes, dessen Ursache die Sonne ist, so werden die Ideen von der Vernunft erfasst im Medium des Wahrheitslichtes, das als Quelle das Gute selbst.

Das Gute selbst ist von überschwänglicher Schönheit und die Ursache für Erkenntnis und Wahrheit, ja auch für Sein und Wesen von allem, wie vergleichsweise auch die Sonne Werden, Wachstum und Nahrung den Dingen verleiht, selbst aber dem Werden enthoben ist.

Der Text erläutert:

»dass dem Erkennbaren nicht nur das Erkanntwerden von dem Guten komme, sondern auch das Sein und Wesen von ihm habe, obwohl das Gute selbst nicht Wesen ist, sondern jenseits des Wesens, an Würde und Kraft hinausragend« (καὶ τοῖς γιγνωσκομένοις τοίνυν μὴ μόνον τὸ γιγνώσκεσθαι φάναι ὑπὸ τοῦ ἀγαθοῦ παρεῖναι, ἀλλὰ καὶ τὸ εἶναι τε καὶ τὴν οὐσίαν ὑπ' ἐκείνου αὐτοῖς προσεῖναι, οὐκ οὐσίας ὄντος τοῦ ἀγαθοῦ, ἀλλ' ἔτι ἐπέκεινα τῆς οὐσίας πρεσβείᾳ καὶ δυνάμει ὑπερέχοντος, *Staat* 509b).

Die in Analogie zueinander stehenden zwei Bereiche, der sinnliche und der intelligible, mit ihren weiteren Unterteilungen, werden nun als Abschnitte an einer vierfach eingeteilten Linie angetragen, denen verschiedene Erkenntnisobjekte und -tätigkeiten zugeordnet sind. Da es bei dieser Einteilung hauptsächlich um die Unterscheidung der verschiedenen Erkenntnisbereiche geht, gibt Sokrates / Platon zu jedem von ihnen wichtige (erkenntnistheoretische) Erläuterungen (Kap. 20). Im Hintergrund steht der Gegensatz zwischen dem sophistischen Empirismus, welcher, verhaftet an die Sinneswelt, die menschliche Erkenntnis auf die Meinungen beschränkt und keine philosophische Wissenschaft zulässt, welche über das sinnlich Gegebene hinaus zu den intelligiblen Wesenheiten vorstößt.

Die mathematische Erkenntnis, zusammen mit der Naturphilosophie / Physik, wird dadurch gekennzeichnet, dass sie von Prinzipien ausgeht, die sie voraussetzt, um aus ihnen das Erklärbare an den Sinnesdingen abzuleiten. Die Mathematik »gibt sich keine Rechenschaft weiter darüber«, d.h. über ihre Prinzipien, »sondern hiervon beginnend führt sie gleich das weitere aus und gelangt folgerichtig zu dem, auf dessen Untersuchung sie ausgegangen war« (*Staat* 510c–d).

Dabei stützen sich Mathematik und Physik auf die von den Sinnesdingen gewonnenen Vorstellungen. Dagegen befasst sich die philosophische Wissenschaft (ἐπιστήμη) mit den Prinzipien / Ideen selbst, um sie bis auf ein Voraussetzungsloses zurückzuführen, und geht wieder zu dem von ihm Abhängigen herab, d.h. den Prinzipien der mathematischen und anderer Wissenschaften.

Diese als dialektische (διαλεκτική) bezeichnete Disziplin geht so vor,

»dass sie sich überhaupt nicht irgendeines sinnlich Wahrnehmbaren bedient, sondern nur der Ideen selbst an und für sich, und endigt so bei Ideen« (*Staat* 511b–c).

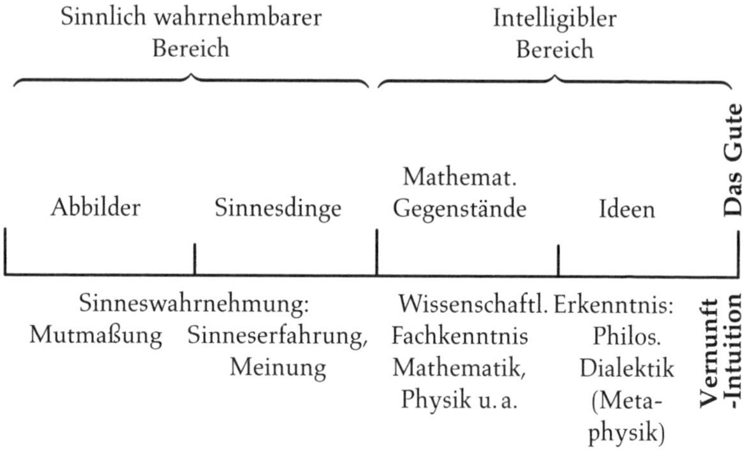

Das Erkenntnisvermögen der mathematischen Wissenschaft ist der (diskursive) Verstand (διάνοια), welcher von den angenommenen Prinzipien die Beziehungen zu den Sinnesdingen durchläuft. Anders die dialektische Wissenschaft, die mit der (intuitiven) Vernunft (νοῦς) die Prinzipien bzw. Ideen selbst betrachtet, und zwar in Beziehung zu ihrem voraussetzungslosen Prinzip (ἀνυπόθετον), der Idee des Guten (*Staat* 511d–e).

6. Die politische Aufgabe der Wächter (Buch VII)

Es folgt dann das Höhlengleichnis, das die gegenwärtigen Verhältnisse veranschaulicht und damit die politische Aufgabe der künftigen Wächter. Das Gleichnis stellt eine Höhle vor, in welcher Gefangene sitzen, mit dem Blick auf die Rückwand. Auf ihr sehen sie Schattenspiele, die von Puppenspielern hervorgebracht werden. Diese stehen hinter den Gefangenen zum Aufgang hin und bewegen die Puppen über einer Mauer im Lichte eines künstlichen Feuers.

Das Problematische der Situation ist, dass die Gefangenen die Verhältnisse der Oberwelt nicht kennen, sondern nur die der Höhle, vertraut mit dem Dunkel und dem eigenen Gefangensein, dessen sie sich nicht bewusst sind. Sie streben gar nicht danach, zum Tageslicht hinaufzusteigen (*Staat* VII, Kap. 1–2), abgelenkt und verführt vom Schattenspiel der Puppen.

In der dann anschließenden Erklärung (Kap. 3) geht es Sokrates / Platon weniger um die Verdeutlichung der Ideenlehre, als vielmehr um

»den Aufschwung der Seele in die Region der Erkenntnis«, d. h. um die Erziehung der künftigen Regierenden zur Anschauung des Guten selbst, damit sie sich und die Mitbürger zu gutem Leben und Handeln anhalten. Die Schattenspiele symbolisieren die Schattengefechte über das scheinbare Gerechte, in Wahrheit Ungerechte, welche die Politiker den Bürgern vor Gericht und in der Volksversammlung vorführen, »die niemals die Gerechtigkeit selbst gesehen haben« (*Staat* 517b–d).

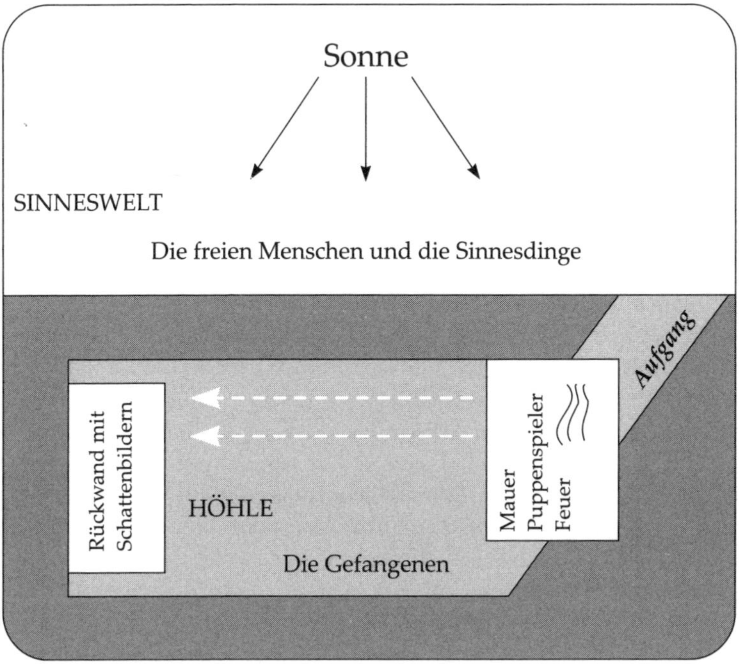

Es bedarf, erzieherisch betrachtet (*Staat* VII, Kap. 4), der »Umlenkung« der Vernunft (περιαγωγή) bzw. der ganzen Seele mit ihrem Auge, der Vernunft, dass sie »vom Werdenden weggeführt werden muss hin zur Anschauung des Seienden und des glänzendsten von ihm«, des Guten selbst.

Das schöne Bild von der Höhle[20] dient also vor allem zur Erläute-

[20] Zu diesem Bild ließ sich Platon sicherlich durch einen Besuch der Zeus-Grotte im Ida-Gebirge anregen, wie mir beim Besuch einer benachbarten Grotte bei Psycho klar wurde. Mit einer Besuchergruppe trat ich in die Höhle ein. Wir waren alle mit einer

rung der »Kunst der Umlenkung« (d.h. der Erziehung). Diese bedeutet nicht, der Seele gleichsam ein neues Auge einzupflanzen, sondern das ihr innewohnende umzulenken vom Sinnlichen zum Intelligiblen, vom Erscheinenden zum Seienden, um zum Tugenderwerb zu führen. Dabei sind jene Tugenden der Seele, die noch (durch die Bildung der Affekte) mit dem Leibe verbunden sind und durch Gewöhnung erworben werden, zu unterscheiden von der Tugend des Erkennens, die der göttlichen (d.h. Gott ähnlichen) Vernunft angehört und von dieser nicht durch Gewöhnung, sondern durch jene Umlenkung erworben wird (durch Unterweisung, welche vom Sinnlichen zum Intelligiblen und zum Guten selbst führt). Die Unterscheidung zwischen Gewöhnungs- und Verstandestugenden wird Aristoteles in der Nikomachischen Ethik übernehmen.

Die genannte Umkehr muss also durch die rechte Unterweisung erfolgen. Bosheit und Arglist der Vernunft ist eine Folge der Unwissenheit, die durch die Gefangenschaft in der Höhle symbolisiert wird. Sie verhindert die Um- und Hinwendung der Vernunftseele zum Intelligiblen, zum Wahren, Tugendhaften, Guten (*Staat* 518c–519b). Tatsächlich werden, wie Platon bemerkt, gegenwärtig Städte durch ungebildete Bürger und Volksverführer zugrunde gerichtet.

Daher müssen »die trefflichsten unter den Bewohnern genötigt werden, dass sie zu jener Erkenntnis zu gelangen suchen, welche wir im Vorigen als die größte herausstellten, nämlich das Gute zu sehen« (*Staat* 519c-d), symbolisch im Gleichnis dargestellt durch die Befreiung der Gefangenen und Heraufführung zum Tageslicht, die nicht ohne Nötigung erfolgt. Die philosophisch Ausgebildeten müssen sich dann aber notwendigerweise den Regierungsgeschäften zuwenden, im Gleichnis gesprochen, zu den Menschen in der Höhle zurückkehren (*Staat* VII, Kap. 5). Es geht um ein politisches Erziehungsprogramm, das den Erwerb der Erkenntnis des wesentlich Seienden sowie der Tugenden und des Guten selbst einschließt (Kap. 6), auf dem Wege der Dialektik.

Erfordert wird der Übergang vom sinnlich Wahrnehmbaren zum Wesentlichen, Intelligiblen. Jenem entspricht das Sinnesvermögen, diesem die Vernunft bzw. der Verstand (Kap. 7). Der Weg zu den We-

---

Fackel bewehrt und stiegen in die weit ausgedehnte Aushöhlung hinab, zwischen zahlreichen Stalagmiten und Stalaktiten, deren Schatten im Fackelschein auf der hinteren Wand tanzten. So bot sich ein ähnliches Szenario dar wie in Platons Höhlengleichnis!

senheiten (Ideen) und zum Guten selbst wird vorbereitet durch Mathematik (*Staat* VII, Kap. 8) und Geometrie (*Staat* VII, Kap. 9), weiter durch Astronomie (Kap. 10–11) und Harmonielehre (*Staat* VII, Kap. 12). Diese Disziplinen führen schließlich zur höchsten, der philosophischen Dialektik, von der sie sich dadurch unterscheiden, dass sie vom sinnlich Erfahrbaren ausgegangen sind und mit der Erkenntnis, die der Verstand gewinnt, wieder zu ihm zurückkehren. Dabei stützen sie sich auf Prinzipien (Erstannahmen), die sie für ihre Beweise voraussetzen, ohne sich weiter über sie Rechenschaft zu geben (Kap. 13). Erst in der Dialektik-Wissenschaft ist der Punkt erreicht, »wo für den Ankommenden Ruhe ist vom Wege und Ende der Wanderschaft« (*Staat* 532d–e).[21]

Im Unterschied zur Dialektik haben die ihr vorhergehenden mathematischen und anderen Disziplinen nur ein rationales Verständnis (διάνοια) von den Dingen (das der Verstand leistet) und noch nicht Wissenschaft im vollen Sinne (Kap. 14, 533c-d), wie hingegen die Dialektik (Metaphysik). Sie handelt von den spezifischen Prinzipien der Einzeldisziplinen und führt sie zu ihrer Voraussetzung, einem ersten Prinzip, zurück, das selber voraussetzungslos ist, zum Guten selbst. Die Ausbildung in den mathematischen Disziplinen und in der Dialektik muss an ausgewählten, geeigneten Menschen erfolgen (Kap. 15) und wird drei Jahrzehnte dauern, in denen theoretische Studien mit praktischer Einübung abwechseln, bis sie mit fünfzig Jahren zur Anschauung des Guten gelangen (Kap. 16–17). Mit den so Ausgebildeten als Regierenden wird der Staat seine beste Form erhalten (Kap. 18).

7. Die Staatsverfassungen, von der besten bis zu den entarteten (Buch VIII–IX)

Es folgt die Betrachtung der Staatsverfassungen, angefangen von der im Vorigen herausgestellten besten, der Aristokratie, in der nur die Tugendhaften und philosophisch Gebildeten regieren. Aus ihr gehen dann in negativ absteigender Reihe Timokratie, Oligarchie, Demokratie und Tyrannis hervor (*Staat* VIII, Kap. 1). Diesen vier Arten entsprechen in den Menschen vier seelische Haltungen, die für die Ent-

---

[21] Diese Aussage spielt an die Etymologie von *epistéme*, ἐπιστήμη, an, dem griechischen Begriff für Wissenschaft, der ein »Sich-Verstehen auf …« meint und die Bedeutung des »Stehens« einschließt.

stehung einer jeden der vier Verfassungen die Ursache sind (*Staat* VIII, Kap. 2).

Die Abhandlung der vier Verfassungen stellt von jeder ihre Entstehung dar, sowie die Umwandlung der vorhergehenden in die nächstfolgende. Gleichzeitig wird die Entstehung der je entsprechenden seelischen Haltung aufgewiesen, wie auch die entsprechende Umwandlung. Die Aristokratie wandelt sich in die Timokratie, wenn in der Seele der Menschen Ehrsucht aufkommt, und die Ehrgeizigen an die Regierung gelangen (*Staat* VIII, Kap. 3–5). Die Oligarchie entsteht beim Aufkommen der Besitzgier, so dass dann die Reichen die Regierung erhalten, und die Armen von ihr ausgeschlossen sind (Kap. 6–9). Die Demokratie entsteht, wenn den Bürgern maßlose Freiheit eingeräumt wird, und sich eine Zügellosigkeit einstellt, so dass jeder alles tun will (nicht mehr jeder das Seine), jeder regieren will, was zur Herrschaft der Masse führt (Kap. 10–15).[22]

Da in solchen Verhältnissen jedoch der Staat äußert schwach ist, schlägt die Demokratie dann in die Tyrannis um, aufgrund eines maßlosen Herrschtriebes, mit dem nun Einer sich geschickt zum Herrscher der Masse aufschwingt, indem er sie teils durch Schmeichelreden gewinnt, teils sich der Gegner mit Gewalt entledigt (Kap. 16–19). Die Darlegungen sind mit tiefen psychologischen Beobachtungen angereichert, mit der Unterscheidung notwendiger und nicht notwendiger, natürlicher und krankhafter Begierden (Kap. 12), ferner durch eine Psychopathologie der Bürger in der entarteten Demokratie (Kap. 15), sowie des Tyrannen (*Staat* IX, Kap. 1–5).

Ausführlich beleuchtet Sokrates / Platon auch die ethische Seite, sofern die vier Haltungen, die den vier Verfassungen zugrunde liegen, letztlich ein verkehrtes Streben der Menschen nach Glück zeigen (Zusammenfassung, *Staat* IX, Kap. 6). Da zum Glück die Lust gehört, folgt eine Einteilung drei verschiedener Arten von Lust, von der körperlichen bis zur vernunftmäßigen, entsprechend den drei Seelenvermögen, dem begehrlichen, dem muthaften und dem vernünftigen (Kap. 7–11).

Schließlich wird auch die psychologische bzw. anthropologische Grundlage der Gerechtigkeit und Ungerechtigkeit deutlich, da der Gerechtigkeit eine Ordnung der Seelenvermögen zugrunde liegt, mit der

---

[22] »Demokratie« hat hier also nicht die positive Bedeutung, die der Begriff in der Moderne erhält.

Herrschaft der Vernunft. Dagegen erwächst der Unordnung in der Seele eine Ungerechtigkeit, in welcher der Trieb über die Vernunft herrscht (Kap. 12–13).

8. Fragwürdiger Bildungswert der darstellenden Kunst im besten Staat (Buch X)

Sokrates / Platon erörtert abschließend noch kritisch den Bildungswert der darstellenden bzw. nachahmenden Dichtkunst, sofern sie zu seiner Zeit ein vorrangiges Bildungsmittel war. Seine negative Beurteilung enthält eine Kunsttheorie, die von der Frage ausgeht, was die künstlerische Nachahmung überhaupt ist. Die Antwort lautet: das Abbilden eines Abbildes.

Am Beispiel mit Tisch oder Bett erläutert Sokrates / Platon, dass es bei diesen Gegenständen zwei Nachahmer gibt, den Werkmeister, der auf die Form des Bettes als Vorbild blickt, und den Maler, der auf das Bett als Vorbild blickend es nachahmt. Jener bringt ein Ding hervor, dieser eine Erscheinung (*Staat* X, Kap. 1).

Näher gesehen, sind es drei Hersteller: Gott als Hersteller der Form / Idee des Bettes, der Werkmeister, der nach ihr das Bett nachbildet und der Maler, der das Nachbild dieses Nachbildes schafft, also am weitesten vom wahren Seienden absteht. Ein weiterer Unterschied: Während der Werkmeister die Werkzeuge mit der Kenntnis von ihrem rechten Gebrauch herstellt, ahmt sie der Maler ohne solche Kenntnis nach und erzeugt nur einen Schein von den Werkzeugen (Kap. 2).

Moderne Interpreten haben sich daran gestoßen, dass Platon hier Ideen von Artefakten anführt, während uns Aristoteles bezeugt, dass er nur von Naturdingen Ideen annahm. Mir scheint sich die Schwierigkeit dadurch aufzulösen, dass Platon hier nur des Beispieles halber Ideen von Artefakten nennt, um die zwei menschlichen Hersteller – den Werkmeister und den Künstler – miteinander zu vergleichen, nämlich als einen ersten und einen zweiten Nachahmer. Hierfür zeigt die Argumentation drei Realitätsstufen auf: a) die obere, wahrhaft seiende, die der Ideen, als 1. Vorbild, b) die mittlere der veränderlichen Welt als 1. Abbild, bzw. 2. Vorbild, und c) die untere als 2. Abbild. Die mittlere Stufe wird nicht durch die Naturdinge, sondern durch Artefakte erläutert, welche als Werk des Handwerkers schon Nachahmungen sind, so dass der Künstler, z. B. der Maler, Nachahmungen von Nachahmungen hervorbringt.

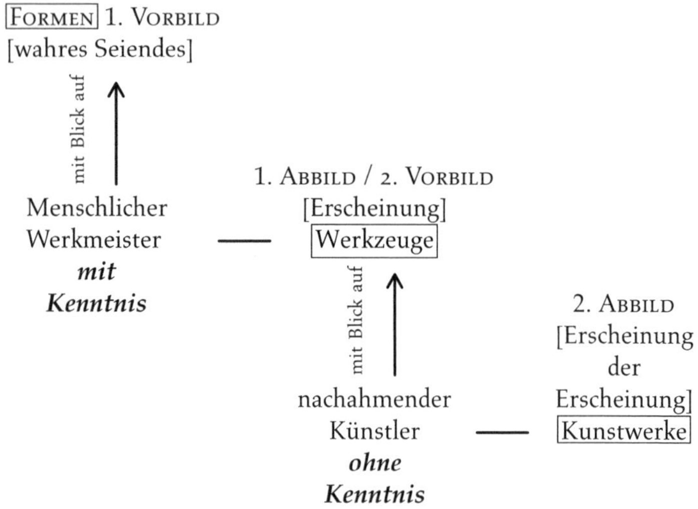

Im Folgenden geht Sokrates / Platon zu den Verhältnissen der Dichtkunst über, welche Naturdinge und handelnde Menschen nachahmt, und bemerkt wiederum, dass der Künstler nur Erscheinungen von Erscheinungen schafft, ohne Kenntnis vom Wesen der Dinge und Menschen, die er darstellt (*Staat* X, Kap. 3), mögen auch viele behaupten, dass Homer und die anderen Dichter

»alle Künste verstehen, und alles Menschliche, was sich auf Tugend und Schlechtigkeit bezieht, und das Göttliche dazu; denn notwendig müsse der gute Dichter, wenn er, worüber er dichtet, gut dichten solle, als ein Kundiger dichten, oder er werde nicht imstande sein zu dichten« (*Staat* X, 598e).

Ausführlich werden Homer und andere Dichter der kritischen Prüfung unterzogen. Nebenbei bemerkt Platon, dass er zwar »eine Liebe und Scheu von Kindheit an für Homer hege«, doch sagt er sich: »Kein Mann soll uns doch über die Wahrheit gehen« (*Staat*, 595c).

Das Ergebnis der Prüfung ist negativ: Die Dichtkunst seiner Zeit ahmt nur Erscheinungen nach, ohne Einsicht in das wahre Seiende hinter ihnen, vielmehr gibt sie die Erscheinungen selber, mit all dem Betrug und Ungerechten, für die wahre Wirklichkeit aus und macht damit das Publikum nicht sittlich besser.

Dem Dichter, der sich nur auf das Nachahmen versteht, fehlt die Erkenntnis in das wahre Seiende (*Staat* X, Kap. 4). Seine Fähigkeit stützt sich mehr auf die Sinnlichkeit als auf den Intellekt (Kap. 5), schmeichelt somit dem Publikum mit dem sinnlich Angenehmen und bringt es seelisch in eine schlechte Verfassung (Kap. 6). Ja er verdirbt auch die um Tugend bemühten Bürger (Kap. 7). Die Dichtung, weil der Lust dienend, ist im Streit mit der Philosophie (Kap. 8).

Platon scheint mir nicht auszuschließen, dass die Dichtkunst einen positiven Wert erhalten könnte, wenn sie sich mit der Philosophie verbände und durch die Nachahmung das hinter den Erscheinungen liegende wahre Vorbild transparent machte.

Es schließen sich Überlegungen über die Seele an, dass sie nämlich unsterblich ist. Daher wird sie zwar durch die Schlechtigkeit versehrt, aber nicht vernichtet (Kap. 9–10). Die Anzahl der Seelen ist immer dieselbe, da sie nicht vergehen, und auch keine neuen entstehen. Da die Seelen der Menschen verunstaltet sind von Lastern durch schlechten Umgang mit dem Leib, muss man ihr Wesen betrachten, wenn sie sich gereinigt hat (Kap. 11). Im gegenwärtigen Zustand gleicht sie eher einem Ungeheuer (*Staat* X, 611d). Wenn sie aber ihrer philosophischen Natur entsprechend gute Tätigkeiten ausübt, wird ihr Wesen besser erkennbar sein.

Somit lässt sich auch einsehen, dass »die Gerechtigkeit an sich für die Seele das Beste ist« (*Staat* X, Kap. 12, 612b), also nicht aufgrund von Belohnung oder Lob, und dass sich dies gerade in den Umständen erweist, wenn der Gerechte für ungerecht gehalten und bestraft wird, der Ungerechte dagegen für gerecht gehalten und belohnt wird. Dann zeigt sich, was die Gerechtigkeit eigentlich ist, und dass sie »durch ihr Sein und Wesen denjenigen Gutes verleiht, … welche sie in Wahrheit in sich aufnehmen« (*Staat* X, 612d).

Hinzu kommt aber auch die Fürsorge und Belohnung vonseiten der Götter, die sie demjenigen gewähren, welcher Gerechtigkeit und die anderen Tugenden ausübt, um »soweit es dem Menschen möglich ist, Gott ähnlich zu sein« (*Staat* X, 613a-b).

Der Dialog schließt mit der Erzählung von einem Mann namens Er, der aus dem Jenseits zurückgekehrt berichtet, was er dort gesehen hat (Kap. 13–16).

Mit dieser Erzählung wird die philosophische Untersuchung über Gerechtigkeit und Tugend durch religiöse Erfahrung bestätigt. Sie entspricht auch der Annahme, dass Erlernen Wiedererinnerung dessen sei, was die Seele vor der Geburt des Menschen im Jenseits vom wesentlichen Seienden geschaut hat. Zugleich bietet Platon selbst mit seinem

Mythos ein positives Beispiel einer von Weisheit geleiteten Dichtkunst.

Die bekannte Erzählung, die hier nicht wiederholt werden muss, enthält den für die philosophische Tugendlehre wichtigen Abschnitt, dass beim Eintritt in eine neue Weltzeit die Seelen die Lebensweise, sei es die tugendhafte oder die lasterhafte, zusammen mit dem entsprechenden Daimon, der sie begleitet, selber wählen. Die Stimme eines Propheten verkündet:

»Nicht euch wird der Daimon erlosen, sondern ihr werdet den Daimon wählen. Wer aber zuerst gelost hat, wähle zuerst die Lebensweise, in der er dann notwendig verharren wird. Die Tugend ist herrenlos (ἀρετὴ δὲ ἀδέσποτον), von welcher jeder mehr oder minder haben wird, je nachdem ob er sie ehrt oder geringschätzt. Die Schuld liegt beim Wählenden; Gott ist schuldlos« (*Staat* X, 617d–e).

Die Tugend ist nicht Besitz eines Herrn, sondern kann von jedem erworben werden, und wer sie nicht erwirbt, ist selber schuld.

Rückblick auf Hauptprobleme und Lösungen im *Staat*:

1. Ethisch gesehen, wird die Frage nach der Gerechtigkeit so beantwortet, dass sie eine Haupttugend ist, welche andere umfasst: Weisheit, Tapferkeit, Mäßigkeit, und auf der Erkenntnis des Guten beruht. Sie gründet in der Wesensordnung des Menschen und der Seele, mit dem Vorrang der Vernunft vor dem Trieb und dem Leib.

Wenn auch alle Tugenden auf Erkenntnis des Guten beruhen, so werden doch zwei Arten von ihnen unterschieden: die auf die irrationale Seele bezogenen, deren Erwerb Gewöhnung erfordert, und die, welche sich auf das Gute selbst richten und Unterweisung erfordern.

2. Politisch gesehen, spiegelt die staatliche Gerechtigkeit die im Individuum wider, wie auch die staatliche Ordnung die im einzelnen Menschen. Die Gerechtigkeit im Staat, wie die im Individuum, hat eine natürliche Grundlage, wonach die Vernunft »von Natur« dazu angelegt ist, die Führung über Affekt und Trieb zu haben, wie auch Affekt und Trieb »von Natur« dazu angelegt sind, von der Vernunft geführt zu werden. Dass diese natürlichen Anlagen sich verwirklichen, bleibt eine moralische Lebensaufgabe für alle.

Da der Staat, wie der einzelne Mensch, eine aus Teilen bestehende zweckvolle Ganzheit ist, liegt das Gute bzw. der Zweck des Staates wie des Einzelnen darin – und bestimmt sich die Gerechtigkeit dadurch –, dass jeder Teil seine Aufgabe für den Zweck des Ganzen leistet (»das Seine tut«), der sich damit erfüllt. Mir erscheint dies eine wichtige Einsicht, unabhängig davon, ob nun die Teile des Staates – mit den drei Klassen der Arbeiter, der Soldaten und der Wächter – und die Teile der Seele – mit dem begehrlichen, dem muthaften und dem vernünftigen – richtig angesetzt sind oder der Korrektur oder der Ergänzung bedürfen.

Zu bleibenden Einsichten haben Platons Darlegungen über die Staatsverfassungen geführt, die sich bilden, je nachdem, ob Einer, mehrere oder viele den Staat regieren. Dabei überwiegen die Erörterungen der entarteten Verfassungsformen. So wird bei der Einmann-Herrschaft nur die Tyrannis dargestellt, nicht aber die Monarchie, bei der Vielherrschaft nur die des Pöbels, nicht die Demokratie im positiven Sinne. Seinen eigenen, idealen Staat bezeichnet Platon als Aristokratie, der als entartete Formen die Timokratie und die Oligarchie gegenübertreten.

Tiefgründig deckt Platon die Ursachen für die Entartungen der Staatsverfassungen aus solchen in der Menschenseele auf, die von Tugenden zu entsprechenden Lastern führen. Dabei entsteht jeweils aus Ordnung Unordnung oder Anarchie, wie im Staate so in der Seele, wenn die Vernunft ihre Herrschaft verliert, und die ihr von Natur untergeordneten Seelenkräfte zu herrschen beginnen.[23] Die verheerenden Folgen in der Seele beschreibt Platon psychologisch treffend und bietet damit den Anfang einer Psychopathologie.

Lehrreich sind besonders *Staat* VIII, die Kapitel 12–15, welche die entarteten Leidenschaften in der verfallenden Demokratie schildern, wegen der exzessiven Freiheit. Platon spricht dann von einem Krankheitszustand der Seele. Vgl. im *Philebos* das Kap. 28, 45d ff, das bei der Untersuchung der Arten der Lust jene Exzesse zur »größten Lust und Unlust« schildert, die in krankhafte Seelenzustände führen. Dabei erscheint mir beachtenswert, dass Platon das irrational triebhafte und das rationale Vermögen nicht an sich in Widerstreit sieht, als ob der Mensch konstitutiv ein Konfliktwesen sei und zu Pathologien tendiere, wie moderne Psychoanalyse lehrt.

3. Anthropologisch gesehen, geben die verschiedenen Verweise auf die Wesensnatur des Menschen Anlass, diese näher zu erklären: dass nämlich der Mensch aus dem Leib und der immateriellen Seele kon-

---

[23] Erler hebt in: *Grundriss der Geschichte der Philosophie*, Bd. 2.2, *Platon*, 214, in Platons Verfassungslehre gut »die Analogie von Mensch und Polis« hervor.

stituiert ist, und die Seele außer dem triebhaft-vitalen Lebensprinzip auch ein intellektuelles hat, und dass sich eine Unterordnung des Leibes und der Sinnesseele unter den Intellekt ergibt.

4. Die metaphysische Grundlage der Ethik und Politik, wie auch der Anthropologie, ist die, dass die Dinge und die Menschen der sich wandelnden Erscheinungswelt ihre unwandelbaren Wesenheiten, bestimmte »Ideen«, d. h. Form- bzw. Zweckursachen haben. Sie hängen von einem höchsten, göttlichen Prinzip ab, das »jenseits der Wesenheiten« liegt, d. h. sich als transzendent erweist und die Ursache für ihr Sein und Erkennbarsein ist. Damit beantwortet sich das Problem, warum wir etwas Wesentliches von den wandelbaren Dingen in allgemeiner, wissenschaftlicher Erkenntnis gewinnen können. Doch da die Wesenheiten abgetrennt von den Sinnesdingen, in einer jenseitigen Welt angesetzt werden, erhebt sich das neue Problem, wie sie Ursache für die Sinnesdinge und den Menschen sein und erkannt werden können.

5. Erkenntnistheoretisch gesehen, entsprechen den Bereichen des sinnlich Sichtbaren und Veränderlichen die Sinneswahrnehmung und die Meinung bzw. Erfahrung, hingegen dem intelligiblen Bereich der mathematischen Gegenstände und der Wesenheiten die wissenschaftliche Verstandes- und Vernunfterkenntnis, mit der Dialektik, der Metaphysik. Die Idee des Guten, welche die Wesenheiten übersteigt, ist abschließend nur in einem über die Wissenschaften hinausgehenden, intuitiven Vernunftakt erschaubar.

Das schon im *Menon* erörterte Problem,[24] wie das Erlernen d. h. der Fortschritt von der Sinneswahrnehmung bis zur Vernunfterkenntnis und der Wesenseinsicht in die Dinge erfolgen könne, wird wie in jenem Dialog so gelöst, dass das Erlernen Wiedererinnerung an die (vor der Geburt) im Jenseits geschauten Wesenheiten sei: eine Lösung, die philosophisch nicht befriedigt, da sie auf einer religiösen Überzeugung beruht. (Aristoteles wird die platonische Lehre von der Wiedererinnerung durch seine Abstraktionslehre ersetzen.)

6. Pädagogische Überlegungen nehmen bei Platon einen breiten Raum ein, im Bewusstsein, dass die Erkenntnisse, je nachdem ob sie wahre oder falsche bzw. gute oder schlechte sind, einen positiven oder negativen Einfluss auf das Leben haben. Dem Fortschritt in den wahren Wesenserkenntnissen des Verstandes bzw. der Vernunft, bis zur Schau des Guten selbst, muss ein Fortschritt im sittlich guten Leben und Han-

[24] Platon, *Menon* 80d ff.

deln entsprechen, was gute Gewöhnung von Jugend an erfordert, das erkannte Wahre und Gute im Leben einzuüben. Erklärtes Erziehungsprogramm bei Platon ist, dass die Menschen von Jugend an dazu angeleitet werden, am Guten, das die Vernunft anrät, Lust und Freude zu haben und am Bösen, von dem die Vernunft abrät, Unlust zu empfinden, nicht umgekehrt.

Aristoteles wird stärker die Kraft der Gewöhnung herausstellen, gegenüber dem »Intellektualismus« des Sokrates, doch wird sie auch bei Platon schon berücksichtigt, wie das Erziehungsprogramm anzeigt.

7. Platons Kritik an der darstellenden Kunst seiner Zeit bedeutet nicht ihre Ablehnung überhaupt, sondern enthält auch Hinweise für eine positive Kunsttheorie, wenn der Künstler von Weisheit geleitet ist, also nicht die Sinneswelt für die wahre Wirklichkeit hält, mit den Sinnesfreuden, an denen sich ein ungebildetes Publikum befriedigt, in Unkenntnis der wahren Realität hinter den Erscheinungen. Ein weiser Künstler wird vielmehr mit seinem Kunstwerk die Sinneswelt nachahmen, um etwas real Wesentliches, für das Menschenleben Bedeutsames transparent zu machen, also die Seele vom Sinnlichen zu etwas Intelligiblem hinter den Erscheinungen zu führen.

Wegen seiner großen Verbreitung, die Karl Poppers Kritik an Platons Staatstheorie als totalitärer gefunden hat,[25] möchte ich auf sie noch kurz eingehen, wobei ich durchaus die zeitgeschichtlichen Umstände der Schrift berücksichtige, die nach dem Zweiten Weltkrieg gegen Diktatur einerseits und Kollektivismus andererseits Stellung nimmt. Dass Popper jedoch Plato zu ihren geistigen Vätern zählt, ist abwegig; denn wenn sich auch in Platons *Staat* einige unannehmbar rigorose Folgerungen aus falschen Prämissen finden (Frauen- und Kindergemeinschaft; überzogener Vorrang der Wächterklasse), ist Poppers Kritik doch hauptsächlich von seiner skeptisch-empiristischen und individualistischen Philosophie bestimmt, die von vornherein die Ethik und Politik Platons als verführerischen »Zauber« ablehnt, da sie auf unveränderlichen, allgemeinen Wesenseinsichten in die Natur des Menschen und des Staates beruht. Zudem trägt Popper nicht dem politischen Hintergrund der Zeit Platons genügend Rechnung, den politisch zerrütteten Verhältnisse seiner Zeit. Ihnen wollte Platons Phi-

[25] Karl Popper, *The Open Society and Its Enemies*, 2 Bde., London 1945; Bd. 2: *The Spell of Plato.*

losophie sich widersetzen und forderte deshalb sehr realistisch in der Politik Sachkenntnis und Einsicht in das sittlich Gute und Gerechte.

Popper kritisiert an Platons Staat, dass die Wächterklasse keine interne Kritik vonseiten der Bürger zulasse, vielmehr totalitär – nach dem Höhlengleichnis – ihre eigenen Ideen den Bürgern aufzwinge und dabei die Moral des Guten nur als »politische Hygiene« benutze, in Wahrheit aber das eigene Staatsinteresse verfolge und eine kollektivistische Regierung ausübe, die das Individuum dem Staat opfere.

Dagegen ist jedoch klarzustellen, dass die Autorität der Wächter nicht in dieser politischen Klasse als solcher begründet ist, sondern im Logos / im Menschenverstand, dem sie selbst unterworfen sind. Es kann daher gegenüber dem Logos nicht Kritik gefordert werden – die ja doch nur im Namen des Logos geübt werden könnte –, sondern allein der vom Logos geführte »Dialogos«. Wenn das Höhlengleichnis vom Zwang spricht, mit dem die Menschen der Oberwelt, dank ihres Einblickes in die Gerechtigkeit, die in ihr unkundigen, vom Puppenspiel verführten Höhlenbewohner hinaufzuführen versuchen, so ist dies kein äußerer Zwang, sondern ein innerer, den diejenigen im Erziehungsprozess erfahren, die falsche, subjektive Meinungen zugunsten objektiv wahrer Erkenntnis aufgeben müssen.

Im Übrigen betont Platon ausdrücklich, dass es nicht darum geht, dem Unkundigen, beim Versuch ihn zu unterweisen, ein neues Verstandesauge einzupflanzen – an ihm gleichsam eine Gehirnwäsche zu vollziehen, wie in totalitären Staaten –, sondern nur dem schon vorhandenen Verstandesauge zu einer Blickwendung zu verhelfen, von subjektiven Meinungen zu objektiv allgemeiner Verstandeserkenntnis.

Die Moral ist nach Platon nicht bloß politische Hygiene, sondern die »Gesundheit der Seele«, als tugendhaftes, glückliches Leben der Bürger, das ihnen die hedonistische Moral der Sophisten nimmt. Die Ausrichtung auf das allgemeine Gute für alle Bürger ist dem modernen Individualismus entgegengesetzt.

Platons Ethik und Politik ist aber auch nicht kollektivistisch; denn das allgemeine sittliche Gute und Gerechte will im Individuum verwirklicht sein. Wenn auch (genetisch gesehen) das Individuum als solches (Sokrates als Sokrates) dem Staat untergeordnet ist, da es sich nur in ihm entwickeln kann, ist es (ontologisch gesehen) als Artvertreter der Menschheit (Sokrates als Mensch) dem Staat vorgeordnet, da er für die Verwirklichung des menschlichen Wesens in allen Bürgern existiert (das z. B. in Sokrates aufgeleuchtet ist).

Im Gegensatz zu Poppers »offener Gesellschaft« sind bei Platon alle Teilnehmer an ihr »offen« für die Herrschaft des Logos, der sich alle im politischen Diskurs unterwerfen müssen, als der höheren, allen gemeinsamen Instanz, um in der Argumentation dem Verstand zu folgen: »wie es der Logos bestimmt« (ὥς ὁ λόγος αἱρεῖ).

c) Spätdialoge: Vertiefung der Metaphysik; Erkenntnislehre; Naturphilosophie, Psychologie und Ethik

Parmenides

In den Dialogen *Parmenides* und *Sophistes* legt Platon seine Metaphysik, die (im *Staat* angekündigte) sog. »dialektische Wissenschaft«, dar, welche von den Wesenheiten / Ideen der Dinge, sowie ihren Beziehungen zu ihnen und zueinander handelt. Dabei erörtert Platon ausführlich die mit den Ideen verbundenen Probleme.

In dem nach Parmenides benannten Dialog lässt Platon den jugendlichen Sokrates sich mit dem alten Philosophen selbst unterreden, wodurch er anzeigt, wie viel er der eleatischen Lehre vom Seienden verdankt; denn jede Idee ist ein wahrhaft Seiendes. Es erhebt sich aber das Problem, dass sich mit der Vielheit der Ideen das Seiende als Vieles darbietet, während für Parmenides, wie auch für seinen Schüler Zenon, das Seiende nur Eines sein kann.

1. Erster Teil: Probleme der Ideenlehre

Der Dialog beginnt (*Parmenides* Kap. 2) mit Sokrates' / Platons Versuch gegenüber den Eleaten, das Seiende als Vieles anzunehmen. Zenon begründete die eleatische These des Einen Seienden so: Wenn das Seiende sich in den vielen Dingen zeigte (z. B. als Seiendes A, Seiendes B, Seiendes C usw.), die voneinander verschieden wären, dann müsste das Seiende einerseits mit sich gleich sein, andererseits als Vieles ungleich / verschieden von sich sein, was unmöglich, weil widersprüchlich, ist.

Sokrates' Entgegnung (Kap. 3): Zwar kann das Gleiche oder Ähnliche an sich nicht zugleich Unähnliches sein, und das Unähnliche an sich nicht zugleich Ähnliches, aber es hindert nichts, dass die Sinnesdinge an beidem teilhaben und insofern sowohl ähnlich als auch unähnlich sein können.

Diese Entgegnung unterscheidet richtig zwischen den Dingen und ihren Wesenheiten / Ideen / Wesensformen, so dass ein Ding hinsichtlich seiner Wesenheit mit sich identisch ist, aber hinsichtlich der Wesenheit anderer Dinge von ihnen verschieden ist.

Doch wünscht sich Sokrates weitere Aufklärung hinsichtlich der Wesensformen selbst (αὐτὰ καθ' αὑτὰ τὰ εἴδη, *Parmenides* 129d–e): z. B. die Ähnlichkeit und Unähnlichkeit an sich selbst, das Seiende und das Eine an sich selbst, die Bewegung und die Ruhe an sich selbst, ob sie untereinander Verbindungen und Trennungen eingehen, wobei wieder die einen an anderen teilhaben, ähnlich der vorher betrachteten Teilhabe der Dinge an den Wesensformen.

Mit τὰ εἴδη bezeichnet Platon hier eindeutig die Ideen / Wesensformen. Daher übersetze ich sie nicht mit »Begriffe«, die nur im Verstand sind, um die moderne Fehlinterpretation zu vermeiden, dass die platonischen Ideen nur hypostasierte Begriffe seien, während die Begriffe doch allein im Verstand vorkommen.

Parmenides fragt zunächst Sokrates (*Parmenides* Kap. 4), ob für jede Art (Spezies) der Sinnesdinge eine Wesensform anzunehmen sei, und hält dies für konsequent. Dann stellt sich aber die weitere Frage (Kap. 5) nach dem Verhältnis der Wesensform zu den zugehörigen Sinnesdingen; denn wenn sie in den Sinnesdingen sein soll, verliert sie ihre Einheit, weil sie, verteilt auf die vielen Dinge, in Teile zerfällt. Besteht sie aber als ganze getrennt von den Dingen mit der gleichen Eigenschaft, so würde ihr Abbild in den Dingen mit der Wesensform verglichen werden können, was zur Annahme einer dritten gemeinsamen Form führen würde. (Dies ist das sog. Argument vom »dritten Menschen« bei Aristoteles.)

Sokrates' Erwägung (Kap. 6), ob nicht jede Wesensform lediglich ein intelligibler Inhalt / ein Begriff sei (τῶν εἰδῶν τούτων νόημα, 132b), der sich nur in den Seelen findet (ἐν ψυχαῖς), und zwar als Eines gegenüber den vielen Dingen, weist Parmenides zurück; denn der Begriff müsste sich auf etwas Bestimmtes in den Dingen beziehen, nämlich die Wesensform, so dass die frühere Frage wiederkehrte, wie die eine Wesensform in vielen Dingen sein könne. Wäre sie aber ein Begriff in den Dingen, dann müssten diese entweder intellektuell erkennen (d. h. Intellekt haben), oder der Begriff nicht intelligibel sein.[26]

Sodann formuliert Parmenides von sich aus das Hauptproblem (*Parmenides* Kap. 6–7): Die Erkenntnis muss auf Seiendes gehen und sich auf diese Welt beziehen. (Daraus folgt für Parmenides, dass die Sinnesdinge hier nur Schein sind, und der Intellekt sie als das Eine Seiende erfassen muss.) Wenn die (platonischen) Wesensformen, die allgemein erkannt werden, Seiendes in einer anderen Welt sind, dann werden sie für uns nicht erkennbar sein (*Parmenides* 133c – 134b): Auch die allgemeine Erkenntnis wäre dann eine Wesensform für sich

[26] Vgl. dasselbe Problem bei Aristoteles, *Über die Seele* III, 4.

und hätte als Objekt Wesensformen als an sich Seiendes in der anderen Welt, nicht in dieser der von ihnen abgeleiteten Sinnesdinge. Unsere Erkenntnis muss sich aber auf die Sinnesdinge hier beziehen; denn Wesensformen in einer anderen Welt blieben für uns unerkennbar (*Parmenides* 134b – 135b).

Richtig ist an diesem Problem, dass die Erkenntnis eine Beziehung zwischen dem Intellekt und seinem Objekt, dem Seienden, ist, das Parmenides in den Naturdingen hier bei uns sieht, also nicht in einem von ihnen abgetrennten Objekt, der Idee, annehmen kann, das dann für uns unerkennbar wäre.

Die Erkenntnis an sich selbst, als Idee, wäre im großen Unterschied zu der unsrigen, eine Erkenntnis aller Wesenheiten, wie sie nur Gott zukäme. Und Gott würde dann die ins Einzelne gehenden Verhältnisse unserer Sinneswelt nicht erkennen, die hingegen wir erkennen.

Übrigens schließt dieses Argument eine wichtige Überlegung ein, nämlich die platonischen Ideen in Gottes Intellekt anzunehmen (wie später die Mittelplatoniker lehrten).

Wenn man jedoch die Wesenheiten nicht als Seiendes anerkennt, so könnten sie wiederum nicht Objekt dialektischer (metaphysischer) Erkenntnis werden, für die sich aber Parmenides wie auch Sokrates / Platon einsetzen möchte.

2. Zweiter Teil: Dialektische Erörterung des Seienden, Einen und Vielen

Parmenides, durch den hier Platon spricht, weist zunächst (*Parmenides* Kap. 8, 134b – 135b) auf die Notwendigkeit hin, für die Erkenntnis der Wahrheit in der Dialektik bewandert zu sein, die sich dem Bereich der intelligiblen Wesensformen widmet, um ihre Beziehungen zueinander zu untersuchen. Sie betrifft vor allem die umfassendsten Wesensformen / Ideen: Eines und Seiendes, Ähnliches und Unähnliches (Identisches und Verschiedenes), Bewegung und Ruhe (Entstehen und Vergehen), und muss jeweils eine Idee hypothetisch sowohl als Seiendes als auch als Nichtseiendes ansetzen, um die Folgerungen für die anderen zu ziehen.

Parmenides / Platon geht dann neun Hypothesen durch, nämlich fünf Hypothesen: »Wenn Eines ist« (*Parmenides* Kap. 19–23), und vier: »Wenn Eines nicht ist« (Kap. 24–27). Ohne hier die langen Gedankengänge einzeln durchzugehen, möchte ich nur hervorheben, dass sie realistisch-metaphysisch zu verstehen sind, nicht als ein Spiel mit bloßen Begriffen,[27] und wichtige Ergebnisse erzielen, so bereits in der 1. Hypothese, welche das Eine, wenn absolut an sich betrachtet, sogar vom Seienden abtrennt, ohne dass das Eine zu einem Nichts würde. Vielmehr erweist es sich als über dem Seienden stehend, was unsere Erkenntnis übersteigt.

Umgekehrt ergibt sich aus der 9. Hypothese: »Wenn Eines nicht ist«, absolut betrachtet, dass schließlich auch kein Seiendes wäre, und damit überhaupt nichts mehr.

Zusammenfassend gesehen, setzt sich Platon in diesem Dialog mit den Eleaten auseinander. Einerseits ist er ihrer Lehre vom Seienden sehr verpflichtet, wenn er auch andererseits ihren Monismus aufsprengt und eine Vielheit des Seienden anerkennt, da das Seiende jeder Wesensform / Idee zukommen muss.

Indes, Platon revidiert auch seine eigene Lehre von den Ideen / Wesensformen der Dinge, deren Abtrennung *(chorismós, separatio)* von den Sinnesdingen die Einheit und intelligible, allgemeine Erkennbarkeit jeder Wesensform sichern soll. In dieser Abtrennung liegt nicht nur ein metaphysisches, sondern auch ein erkenntnistheoretisches Problem; denn es stellt sich die Frage nach dem Übergang von der Sinneserkenntnis, von der wir ausgehen müssen, zur Vernunfterkenntnis der Wesensformen.

Dass Platons Metaphysik von den Sinnesdingen ausgeht, bezeugen die Hypothesen selber sehr deutlich. Schon die 1. Hypothese argumentiert mit dem Blick auf die Sinnesdinge, dass das Eine, da es nicht Vieles ist, nicht Teile hat und kein Ganzes aus Teilen ist; denn das Viele hat Teile, wie wir an den materiellen Dingen sehen, die aus Teilen zusammengesetzt sind, sowie Anfang, Mitte und Ende haben. Und da sie von bestimmter Gestalt sind, haben sie Außen und Innen, befinden sich im Raume, mit Grenzen zu anderen Dingen usw. Alle diese Eigenschaften müssen dann vom Einen ferngehalten werden, wenn es absolut für sich betrachtet wird, abgetrennt von den Sinnesdingen.

Die Abtrennung ergibt sich aus dem Gegensatz zwischen dem Einzelnen und dem Allgemeinen, wie er schon im Dialog *Phaidon* hervortrat. Zwar sind die Ideen als Wesensformen der Dinge keineswegs iden-

---

[27] Zur Kontroverse, die schon bei antiken Interpreten aufkam und sich bei den modernen fortsetzt, siehe Erler, *Grundriss der Geschichte der Philosophie,* Bd. 2.2, *Platon,* 227 ff.

tisch sind mit den allgemeinen Begriffen im Verstand – eine solche Annahme wird ausdrücklich abgewiesen –, doch teilt jede der Wesensformen mit dem Allgemeinen die Charakteristik: Eines über Vielem zu sein. Sie können also nicht viele in den vielen Dingen sein. Die eine Idee über den vielen Sinnesdingen, parallel zu dem einen Begriff in der Vernunft, lässt sich wie folgt darstellen:

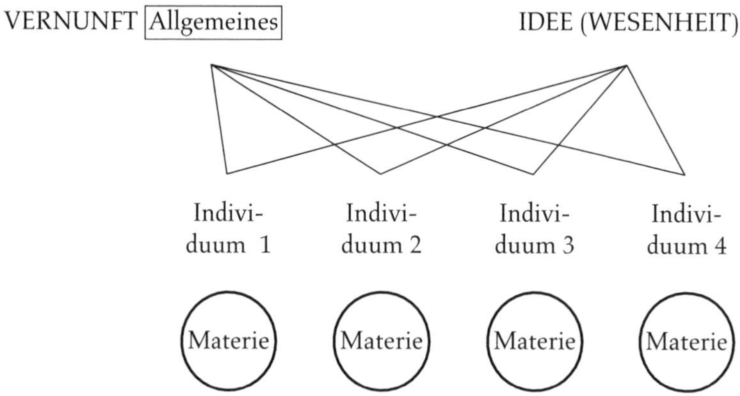

Aristoteles übt in seinem Rückblick auf Platon insofern an ihm Kritik, als dieser die Auffassung vom einheitlichen Begriff (Art und Gattung), welcher jeweils »Eines über Vielem« (ἓν επὶ πολλῶν) ist, fälschlich auf die Idee überträgt und sie ebenfalls als »Eines über Vielem«[28] und damit als abgetrennt von den Sinnesdingen ansetzt, die an ihr teilhaben, während doch die Idee als substantielle Formursache der Sinnesdinge in ihnen sein muss.[29]

Gegenüber dem parmenideischen Problem vom Einen Seienden ist sicherlich Platons Lösung zu begrüßen, das Seiende entsprechend der vielen Wesenheiten der Dinge aufzuteilen (*Parmenides* 132b-c). Doch tritt das neue Problem der Einheit des Seienden in der Vielheit der Wesenheiten auf. Daher untersucht dann der zweite Dialogteil die Beziehungen zwischen dem Einen und dem Seienden wie auch dem Verschiedenen.

---

[28] Vgl. Aristoteles, *Metaphysik* I, Kap. 6 und 9, 990b 7–8, 13; 991a 2.

[29] Das Thema wird auch erörtert in meiner Abhandlung *Realistische Metaphysik*, Hildesheim 2006, 51 ff.

Durch die Abtrennung droht die Vernunft ihr eigentliches Erkenntnisobjekt zu verlieren, das die Wesenheiten in den Dingen sind. Also muss die Erkenntnis auf die Dinge bezogen sein.

Am Beginn der »dialektischen Übung« ist sich Platon der möglichen Kritik bewusst, dass er nur nutzlose Spielerei im Sinne habe (*Parmenides* 135d), während er seine Dialektik als wichtigen Zugang und ersten Teil der Metaphysik betrachtet, die dem zweiten Teil vorhergeht, der Untersuchung der spezifischen Wesenheiten / Ideen, in ihren Verbindungen und Trennungen. Die Dialektik untersucht nur die allgemeinsten Objekte: das Seiende und Nichtseiende, das Eine und Viele, das Wahre und Falsche u.ä., also dieselben, mit denen sich auch die Sophisten befassten. Platon setzt ihrem scheinphilosophischen Verwirrspiel seine echte Philosophie entgegen; denn die Sophisten handelten von jenen allgemeinsten Objekten als Erscheinungen, nicht als Seiendem, ja vielmehr als Nichtseiendem (vgl. den Dialog *Sophistes*).

In metaphysischer Hinsicht lassen sich folgende Ergebnisse festhalten: 1. dass den Sinnesdingen Wesenheiten eignen, die zu ihren materiellen Ursachen als Formursachen hinzukommen; 2. dass diese nicht mehr von den Sinnen wahrgenommen, sondern nur von der Vernunft (Intellekt) erfasst werden können; 3. dass das Eine, wenn absolut für sich betrachtet, als erste Ursache nicht mehr ein Seiendes neben anderen ist, sondern über allem Seienden steht (*Parmenides* 138 b-140d). Damit wird es in derselben Weise ausgezeichnet wie im *Staat* die Idee des Guten, die »jenseits der Seiendheit« steht und als Ursache für das Sein und Erkennbarsein der Ideen (d.h. der Wesenheiten der Dinge) unsere Erkenntnis übersteigt. Die Philosophie als Streben nach der Wahrheit wird sich hier ihrer eigenen Grenze bewusst.

Während für Praechter der *Parmenides*-Dialog »das größte Rätsel des platonischen Schrifttums« ist,[30] gelangt die jüngere philosophiehistorische Forschung zu einer positiveren Beurteilung, besonders hinsichtlich des Verhältnisses des ersten, aporetischen und des zweiten, dialektischen Teiles. Das beide verbindende Thema ist, so scheint mir aus rein problemorientierter Sicht, das des Seienden und Einen, sowie des Vielen. Platon schließt an Parmenides an, überwindet aber dessen Monismus des Einen Seienden, das die Vielheit leugnet, und erörtert das Verhältnis zwischen Seiendem und Einem. Dabei wird ebenso auch

[30] *Friedrich Ueberwegs Grundriss der Geschichte der Philosophie.* Erster Teil: Karl Praechter, *Die Philosophie des Altertums,* Berlin [12]1926, 292.

die sophistische Auffassung überwunden, wonach das Seiende mit dem Vielen identisch sei. So führt der Dialog zur Lösung der in beiden Richtungen auftretenden Probleme.

Sophistes

Wie im Dialog *Parmenides* revidiert und vertieft Platon im *Sophistes* seine Metaphysik von den Wesensformen / Ideen der Dinge. Er behandelt zwei eng miteinander verknüpfte Themen: erstens den Sophisten vom Philosophen abzugrenzen und zweitens, da dieser mit dem Seienden, jener mit dem Nichtseienden beschäftigt ist, letzteres näher zu bestimmen; denn wenn es eine Beschäftigung auch mit dem Nichtseienden gibt, muss dieses ja irgendwie sein, entgegen der parmenideischen Lehre, die das Nichtseiende nur im absoluten Sinne als das Nichts versteht, wovon man nichts kennen und sagen kann.

1. Definitionen über den Sophisten

Im einleitenden Teil des Dialoges legt ein Fremder aus Elea als Gesprächsführer drei Versuche vor, den Sophisten zu definieren, die aber nicht sein Wesen treffen und im Übrigen von geistreichem Witz sind. Der sophistische Tausendkünstler entschlüpft, so scheint es, jeder eindeutigen Bestimmung. Bei den erwerbenden Künsten erscheint er als Jäger auf zahme Lebewesen (*Sophistes* Kap. 9), ein andermal als ein Zwischenhändler mit Kenntnissen von den Tugenden (Kap. 10–11), auch als Streitkünstler (Kap. 12). Dies im Gegensatz zum Philosophen, der sich der Erziehung der Seelen widmet und ihrer Reinigung von Schlechtigkeit (Kap. 13–19). Den Gegensatz finden wir auch in anderen Dialogen *(Protagoras, Gorgias, Staat)*, wo der Sophist Kenntnis von den Tugenden vorgibt, ohne sie zu besitzen. Gleichwohl lockt er zahlreiche junge Menschen an und verdient mit seinem Unterricht viel Geld. Bei den hervorbringenden Künsten tritt der Sophist als Trugbildner auf, der Schein erzeugt durch Nachbildung des wahrhaft Seienden (Kap. 20–33).

Immerhin sind die drei Definitionsversuche des Fremden – durch den Platon selbst spricht – im *Sophistes* zugleich eine Übung in der Methode des Definierens. Sie muss von der Gattung des zu definierenden Gegenstandes ausgehen, um diese dann in Untergattungen und Arten (erschöpfend disjunktiv) aufzuteilen, bis zur Art des gesuchten

Gegenstandes, wobei jeweils die spezifischen Differenzen aufzufinden sind. Die gesuchten Differenzen müssen seine Wesensmerkmale angeben, die ihm notwendig zukommen, mit Ausschluss des Gegenteiles.

2. Über das Nichtseiende. Stellungnahme zu Parmenides und zu den Sophisten (Kap. 24–32)

Nach Parmenides können wir über das Nichtseiende gar nichts aussagen, sondern müssen schweigen; denn jede Aussage über es wäre ja schon über etwas, d. h. doch wieder über etwas Seiendes (Kap. 24–26).

Der Fremde führt weiter aus: Wenn man den Sophisten kritisieren will, dass er eigentlich über Nichtseiendes spreche, weil nur wie über ein Trugbild des Seienden, so wird er sich verteidigen, dass auch das Trugbild etwas ist und Eines ist, somit ein Seiendes. Aber auch gegen die weitere Kritik, dass das Trugbild eine falsche Vorstellung von Seiendem sei, dass also die zwei Aussagen: Das Seiende ist nicht, und: Das Nichtseiende ist, falsch seien, kann sich der Sophist behaupten, da von beiden Aussagen die Falschheit als von etwas Seiendem festgestellt wird, also beide wahr sein können (Kap. 27–28. Für den Sophisten enthält das Seiende alles Gegensätzliche und ist widersprüchlich).

Der Fremde prüft auch Parmenides' Satz (Kap. 29), wonach (absolut gesehen) das Nichtseiende nicht sei, ob nicht (differenziert gesehen) das Nichtseiende in gewissem Sinne auch sein, und das Seiende nicht sein könne. Ein Rückblick auf die Vorsokratiker zeigt, dass sie sich über das Seiende unklar geäußert haben; denn sie führen als solches das Feuchte und Trockene, das Kalte und Warme an, d. h. die natürlichen Elemente, und lassen sie sich vereinigen und trennen durch entgegengesetzte Kräfte. Zu behaupten, z. B. dass Kaltes und Warmes das Seiende ist, erweist sich als sehr fragwürdig. (Und doch stützen sich die Sophisten hierauf, wenn sie sagen, das Seiende sei auch Vieles und Nichtseiendes, und Nichtseiendes Vieles und Seiendes.) Der Einwand des Fremden / Platons lautet: Gegenüber dem Kalten und Warmen ist das Seiende entweder etwas Drittes, Gemeinsames, oder beide werden zu einem Seienden (Kap. 30–31).

Es folgen weitere Einwände gegen die Lehre (des Xenophanes): Alles ist Eines. Wenn das Seiende dasselbe ist wie das Eine, so sagt man nichts, oder nur den Namen des Namens (also leeres Tautologisches: das Eine ist Eines, das Seiende ist Seiendes).

Es folgt eine Zwischenbemerkung: Jene Vorsokratiker sprechen vom All, vom Einen, vom Seienden, als verstünden sie es, und muten dem Leser zu, es zu verstehen, wiewohl es bei ihnen unverständlich ist.

Der Fremde fragt die Vorsokratiker: »... was ihr andeuten wollt, wenn ihr Seiendes sagt; denn offenbar wisst ihr doch dies schon lange, wir indes glaubten es vorher zwar zu wissen, jetzt aber stehen wir ratlos« (*Sophistes* 244a). Heidegger hat sich auf diese Stelle berufen, um seine Seinsfrage schon bei Platon angedeutet zu finden. Doch zu Unrecht. Er bemerkt nicht den ironischen Ton der Stelle; denn Platon kritisiert ja an den jonischen Naturphilosophen, dass sie bei den Sinnesdingen stehen bleiben und das Seiende noch nicht genauer untersucht haben, was nun bei Platon mit Erfolg geschieht. Dagegen stellt Heidegger, in der Nachfolge von Nietzsche, das Sein existentialistisch in Frage.

Ferner fährt der Text fort: Wenn das All das Ganze aus Teilen ist, kann es zwar Eines sein (Einheit haben), aber nicht das Eine an sich selbst sein, welches teillos sein muss (Kap. 32).

3. Der Kampf zwischen den Materialisten und den Ideenfreunden (Metaphysikern, Kap. 33–35)

Der Fremde zeigt nun auf, dass die Möglichkeit der Sophisten, das Seiende (widersprüchlich) auch als das Nichtseiende zu erklären, auf einer (sensualistisch-)materialistischen Grundlage beruht; denn

> »sie behaupten, dass allein das ist, woran man sich stoßen und was man betasten kann, indem sie Körper und Wesen (Seiendheit) für einerlei erklären (ταὐτὸν σῶμα καὶ οὐσίαν ὁριζόμενοι). Und wenn von den anderen einer sagt, dass auch das etwas ist, was keinen Körper hat, achten sie darauf ganz und gar nicht und wollen nichts anderes hören« (*Sophistes* 246a–b).

Zwischen den Materialisten und denen, die Ideen (Wesensformen, (τῶν ἐν εἴδεσιν αὐτὴν τεθεμένων) ansetzen (*Sophistes* Kap. 33), ist ein Riesenkampf (»Gigantomachie«) darüber entstanden, wie sie das Wesen der Dinge annehmen (ὑπὲρ ἧς τίθενται τῆς οὐσίας, *Sophistes* 246c).

Der Einwand des Fremden gegen die Materialisten lautet (*Sophistes* Kap. 34): Sie müssen zugeben, dass die Menschen lebende Wesen sind, mit Leib und Seele, und dass es Gerechte und Ungerechte gibt. Dann muss aber auch zugestanden werden, dass die Seele gerecht ist nur durch »die Anwesenheit der Gerechtigkeit«, und diese als Tugend in der Vernunftseele eine Wirklichkeit ist, obwohl Tugend und Seele nicht sichtbar noch körperlich greifbar sind. Schließlich lässt sich das (seelische) Seiende als Vermögen verstehen, etwas zu wirken und zu erleiden (was der Materie als solcher nicht zukäme).

Indes, korrekturbedürftig ist auch die Lehre der Ideenfreunde (Kap. 35). Zwar unterscheidet sie zwischen dem bewegten, veränderlichen, sichtbaren Bereich, als Objekt der Sinne, und dem unbewegten, unveränderlichen, intelligiblen Bereich, als Objekt der Vernunft. Und doch muss man zugeben, dass die Vernunft von ihrem Objekt, dem Seienden, etwas erleidet; denn sie ist ein Erkenntnisvermögen, und die Erkenntnis eine Lebenstätigkeit in der Seele, die Leben und (immaterielle) Bewegung erfährt. Wie sollte da nicht dem Seienden auch Seele und Leben zukommen? (*Sophistes* 248e – 249a) Gleichwohl darf man nicht alles in Bewegung sehen und das Seiende ausschließen, da sonst das Identische verschwände und damit auch die Vernunfterkenntnis (die gerade auf das Wesentliche, identisch Bleibende geht).

4. Ausarbeitung der metaphysischen Dialektik: die fünf obersten Ideen (Kap. 37–40)

Diese Überlegungen führen zur Unterscheidung zwischen Bewegung bzw. Ruhe und Seiendem (Kap. 36); denn Bewegung und Ruhe werden beide Seiendes genannt, wiewohl sie selbst vom Seienden verschieden sind. Das Seiende ist mit keiner der beiden identisch, sondern etwas Drittes, auf das beide bezogen sind. Es bleibt die Frage des Nichtseienden, wo es anzusiedeln sei.

Die weitere Erörterung (Kap. 37) zeigt die Notwendigkeit auf, eine Verbindung (»Gemeinschaft«) der Idee des Seienden mit den anderen Ideen (Wesensformen) anzusetzen. Ausgangspunkt ist die Tatsache, dass wir von Sinnesdingen viele Eigenschaften aussagen, z. B. von einem Menschen Farbe, Gestalt, Größe, Fehler und Tugenden usw., die alle an ihm sind, jede einzelne als Eines, und alle zusammen als Vieles. Es gibt nun einige, die es für unmöglich halten, dass das Eine Vieles, und das Viele Eines sei, und daher als Aussagen nur tautologische zulassen, also nicht die Aussage: Der Mensch ist gut, sondern nur: Der Mensch ist Mensch; das Gute ist gut.[31]

Dagegen klärt nun der Fremde / Platon das Problem so, dass zwischen dem Seienden, der Bewegung und Ruhe, dem Einen und Vielen, eine Verbindung anzunehmen ist, wobei diese Annahme zwei Extreme

[31] Die radikale Konsequenz der Tautologie wird dem Kyniker Antisthenes zugeschrieben, der damit widersprüchliche Aussagen ausschließen will.

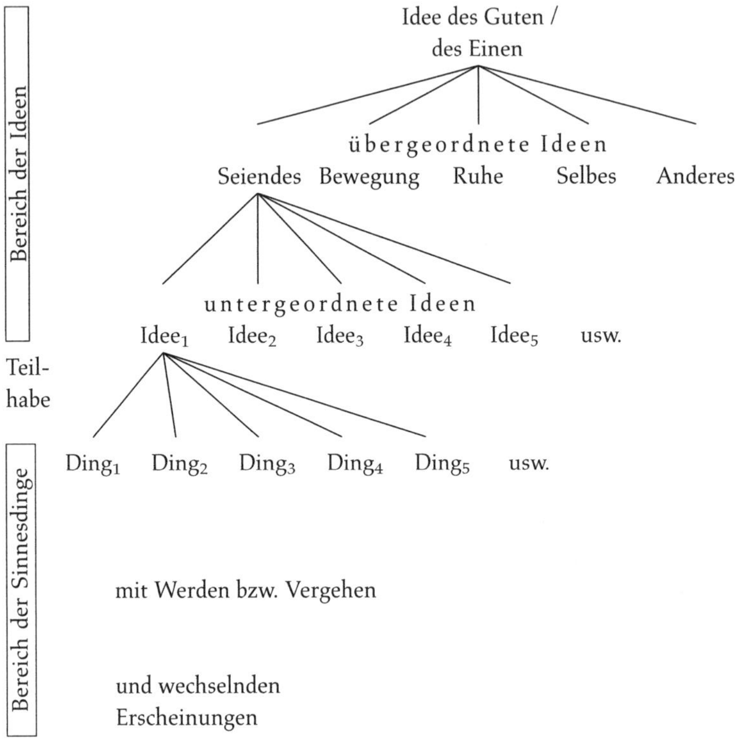

ausschließt: dass keine Idee mit keiner anderen Verbindung habe, oder alle mit allen. Vielmehr verbinden sich einige mit einigen, mit anderen nicht, was zu prüfen Aufgabe der philosophischen Dialektik ist.

Platon stellt fünf oberste Ideen heraus, an denen alle anderen untergeordneten »teilhaben« (Kap. 40). Diese sind: das Seiende, die Bewegung, die Ruhe, das Selbe (Identische) und Verschiedene. (Siehe unten das Schema.)

Auswertung des Dialogs:

Die intensive Auseinandersetzung Platons mit der relativistischen und antimetaphysischen »Dialektik« der Sophisten, der er seine eigene metaphysische Dialektik entgegenstellt, hat zur Klärung erkenntnistheoretischer Probleme geführt, sowie zur Ausarbeitung der von ihnen verachteten Metaphysik.

1. Das Problem, das im Verwirrspiel sophistischer Dialektik liegt, wonach die Dinge voller Widersprüche seien und Seiendes wie Nicht-

seiendes, Eines und Vieles, und alle anderen Gegensätze enthielten, beruht, wie Platon richtig aufweist, auf einer falschen Voraussetzung der Sophisten; denn sie fußen auf einem Sensualismus, der das Seiende mit den Sinnesdingen, ja mit ihren veränderlichen Erscheinungen / Phänomenen gleichsetzt. Das Veränderliche kann freilich viele Gegensätze in sich haben.

Platon löst, im Anschluss an Parmenides, das Problem dadurch auf, dass das Seiende als solches nicht sinnlich, sondern intelligibel ist. Ein Ding kann daher in sinnlicher Hinsicht veränderliche, auch gegensätzliche Eigenschaften haben. Und doch ist es in intelligibler Hinsicht ein unveränderliches, widerspruchsfreies Seiendes.

Die Sophisten, die behaupten, über Seiendes zu philosophieren, befassen sich aber faktisch mit den wechselnden, nicht identischen Erscheinungen / Phänomenen, während das Seiende wesentlich Identisches ist. Die Phänomene sind also weder Seiendes, noch absolutes Nichts, sondern erweisen sich als zwischen beiden befindliches Nichtseiendes, Erscheinendes. Sonach beschäftigt sich der Sophist mit dem Nichtseienden.

Damit beantwortet sich die Frage, wie die Erscheinungen Objekt der Erkenntnis sein können. Während dem Seienden und den Wesenheiten die Vernunfterkenntnis entspricht, ist den sinnlichen Erscheinungen, dem Veränderlichen, Werdenden und Vergehenden, die Sinneserfahrung, zusammen mit den Meinungen, zugeordnet.

Vernunfterkenntnis	⟶	**Seiendes**: Wesenheit
Sinneserfahrung mit Meinungen	⟶	**Nichtseiendes**: Erscheinungen, Veränderliches, Werdendes und Vergehendes

Nichts

2. Die Auseinandersetzung zwischen den Materialisten (erkenntnistheoretischen Sensualisten) und den Ideenfreunden geht zugunsten der letzteren aus, bewirkt aber doch auch eine wichtige Ergänzung der Ideenlehre, sofern diese als begriffliche Dialektik den ursächlichen Gesichtspunkt vernachlässigt, während er bei den materialistischen Naturphilosophen im Vordergrund steht; denn sie erklären die Natur aus Ursachen, wenn auch nur aus materiellen. Daher wurden die Ideen im

Phaidon als Formursachen eingeführt, die zu den materiellen hinzukommen müssen.

Der ursächliche Gesichtspunkt wird wieder aufgenommen, wenn der Fremde feststellt, dass im Bereich des Seienden, der Ideen, Leben anzunehmen ist, sowohl weil die Seele zu ihm gehört, die Leben besitzt, als auch weil die anderen Ideen, die Objekt der Vernunft sind, diese zur Erkenntnis anregen, beleben. (Im *Parmenides* wurde angedeutet, dass die Ideen in der Vernunft Gottes sind, der das vollkommenste lebende Wesen ist.)

3. In Platons metaphysischer Dialektik liegt ein Problem, da er (wie auch Parmenides) vom Seienden einen gattungsmäßig univoken (bedeutungsgleichen) Begriff hat, wie der Sophist lediglich einen äquivoken (namensgleichen). Erst Aristoteles wird den allein angemessenen, nämlich analogen Begriff des Seienden finden. So gibt es bei Platon nur eine als Gattung erfasste Idee des Seienden, an der alle Dinge und deren Ideen »teilhaben«. Der Begriff der »Teilhabe« bezeichnet an sich eine ursächliche Abhängigkeit sowohl der Sinnesdinge von den Ideen, als auch der untergeordneten Ideen von den vorgeordneten, höheren und höchsten. Da aber die Betrachtung der Ideen von der spezifischen und gattungsmäßigen Allgemeinheit aus erfolgt, kommt der ursächliche Gesichtspunkt nicht zum Tragen.

Im Übrigen ist das Seiende ein Aspekt der Dinge, wie auch ihrer Wesenheit, nicht aber selbst eine Wesenheit, getrennt von den Dingen. Dasselbe gilt auch vom Nichtseienden.

4. Die Frage nach dem Nichtseienden tritt nicht nur auf der Ebene der Sinnesphänomene auf, wo sie so beantwortet wird, dass die Phänomene sich als Nichtseiendes gegenüber den Wesenheiten / den Ideen als dem Seienden erweisen, sondern kehrt auch auf der Ebene der Ideen selbst wieder; denn diese liegen in einer Vielheit vor, in der jede Idee zu jeder anderen und zu sich selbst in Beziehungen des Seienden und Nichtseienden steht (*Sophistes* 259a.).[32] Platon legt hier das Nichtseiende als das Andere / Verschiedene aus. Doch wird damit die Frage nicht gelöst; denn das Andere ist wiederum Seiendes, wie Platon selbst einräumt, während das Nichtseiende dem Seienden entgegengesetzt

[32] Darauf macht auch Erler in *Grundriss der Geschichte der Philosophie*, Bd. 2.2, *Platon*, 244, aufmerksam. Im Übrigen bemerkt er gut: »Mit dem Beweis, dass Nichtsein existiert, ist die Grundlage für die Erklärung von Irrtum und Täuschung (ψεῦδος) gelegt«.

sein müsste. Erst Aristoteles wird das (relative) Nichtseiende in richtiger Weise als das unbestimmte, potentielle Seiende auffassen, das zwar kein Nichts ist, sich aber zum bestimmten, aktuellen Seienden als nichtseiend verhält (s. u. S. 249 ff.).

Anders als Parmenides lässt Platon eine Erkenntnis im Bereich der Erscheinungen, des »Werdenden« zu, dem die »Meinung« *(dóxa)* entspricht.[33]

Theaitetos

1. Frage nach dem Wesen der Erkenntnis. Sokrates' Nichtwissen und seine Hebammenkunst (Kap. 1–8)

Dieser Dialog begründet Platons Erkenntnistheorie und geht der Frage nach, was die Erkenntnis *(epistéme)* sei. Die einleitenden Kapitel führen zunächst als Sokrates' Gesprächspartner den jungen Theaitetos ein, der nicht nur mathematisch begabt ist, sondern auch von philosophischem Eifer, d. h. als einen, der an Erkenntnis als solcher interessiert ist (denn dies ist die Voraussetzung für jeden echten philosophischen Erkenntnisfortschritt). Da Theaitetos ungeübt ist im definitorischen Verfahren, begnügt er sich bei der anstehenden Frage mit dem Aufzählen einzelner Fälle von Erkenntnis, wie der mathematischen und der von verschiedenen Kunstfertigkeiten. Doch wird er dann von Sokrates belehrt, dass die Definition zwar von Einzelfällen des zu untersuchenden Gegenstandes ausgehen, dann aber das Gemeinsame in ihnen auffinden muss, um zum Wesen des Gegenstandes zu gelangen. Was ist nun das wesentlich Gemeinsame in allen Einzelfällen von Erkenntnis?

Die Verlegenheit des Jünglings, darauf zu antworten, veranlasst Sokrates, über die Haltung des Nichtwissens und über die von seiner Mutter geerbte Hebammenkunst in übertragener, philosophischer Bedeutung zu sprechen. Da ein Übergang von der partikulären Kenntnis der Einzelfälle zu einer allgemeinen Erkenntnis in das Wesen des Gegenstandes gefragt ist, erfordert dies zu Beginn das Bewusstsein des Nichtwissens, d. h. dass die partikulären Kenntnisse der Einzelfälle

[33] Der von Elenor Jain und Stephan Grätzel herausgegebene Sammelband *Sein und Werden im Lichte Platons*, Freiburg/München 2001, zeigt das Fortwirken dieser platonischen Auffassung von Sein und Werden bei Denkern des Mittelalters und der Neuzeit auf.

noch nicht jenes gesuchte Wissen sind, nämlich die Wesenseinsicht in den Gegenstand. Die Menschen haben aber schon ein vages Vorwissen vom Wesen des jeweiligen Gegenstandes (sonst könnte es gar nicht gesucht werden), gehen also schon schwanger mit ihm, das nun ein im Vorgehen schon Geübter wie eine Hebamme zu heben und zu fördern versteht, um zum gesuchten Wissen, zur Wesenserkenntnis zu gelangen. Wie die Hebamme nicht selbst gebiert, sondern zum Gebären verhilft, so trägt auch Sokrates kein Wissen vor, sondern zeigt sich unwissend, um im Dialog mit dem Partner das gesuchte Wissen zu gewinnen.

Damit erweist sich Sokrates als ein guter Lehrer und Pädagoge, der nicht einfach Wissen vermittelt, sondern darum bemüht ist, dass es vom Schüler neu erworben, mitvollzogen und angeeignet wird. Das Nichtwissen des Sokrates ist mehr ein methodisches. Tatsächlich hat er einen Wissensvorsprung vor dem Dialogpartner, den er ja wie ein Lehrer führt, die Antworten kritisch prüfend, teilweise zurückweisend, teilweise weiter entwickelnd, um denjenigen, der sich führen lässt, zu einem erfolgreichen Ergebnis zu leiten. Das Nichtwissen dient uns zur Vorsicht, »nicht zu glauben zu wissen, was wir (noch) nicht wissen« (s. o. S. 134ff. *Sophistes* 259a. 187b).

2. Erster Definitionsversuch: Protagoras' These (Kap. 8)

Theaitetos macht dann einen ersten Definitionsversuch und erklärt die Erkenntnis als Wahrnehmung. Er stimmt mit der bekannten These des Protagoras überein, dass der Mensch das Maß aller Dinge ist, der seienden, dass sie sind, der nichtseienden, dass sie nicht sind. In der Tat, Objekt der Erkenntnis müsste das Seiende sein. Aber in der These werden die Dinge als die materiellen, sinnlich wahrnehmbaren verstanden, die in durchgängiger Bewegung und Veränderung sind, so dass jedes Ding gar nicht ein Etwas und Eines (ein Seiendes) ist, das mit einem Namen fest bezeichnet werden kann (Kap. 8).

3. Die der These zugrundeliegende Wahrnehmungstheorie und Naturphilosophie (Kap. 9–11)

Der genannten These liegt die vorsokratische Lehre (Heraklit u. a.) zugrunde, dass sich alles unaufhörlich in Entstehen und Vergehen, in Bewegung und Veränderung, befinde, und das Sein der Dinge nur ein scheinbares sei. Dadurch wird aber kein Erwerb von Erkenntnis mehr möglich, die ja auf bleibend Bestehendes geht (Kap. 9).

Aus jener Lehre ergibt sich erkenntnistheoretisch, dass die Wahrnehmung aus einem Wirken des Objekts und einem Erleiden des Subjekts resultiert, ebenso bildeten sich auch die Sinnesqualitäten erst in diesem Vorgang (Kap. 10). Wenn aber alles in Bewegung ist, lässt sich nichts messen (gegen die These vom Menschen als Erkenntnismaß).

Da man den Sinnesdingen als erscheinenden und sich verändernden viel Gegensätzliches zuschreiben kann, würden sie in sich widersprüchlich, was erstaunlich wäre.

Für Sokrates ist solches Erstaunen aber der Anfang der Philosophie, die zur Klärung dessen aufgerufen ist, was uns staunen und fragen lässt (Kap. 11).

4. Einwände gegen Protagoras' These (Kap. 12–30)

Wiederaufnahme der protagoreischen These und erster Einwand: Nach ihr dürfte es keine Erkenntnisse von niederem und höherem Rang geben. Dagegen beansprucht Protagoras als Sophist (»Weisheitslehrer«) sehr wohl, mehr zu wissen als seine Mitbürger (*Theaitetos* Kap. 16).

Ein anderer Einwand ist der, dass wir über die momentane Wahrnehmung hinaus auch Erinnerungen haben, die nach der fraglichen These keine Erkenntnis wären (Kap. 18).

Ein weiterer Einwand besagt, dass nach der These jemand etwas wissen und zugleich nicht wissen kann, wegen der kontinuierlichen Veränderung auch im Wahrnehmen selbst (Kap. 19), während es im Wesen einer Erkenntnis liegt, ein bestimmtes Wissen zu haben, mit Ausschluss des Gegenteils (*epistéme* = sich auf etwas »verstehen«).

Mögliche Erwiderung des Protagoras auf den ersten Einwand (Kap. 20): Wenn auch der Mensch das Maß aller Dinge ist, erscheinen doch die Dinge jedem verschieden je nach seiner seelischen Einstellung, so z. B. dem Sophisten praktisch besser – wiewohl nicht »wahrer« (da alles, was jedem beliebigen erscheint, (relativistisch) wahr ist. Insofern kann es den Unterschied zwischen Weisen und Unweisen geben.

Kritik an der Erwiderung (Kap. 22): Die Unterschiede in der Weisheit sind solche in der Wahrheit und Falschheit, wie der Streit der Meinungen zwischen den Menschen um die Wahrheit zeigt.

Ferner beansprucht Protagoras' These selber wahr zu sein.

Ferner unterscheidet sich vom Sophisten der Philosoph gerade darin, dass er in Muße einer theoretischen Erkenntnis nachstrebt, die über die praktische hinausgeht und für den Menschen die allein freie ist (Kap. 23). Ja nur sie untersucht die Wahrheit über das Seiende (Kap. 24, von dem auch Protagoras' Satz vom Menschen als Maß der

Dinge spricht). Ferner zielt das tugendhafte und gottesfürchtige Leben auf die wahre Weisheit (Kap. 25). Ebenso die Gesetzgebung (Kap. 26).

In diesem Kontext macht Sokrates / Platon die tief religiöse Aussage: »Deshalb muss man auch trachten, von hier dorthin so schnell wie möglich zu entfliehen. Der Weg dazu ist Verähnlichung mit Gott (ὁμοίωσις θεῷ), soweit möglich; Verähnlichung aber heißt, gerecht und fromm zu werden mit Einsicht« (*Theaitetos* 176a).

Weiter stützt sich Protagoras' These auf Heraklits Lehre, dass alles in Bewegung ist, die konsequent zur Aufhebung der Rede führen müsste (wie bei seinem Schüler Kratylos). Dem hat sich Parmenides' Lehre mit Recht widersetzt, die sich auf das Seiende richtet (Kap. 27).

Schließlich widerlegt die These, alles sei in Bewegung und Veränderung, sich selbst; denn wenn die Wahrnehmung durch Bewegungen zustande kommen soll, durch Einwirken seitens des Objekts und Erleiden des Subjekts, so müssen diese beiden sein. Sonst kann sich keine Wahrnehmung einstellen (Kap. 28).

Auch bei Parmenides darf man nicht stehen bleiben, der zwar richtig auf das Seiende abzielt, aber eine Wahrheit von den vielen wahrnehmbaren Sinnesdingen leugnet. Dies korrigiert nun Sokrates / Platon, indem er zwischen den Wahrnehmungen, welche die leiblichen Sinne machen, und dem Vermögen der Seele unterscheidet, durch das sie das Wahrgenommene beurteilt (durch den Logos / den Verstand), nämlich nach dem Sein, nach Ähnlichkeit und Unähnlichkeit usw. (Kap. 29).

»In den Sinneseindrücken (Erleidungen, τοῖς παθήμασιν) ist keine Erkenntnis, wohl aber in den Schlüssen darüber; denn das Wesen (die Seiendheit, οὐσία) und die Wahrheit zu erfassen, ist, wie es scheint, nur hier möglich, dort aber (bei den Sinneswahrnehmungen) nicht« (*Theaitetos* 186d).

Die gesuchte Erkenntnis ist also nicht Wahrnehmung (Kap. 30).

5. Zweiter Definitionsversuch (Kap. 31–37)

Es folgt ein zweiter Versuch, die Erkenntnis zu bestimmen, und zwar als richtige Meinung. Dies führt zur Erörterung des Problems, was die falsche Meinung sei. Ausgangspunkt ist die (sophistische, sensualistische) Voraussetzung, dass wir von jedem Ding entweder ein Wissen oder kein Wissen haben. Unsere Meinungen beziehen sich dann darauf, etwas zu wissen oder nicht zu wissen (*Theaitetos* 188a ff.). Daraus ergibt sich aber ein Dilemma zu zwei nicht gangbaren Wegen hin.

Auf dem einen Wege hat jemand eine falsche Meinung über sein Wissen, wenn er nämlich meint, von etwas (A) zu wissen, von dem er nichts weiß, da er vielmehr ein Wissen von etwas anderem (B) hat. Dagegen spricht aber: Niemand kann meinen, von etwas (A) zu wissen, von dem er in Wirklichkeit nicht weiß, oder meinen, dass er von etwas (B) weiß, von dem er in Wirklichkeit nicht weiß.

Auf einem anderen Wege (*Theaitetos* 188c-d ff.), welcher Sein und Nichtsein der Dinge betrifft, hat jemand eine falsche Meinung, wenn er von etwas, das nicht ist, meint, es sei. Dagegen erhebt sich aber der Einwand (*Theaitetos* 188e): Von etwas, das nicht ist, kann niemand eine Meinung haben. Man kann nur von etwas Seiendem eine Meinung haben – und dann ist sie immer wahr –, oder gar keine Meinung haben (und somit auch keine falsche).

Aber auch die Annahme (*Theaitetos* 189b ff.), falsche Meinung sei, wenn jemand ein Seiendes mit einem anderen verwechsle, ist unhaltbar; denn da die Meinung als Überlegung des Verstandes (διάνοια) eine »innere Rede« ist, kann niemand zu sich selbst sagen, dieses Seiende sei ein anderes (z. B. der Ochse ein Pferd).

Ein weiterer Versuch (Kap. 33–34) geht von der Tatsache der Erinnerungen aus, die sich in der Seele einprägen, wie vergleichsweise ein Siegelabdruck im Wachs. Dann ergeben sich viele mögliche Verbindungen zwischen Erinnertem und Wahrgenommenen, die in unseren Meinungen wahr oder falsch vollzogen werden können, so dass auch der Fall einer falschen Meinung eingeräumt werden kann, dass jemand Erinnertes mit etwas verbindet, wovon er kein Wissen hat. Dagegen erhebt sich dann wieder der Einwand (Kap. 35), dass niemand in Erinnerung von etwas weiß, wovon er nicht weiß. Also gibt es keine falsche Meinung.

Ein letzter Versuch (Kap. 36–37) nimmt an, dass wir einen ganzen Erkenntnisbereich, z. B. der Mathematik, besitzen können, ohne jede Teilerkenntnis verfügbar zu haben, vergleichbar mit einem Taubenschlag, mit dem jemand alle Tauben besitzt, aber nicht jede einzelne immer verfügbar hat; denn sie fliegen aus und ein. Nach dieser Annahme kann also jemand etwas wissen (vom gesamten Bereich) und doch darin nichtwissend sein (in einem Detail), so dass er dann auch falsche Meinungen haben kann, wenn er einzelne Erkenntnisse verwechselt.

Dagegen erhebt sich jedoch der Einwand (Kap. 38), dass jene Annahme, wie oben gesagt, von der Erkenntnis als begründbarer Wissenschaft ausgehe, in der jedes Detail aus dem Ganzen begründet wird.

Dagegen ist die Praxis im öffentlichen Leben anders: Die Sachkundigen, die Rhetoren, die Richter u. a., teilen ihr Wissen nicht durch wissenschaftliche Lehre, sondern durch Überredung den Bürgern mit. Und hier ist Erkenntnis wahre Meinung, keine falsche.

6. Dritter Definitionsversuch (Kap. 38–43)

Dieser Einwand gibt Anlass zu einem dritten Definitionsversuch, Erkenntnis als richtige Meinung mit Erklärung durch den Verstand zu bestimmen. Es stellt sich nun das Problem, wie die Erklärung durch den Verstand / Logos festzulegen ist. Nimmt man die Erklärung als Analyse der zusammengesetzten Dinge in ihre Bestandteile, in Analogie zur Analyse der Wörter in Silben, und der Silben in die Buchstaben, so sind die einfachen Bestandteile der Dinge, die materiellen Elemente, nicht mehr erklärbar und d. h. nicht mehr erkennbar. Dann wird aber auch das Zusammengesetzte aus ihnen nicht mehr erkennbar sein.

Wollte man aber sagen, dass die Dinge mehr seien als das Gesamt ihrer Teile, nämlich ein Ganzes als eigene Einheit, so müssten doch ihre Teile dieselben, und das Ganze vom Gesamt der Teile nicht verschieden sein. Ferner ist das Erlernen der Teile von der Sinneswahrnehmung abhängig, so dass auch die Erklärung nicht mehr sein kann als wahre Meinung, gestützt auf die Sinneswahrnehmung, was nicht einer Erklärung durch den Verstand entspricht.

Nimmt man dagegen die Erklärung als Angabe eines Unterscheidungsmerkmals, wodurch das gesuchte Ding sich von allen übrigen unterscheidet, so muss dieses sich doch auf Sinneswahrnehmung beziehen wie die wahre Meinung und ist von einer reinen Verstandeserklärung verschieden. Diese bleibt daher unbestimmt, und so schließt der Dialog ohne positives Ergebnis.

Zusammenfassend gesehen ist das Scheitern der drei Versuche durch Protagoras' sophistische, von Theaitetos übernommene Haltung verschuldet, die sich (empiristisch) auf den Bereich des sinnlich Wahrnehmbaren, Veränderlichen, Bewegten beschränkt, aber doch fälschlich beansprucht, Wissen von Seiendem zu haben, und ständig über dieses spricht. In Wahrheit hat man in dieser Haltung nur Meinungen, so dass man auch meint, etwas zu wissen, wovon man nicht weiß. Ein Sophist bestreitet dies freilich und lehrt, von allem immer etwas Wahres zu wissen. Dagegen spricht jedoch, dass es dann keine falsche Meinung gäbe, die jedoch niemand bestreiten kann.

Die Lösung des Problems deutet sich aus den widerlegenden Argumenten an, dass nämlich die Sinnesdinge als solche sich nicht als Seiendes, sondern als wechselnde Erscheinungen darbieten, und die Meinung zwischen Sinneswahrnehmung und Wissen(schaft) anzusetzen ist, die als Objekt die Erscheinungen hat, angesiedelt zwischen Nichtseiendem und Seiendem, wie Platon in *Staat* V, 20–22, dargelegt hat (vgl. auch *Sophistes*).

Im ersten Definitionsversuch deckt Sokrates Widersprüchliches auf, ohne dass Theaitetos auf den Grund hiervon aufmerksam wird. Es liegt in der missbräuchlichen Rede vom Seienden in Protagoras' These, dass »der Mensch das Maß aller Dinge ist, der seienden, dass sie sind, und der nichtseienden, dass sie nicht sind«; denn nur von der Vernunfterkenntnis (die zur Wissenschaft, *epistéme*, führt) ist das Objekt das Seiende, nicht hingegen von Sinneswahrnehmung und Meinung, die als Objekt die wechselnden Erscheinungen der Sinnesdinge als solcher haben.

Entscheidend ist das Argument, dass wir Erinnerung (sowie dann Vorstellung und Meinung) haben, die zwar aus den Sinneswahrnehmungen herkommt, aber von ihr verschieden ist und über sie hinausgeht. Daraus ergibt sich die Lösung des Problems: dass nämlich die Erkenntnis sich auf mehreren Stufen entfaltet, beginnend mit der Sinneswahrnehmung auf unterer Stufe und fortschreitend auf den höheren Stufen der Erinnerung, Vorstellung, Meinung bis hin zur Wissenschaft.

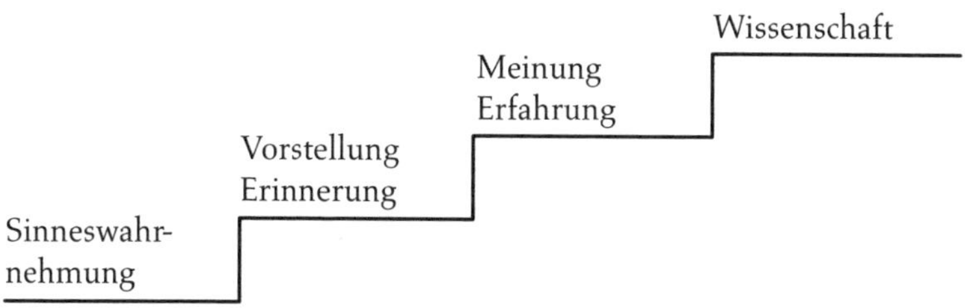

Insofern enthält zwar Protagoras' These von der Erkenntnis als Sinneswahrnehmung etwas Richtiges, aber die von ihr bewirkte Reduzierung auf die Sinneswahrnehmung ist falsch.

Auch der zweite Versuch führt in Widersprüche, wegen der sensualistischen Voraussetzung, dass wir zu jedem Gegenstand entweder ein Wissen oder Nichtwissen haben. Dies gilt aber nur für die wissenschaftliche Vernunfterkenntnis. Tatsächlich aber ersetzt er sie durch die Sinneswahrnehmung: Entweder man nimmt etwas wahr oder nicht. Auf sie allein stützt sich Protagoras. Die zwischen Wissen und Nichtwissen stehende Meinung, die wahr oder falsch sein kann, wird vernachlässigt. Er leugnet die falsche Meinung und bezieht sie nicht auf ein Objekt, sondern auf das Wissen und Nichtwissen, und spricht von jedermanns »Meinung, von etwas zu wissen oder nicht zu wissen«. Dadurch gilt dann von der Meinung, bezogen auf das Wissen, immer wahr zu sein, oder, bezogen auf das Nichtwissen, gar nicht vorhanden zu sein.

Die Lösung ist die, dass die Erkenntnis auch Meinung sein kann, mit der Eigenart, wahr oder falsch sein zu können, weil sie Veränderliches, nicht Seiendes zum Gegenstande hat. Daher ist die Forderung nach wahrer Meinung durchaus berechtigt.

Die dritte Definition bahnt zwar den Weg zur hohen Stufe der Erkenntnis als mit Verstand und Vernunft vollzogener Wissenschaft. Besonders wichtig ist die Einführung von Unterscheidungsmerkmalen, d. h. den spezifischen Differenzen, mit denen die Gattung des zu definierenden Gegenstandes aufgeteilt wird, um zu seiner Spezies zu gelangen. Aber die Erörterung führt wiederum zu keinem positiven Ergebnis, wegen der sensualistischen Gegenposition (die Theaitetos unkritisch übernimmt); denn die spezifischen Merkmale können nicht mehr sinnliche, sondern müssen intelligible sein, da auch das Wesen der zu definierenden Spezies intelligibel ist.[34]

Abschließend lässt sich sagen, dass hinter dem scheinbaren Scheitern der drei Definitionsversuche über Erkenntnis ein dreifacher Irrtum der Sophisten sichtbar wird:

Erstens beschränken sie die Erkenntnis auf Sinneserfahrung, einschließlich der Erinnerung und Meinung, während tatsächlich Wahrnehmung, Erinnerung und Meinung verschiedene Erkenntnisstufen sind, denen verschiedene Gegenstandsbereiche hinsichtlich der Dinge entsprechen.

[34] Zur vorliegenden Interpretation hat mich auch die Beobachtung von Erler in: *Grundriss der Geschichte der Philosophie,* Bd. 2.2, *Platon,* 234, bestärkt, dass nämlich der *Theaitetos*-Dialog an anderen Philosophen Kritik übt, und dass er die Erkenntnis am objektiven Maß der Dinge orientiert. Dass der Dialog dennoch in der Aporie endet, scheint mir darin zu liegen, dass die Orientierung an den Dingen zu äußerlich, materiell-sinnlich ist, nicht ihr intelligibles Sein und Wesen berücksichtigt, das allein das Maß für die Vernunfterkenntnis ist.

Zweitens behaupten die Sophisten, dass die Meinungen immer wahr auf Seiendes gehen, während doch die Meinungen wahr und falsch sein können, weil ihr Gegenstand die Dinge gerade nicht *als* Seiendes, sondern in ihren veränderlichen Erscheinungen sind.

Drittens sprechen sie irrtümlich (und missbräuchlich) von Wissen und Seiendem, während dieses nicht der Sinneswahrnehmung, noch der Meinung, sondern nur dem Verstand und der Vernunft zugeordnet ist.

Eine Anmerkung zum Dialogstil: Es fällt gerade im vorliegenden Dialog auf, wie sorgfältig Platon die Dialogsituation zwischen Sokrates und Theaitetos, dem älteren Lehrer und dem jungen Schüler, ausgearbeitet hat. So ist schon wichtig, dass dieser vom Theodoros als tugendhafter, begabter und lernbegieriger Jüngling vorgestellt wird. Sokrates bekennt, dass er gerade Schüler von solcher Art annimmt, und keine von entgegengesetzter Art; denn vor letzteren warne ihn eine innere göttliche Stimme (151a). Auch dies ist ein wertvoller Gesichtspunkt: dass er die gemeinsamen philosophischen Studien unter Gottes Führung stellt. Das heißt nicht, dass der philosophische Dialog ein religiöses Denken werde, oder religiöse Prämissen in die Argumente kämen, wohl aber, dass er von einer frommen Haltung beflügelt sein kann.

Im Übrigen ist die Dialogführung voll von geistigem Witz und Schwung: Als Theaitetos am Beginn den Fragen zögernd ausweicht, rügt ihn Sokrates scherzend, er solle nicht so furchtsam sein (*Theaitetos* 151d-e). Als im Fortgang des Dialoges Theaitetos immer beherzter Rede und Antwort steht, lobt ihn Sokrates als mutig und mit einem: Nur weiter so (*Theaitetos* 187b–c)! Später, als der Jüngling unbedenklich antwortet, bemerkt Sokrates wieder humorvoll: »Offenbar, Theaitetos, behandelst du mich sehr obenhin und fürchtest mich gar nicht!« (*Theaitetos* 189c). Auf diese Weise erhält der Leser einen Geschmack von der Köstlichkeit eines gut geführten, philosophischen Gespräches, in dem sich geistiges Leben in Freude und Schönheit zwischen Lehrer und Schüler entfaltet.

Timaios

1. Rückblick auf die Staatsverfassung. Berichte über die Vorzeit Athens und die Insel Atlantis

In diesem Dialog bietet uns Platon seine Naturphilosophie und handelt von der Entstehung des Kosmos, d. h. der Welt mit der Natur, dem bestirnten Himmel und der Erde. Bevor er mit dem Thema beginnt, fasst er zuerst (*Timaios* Kap. 1–4) einige Hauptergebnisse des Dialoges *Staat* zusammen, vor allem die Einteilung in die drei Stände: die Regierenden, den Wehrstand und den Nährstand, mit Bauern und Handwerkern, und findet sie bestätigt in einer uralten Überlieferung von der Stadt Athen, die sich, vor achttausend Jahren, tapfer gegen ein mächtiges Reich der damals im Ozean, außerhalb der Säulen des Herakles (Gibraltar) existierenden Insel Atlantis behauptet hat, dank der hervorragend guten Verfassung und Gesetzgebung. Diese Überlieferung sei in Griechenland durch Naturkatastrophen verloren gegangen (bei denen auch Atlantis wieder im Meer unterging), aber in Ägypten bewahrt worden, wo sie Solon auf einer Reise dorthin erfahren habe. Sie berichtete von der ausgezeichneten, weisen Verfassung Athens, die eine ähnliche Dreiteilung von Ständen aufwies. Da die Ägypter freundschaftliche Beziehungen von alters her mit Athen pflegten, übernahmen sie einiges von jener athenischen Verfassung, das in ihrer ständischen Ordnung bis in Solons Zeit bewahrt blieb. Ja bis in Platons Zeit selbst; denn er weiß von ihren drei Ständen, den Handwerkern, dem Kriegerstand und den Herrschern, einem Priesterstand, der sich in Muße der Wissenschaft und Weisheit widmet und so die Regierung ausübt.

2. Die Entstehung des Kosmos von der ersten Zweckursache her

Platons Lehre von der Entstehung des Kosmos / der Welt wird von Timaios vorgetragen, einem sternkundigen und der Natur des Alls forschend hingegebenen Mann, und zwar nicht in Form eines Dialoges mit den Anwesenden, Sokrates, Kritias und Hermokrates, sondern als Mitteilung seiner Ansicht. Dabei bittet Timaios schon zu Beginn seine Hörer um Verständnis, wenn er wegen des schwierigen Gegenstandes »nicht imstande« sein wird, »alles in genau bestimmten Aussagen aufzustellen«.

Nach Anrufung Gottes beginnt er seine Darlegung (*Timaios*

Kap. 5) von der Tatsache zweier Erkenntnisbereiche aus, des »stets Seienden, das ohne Entstehen ist«, und des »stets Werdenden, aber niemals Seienden«, von denen der erste Bereich nur von der Vernunft mit Verstandesgründen (νοήσει μετὰ λόγου) eingesehen wird, der zweite durch Meinung mit irrationaler Sinneswahrnehmung (δόξῃ μετ' αἰσθήσεως ἀλόγου) erfasst wird (*Timaios* 27d-28a). Der zweite Bereich verhält sich zum ersten wie das Verursachte zur Ursache. Alles Entstehende muss notwendig eine Ursache haben, durch die es entsteht oder entstanden und geworden ist. Die erste Ursache, der göttliche Erzeuger oder Werkmeister / »Demiurg«, muss diese sichtbare, schön geordnete Welt, den »Kosmos«, mit seiner »Form und Kraft«, nach einem vollkommenen Vorbild geschaffen haben, »hinblickend auf das stets sich gleich Verhaltende«.

Demiurg Ideen-Kosmos

Kosmos-Intellekt
Kosmos-Seele

sichtbarer Kosmos

Materie

Die Sinneswelt, die sichtbar, betastbar und körperlich ist, zeigt sich uns als geworden und muss eine erste göttliche Ursache haben. Von ihr und dem Vorbild können wir nicht angemessen sprechen, sondern nur mit dem Blick auf die Sinneswelt das Wahrscheinliche aussprechen. Der erste Teil der Schrift trägt die Weltentstehung aus der Zweckursache vor (*Timaios* Kap. 5–16), der zweite Teil aus der materiellen Notwendigkeit (Kap. 17 bis Ende).

Auf die Frage, aus welchem Grund Gott die Welt erschuf (Kap. 6), ist die Antwort die: »weil er gut war, und im Guten keinerlei Neid jemals aufkommt« (ἀγαθὸς ἦν, ἀγαθῷ δὲ οὐδεὶς περὶ οὐδενὸς οὐδέποτε ἐγγίγνεται φθόνος, *Timaios* 29e).

Den Gesichtspunkt der Zweckursache hat erstmals Anaxagoras eingeführt in seiner Lehre von dem göttlichen Intellekt, der alles aus einem regellosen Urgemisch der Elemente zur schönen Ordnung des Kosmos geführt hat und über alles herrscht. Platon schließt hieran an und stellt die göttliche Zweckursache einem gleichewigen, unbestimmten materiellen Prinzip gegenüber, aus dem die Elemente entstehen (Kap. 17 ff.), sowie die Sinnesdinge.

Die gesuchte erste Ursache ist also Gott in seiner Gutheit als Zweckursache. Diese Einsicht wird bei den Kirchenvätern zu der Aussage führen: bonum est diffusivum sui. Als Christen könnten wir an die Stelle bei Paulus denken, *Philipper-Brief* 2, 5–11, mit dem Hymnus auf Christus, der nicht an seiner Gottgleichheit festhielt, sondern sich ihrer entäußerte.

Indem nun Gott wollte, »dass alles gut und, soviel möglich, nichts schlecht sei«, brachte er das (materiell) Sichtbare, das sich »in ordnungsloser Bewegung« befand, »aus der Unordnung zur Ordnung«.

Diese Aussage erinnert uns an den Schöpfungsbericht der Bibel, *Gen* 1, 32, wo es heißt: »Gott sah alles, was er gemacht hatte, und fürwahr, es war sehr gut«.

Da das Vorbild alle Formen des Lebendigen umschließt, und selbst ein vollkommenes lebendes Wesen ist (*Timaios* 30c), musste auch das Abbild, die sichtbare Welt, ein göttliches, lebendes Wesen sein, begabt mit Vernunft und – vermittelnd zwischen ihr und dem sinnlich Körperlichen – mit Seele (*Timaios* Kap. 6). So entstand »durch Gottes Fürsorge« diese Welt als ein beseeltes und mit Vernunft begabtes Lebewesen.

Ferner zeigt die Stelle, dass Platon die erste Zweckursache nicht nur, in Analogie zum menschlichen Künstler, als Demiurgen benennt, sondern auch direkt als fürsorglichen Gott (s. auch *Timaios* 31b, 34c, 38c); an anderen Stellen als den Besten (30a, 37a), als Urheber (29a) von allem, als Vater (37c, 42e), der das Weltganze erzeugte.

Der Kosmos wird als Kugel vorgestellt, umgeben von Sphären in kreisförmigen Bewegungen, nach bestimmten Zahlenverhältnissen, wobei alle beseelt sind von Teilen der Kosmos-Seele (*Timaios* Kap. 7–8), die sich auch in ihrer Erkenntnisfähigkeit abstufen: als Wahrnehmung, Meinung und Vernunftwissen (Kap. 9).

Die Zeit wird der Himmelsbewegung, welche »in Zahlen fortschreitet«, zugeordnet und als Abbild der Ewigkeit bestimmt, in der das Urbild, das immer Seiende, beharrt (Kap. 10).

Es folgt die Darlegung der Erschaffung der Götter und Göttinnen, sowie dann der menschlichen Seelen und ihrer Einkörperung, mit der Bildung des körperlichen Organismus (Kap. 11–16).

3. Die Entstehung des Kosmos aus der Materieursache

Der zweite Teil der Schrift (*Timaios* Kap. 17 ff.) widmet sich einer dritten Gattung, die zu den zwei Gattungen des immer Seienden und des immer Werdenden hinzukommt. Da sich das immer Seiende als ursächliches Vorbild des verursachten Abbildes, der Sinneswelt, erwies, führt nun die Frage, woraus diese entstand, zur dritten Gattung, einem unbestimmten Prinzip, »dunkel und schwierig durch Reden zu erhellen« (*Timaios* 49a). Sie ist das die Formen Aufnehmende, »wie eine Amme« oder »Mutter« (50d).[35]

Um dieses Prinzip näher zu erklären, werden zuerst Fragen über die natürlichen Elemente gestellt: Feuer, Luft, Wasser, Erde, wie beschaffen jedes sei, und wie sie sich ineinander verwandeln, so dass aus Wasser Luft, aus Luft Feuer, aus Feuer Erde (Verbranntes) werde, wobei all dies eingefügt ist in den Kreislauf des Entstehens und Vergehens in der Natur.

Die Frage ist, »worin jeweils entstehend jedes von ihnen erscheint und woraus es wieder entschwindet« (*Timaios* 49e).

Diese materielle Ursache erweist sich als von der Art disponiert,

»das Bestimmte, immer wieder die Nachbildungen von allem Intelligiblen und ständig Seiendem aufzunehmen, selber aber seiner Natur nach aller Gestaltung bar zu sein,« und als »die Mutter, die Aufnehmerin (μητέρα καὶ ὑποδοχήν) alles gewordenen Sichtbaren und durchaus sinnlich Wahrnehmbaren«. Sie ist zu verstehen, »als ein Unsichtbares, Gestaltloses, Allempfängliches« (ἀνόρατον εἶδός τι καὶ ἄμορφον πανδεχές), »auf eine höchst unzugängliche Weise am Intelligiblen teilnehmend und äußerst schwierig zu erfassen« (*Timaios* 51a).

Die weitere Untersuchung bezeichnet dieses Prinzip als Raum (χώρα, *Timaios* 52a), in welchem zunächst bestimmte stereometrische Körper entstehen, welche dann wieder als Bausteine dienen für die Elemente und die aus ihnen entstehenden Sinnesdinge (*Timaios* Kap. 19 bis Ende).

Zur Auswertung des Dialoges scheinen mir für unsere Untersuchung folgende Gesichtspunkte wichtig:

1. Bemerkenswert ist, dass Platon seine Lehre von der Entstehung der Welt bzw. der Natur nicht in Dialogform, sondern als Abhandlung

[35] Das Bild der Amme, oder Nährmutter, hat in der lateinischen Bezeichnung dieses Prinzips zum Begriff der *materies* oder *materia* geführt.

darbietet, die seine Ansicht teilweise nur nach Wahrscheinlichkeit vorträgt, und zwar wegen des besonderen Gegenstandes, der auch auf religiösem Glauben beruht. Dem passt sich die philosophische Form des Vorgehens an, womit Platon ein methodologisches Bewusstsein für die Grenze der Philosophie zum religiösen Glauben hin bezeugt.

2. Der naturphilosophische und metaphysische Teil der Darlegung kommt hinsichtlich der ersten Ursache, von der die gesamte Natur abhängt, auf das, im *Staat* herausgestellte, Gute zurück, das nun zugleich als göttliche Wirk- und Zweckursache bestimmt wird, und zwar erschlossen aus der zweckvollen Ordnung in der Natur.

Die Verwendung der Analogie zwischen dem göttlichen Werkmeister (Demiurgen) und dem menschlichen, wonach Gott analog wie der menschliche Künstler auf ein Vorbild schaut, könnte nahelegen, dass Gott und das Vorbild, die Idee des Guten, verschieden seien. Die Antwort auf die Frage jedoch, weshalb Gott die Welt schuf: »weil er gut war«, gibt den klaren Hinweis, dass Gott selbst in seiner Gutheit das Vorbild ist, auf das er schaut.

Daran anknüpfend, wird dann Aristoteles, auf die Frage (in *Metaphysik* XII, 9), was Gott als Objekt seiner Erkenntnis hat, antworten: dass er sich selbst sein Objekt ist.

3. Wichtig ist angesichts der Werdewelt die Unterscheidung zwischen den zwei Ursachen: der Form-Wirk-Zweckursache einerseits und der Materieursache andererseits. Letztere ist verantwortlich für gewisse materiell bedingte Notwendigkeiten in den werdenden Naturdingen, die von dem erstrebten Zweckvollen durchaus verschieden sind und der Zweckursache entgegentreten, soweit sie von dieser nicht in Dienst genommen werden.

Damit bahnt sich für das naturphilosophische Problem des Werdens eine Lösung an, dass nämlich für das Werdende zwei Ursachen erforderlich sind, eine Wirk- bzw. Zweckursache und eine Materieursache, die nicht ihrerseits erst werden, sondern schon sind, wobei die erstere das formend bestimmende Prinzip ist, die letztere das bestimmbare, in sich unbestimmte Prinzip.

4. Das Lehrstück, dass Gott vermittelnd zwischen den Ideen und der Materie eine Weltvernunft einführt, sowie als weitere Vermittlung eine Weltseele, enthält die Lösung zum anthropologischen Problem, wie sich im Menschen Leib, Seele und Vernunft zueinander verhalten. Es besteht eine Unterordnung der ersteren unter die letztere, so dass die Vernunft der Seele vorgeordnet ist, und diese dem Leib. Analog zum

Mikrokosmos Mensch, der aus Leib, Seele und Vernunft konstituiert ist, wird diese Ordnung auch für den Makrokosmos angenommen.

5. Die Unterscheidung der Weltvernunft von der im individuellen Menschen, sowie der Weltseele von der menschlichen und der anderen Lebewesen, geht über den Neuplatonismus (Plotin, ferner den auf Proklos zurückreichenden *Liber de causis*) in die Scholastik ein, die von der transzendenten Erstursache die den Dingen immanenten zweiten Ursachen unterscheiden wird.

Im Übrigen führt die Einfügung der Weltvernunft und -seele zwischen die Ideen- und die Sinneswelt in der Metaphysik der Neuplatoniker zu einer weiteren Aufgliederung in Zwischenstufen zwischen beiden Welten, wie auch der intelligiblen Welt selbst, was dann christliche Theologen mit der Engellehre verbinden werden.

Philebos

1. Die Frage nach dem guten Leben. Zwei Thesen: die des lustvollen und die des vernünftigen Lebens (Kap. 1–3)

Dieser Dialog konzentriert sich auf das ethische Problem des sittlich guten, glückseligen Lebens und erörtert es in zwei entgegengesetzten Thesen: Die erste sieht es in einem der Lust hingegebenen Leben, die zweite in einem ganz aus Vernunft geführten Leben (*Philebos* Kap. 1–2). Gegen die erste These wendet Sokrates, der den Dialog leitet, ein, dass es gute und schlechte Lust gibt, und die letztere nicht für ein gutes Leben stehen kann (Kap. 3). Gegen die zweite These spricht, dass zum menschlichen Leben auch die emotionale, mit Lust verbundene Seite gehört.

2. Verschiedene Arten der Gattung der Lust (Kap. 4–9)

Da unter der einen, gattungsmäßigen Benennung der Lust viele Arten von Lust, gute und schlechte, zusammengefasst sind, führt dies zur Problematik des Einen, das widersprüchlich zugleich Vieles sei, wenn nämlich ein gattungsmäßig Allgemeines, Eines, von den Dingen undifferenziert ausgesagt wird; denn die vielen Dinge, mit ihren wechselnden Erscheinungen, können der Art nach verschiedene Formen darbieten.

Da sich das Viele in gleichsam unendlich vieles Einzelnes und schließlich im Unendlichen, Unbestimmten auflösen kann (*Philebos* 16c-d), muss die Untersuchung das Wesen eines Gegenstandes in endlich vielen artmäßigen Einheiten einer Gattung, im Bereich des Seienden, bestimmen, die sich aus dem Unbestimmten herausgeformt haben. Daher ist die Gattung in ihre verschiedenen Arten einzuteilen.

In jeder Gegenstandsgattung lassen sich aus dem unendlichen Unbestimmten die bestimmten Arten (Spezies) unterscheiden, z. B. in der Ton-Gattung aus einem unendlich weiten, unartikulierten Tonmaterial die endlich vielen, spezifisch bestimmten Töne (*Philebos* Kap. 7–8). Man soll also bei der Erschließung eines Gegenstandes nicht vom (gattungsmäßigen) Einen sogleich zum (unbestimmt unendlichen) Vielen übergehen, sondern zu bestimmt vielen Arten (Kap. 9), die sich aus ihm abheben. Dies bedeutet hinsichtlich der Gattung der Lust, dass verschiedene Arten zu unterscheiden sind (nämlich sinnliche und intellektuelle, mit der Möglichkeit schlechter Lust, wenn die Sinnlichkeit vom Intellekt nicht beherrscht wird).

3. Die Bestimmung des guten Lebens von seinen konstitutiven Ursachen her (Kap. 10–16)

Da die begriffliche Aufgliederung der Gattung der Lust sich als schwierig erweist, wird zunächst die Frage nach dem guten Leben von seinen ursächlichen Komponenten her angegangen. Wie die Erfahrung bezeugt, ist Objekt des Willens weder die Lust noch die Vernunft, sondern das gute Leben, das daher beides einschließt (*Philebos* Kap. 10). Weder ein rein lustvolles Leben ohne Vernunft, wie die Tiere es haben, noch ein rein vernünftiges Leben ohne Lust wird vom Willen erstrebt, sondern ein Leben, das beides, Vernunft und Lust einschließt, und das daher näher zu bestimmen ist (Kap. 11).

Die Dinge in der Werdewelt weisen vier Gegebenheiten auf: ein Unbestimmtes, Unbegrenztes, und eine Grenze nach einem Maß (Kap. 13), sowie das aus beiden resultierende Gemischte und die Ursache der Mischung (Kap. 14). Die Lust hat ihrer Natur nach die Eigenschaft des Unbestimmten, Unbegrenzten (Kap. 15), die Vernunft hingegen hat die Natur einer wirkenden Ursache; denn sie ordnet wie im Menschen, so auch im Kosmos alles an (Kap. 16). Das gesuchte sittlich gute Leben ist die Resultante (das »Gemischte«) aus beiden Prinzipien.

4. Über die unreinen und reinen Formen der Lust (Kap. 17–33)

Es folgt nun, als Grundlage der ethischen Erörterung, eine längere psychologische Untersuchung über Lust und Unlust hinsichtlich ihrer gemischten und reinen Formen; denn mit Lust und Unlust sind die seelischen Gemütsbewegungen oder Affekte verbunden, und mit diesen das triebhafte, leibliche Begehren, das wiederum von Meinungen geleitet wird. Im Falle falscher Meinungen wird das Begehren ungeordnet und maßlos. Ebenso ungeordnet und maßlos werden dann auch die Affekte mit der ihnen innewohnenden Lust und Unlust, die sich mit dem entarteten Begehren mischen und unrein, »falsch«, werden (*Philebos* Kap. 17–25).

»Aus einer gewissen Verderbtheit des Leibes und der Seele entsteht die größte Lust und Unlust« (*Philebos* 45e).

Die aus dem Leib und der Seele kommende Lust und Unlust treten miteinander gemischt auf, so dass sie »bald Lust, bald Unlust genannt werden« (*Philebos* 46c). Erfahrungen in heftig erregten Seelenzuständen, wie sie z.B. an Bacchanalien gemacht werden, oder auch bei Wirkungen von Tragödien und Komödien auf die Zuschauer, zeigen, dass in größter Lust auch Unlust liegt (Kap. 29). Dagegen gibt es in ruhigen Seelenzuständen, die sich nach Unlust, Mangel, Schmerz einstellen, auch Formen reiner Lust (Kap. 31), wie z.B. die Lust an Erkenntnissen, die aus dem schmerzhaften Verlangen nach ihnen hervorgeht (51e–52a). Reine Lust stellt sich bei einem maßvollen Zustand *(symmetría)*, nicht bei einem maßlosen *(ametría)* der Seele ein (Kap. 32, 52c).

Die Lust und das Gute sind aber an sich verschieden; denn dieses gehört dem Bereich des Seienden an, jene der Bewegung (Kap. 33).

5. Über unreine und reine Formen der Erkenntnis (Kap. 34–35)

Auch im Bereich der Erkenntnis lassen sich unreine und reine Formen unterscheiden. Jene gehören den unteren Stufen der Erkenntnis an, der Erfahrung und Meinung, die von der Sinneswahrnehmung abhängen, diese hingegen den höheren, von sinnlichen Inhalten losgelösten Stufen und besonders der höchsten, der philosophischen Dialektik. Die unteren Erkenntnisstufen sind den beweglichen, veränderlichen Objekten zugeordnet, die höheren dagegen den des Seienden.

6. Beantwortung der Eingangsfrage (Kap. 36 bis Ende)

Wie oben dargelegt, weist in der Werdewelt, zu der auch das sittlich gute Leben gehört, das Werdende drei Gegebenheiten auf: das Unbestimmte, Unbegrenzte, ferner die Grenze bzw. das Maß und als Drittes eine zusammenführende Wirkursache. Es ergab sich, dass sich die Lust im Unbegrenzten, die erkennbaren Formen hingegen in maßvoller Grenze finden, und die Vernunft die Wirkursache ist, welche das Unbegrenzte, die Lust, mit der Grenze, d. h. der Erkenntnis, zusammenführt. Also muss als Viertes das daraus resultierende sittlich qualifizierbare Leben bestimmt werden. Daraus folgt dann weiter, dass das gesuchte gute und glückselige Leben das aus der reinsten Lust und der reinsten Erkenntnis gemischte ist.

Auswertung des *Philebos*:

Dem an Gedanken und Einsichten reichhaltigen Dialog konnte die vorliegende Interpretation nicht voll gerecht werden, die sich auf das Hauptproblem beschränkte, nämlich worin das sittlich gute Leben besteht.

1. Platons Antwort zeigt seine Ethik in reifer Form. Während die frühen Dialoge das tugendhafte Leben mit der praktischen Vernunfterkenntnis gleichsetzte, nimmt er nun auch die Lust als Komponente des sittlich guten Lebens hinzu. Dies führt in Erörterungen über den Menschen und die Seele, welche die (modern gesprochen) anthropologische und psychologische Grundlage der Ethik bilden.

2. Anthropologisch gesehen, befasst sich Platon erstmals mit dem Problem des Verhältnisses zwischen Lust und Erkenntnis, zwischen triebhaftem Begehren und Vernunft, und löst es genial in der Weise, dass er den Trieb der Vernunft zuordnet wie das unbestimmte / bestimmbare zu dem bestimmenden Prinzip.[36]

3. Psychologisch bietet Platon eine Reihe feiner Beobachtungen in das Gefühls- oder Affektleben der Menschen, wobei besonders beachtenswert ist, dass Platon es in seiner komplexen Natur erfasst, in dem Irrationales und Rationales miteinander gemischt sind, also nicht als ein einfaches Phänomen nimmt.[37]

Sehr wertvoll ist Platons Beschreibung entarteter, kranker Seelenzustände bei Menschen, deren Begehren sich ins Maßlose, Extreme steigert. Wir haben hier Anfänge einer Psychopathologie, wie übrigens schon bei Thukydides, der in der Einleitung seiner Schrift über den

[36] Diese Einsicht ist sehr bedenkenswert angesichts einer modernen Psychologie, welche Trieb und Geist in Gegensatz bringt und den Menschen konstitutionell als Konfliktwesen ansieht.

[37] Im Gegensatz hierzu vergleiche man z. B. bei Scheler die Phänomenologie des Wertefühlens als ursprünglicher, einfacher Gegebenheit.

Peloponnesischen Krieg die moralisch verwilderten und psychologisch entarteten Zustände der Athener schildert, da sie über viele Jahre zwischen den langen Mauern eingepfercht waren.

4. Ein hübsches Detail des Dialogverlaufes möge nicht unerwähnt bleiben: Bei ihm ist der schöne Philebos anwesend, welcher sich mit der These vom guten Leben als dem lustvollen identifiziert und bezeichnenderweise deshalb am Dialog nicht teilnimmt. Platon bemerkt an dem Jüngling nur seinen müden Zustand, wie er behaglich ausgestreckt, teilweise schlafend, daliegt, um anzuzeigen, dass ein solcher Mensch unfähig ist, philosophischen Gedankengängen zu folgen.

Gesetze, Buch X, Proömium

Im Bereich der Ethik, zu der auch die Lehre der politischen Gerechtigkeit gehört, erörtert Platon ausführlich das Problem des »natürlichen Rechtes«, das schon im Dialog *Gorgias* angeschnitten worden ist. In seinem Alterswerk *Gesetze* kommt Platon auf das Lehrstück zurück und verteidigt es gegen Sophisten, die einen Gott oder Götter leugnen und alle Kulturleistungen für bloß »positive«, von Menschen gesetzte Einrichtungen halten: religiösen Glauben, Staatsverfassungen, Gesetzgebung, Rechtsprechung u.ä. (*Gesetze* Kap. 1). Sie begründen ihre Ansicht damit, dass alle derartigen Einrichtungen Erfindungen von Dichtern, Rednern, Wahrsagern, Priestern und vieler anderer seien (*Gesetze* 885d), und wollen von ihr nur abrücken, wenn jemand sie mit Beweisen über die Existenz des Gottes oder der Götter überzeugen könnte.

Der Athener, der mit dem Kreter Kleinias den Dialog führt, macht diesen zunächst auf die Schwierigkeit aufmerksam (Kap. 2), mit den (in Sparta und auf Kreta nicht geduldeten und daher unbekannten) Sophisten ins Gespräch zu kommen, weil ihre Gottlosigkeit mit einer hedonistischen Lebensweise verbunden ist, sowie mit einer sensualistischen Erkenntnishaltung, welche die – zur vernünftigen Weisheit sich unwissend verhaltende – Sinneserfahrung als höchste Weisheit rühmt (*Gesetze* 886b). Ferner wird die religiöse Volksweisheit alter mythischer Überlieferungen über die Götter bezüglich Sonne, Mond und Sterne durch jüngere Naturphilosophen entmythologisiert, welche die Gestirne nur für »Erde und Stein« erklären. Der religiöse Glaube an Götter, den die älteren Generationen durch ihre Gebete an sie bezeugen, »bei

Hellenen und Barbaren«, werden von den jüngeren Generationen mit den nun auftretenden Sophisten als Torheit abgetan (Kap. 3).

Der Athener geht dann an die Argumentation für die Existenz der Götter, die erst in einem zweiten Schritt bewiesen wird, nachdem er in einem ersten die gegnerische These widerlegt hat. Diese behauptet (Kap. 4), dass von Natur nur die Erscheinungen der Sinneswelt sind, d. h. die aus Elementen – dank ihrer Kräfte und Bewegungen – gebildeten Weltkörper: Sonne, Mond und Sterne, sowie die Erde mit Pflanzen, Tieren und Menschen. Dagegen haben die später durch Kunst entstehenden Dinge und konventionellen Einrichtungen nichts naturhaft Ursprüngliches, sondern stützen sich vielmehr auf die Naturdinge und erweisen sich nur als Abbilder von ihnen (*Gesetze* 889d).

Auch die staatlichen Einrichtungen mit den Gesetzen seien nicht von Natur, sondern durch menschliche Satzung, nichts Natürliches (*Gesetze* 889e). Im sittlichen Bereich »bestehe ein Unterschied zwischen dem, was von Natur, und dem, was von Gesetzes wegen lobwürdig ist«. Von dem jetzt geltenden Recht »gebe es von Natur gar keines, sondern ewig lägen die Menschen darüber im Streite …« (*Gesetze* 889e-890a). Das von Natur Gerechteste aber sei »das, was einer sich durch siegreiche Gewalt zu erzwingen weiß«. Das naturgemäße Leben sei, »dass man als Herr und Gebieter über die anderen lebt, nicht aber, wie es das Gesetz will, dass man anderen untertänig ist«.

Hierauf erwidert der Athener / Platon (*Gesetze* Kap. 5), dass die vorgetragene Ansicht die wahren Verhältnisse völlig verkehrt, da sie die Natur primär im materiellen Gewordenen sieht und auch die Vernunftseele selber aus materiellen Elementen hervorgegangen sein lässt (*Gesetze* 892a, wie dies Vorsokratiker lehren). In Wahrheit jedoch ist die Vernunft früher – denn sie ist wie in der gesamten Natur so auch bei den Menschen das herrschende Prinzip –, so dass

> »man mit vollstem Rechte der (vernunftbegabten) Seele den besonderen Vorzug anerkennen muss, von Natur zu sein« (*Gesetze* 892c).

Ebenso haben auch die von der Vernunft ausgehenden religiösen und staatlichen Einrichtungen sowie die sittlichen Normen etwas von Natur, d. h. sie gründen in der rationalen Wesensnatur des Menschen.

Dass »die Seele älter ist als der Körper«, wird dann, in einem zweiten Schritt, durch folgenden Beweis dargelegt (Kap. 6–9), der von der Bewegung der materiellen Dinge ausgeht: Von ihren Bewegungen lassen sich zwei Arten unterscheiden: eine Bewegung, die ein Körper von einem anderen empfängt (wie auch dieser sie von einem dritten Körper empfangen hat usw.), und eine Bewegung, die nicht mehr von anderen hervorgerufen wird, sondern Selbstbewegung ist. In den Bewegungen der ersten Art kann es keinen Rückgang der bewegt-bewegenden Dinge ins Unendliche geben, vielmehr erfordern sie ein erstes Bewegendes, das sich selbst bewegt (*Gesetze* 894e-895a).

Der Beweis geht induktiv von den bewegten Dingen aus, die in der kleineren Prämisse stehen, und schreitet zu den Ursachen fort, und zwar von den mittelbaren, zweiten, zu einer ersten Ursache, einem sich selbst Bewegenden, das die größere Prämisse angibt, um dann zum Schluss zu gelangen, dass von ihm alles Bewegte abhängt.

II) Das Bewegte (der Kosmos) wird von einem Bewegenden bewegt.
I) Das Bewegende ist a) entweder von etwas anderem bewegt,
b) oder ein sich-selbst-Bewegendes.
III) Das Bewegte (der Kosmos) wird von etwas Sich-selbst-Bewegendem bewegt.

Dieses erste Sich-selbst-Bewegende ist die Seele als »die erste Entstehung und Bewegung des Seienden, des Gewordenen und des Seinwerdenden«, »die Ursache aller Veränderung«, »das Ursprünglichste von allem« in der Natur (*Gesetze* 896a). »Die Seele ist das Herrschende, der Körper dagegen nach der Ordnung der Natur das Beherrschte« (896c). Sie ist daher »Urheberin des Guten, Schönen, Gerechten« (896d), das also auch von Natur ist. Im Hinblick auf den Kosmos sind die Gestirne mit Seelen verbunden, die ihre Kreisbewegungen, die vollkommenste Art von Bewegung, verursachen (897c). Sie werden vom Volksglauben als Götter verehrt.

Zusammenfassend gesehen, überwindet Platon den sophistischen Naturalismus, welcher den Naturbegriff auf die materiellen Elemente und ihre Zusammensetzungen beschränkt, indem er ihn erweitert und auch die Seele als ein immaterielles Naturprinzip einführt, nämlich als Lebensursache im Menschen sowie als göttliche über der sichtbaren belebten Natur insgesamt. Aristoteles wird diesen Beweis ergänzen; denn das Sich-selbst-Bewegende ist (per Definition) das Lebewesen, nicht die Seele, die ein Unbewegt-Bewegendes sein muss.

Auf ethischem Gebiet wird der naturalistisch verengte Naturbegriff der Sophisten überwunden, der auf die Triebnatur des Menschen beschränkt war, und erweitert um die Bedeutung der Vernunftnatur im Menschen, auf die das Naturrecht bezogen wird, so dass von Natur gerecht ist, was der vernünftigen Natur des Menschen entspricht.

4) Aristoteles

Aus Platons Schülerkreis ging als kongenialer Philosoph Aristoteles hervor, der die Weisheit des Meisters voll erfasst und in seiner eigenen Lehre fortgeführt hat. Geboren 384 v. Chr. in Stageira, lernte er von seinem Vater, der Leibarzt des Makedonenkönigs Amynthas war, das wissenschaftliche Vorgehen in der Medizin, Krankheiten aus ihren Ursachen zu erkennen und zu heilen. Daher bestimmt Aristoteles Wissenschaft als Erklären der uns Fragen aufgebenden Phänomene aus Ursachen. Als junger Mann von 17 Jahren kam er nach Athen und schloss sich dem Schülerkreis der Akademie Platons an, wo er zwanzig Jahre lang, bis zu dessen Tod 347 v. Chr. blieb. Unter dem Druck der antimakedonischen Partei in Athen begab sich Aristoteles nach Assos (an der kleinasiatischen Küste) und trieb dort tierkundliche Studien, welche er in einer Reihe zoologischer Schriften festhielt. Er gewann die Freundschaft des Fürsten Hermias von Atarneus und Assos (der 341 v. Chr. grausam hingerichtet wurde), dessen Schwester (oder Nichte) er heiratete. Nach Athen zurückgekehrt, gründete er dort seine eigene Schule, das sog. Lykeion, gegen 335–334 v. Chr., wo er eine reiche Lehrtätigkeit bis zu seinem Tod 322 v. Chr. ausübte.[1] Sie ist niedergelegt in seinen logischen und erkenntnistheoretischen Schriften: *Kategorien, Über den Satz, Erste und Zweite Analytiken, Sophistische Widerlegungen* (zusammengefasst unter dem späteren Namen eines »Organon«), sowie in den großen Abhandlungen: *Über den Himmel, Über Entstehen und Vergehen, Über die Seele, Physik, Metaphysik, Nikomachische Ethik, Politik,* ferner ein Fragment *Über die Kunst* u. a.

Nach Alexanders Tod 323 v. Chr. musste Aristoteles als Makedonenfreund aus Athen fliehen. Nach seinem Tode bildete sich aus dem Lykeion der sog. Peripatos als aristotelische Schule aus, deren erstes

[1] Siehe *Grundriss der Geschichte der Philosophie,* begründet von Friedrich Ueberweg, völlig neu bearbeitete Ausgabe, hrsg. von Helmut Holzhey, *Die Philosophie der Antike,* Bd. 3, *Ältere Akademie, Aristoteles, Peripatos,* hrsg. von Hellmut Flashar, Basel 1983, 230 ff.

Haupt Aristoteles' Schüler Theophrastos war. Aristoteles' Schriften wurden zunächst in Assos in Kleinasien in Sicherheit gebracht und gelangten erst im 1. Jh. v. Chr. an die Öffentlichkeit in einer vom Peripatetiker Andronikos von Rhodos zusammengestellten Ausgabe. Da die Schriften auslegungsbedürftig waren, entstanden Kommentare, zuerst durch den Peripatetiker Alexander von Aphrodisias (um 200 n. Chr.), sowie weiter durch die Neuplatoniker Porphyrios (3. Jh.), durch Themistios (4. Jh.), Simplikios (5.–6. Jh.), Johannes Philoponos (6. Jh.) u. a., die freilich aus der Sicht ihrer Schulrichtung Aristoteles teilweise nicht mehr adäquat auslegten. Erst im Mittelalter gelangte Thomas von Aquin (13. Jh.) zu einer genuinen Aristoteles-Interpretation, im Zuge der sog. Aristoteles-Rezeption an den neu entstandenen Universitäten.

Das große Verdienst des Aristoteles ist zweifellos die Ausbildung der philosophischen Disziplinen: vor allem Erkenntnislehre (Epistemologie), Physik (Naturphilosophie), Metaphysik, Psychologie, Ethik, Politik, Kunsttheorie, entsprechend den verschiedenen Fachgebieten, denen er je einzelne Abhandlungen widmete, womit er über Platon weit hinausging, der noch in vielen seiner Dialoge fachlich verschiedene Themen zusammen behandelte.

Während Aristoteles in seiner Akademie-Zeit noch Dialoge abfasste, von denen uns nur Fragmente erhalten sind,[2] streifte er in den späteren Schriften die Gesprächsform zwischen verschiedenen Personen ab und ging zu seiner eigenen Form von Abhandlungen (Pragmatien) über, in denen das dialogische Prinzip durchaus fortbesteht, nun aber in Argumenten für und wider zum jeweils zu erörternden Thema, nicht mehr in verschiedenen Rollen von Gesprächspartnern, wie noch bei Platon. Damit bereitet sich die moderne Form wissenschaftlicher Abhandlungen vor.

Parallel zur Entwicklungstheorie der Platon-Forschung, die zwischen einem frühen, mittleren und späten Platon unterscheidet, hat Werner Jaeger eine solche auch auf Aristoteles angewandt[3] und zwischen einem frühen, platonisch-metaphysischen Aristoteles und einem späten, selbständigen, empirischen Aristoteles unterschieden. Doch sind die Unterscheidungskriterien beider Entwicklungsstufen vor al-

[2] Siehe Paul Moraux (Hrsg.), *Frühschriften des Aristoteles*, Darmstadt 1975.

[3] Werner Jaeger, *Aristoteles. Grundlegung einer Geschichte seiner Entwicklung*, Berlin 1923.

lem philologische, nicht philosophische. Jaeger ist häufig nicht von den Sachproblemen geleitet, die sich Aristoteles stellt und auch löst, sondern von modernen Interpretationsproblemen, die vielmehr Aristoteles' Lösungen betreffen, so vor allem hinsichtlich des Problems der platonischen Ideen, das der »Empiriker« Aristoteles nicht gelöst habe; denn er verlege sie in die Sinnesdinge. Mir scheint, dass Aristoteles immer Metaphysiker geblieben ist. Im Übrigen wird die vorliegende Untersuchung, entsprechend ihrer Zielsetzung, nicht auf die historische und philologische Aristoteles-Forschung eingehen,[4] sondern sich auf die von Aristoteles selbst gebotenen Probleme und Lösungen beschränken (unter Berücksichtigung der unten aufgeführten Interpretationen Prantls, Maiers u. a.).

---

[4] Dieser Forschung widmet sich meine Abhandlung *Beiträge zu Aristoteles' Erkenntnislehre und Metaphysik*, Würzburg/Amsterdam 1984.

a) Organon: Logische und epistemologische Schriften

Wie schon bei den Vorsokratikern und bei Platon die Erkenntnisse über die Dinge und den Menschen von der Reflexion über die Erkenntnisweise begleitet werden, so auch bei Aristoteles, der nun diese Reflexion in eigenen Schriften – dem sog. *Organon* – systematisch entwickelt und damit die Disziplin der Logik und Erkenntnistheorie bzw. Epistemologie begründet. Im Folgenden interessiert uns das Verhältnis der aristotelischen Logik zur Realität; denn moderne Logik sieht von ihrem Realitätsbezug ab.

Kategorien (Categoriae)

Aristoteles' *Kategorien*-Schrift ergibt sich aus seinem analytischen Vorgehen, in welchem er die komplexen Argumente, die zu Erkenntnissen über Reales gelangen, in ihre Bestandteile zerlegt. Diese sind die Aussagen, mit Subjekt und Prädikat, verbunden mit der Ist-Kopula, deren Bedeutungen und Qualität der Wahrheit und Falschheit untersucht werden. Die letzten Bestandteile der Aussage wiederum sind die unverbundenen Wörter in Subjekt und Prädikat. Diese werden in den *Kategorien* in zehn »Aussageweisen« eingeteilt, welche den verschiedenen Seinsweisen des mit den Wörtern Verstandenen entsprechen.

Das griechische Wort λέγειν bedeutet sowohl »sagen« / »aussagen« als auch »verstehen«. Das unverbunden Gesagte – z. B. Sokrates, Mensch, gebildet, läuft, befindet sich usw. – wird zugleich auch als real Verschiedenes verstanden, so dass die Kategorien-Einteilung ein Inventar all dessen ist, was an Realem überhaupt gegeben sein und in Worten bezeichnet werden kann. Als solches stellt Aristoteles einerseits die Dinge fest, die Substanzen, die in der Subjekt-Stelle der Aussagen stehen, und andererseits die Eigenschaften, die in der Prädikat-Stelle auftreten. Die Substanzen bilden die erste Kategorie, die Eigenschaften die zweite Kategorie und folgende: das Quantitative, das Qualitative, das Relative, das Räumliche und Zeitliche, das Tätige und Leidende, das Sich-Befindende und Sich-Verhaltende.

Moderne Interpreten haben mit dem Problem gerungen, ob die aristotelischen Kategorien logisch oder ontologisch zu verstehen seien. Die Schwierigkeit beginnt schon damit, dass in Kap. 2 Aristoteles für die Einteilung in die erste und die übrigen Kategorien folgende zwei

Kriterien verwendet: dass etwas von einem Subjekt ausgesagt / nicht ausgesagt wird, und dass etwas an einem Subjekt ist / nicht ist. Daraus ergibt sich dann die Unterscheidung zwischen Substanz und Akzidens, sowie zwischen erster und zweiter Substanz. Die Kriterien scheinen inhomogen zu sein, ein »logisches« und ein »ontologisches«. Meines Erachtens ist aber diese Entgegensetzung unangemessen, wenn wir berücksichtigen, dass man in der Antike realistisch die Aussage in Verbindung mit den Dingen und ihren Eigenschaften verstanden hat, auf die sie sich bezieht. Die Kategorien-Einteilung kommt von der Aussage und ihren unverbundenen Bestandteilen her und ist insofern eine (aussagen-)logische, zeigt aber natürlich zugleich auch eine Verschiedenheit im real Gegebenen an: nämlich die zwischen der Substanz und ihren Eigenschaften.[5] Daher wird auch das am Subjekt Seiende ausgesagt, wie wiederum das vom Subjekt Ausgesagte ihm zukommt, und zwar teils als etwas an ihm, teils als ihm identisch (wesensmäßig) zugehörig.

Kategoriales	von einem Subjekt Ausgesagtes	nicht von einem Subjekt Ausgesagtes	
nicht an einem Subjekt Seiendes	ART, GATTUNG des Subjekts »ZWEITE SUBSTANZ«	SUBJEKT / INDIVIDUUM »ERSTE SUBSTANZ«	1. Kategorie
an einem Subjekt Seiendes	ART, GATTUNG eines sekundären Subjekts (z. B. Wissenschaft) = AKZIDENS	AKZIDENS des primären Subjekts	2.–10. Kategorie

Bestätigt wird dies durch eine Stelle in der Schrift *Vom Satz*, 3, das vom Prädikat handelt und unter diesem beide Kriterien zusammenfasst: »Und immer ist es (das Verbum) Zeichen für das von anderem Aus-

[5] Auch Flashar zufolge »hält Aristoteles in den *Kategorien* stets daran fest, dass es sich dabei um eine Analyse der seienden Dinge handelt, insofern sie sprachlich bezeichnet werden« (*Grundriss der Geschichte der Philosophie*, Bd. 3, *Ältere Akademie, Aristoteles, Peripatos*, 324).

gesagte, (ich meine) wie für das, was von einem Subjekt (ausgesagt wird) oder an einem Subjekt (ist)« (*Kategorien* 16b 10–11).

Kap. 5 bestimmt näher die Substanz der ersten Kategorie: Für sie steht das Einzelding (z. B. Sokrates) und die allgemeine Art / Spezies (z. B. Mensch) bzw. Gattung (Lebewesen). Das Einzelding, Individuum, wird als letztes Subjekt definiert, das allen Aussagen zugrunde liegt (z. B. Sokrates), selbst aber von nichts anderem mehr ausgesagt wird:

»Die Substanz, die hauptsächlich, primär und am meisten so genannt wird, ist die, welche weder von einem Zugrundeliegenden (Subjekt) ausgesagt wird, noch sich an einem Zugrundeliegenden befindet, zum Beispiel ein bestimmter Mensch, ein bestimmtes Pferd« (*Kategorien* 5, 1b 11–15).[6]

Die mit »Substanz« übersetzte οὐσία bedeutet wörtlich »Seiendheit« (lat. *entitas, essentia*). Das abstrakte Feminin-Substantiv drückt stärker als das konkrete Partizip »Seiendes« (ὄν, *ens*) den Inbegriff des Seienden aus, das primär Seiende (πρώτως ὄν, *primum ens*). Wenn daher die metaphysische Untersuchung vom Seienden, dem Individuum (z. B. Sokrates), zu seiner Wesenheit fortschreitet (vgl. auch *Metaphysik* VII), wird diese wieder als οὐσία bezeichnet; denn sie ist Seiendes in noch höherem Maße als das Individuum, das durch seine Wesenheit ist.

Deshalb stützt sich dann Aristoteles in seiner *Metaphysik* auf die *Kategorien* und wertet ontologisch die Verschiedenheit aus, die sich zwischen den Substanzen der ersten Kategorie und den Eigenschaften der übrigen Kategorien findet; denn diese bestehen nicht für sich, sondern sind nur an einer Substanz (hängen ihr an, inhärieren), als Akzidenzien (Beiläufiges, »Anfallendes«), während die Substanz für sich besteht (subsistiert).

Aristoteles betont den ontologischen Vorrang der Substanz:

»Wenn die ersten Substanzen nicht sind, kann keines von dem übrigen Seienden sein« (*Kategorien* 2b 6). »Dadurch, dass die ersten Substanzen allem übrigen Seienden zugrunde liegen, und alles übrige von ihnen ausgesagt wird oder an ihnen ist, werden sie sonach am meisten Substanzen genannt« (*Kategorien* 2b 15–17). Sie sind »im eigentlichsten Sinne Substanzen« (3a 1).

Innerhalb der ersten Kategorie wird vom Individuum als »erster Substanz« seine Art (Spezies) oder Gattung als »zweite Substanz« unterschieden. Für moderne Interpreten ergibt sich die Schwierigkeit, wie

[6] Vgl. *Metaphysik* V, 1017b 13; VII, 1028b 36–37.

die allgemeine Art oder Gattung wiederum wie das Individuum als Substanz bezeichnet werden kann, obwohl doch das Allgemeine und das Individuum in Gegensatz zueinander stehen. Es scheint hier das platonische Problem des Gegensatzes zwischen den allgemeinen Wesenheiten (den Ideen) und dem konkreten Einzelding, bzw. der »Abtrennung« *(chorismos)* der ersteren vom letzteren, wiederzukehren und in die erste Kategorie hineinverlegt zu sein. Dabei zeichnet nun Aristoteles das Einzelding als »erste Substanz« aus, die Platon der allgemeinen Wesenheit, Idee, zuschrieb, und benennt die allgemeine Spezies bzw. Gattung nur als »zweite Substanz«.

Sicherlich drückt damit Aristoteles seine Kritik an Platon aus, ferner auch mit der Auffassung des Einzeldinges als »erster Substanz«, das bei Platon nur flüchtige Erscheinung war. Doch dürfte auch unabhängig von Aristoteles' Kritik an Platon die Bezeichnung der Art und Gattung als »zweiter Substanz« im (aussagen-)logischen Kontext sinnvoll sein; denn wenn das Einzelding »erste Substanz« als das vollbestimmte letzte Aussagensubjekt ist, von dem alle Bestimmungen ausgesagt werden, so können mit Recht Art und Gattung, als Stellvertreter der Einzeldinge und vorletztes Aussagensubjekt, ebenfalls als Substanz bezeichnet werden, und zwar als »zweite«, weil sie stellvertretend für die erste Substanz stehen.

Im metaphysischen Kontext ist freilich das Allgemeine, d. h. Spezies, Gattung und spezifische Differenzen, mit dem die Vernunft die Wesenheit der Dinge erkennt, nur in der Vernunft selbst. In *Metaphysik* VII, 12, heißt es ausdrücklich: »Das Allgemeine ist keine Substanz«. Gleichwohl beziehen sich die genannten Allgemeinbegriffe in der Definition einer Spezies auf die Wesenheit in den Individuen der Spezies. So bezieht sich z. B. die Definition des Menschen (als rationalen Lebewesens) auf Sokrates und wird von ihm ausgesagt, nicht sofern er Sokrates, sondern sofern er Vertreter der Spezies Mensch ist.

Das Problem, wie Erkenntnis durch Allgemeines, trotz seines Gegensatzes zu den Einzeldingen, sich auf die Wesenheit in den Einzeldingen beziehen kann, klärt sich in den *Zweiten Analytiken* sowie in *Metaphysik* VII (s. u. 249 ff.).

Die *Kategorien*-Schrift setzt sich nicht nur mit Platon auseinander, sondern auch mit den Sophisten, von denen schon Platon *(Sophistes)* zu Recht festgestellt hat, dass sie, gegen ihre Behauptung, nicht vom Seienden, sondern eher vom Nicht-Seienden handeln. Ihre Trugschlüsse, die von den Dingen Gegensätzliches beweisen, beruhen auf einer ständigen Vermengung von substantiellem und akzidentellem Seienden. (Beispiel: Sokrates ist weiß. Das Weiße ist eine Wand. Sokrates ist eine Wand.) Ferner geben sie Meinungen über Veränderliches, welches zwischen Gegensätzlichem wechseln kann, für Erkenntnisse über Seiendes aus, um gegensätzliche Reden über die Dinge zu führen. Aristoteles stellt in den Erläuterungen zur Substanz klar, *Kategorien* 5, dass die Rede nichts Gegensätzliches aussagen könnte, wenn nicht bezogen auf Sein oder Nichtsein des Sachverhaltes, von dem die Rede ist:

»Wenn jemand diese Annahme machte, dass die Rede und die Meinung Gegensätzliches aufnähmen, so ist dies nicht wahr; denn von der Rede und der Meinung gilt dieses nicht deshalb, weil sie Gegensätzliches aufnehmen, sondern deshalb, weil nicht sie selbst, sondern anderes eine Änderung erfährt. Dadurch nämlich, dass die Sache ist oder nicht ist, gilt, dass die Rede wahr oder falsch ist, nicht dadurch, dass die Rede Gegensätzliches aufnimmt« (*Kategorien* 4b 4–10).

Abschließend ergibt sich, dass die Substanz zwar gegensätzliche Bestimmungen aufnehmen kann, aber als das Zugrundeliegende ein und dieselbe bleibt.

Die letzten Kapitel der Schrift bringen wichtige Ergänzungen zu einigen Kategorien. Eine erste stellt die vier Arten von Gegensätzen heraus (*Kategorien* 10, 11b 15–24):

1. den relativen Gegensatz, welcher der schwächste ist, weil er sich zwischen zwei vollbestimmten Dingen findet;

2. den konträren Gegensatz, der ebenfalls zwischen zwei Seienden stattfindet, aber sein Gegenteil ausschließt;

3. den privativen Gegensatz, der insofern strenger ist als die vorgenannten, als er bereits zwischen Seiendem und Nichtseiendem vorliegt, nämlich zwischen dem Haben (Habitus) einer Eigenschaft und seiner »Beraubung« (Privation), aber Seiendes als Zugrundliegendes voraussetzt;

4. den kontradiktorischen Gegensatz, den strengsten, da er sich zwischen Seiendem und Nichtseiendem findet.

Daraus ergibt sich, dass die Substanzen in keinem konträren Gegensatz stehen. Ein solcher findet sich vielmehr nur bei den Akzidenzien an einer Substanz. Der privative Gegensatz findet sich an der Substanz, nämlich zwischen deren Form und ihrem Mangel, und ist insofern ein Gegensatz zwischen Seiendem und Nichtseienden, setzt aber die zugrundeliegende Materie der Substanz als das die Form Aufnehmende voraus. Daher besteht also zwischen Form und Privation kein kontradiktorischer Gegensatz.

Mit der Privation als potentiellem Seienden, im Gegensatz zur Form als aktuell Seiendem, löst Aristoteles in der *Physik* das vorsokratische Problem des Werdens von Seiendem aus Nichtseiendem, ferner das Problem des Nichtseienden bei Platon (*Sophistes*), der es fälschlich als das Andere auslegte.

Die Einteilung der vier Gegensätze ist wichtig für die Entscheidung, ob eine Aussage wahr oder falsch ist. So schließen sich Aussagen z. B. über das Gesund- oder Kranksein, als privativen Gegensatz, nicht an sich aus, sondern nur in Bezug auf ein und dasselbe Seiende, z. B. Sokrates.

Wertvoll ist die Klärung hinsichtlich des Begriffes »Früher«, der in der abendländischen Philosophie von großer Bedeutung geworden ist, mit dem Begriff »a priori«. Die fünf aufgeführten Bedeutungen gehen von den für uns aus dem Alltag bekannteren zu den an sich und philosophisch einsichtigen Bedeutungen über: von dem Früher der Zeit oder einer Reihenfolge oder sonst einer Anordnung, zu dem in einer Rangordnung des Besseren und ferner dem Früher als der Ursache. Ferner kann es um etwas einander Sich-Einschließendes oder Austauschbares gehen, so zwischen dem Wahren und dem Seienden, wo das Seiende das Frühere ist, weil die Ursache für das Wahre. Hierzu führt der Text aus (*Kategorien* 4b 16–23):

> »Wenn nämlich der Mensch ist (existiert), dann ist die Rede wahr, mit der wir sagen, dass der Mensch ist (existiert). Dies ist umkehrbar (austauschbar); denn wenn die Rede wahr ist, mit der wir sagen, dass der Mensch ist, dann ist der Mensch. Doch ist die wahre Rede keineswegs die Ursache davon, dass die Sache ist. Vielmehr ist die Sache, wie es scheint, Ursache dafür, dass die Rede wahr ist; denn dadurch, dass die Sache ist oder nicht ist, sagt man, dass die Rede wahr oder falsch ist«.

Daraus entnehmen wir den Vorrang des Seienden vor der Aussage und der Erkenntnis, worin gerade der Realismus besteht, der die Philosophie Platons und Aristoteles' auszeichnet.

Auch bei der Aufzählung der Bedeutungen des Begriffes »zugleich« (*Kategorien* Kap. 13) ergibt sich als die eigentliche die ontologisch ausgezeichnete, wonach bei zugleich bestehenden Dingen, die »dem Sein nach folgen« (d. h. einander einschließen und vertauschbar sind), »niemals das eine für das andere Ursache des Seins ist«. So sind

z. B. das Doppelte und das Halbe zugleich und vertauschbar, ohne dass das eine Ursache des Seins des anderen wäre. Ein anderer Fall des zugleich Seienden ist der von Arten, in die eine Gattung zugleich aufgeteilt ist, z. B. die Gattung der Lebewesen in die Arten der wasser- und der landbewohnenden sowie der beflügelten Lebewesen.

Da in der Definition die Aufteilung der Gattung in die Arten durch die spezifischen Differenzen führt, und jede spezifische Differenz ihr Gegenteil ausschließt (z. B. schließen sich bei der Gattung »Lebewesen« die spezifischen Differenzen »wasserbewohnend« – »landbewohnend« einander aus), bedeutet die Entscheidung der einen Differenz gegen die andere eine solche zwischen Sein und Nichtsein beim Zu-Definierenden (z. B. beim Menschen, der nicht wasserbewohnend, sondern landbewohnend ist). Das Widerspruchsprinzip beruht darauf, dass ein Ding nicht zugleich Entgegengesetztes sein kann.

Ebenso grundlegend ist auch die Klärung des Begriffes »Bewegung«, der in sechs Bedeutungen aufgegliedert wird, am Leitfaden der Kategorien:

1. und 2. Bedeutung: als substantielles Entstehen und Vergehen nach der ersten Kategorie;
3. und 4. Bedeutung: als quantitative Vermehrung und Verminderung (Wachstum und Schwinden) nach der 2. Kategorie;
5. Bedeutung: als qualitative Veränderung nach der dritten Kategorie;
6. Bedeutung: als örtliche Bewegung nach der Raum-Kategorie.

Vom Satz (De interpretatione)

Diese Schrift handelt von der Aussage und den in ihr wirksamen Funktionen des Subjekts und des Prädikats der allgemeinen und partikulären Aussage, sowie von der Bejahung und Verneinung, der Wahrheit und Falschheit und dem Satz des Widerspruchs. Ohne auf die einzelnen Lehrstücke näher eingehen zu können, beschränke ich mich auf die Frage des Verhältnisses der Aussage zur Realität, den Dingen.

Für dieses Verhältnis ist bereits Kapitel 1 von entscheidender Bedeutung. Es stellt die Erkenntnis als Beziehung zwischen der Seele und dem Ding dar, d. h. (nach späterer Terminologie) zwischen Subjekt und Objekt. Dieses wird in der Seele bzw. in der Vernunft repräsentiert durch den Erkenntnisinhalt, den die Vernunft (*noûs*, νοῦς) vom Objekt als Eindruck (*páthema*, πάθημα, *Vom Satz* 16a 7) empfängt, um es dann im Begriff (*nóema*, νόημα, 16a 10) zu denken und in Worten auszudrücken. Mit ihm gleicht sich die Vernunft dem Ding an. Aristoteles verweist (16a 9) auf seine Schrift *Über die Seele* (II, 5).[7]

Den Text möchte ich, im Anschluss an die traditionelle Interpretation, so verstehen, dass die Worte als Symbole zwar »primär« (*Vom Satz* 16a 7) auf die Eindrücke in der Seele gehen, aber durch diese auch auf die Dinge selbst. So stellt Aristoteles in den *Sophistischen Widerlegungen*, 1, 165a 7–8, fest: »Wir gebrauchen die Wörter als Symbole anstelle der Dinge«.

Der Begriff *páthema* legt mehr einen Sinnes- oder Vorstellungseindruck nahe als einen Denkinhalt, doch spricht der Text direkt danach von *nóema* (*Vom Satz* 16a 10 und 15), das Gedanke oder Begriff meint. Da der Verstand (*lógos*) das Subjekt der Sprache und Rede (*lógos*) ist, kann der in der Rede mitgeteilte Erkenntnisinhalt nicht rein sinnlich sein, sondern muss immer schon etwas Intelligibles aufweisen.

---

[7] Auf Schwierigkeiten jüngerer Interpretation zum vorliegenden Text geht meine Abhandlung: *Sein und Bewusstsein*, ein. Sie betreffen die Bedeutung, die Aristoteles mit »Symbol«, »Eindruck« und »Gleichnis« (*homoioma*) verbindet. Die Symbole würden sich hiernach nur auf die Eindrücke in der Seele beziehen; diese wären sinnliche Vorstellungen und insofern nur ähnliche Bilder der Dinge.

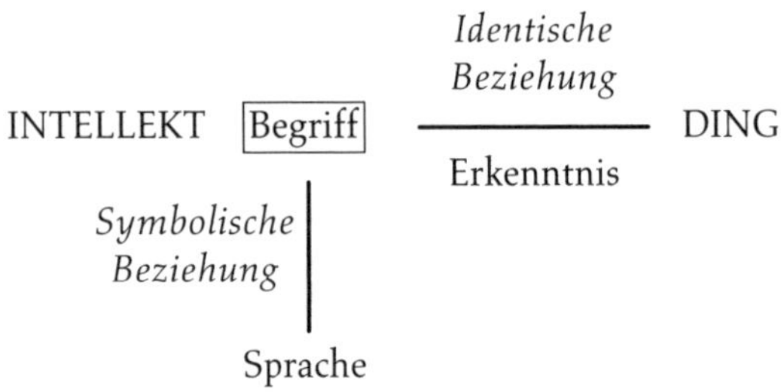

Man vergleiche die Stellen *Über die Seele* II, 5 und III, 4, die vom Sinnes- und Vernunftvermögen in der Seele handeln, sowie von ihrem nicht-physischen, immateriellen »Erleiden«, das nicht zur Zerstörung des Vermögens führt, sondern zu seiner zusätzlichen Vollendung. Das Vermögen »erleidet« vom Objekt, wenn es von ihm bestimmt wird und dabei von der Unkenntnis zur Erkenntnis des Objekts übergeht.

Mit der Lehre, dass im Erkenntnisvorgang die Seele (Subjekt) durch den Erkenntnisinhalt mit dem Ding (Objekt) identisch wird, knüpft Aristoteles an Parmenides' Lehre von der Identität zwischen der denkenden Vernunft und dem Ding an, die durch den Begriff *(nóema)* vermittelt ist. In Anlehnung daran hat später Thomas von Aquin die Wahrheit als *adaequatio intellectus et rei* definiert.

Beachtenswert ist der Realismus, der hier zum Ausdruck kommt: Die Vernunft wird bei ihrer Erkenntnis der Dinge von diesen bestimmt, nicht die Dinge von der Vernunft, wie neuzeitliche Theorien lauten, welche Erkenntnis nicht mehr als ein Bestimmt-werden, sondern als ein Bestimmen verstehen.

Der vorliegende Text (*Vom Satz*, Kapitel 1) vergleicht weiter die Beziehung der Vernunft zum Ding mit der des Begriffes in der Vernunft zum sprachlichen Ausdruck. Während jene Beziehung eine identische ist, erweist sich diese nur als eine symbolische. Man kann hinzufügen: Die letztere ist bei jedem Volk verschieden, das seine eigene Sprache hat, die erstere hingegen ist bei allen Menschen dieselbe.

Damit zeigt sich eine Überlegenheit der Vernunft gegenüber der Sprache an. Was sie von den Dingen adäquat erfasst hat, kommt in den verschiedenen Sprachen nur unvollkommen zum Ausdruck.

Im Übrigen weiß jeder Übersetzer eines Textes in eine andere Sprache, dass man den Inhalt nicht immer Wort für Wort wiedergeben kann, sondern oft nur »sinngemäß«, d. h. gemäß dem, was die Vernunft von der Sache identisch erfasst hat.

Wahrheit oder Falschheit findet sich nicht in den unverbundenen Worten, sondern erst in der Aussage, die mit der ist-Kopula zwei Wörter, nämlich Subjekt und Prädikat, miteinander verbindet und sich auf das Sein des bezeichneten Dinges bezieht.[8]

Die Kapitel 2 und 3 handeln vom Subjekt, dem »Zugrundeliegenden« (Ding, Seienden) und vom Prädikat, dem Verbum, das zu ihm etwas anderes hinzubringt. Beim Verbum unterscheidet Aristoteles zwischen dem Prädikatsnomen, das einen weiteren Inhalt vom Subjekt aussagt, und der ist-Kopula, die das Sein des Subjekts mit aussagt (und zwar im Präsenz; Vergangenheit und Zukunft werden durch Zeitstufen des Verbums mit angezeigt). Der Text fährt fort (*Vom Satz* 16b 20–26):

Das Prädikatsnomen für sich allein »bezeichnet noch nicht, ob es (= das Subjekt) ist oder nicht; denn auch das Sein oder Nichtsein ist nicht Zeichen des Dinges, selbst nicht, wenn du es (das Seiende) bloß für sich allein nennst. Es selbst (das Sein, das Seiende) ist nichts (Bezeichnendes), es bezeichnet aber eine Verbindung mit hinzu, ohne welche man keines von dem Zusammengesetzten vernünftig einsehen kann.«

Daraus erhellt: Die Funktion der ist-Kopula, die das Sein des Subjekts / des Dinges anzeigt, kommt zum Prädikatsnomen hinzu und wird als dessen Verbindung mit dem Subjekt wirksam. Subjekt und Prädikatsnomen bezeichnen also etwas Zusammengesetztes: ein Ding *(prâgma)* und eine Eigenschaft von ihm. Durch die ist-Kopula wird dessen Sein (und das des Dinges) mit bezeichnet, das die Vernunft mit erfassen muss, zur Erkenntnis der Inhalte hinzu. Das Sein verhält sich formal zu allen Erkenntnisinhalten.[9]

Die Kapitel 4–8 legen dar, dass von zwei kontradiktorischen Aussagen – mögen sie allgemeine oder partikuläre sein –, immer eine von ihnen notwendig wahr, die andere falsch ist, soweit sie über Gegenwärtiges oder Vergangenes gehen. Kapitel 9 führt weiter aus, dass bei zukünftigen partikulären Aussagen, die dem Bereich des Möglichen, besonders der menschlichen Praxis, angehören, das Nicht-Wider-

---

[8] Siehe den Paralleltext *Über die Seele* III, 6.

[9] Zu seiner Übersetzung der zitierten Textstelle bemerkt H. P. Cooke in: *Aristotle, Organon, The Categories, On Interpretation*, Loeb Classical Library, London/Cambridge, Mass. 1955, S. 120, Fußnote a): »Here the existential sense of the verb ›to be‹ is ignored and the copulative only considered« (120). Doch gibt zu einer solchen Trennung von logischer und ontologischer Bedeutung der Text keinen Anlass. Vielmehr hat hier die Aussage mit der ist-Kopula ihren Bezug zu den Dingen.

spruchsprinzip nicht in Kraft ist, da es nur für das aktuelle Sein oder Nichtsein gilt. Im Bereich des Möglichen muss daher nicht von jedem kontradiktorischen Gegensatz die eine Aussage wahr, die andere falsch sein, wenn sie über bestimmtes Partikuläres gehen. Aristoteles bringt das Beispiel mit der Seeschlacht, die morgen stattfindet oder nicht. Hier kann sowohl die bejahende als auch die verneinende Aussage wahr sein (*Vom Satz* 18b 17–25.) Dies wendet sich gegen solche Lehren, wie die megarische, die das Sein der Dinge auf das aktuell Seiende reduzieren und dieses für notwendig erklären, hingegen das Möglich-Sein von Zukünftigem, Kontingentem, wie es sich im Handlungsbereich findet, leugnen.

Erste Analytiken

Von den *Analytiken* handeln die *Ersten* zwei Bücher über die Syllogistik, die *Zweiten* zwei über die Wissenschaft, d. h. über ihre Voraussetzungen, die Auffindung ihrer Prinzipien, den Aufbau und das Vorgehen jeder Wissenschaft. Die Syllogistik untersucht die formale Struktur von Beweisargumenten, die auf einen Sachverhalt aus Prämissen schließen. Die zwei Begriffe oder Terme im Schluss, welche die Prämissen enthalten, werden durch einen dritten vermittelt, so dass sie der Schluss notwendig verbindet. Die Prämisse ist eine bejahende oder verneinende Aussage, und zwar entweder in allgemeiner, in partikulärer oder in unbestimmter Form. Jeder Term ist Bestandteil der Prämisse, nämlich das Prädikat (das Ausgesagte) und das Subjekt (von dem ausgesagt wird), »wobei das Sein und das Nichtsein hinzugefügt oder weggenommen werden« (Kap. 1, 24a 23-b 23).

»Der Schluss ist eine Rede, in welcher, aufgrund von bestimmten Annahmen, aus diesen etwas anderes notwendig sich ergibt, dadurch, dass diese (Annahmen) sind. Ich meine mit dem Ausdruck ›dadurch, dass diese sind‹ das ›Sichergeben durch diese‹, und mit dem ›Sichergeben durch diese‹, dass kein weiterer Term nötig ist, damit der Schluss notwendig ist«.

Fast gleichlautend ist die Definition des Beweisschlusses in der *Topik*, die den *Analytiken* vorhergeht.

Die Beweisschlüsse können von zweifacher Art sein: entweder wissenschaftliche, oder dialektische, je nach der Qualität der Prämissen. Der wissenschaftliche Schluss geht aus wahren Prämissen hervor, die auf notwendigen Voraussetzungen beruhen, die dialektischen Schlüsse hingegen aus alternativen, entgegengesetzten Prämissen, die fragend oder antwortend eingeführt werden, oder aus wahrscheinlichen Annahmen.

Die Syllogistik untersucht die Beweisstruktur in ihren bestimmten Formen, den sog. »Figuren«, die sich aus der verschiedenen Stellung des Mittelterms zum kleineren und größeren Term ergeben. In der vollkommenen Beweisfigur erfüllen die drei Terme ihre eigentliche Funktion, wenn sich der kleinere Term in der Subjektstelle findet, der größere Term in der Prädikatstelle und der Mittelterm in einer Zwischenstellung (als Prädikat für den kleineren und als Subjekt für den größeren Term). In den anderen Figuren hingegen findet sich der Mittelterm – in uneigentlicher Weise – in der Subjekt- oder in der Prädikatsstelle der Prämissen.

Bereits aus dem kurzen Überblick ist klar, dass Aristoteles' Analysen über den Satz und den Beweisschluss aus realen Verhältnissen hervorgegangen sind, nämlich aus Argumentationen vorwissenschaftlicher und wissenschaftlicher Art über Dinge und ihre Eigenschaften. Ihre logische Formalisierung in der Syllogistik scheint sich aber von der Realität zu entfernen, so dass sich darüber in der gegenwärtigen Interpretation eine Kontroverse gebildet hat, die hier kurz erörtert werden soll.

Während noch C. Prantl in seiner Darstellung der aristotelischen Logik den Realitätsbezug hervorhob,[10] wonach hinter den formalen drei Termen die Verhältnisse realer Arten und Gattungen und ihrer Wesenheiten standen, nahm dagegen H. Maier Stellung[11] und versuchte nachzuweisen, dass in den *Ersten Analytiken* eine »reine«, nicht metaphysisch begründete Logik vorliege. Festlegung, Gebrauch und Verbindung der Terme betrachtete er in ihrer Bedeutung nur als Verstandesakte in der Seele. In derselben Absicht, die aristotelische Logik und Syllogistik von der Metaphysik zu »befreien«, d.h. vom Bezug zum Realen, machte dann J. Lukasiewicz den weiteren Versuch, die Syllogistik »neutral«, ohne Bezug zum Realen, zu verstehen und den Beweisschluss nicht als drei Sätze aufzufassen: zwei Prämissen und Konklusion, sondern als einen einzigen Satz in der Form »Wenn … dann«, wobei der vordere Satzteil mit »Wenn« die Prämissen umfasst und der nachfolgende Teil mit »dann« den Schluss als die in den Prämissen enthaltene Implikation ausdrückt. Damit sollte vor allem auch der verschiedene Umfang der drei Terme – des größeren, mittleren und kleineren – als bedeutungslos ausgeschieden werden.[12] Auf diesen Versuch antwortete dann M. Mignucci mit einer Gegendarstellung.[13] Er kritisierte sowohl Maiers »psychologische« und mehr noch Lukasiewicz' »neutrale« Auffassung des Syllogismus, die den Realitätsbezug gänzlich aufhob. Um diesen wiederzugewinnen, betrachtete Mignucci die Wesenheit der Dinge als Voraussetzung der wissenschaftlichen Syl-

---

[10] Carl von Prantl, *Geschichte der Logik im Abendlande*, Leipzig 1855–1870.

[11] Heinrich Maier, *Die Syllogistik des Aristoteles*, 3 Bde., Leipzig 1896–1900.

[12] Jan Lukasiewicz, *Aristotle's syllogistic from the standpoint of modern formal logic*, Oxford 1957.

[13] Mario Mignucci, *La teoria aristotelica della scienza*, Florenz 1965.

logistik (Apodeiktik) und sah sie, wie die Logik überhaupt, als Teildisziplin der Metaphysik an[14].

Zur Kontroverse[15] scheint mir folgende Vermittlung möglich zu sein: Wenn die Logik bzw. die Syllogistik aus den tatsächlich geführten Argumentationen im vorwissenschaftlichen und wissenschaftlichen Bereich hervorgegangen ist, die doch um die Erkenntnis der Dinge bemüht sind, dann muss deren Formalisierung aus derselben Bemühung erfolgt sein, und selber einen formalen Bezug zum Realen beibehalten, ohne dass deshalb die Logik ein Teil der Metaphysik wäre. Vielmehr hat die Logik zur Metaphysik, d. h. zu Sein und Wesenheit der Dinge, nur indirekt dadurch einen Bezug, dass die Argumente, deren Formalisierung sie bietet, auf die Dinge bezogen sind.

Doch bleibt die Frage, wodurch die Syllogistik einen Bezug zum Realen bewahrt, sei es auch nur einen indirekten. Die Antwort liegt m. E. in der gegliederten Ordnung der drei Terme ihrem verschiedenen Umfange nach, der bei Lukasiewicz als unerheblich ausgeschieden wurde. Aus den zahlreichen Beispielen bei Aristoteles ergibt sich jedoch, dass der kleinere Term dem Gegenstand / Subjekt entspricht, der größere Term einer ihm zugehörigen, bestimmten Eigenschaft und der mittlere Term einem Wesensmerkmal in ihm. Daher steht der mittlere Term dem Subjekt näher als der größere, und ist nicht mehr vom Subjekt beweisbar. So spiegeln sich in der formalen Struktur des Syllogismus reale Verhältnisse wider.

kleinerer Term	mittlerer Term	größerer Term
Subjekt im Beweis	Definition d. Subjekts	Beweisbares
↓ SUBJEKT, DING	↓ URSACHE, WESENHEIT DES SUBJEKTS	↓ EIGENSCHAFT, WIRKUNG DES SUBJEKTS

Die Erste Beweisfigur (Barbara) ist die vollkommene, deren Mittelterm die Ursache angibt und daher zwischen dem größeren und dem kleineren Term steht. Sie ist die Form des wissenschaftlichen Beweises, der

14 »In particolare la logica … si costituisce come capitolo della metafisica generale« (Mignucci, *La teoria aristotelica della scienza*, 21).

15 Vgl. hierzu Jaeger, *Aristoteles. Grundlegung einer Geschichte seiner Entwicklung.*

auf das notwendige Zukommen der Eigenschaft zum Gegenstand durch die Ursache schließt:

I) Mittlerer Term – größerer Term
II) Kleinerer Term – mittlerer Term
III) Kleinerer Term – größerer Term.

In der Zweiten Figur (Cesare):

I) Größerer Term – Mittelterm
II) Kleinerer Term – Mittelterm
III) Kleinerer Term – größerer Term

und in der Dritten Figur (Darapti):

I) Mittelterm – größerer Term
II) Mittelterm – kleinerer Term
III) Kleinerer Term – größerer Term

vertauscht der Mittelterm seine Stellung mit dem größeren bzw. mit dem kleineren Term. Dem entspricht in der Erforschung der realen Verhältnisse die noch fehlende Erkenntnis der Ursache, die zunächst in etwas gesucht wird, das der Funktion einer Eigenschaft (im größeren Term) oder eines Gegenstandes (im kleineren Term) entspricht. Die Zweite und Dritte Figur sind Formen induktiver Beweise, die erst zur Erschließung der Ursache führen. Wird diese aber gefunden, so ist die Umwandlung in einen deduktiven Beweis der Ersten Figur möglich.

Mit der Anordnung und dem Umfang der Terme hängt die logische Notwendigkeit zusammen, die jedem korrekt durchgeführten Schluss als solchem eignet, wie aus den Texten der *Ersten Analytiken* klar hervorgeht. Sie ist verschieden von der wissenschaftlichen Notwendigkeit, die den apodiktischen Schlüssen aufgrund der Qualität ihrer wissenschaftlichen Prämissen eignet, wie die *Zweiten Analytiken* darlegen. Lukasiewicz' Interpretation muss diese Verschiedenheit ignorieren, da für ihn Anordnung und Umfang der Terme keine Bedeutung mehr haben, und gerät so mit den Texten in Widerspruch, welche jene Verschiedenheit ausdrücken.

Ein Haupteinwand derer, die den Realitätsbezug der Syllogistik leugnen, ist der, dass sie Aristoteles in seinen Pragmatien nicht angewandt habe, und dass sie auch praktisch nicht anwendbar sei. Indes, Aristoteles' Einteilung in den wissenschaftlichen und in den Wahrscheinlichkeitsbeweis wäre unverständlich, wenn nicht beide Arten von Beweis auf den zwei verschiedenen Gebieten, dem der Wissenschaften und dem außerhalb ihrer, Anwendung finden sollten. In der *Topik* definiert er den Syllogismus direkt als

»Methode, durch die wir fähig werden, über jedes vorgelegte Problem aus wahrscheinlichen Gründen (d.h. dialektisch) zu schließen« (*Topik* I, 1, 100a 18–21).

In den Pragmatien haben alle Argumente Schlussform, die auch grammatisch durch die entsprechenden Partikeln (denn, da, also, folglich usw.) angezeigt wird. An manchen Stellen nennt Aristoteles den argumentativ durchgeführten Schluss ausdrücklich einen Syllogismus, wie z.B. in *Nikomachischer Ethik* I, 6, wo der vollzogene (induktive) Beweis (dass das sittliche Gute die beste Tätigkeit der Seele ist) als Schluss (*sympérasma*, 1098b 9–10) bezeichnet wird. Es liegt ein induktiver Schluss vor, der vom Guten / dem letzten Zweck ausgeht und ihn in der besten Tätigkeit der Seele erschließt, die mit dem Lebenswerk, im Mittelterm, benannt wird:

II) Der letzte Zweck – das Lebenswerk
I) Das Lebenswerk – die beste Tätigkeit der Seele
III) Der letzte Zweck – die beste Tätigkeit der Seele

Allgemein gesehen, haben alle wissenschaftlichen Argumente, die etwas aus etwas anderem begründen, syllogistische Form.[16]

[16] Vgl. hierzu meine Abhandlung *Beiträge zu Aristoteles' Erkenntnislehre und Metaphysik.*

Zweite Analytiken

Wie die anderen Hauptschriften beginnt auch Buch I der *Zweiten Analytiken* mit einer All-Aussage, welche die Grundlage der ganzen Disziplin ausdrückt (*Zweite Analytiken* I, Kap. 1, 71a 1 ff.):

»Alle verstandesmäßige Unterweisung und Erlernung erfolgen aus (schon) vorhandener Kenntnis.«

Bestätigt wird dies durch die Tatsache, dass in den verschiedenen Gebieten des Lernens sowohl die mathematischen Wissenschaften (als Beispiel theoretischer Erkenntnis) als auch jede Kunst (als praktische Wissenschaft) von einer Vorkenntnis, einem Vorwissen, ausgeht. Ihre Argumente erfolgen

»teils durch (deduktive) Schlüsse, teils durch Induktion, wobei die einen das Vorwissen als von schon Eingesehenem annehmen, die anderen (induktiv) das Allgemeine aus dem schon offenbaren Einzelnen aufzeigen«.

Aristoteles erklärt dies näher durch die Unterscheidung zweier Arten von Vorkenntnis: Bei jeder Wissenschaft oder Kunst muss man nämlich notwendig

»teils das Dass-sein (eines Gegenstandes oder Sachverhaltes) voraussetzen, teils das Was des Ausgesagten erfasssen, teils notwendig beides« (*Zweite Analytiken* I, 71a 11 ff.).

Als Beispiele dienen 1. für das Dass-sein die Tatsache, dass bei jedem die Bejahung oder Verneinung wahr ist, 2. für das Was (die Bedeutung) das Dreieck und 3. für das Dass-sein und das Was die Einheit. Punkt 2 und 3 betreffen das bedeutungsmäßige Was von Gegenständen (hier der Geometrie und Mathematik), Punkt 1 die Wahrheit des Widerspruchsprinzips, bezogen auf das Sein der Dinge, das allen Wissenschaften und Künsten, ja allen Erkenntnisvollzügen zugrunde liegt. Der Text führt weiter aus, dass das Vorwissen nicht von gleicher Art ist wie die erwerbbare Erkenntnis (*Zweite Analytiken* I, 71a 16–29):

»Das eine muss schon vorweg bekannt sein, von anderem hingegen gewinnt man zugleich die Kenntnis von allem, was eben unter das Allgemeine fällt, von dem man die Kenntnis (schon) hat. Dass (z. B.) jedes Dreieck die Winkelsumme gleich zwei Rechten hat, wusste er (der Lernende) schon vorher, dass aber diese (Figur) hier im Halbkreis ein Dreieck ist, lernte er zugleich (an die Figur) herangeführt (= induktiv) kennen; denn von einigem erfolgt das Lernen auf diese Weise, was eben schon vom Einzelnen ist und (d. h.) nicht mehr etwas, das vom Subjekt ausgesagt ist (sondern selbst das einzelne Subjekt ist). Bevor er induktiv (an den Gegenstand, das Subjekt) herangeführt wurde oder den Schluss gewann, verstand er, so muss man vielleicht sagen, wissenschaftlich (den Sachverhalt) in gewisser Weise wohl, in anderer nicht. Denn wovon er (im Beispiel) nicht wusste, ob es (= das Subjekt) da ist, wie sollte er wissen, dass es die Winkelsumme gleich von zwei Rechten hat? Doch offensichtlich versteht er wissenschaftlich (den Sachverhalt) auf diese Weise, (nämlich) weil er (ihn) allgemein versteht, schlechthin aber (noch) nicht.«

Der deduktiv beweisenden Wissenschaft, die aus der Wesenserkenntnis zum Subjekt erfolgt, geht die Induktion vorher, die durch das wissenschaftliche Definitionsverfahren zur Wesenserkenntnis des Subjekts führt. Die vorwissenschaftliche Kenntnis geht aber aller wissenschaftlichen Erkenntnis, der deduktiven wie der induktiven, voraus. Die deduktiv beweisende Erkenntnis (Beispiel: dass das Dreieck die Winkelsumme gleich zwei Rechten hat) erfolgt aus der Erkenntnis des Wesens des Subjekts, des Dreiecks.

Erläuterung: Da das Dreieck wesensmäßig eine von drei nicht parallelen Linien eingeschlossene Figur ist, lässt sich durch das Ziehen der Parallele zu einer Seite durch die ihr anliegenden Außenwinkel beweisen, dass die Summe der drei Innenwinkel gleich zwei rechten Winkeln ist.

Die Vorkenntnis vor der Induktion, die zum Wesen des Subjekts führt, ist eine zweifache:

a) vom Dasein des einzelnen Subjekts und

b) vom allgemeinen Was, der einfachen Bedeutung des Subjekts.

Im Beispiel: Der Lernende kennt die Bedeutung von Dreieck schon im Allgemeinen, wenn er das Dasein des Dreiecks am Einzelfall erfasst.

Mit der Unterscheidung zwischen einer Vorkenntnis des zu erlernenden Gegenstandes und seiner wissenschaftlichen Erkenntnis sieht Aristoteles das Problem des Lernens in Platons *Menon* gelöst, das darin bestand, dass man bei völliger Unkenntnis des gesuchten Gegenstandes nicht einmal anfangen kann ihn zu erlernen, dass man aber bei Kenntnis des Gegenstandes keines Lernens mehr bedarf. Platons Lösung befriedigt nicht, dass in der Seele schon die Kenntnis des Gegenstandes sei, nämlich aus dem im Jenseits vorgeburtlich Geschauten, wenn auch durch ein Vergessen verdunkelt, so dass das Erlernen nur ein Wiedererinnern des vormals Geschauten wäre. Dagegen hat bei Aristoteles der Lernende zu Beginn eine Vorkenntnis vom Gegenstande, die verschieden ist von der zu erlernenden Erkenntnis seines Wesens (und der aus

Vorkenntnis zum wissenschaftlich Erkennbaren	Wissenschaftliche Verfahrensweisen: Induktion und Deduktion	Wissenschaftlich Erkanntes
was das Subjekt (bzw. die gesuchte Eigenschaft) der einfachen Bedeutung nach ist (zugleich am Einzelnen erfasst);	ALLGEMEINES über das Wesen des Subjekts INDUKTION (Definition) ↗ ↘ DEDUKTION (Beweis)	**dass** die gesuchte Eigenschaft dem Subjekt zukommt, d. h. an ihm ist;
dass das Subjekt ist	EINZELNES empirisch gegebene Beziehungen zwischen Subjekt und Eigenschaften	**was** die Eigenschaft ist = warum sie dem Subjekt zukommt

ihm beweisbaren Gegenstand-Eigenschafts-Verhältnisse), so dass das Lernen ein echter Erkenntniserwerb ist, aus vorheriger Unkenntnis.

Kapitel 2 geht nun näher auf das wissenschaftliche Erkennen (ἐπίστασθαι) als ursächlich erklärendes ein, das dann vorliegt,

»… wenn wir, unseres Erachtens, die Ursache erkennen (ὅταν τὴν τ᾽ αἰτίαν οἰώμεθα γιγνώσκειν), durch die der Sachverhalt (πρᾶγμα) ist, dass sie seine Ursache ist, und dass er sich nicht anders verhalten kann« (*Zweite Analytiken* I, 71b 9–12.).

Die Kapitel 3–9 von Buch I stellen die besondere Qualität des wissenschaftlichen Beweises heraus, die in seinen Prämissen liegt, weil sie im Mittelterm die Ursache des Beweis-Gegenstandes enthalten, die in seiner Wesenheit liegt. Die Prämissen müssen daher wahre, erste, bekanntere und unmittelbare sein, d. h. nicht mehr aus höheren Prämissen beweisbar, allgemeine und notwendige.[17] Wenn zwischen dem »Bekannteren für uns«, als dem sinnlich Wahrnehmbaren, und dem

[17] Auch Flashar betont zu den *Zweiten Analytiken* »die Frage nach der Ursache« (*Grundriss der Geschichte der Philosophie*, Bd. 3, *Ältere Akademie, Aristoteles, Peripatos*, 333 ff.).

»Bekannteren an sich« oder »der Natur nach«, d. h. dem Wesen der Dinge nach, zu unterscheiden ist, dann sind die Prämissen bekannter an sich.

Kap. 10 teilt die Beweis-Prinzipien in die für jede Wissenschaft spezifischen und in die allen gemeinsamen ein. Letztere heißen Axiome und sind der Satz vom Widerspruch sowie vom ausgeschlossenen Dritten, die beide in ontologischer Bedeutung vom widerspruchsfreien Sein jedes Dinges gelten, in logischer Bedeutung hingegen vom widerspruchsfreien Urteil, bezogen auf das Sein der Dinge. Die wissenschaftseigenen Prinzipien werden wieder unterteilt in die »Hypothese des Seins« (ὑπόθεσις τοῦ εἶναι) und die Definition (ὁρισμός). Das Sein des zu definierenden Subjekts / Dinges wird für die Definition seiner Wesenheit vorausgesetzt und geht nicht in die Definition selbst ein.

PRINZIPIEN

- THESEN
  - HYPOTHESE (Voraussetzung) des Seins des Gegenstandes
  - DEFINITION der Wesenheit des Gegenstandes
- AXIOME Satz vom Widerspruch und vom ausgeschl. Dritten

Kap. 13 unterscheidet vom deduktiven Schluss, der aus der Ursache auf die Verbindung zwischen dem Subjekt und einer Eigenschaft schließt, den induktiven Schluss, der aus einer Eigenschaft auf eine andere Eigenschaft schließt, die sich dann aber als die Ursache jener ersten Eigenschaft als der Wirkung herausstellt; denn im wissenschaftlichen Prozess sind zunächst die Wirkungen bekannter als die Ursachen. Eigentlich vollzieht sich die Induktion in der Form der Definition des Subjekts, die verschieden vom Beweis ist. Nur die Definition der Eigenschaft, die zu ihrer Gattung auch das Subjekt, an dem sie sich befindet, hinzunehmen muss, gestattet, sie in die Form eines Beweises zu bringen, und zwar eines induktiven. Die weiteren Kapitel erörtern eine Reihe von Fragen zu den Beweisfiguren. Der wissenschaftliche Beweis findet seinen vollkommenen Ausdruck nur in der ersten Figur (s.o. S. 179). Seine Prämissen können nicht ins Unendliche fortschreiten.

Wichtig ist die Erörterung, ob der universale / allgemeine oder der partikuläre Beweis den Vorzug verdiene, die das platonische Problem des Gegensatzes zwischen dem Allgemeinen und dem Einzelnen auflöst (Kap. 24). Die Argumente gegen den Vorrang des allgemeinen Beweises lauten: Das von den Dingen an sich – d.h. nicht aufgrund von etwas anderem – Ausgesagte ist besser verstehbar, wissenschaftlicher, als das aufgrund von etwas anderem Ausgesagte. Der partikuläre Beweis sagt von den Dingen selbst etwas aus, d.h. nicht durch etwas Allgemeines, ihnen gegenüber Verschiedenes, ist also besser. Ferner: die Aussage, die auf das Seiende, die Einzeldinge geht, ist besser verstehbar als die allgemeine; denn sie bezieht sich auf das Allgemeine gleichsam wie auf ein Seiendes neben den Einzeldingen. Also ist der partikuläre Beweis, der auf diese selbst geht, besser (*Zweite Analytiken* I, 85a 13-b 3).

Für den allgemeinen Beweis sprechen aber, so fährt der Text fort, im Grunde genommen dieselben Argumente, dass nämlich das dem Einzelnen an sich Zukommende verstehbarer, wissenschaftlicher sei; denn nicht das Partikuläre, sondern das Allgemeine geht auf das, was dem Einzelding »an sich«, d.h. wesentlich, nicht akzidentell zukommt (*Zweite Analytiken* I, 85b 4–15), nämlich auf die Ursachen in ihm. Das Problem der platonischen Ideen löst sich so auf, dass das sie bezeichnende Allgemeine sich zwar nur im Intellekt befindet, abgetrennt von den Einzeldingen, gleichwohl aber sich auf das Wesentliche, Ursächliche in den Einzeldingen bezieht. Die Erkenntnis der Ursachen durch das Allgemeine ist wissenschaftlicher (85b 16–86a 3). Ferner, weil auf das intelligible Wesentliche in den Einzeldingen bezogen, ist die allgemeine Erkenntnis einfacher, einheitlicher und bestimmter als die partikuläre, die sich auf Akzidentelles in der sinnlich gegebenen Vielfalt bezieht (86a 3–30).

Die abschließenden Kapitel von Buch I heben die vom Verstand geleistete wissenschaftliche, allgemeine Erkenntnis von der Sinneswahrnehmung ab; denn das Wesentliche, Ursächliche in den Dingen ist nicht mehr sinnlich wahrnehmbar, sondern nur vom Verstand bzw. der Vernunft erfassbar.

Dies veranschaulicht ein schönes Beispiel aus dem astronomischen Bereich mit der Mondfinsternis, die ihre Ursache aus der Zwischenstellung der Erde zwischen Sonne und Mond hat. Hierzu stellt Aristoteles fest: Selbst wenn jemand auf dem Mond stünde und die Erde zwischen Sonne und Mond sähe, würde er nicht die Ursache sehen:

»Wir würden das Dass der Mondfinsternis wahrnehmen, aber nicht das Warum überhaupt; denn die Wahrnehmung ging nicht auf das Allgemeine« (*Zweite Analytiken* I, 87b 40–88a 2). Das heißt: Den ursächlichen Zusammenhang erfasst nur der Verstand.

Die Wissenschaft ist auch verschieden von Meinungen, in denen sich die Sophistik mit falschem wissenschaftlichen Anspruch bewegt.

Das Buch II der *Zweiten Analytiken* legt dar, wie die Prinzipien der Wissenschaften aufgefunden und uns bekannt werden. Systematisch stellt Aristoteles, in Kap. 1, die möglichen vier Fragen heraus, mit denen jedes Subjekt als Forschungsgegenstand erschlossen wird: 1. ob eine bestimmte Eigenschaft am Subjekt ist (vorkommt) und 2. was sie ist, was gleichbedeutend ist mit der Frage, warum sie am Subjekt ist, 3. ob das Subjekt ist und 4. was es ist. Sie betreffen das Dass- und das Wassein des Subjekts in jeder Wissenschaft, sowie der beweisbaren Eigenschaft an ihm.

Subjekt S		Eigenschaft E am Subjekt S	
ob S ist	was S ist	ob E an S ist	was E ist = warum E an S ist

Diesen vier Fragen entsprechen vier verschiedene wissenschaftliche Verfahrensweisen: 1. Seinshypothese, 2. Definition, 3. induktiver Beweis und 4. deduktiver Beweis.

Beweisprinzipien		Beweise	
Seinshypothese	Definition	indukt. Beweis	dedukt. Beweis (als Form einer Definition)

Da aber die Auffindung der Prinzipien auf die Wesenheit (interne Ursache) des Subjekts abzielt, die im Mittelterm angegeben wird, führt Aristoteles die vier genannten Fragen auf zwei zurück, welche den Mittelterm betreffen: die Fragen, ob das Subjekt ist und ob die Eigenschaft an ihm ist, läuft auf die Frage hinaus, ob »das Mittlere«, d.h. die Wesensursache ist, und die Fragen, was das Subjekt, bzw. warum die Eigenschaft an ihm ist, auf die Frage, was das Mittlere ist.

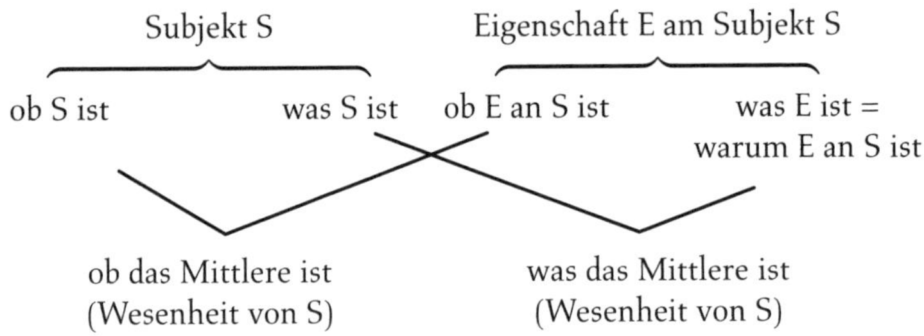

Die Kap. 3–10 behandeln eingehend Fragen über die Definition, die der Weg zur Erkenntnis der Wesenheit jedes Wissenschaftssubjekts ist. Da sie in die Prämissen, genauer in den Mittelterm, der Beweise eingeht, muss sie grundsätzlich vom Beweis verschieden sein, der ja durch den Mittelterm schließt. Ebenso grundsätzlich ist dann die Feststellung, dass von der zu definierenden Wesenheit eines Gegenstandes dessen Sein / Dasein verschieden ist:

»Das Sein ist nicht Wesenheit von etwas« (τὸ δ' εἶναι οὐκ οὐσία οὐδενί, *Zweite Analytiken* II, 7, 92b 14).[18]

Die Definition, die auf die Wesenheit jedes Gegenstandes geht, muss dessen Sein / Dasein voraussetzen, das keinen der Bestandteile der Definition ausmacht; denn diese bezeichnen ja die Wesensmerkmale des Gegenstandes.

Da die Wesenheit für die konstitutiven Ursachen steht, wodurch jeder Gegenstand spezifisch das ist, was er ist, bringt Aristoteles, Kap. 11–18, Erörterungen zu den Ursachen, die in die Definition und damit in den Mittelterm von Beweisen eingehen. Er bespricht die vier in der *Physik* behandelten Ursachen: die Materie-, Form-, Bewegungs- und Zweckursache.

Beachtlich ist, dass als Beispiel für die Materieursache eine geometrische Konstruktion angeführt wird. Daraus ersieht man, dass in der Antike die Mathematik keine so hohe Stellung einnimmt wie in

---

[18] Dies ist der Quellentext für die Unterscheidung zwischen Existenz und Essenz. Später wurde in der Scholastik erörtert, ob sie eine reale oder nur eine logische sei.

der Moderne, als würde sie die tiefste Einsicht in die Naturdinge bieten. Dies leistet jedoch mehr die Naturphilosophie, die im Bereich des Lebendigen auch die drei nicht-materiellen Ursachen betrachtet.

Da die Definition ein wissenschaftlicher Vorgang ist, sind die methodischen Hinweise, Kap. 13, über die Auffindung der definitorischen Begriffe besonders wertvoll: Aufzufinden sind Differenz-Begriffe innerhalb der Gattung, welche umfangweiter sind als das Zu-Definierende, aber alle zusammen mit ihm umfanggleich. Die Differenzen, welche die Art des Zu-Definierenden von den benachbarten Arten abgrenzen, müssen allgemein sein, so dass die Aufteilung der Gattung in Untergattungen und Arten erschöpfend erfolgt. Die Differenzen müssen im Hinblick auf die Wesenheit der zu definierenden Art aufgefunden werden, durch die Aufteilung der wesensmäßigen Begriffe, von denen jeweils der eine der zu definierenden Art notwendig zukommen muss. Wenn man von den Individuen der zu definierenden Art ausgeht, muss man nach gemeinsamen Merkmalen suchen, und wenn solche sich nicht finden, kommen sie verschiedenen Arten zu. Ferner sind die Ursachen in Verbindung mit den Wirkungen zu betrachten.

Da das Definieren vom Einzelnen induktiv zum Allgemeinen fortschreitet, legt das letzte Kap. 19 diesen Vorgang als einen solchen der Abstraktion dar. Aristoteles erörtert Probleme über die Erkenntnisarten im Bezug auf das Beweisbare und die Prinzipien, sowie über den Erwerb der Prinzipien, wie wir zu ihrer Erkenntnis gelangen.

Das letztgenannte Problem ist das des platonischen *Menon,* wie wir Erkenntnis über die Prinzipien erwerben können, ohne dass sie uns nicht schon bekannt wären. Aristoteles' Lösung war in Buch I, 2, dass wir diese Erkenntnis weder aus völliger Unkenntnis erwerben, noch aus schon vorhandener Erkenntnis der Prinzipien, sei es auch nur als vage erinnerter, wie bei Platon, sondern aus einer Vorkenntnis, die verschieden ist von der gesuchten der Prinzipien, nämlich »aus der Sinneswahrnehmung« (ἀλλ' ἀπὸ αἰσθήσεως, *Zweite Analytiken* II, Kap. 19, 100a 11), wie nun hier in Buch II, 19, näher ausgeführt wird (100a 3–b 4). Diese Vorkenntnis betrifft zunächst das schlichte Dasein und Etwassein der einzelnen Gegenstände, woran der Intellekt bereits auf der Ebene der Sinneswahrnehmung ansetzt.

Von hieraus schreitet der Intellekt dann stufenweise auf den je höheren Ebenen der Erinnerung, Vorstellung und Erfahrung / Meinung durch Abstraktion fort, um zur allgemeinen Erkenntnis des intelligiblen Wesens der Gegenstände zu gelangen. Aus vielen Sinneswahrnehmungen entsteht einheitlich eine Erinnerung, aus vielen Erinnerungen bzw. Vorstellungen ein allgemeiner Begriff,[19] sowie dann Meinung, Erfahrung und schließlich Wissenschaft. Der gesamte Erkenntnisfortschritt tendiert also zu einer zunehmenden Einheit, deren Ursache die Wesenheit in den Dingen ist.

Platons Erklärung des Erkenntniserwerbes durch die Hypothese von der Wiedererinnerung der Prinzipien (Ideen) ersetzt Aristoteles durch seine Lehre von der Abstraktion, die als Vorgang so beschrieben wird, dass schon bei den Sinneswahrnehmungen der Intellekt etwas gemeinsames Eines erfasst und festhält, das sich unterschiedslos zum Einzelnen verhält, ein erstes beharrendes (»in der Seele zur Ruhe gekommenes«, ἠρεμήσαντος τοῦ καθόλου ἐν τῇ ψυχῇ, 100a 6) Allgemeines, ein identisches »Eines neben dem Vielen«, d.h. erste Allgemeinbegriffe. Der Text lautet so:

»Die Seele liegt als von solcher Beschaffenheit vor, dass sie dies erleiden kann« (100a 14).

Mit fortschreitender Erkenntnis der Dinge wird die Seele in eine zunehmende Einheit gebracht, die sie von den Dingen her erfährt.

»Indem ein unterschiedslos Eines zum Stehen kommt (στάντος γὰρ τῶν ἀδιαφόρων ἑνός), tritt in der Seele erstmals ein Allgemeines auf; denn wenn man auch das Einzelne wahrnimmt, geht doch die Wahrnehmung auf das Allgemeine (ἡ δ' αἴσθησις τοῦ καθόλου ἐστίν), wie z.B. einen Menschen, aber nicht einen bestimmten Menschen, Kallias. Wiederum kommt (etwas) bei diesen (den untersten Artbegriffen) zum Stehen, bis das Unteilbare (die obersten Gattungen) und das Allgemeine steht (πάλιν ἐν τούτοις ἵσταται, ἕως ἂν τὰ ἀμερῆ στῇ καὶ τά καθόλου), zum Beispiel ein solches Lebewesen (am Anfang des Fortschrittes) bis zum Lebewesen, und bei diesem ebenso (weiter). Offenbar müssen wir das Erste (die Prinzipien) durch Induktion kennen lernen; denn auch die Wahrnehmung bringt uns so das Allgemeine zu« (100a 15–b 3).

Die wichtige Textstelle bestimmt den Vorgang der Abstraktion als einen solchen vom wahrnehmbaren Einzelnen zum begrifflich Allgemeinen hin, das durch die Bewegungen der Sinneswahrnehmung hindurch zum Stehen kommt, als Identisches beharrt. Dies setzt vo-

---

[19] S. u. S. 237 ff., zu *Metaphysik* I, 1.

raus, dass die Dinge nicht nur sinnlich Wahrnehmbares, Bewegtes sind, sondern auch intelligibles, in sich stehendes, identisches Seiendes.

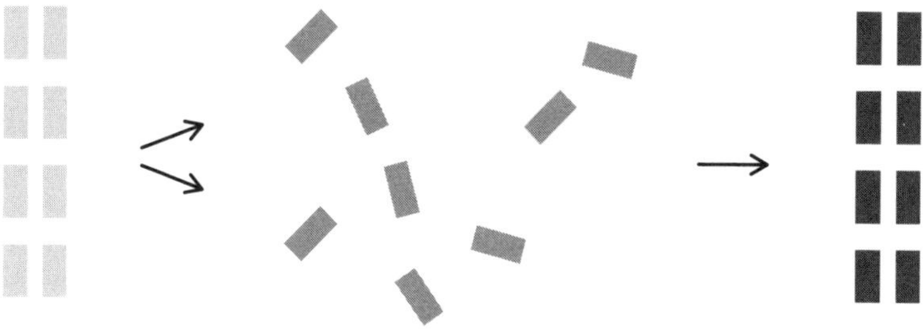

Ursprüngliche Heeresordnung | Das Heer auf der Flucht in aufgelöster Ordnung | Wiederhergestellte Heeresordnung

Der Intellekt erfasst das intelligible Seiende durch die Bewegung der Sinneswahrnehmungen hindurch, wenn er fortschreitend das Wesen der Sinnesdinge untersucht. Die Voraussetzung eines Wesensprinzips in den Dingen findet sich auch in dem anschaulichen Beispiel mit dem fliehenden Heer (100a 12–13), dessen Fluchtbewegung die Bewegung der Sinneswahrnehmungen symbolisiert. In diesen ist die ursprüngliche Ordnung des Heeres, als Symbol für das Wesensprinzip der Dinge, noch nicht erkennbar. Im Beispiel reorganisiert sich aber das Heer und findet zur ursprünglichen Ordnung zurück. Dies bedeutet symbolisch, dass der Intellekt in der Erforschung der Dinge – durch das bewegte, sinnlich Wahrnehmbare hindurch – zur allgemeinen, begrifflichen, bleibenden Erkenntnis gelangt, die sich auf das identisch seiende Wesensprinzip der Dinge bezieht und konsolidiert, »zum Stehen kommt«.[20]

Der Abstraktionsvorgang vom Einzelnen zum Allgemeinen ist dem im Text genannten Vorgehen der Induktion eigentümlich, das schließlich zu wissenschaftlicher Erkenntnis führt. Es entfernt sich zwar von den sinnlich wahrnehmbaren Phänomenen der Dinge, nicht jedoch von den Dingen selbst, sondern dringt vielmehr in ihr intelligibles Wesen (ihre konstitutiven Ursachen) vor. Dabei wird nicht das Wesensprinzip abstrahiert, sondern das (auf dieses Prinzip verweisen-

[20] Zur Etymologie von ἐπίστασθαι, einem »Sich-Verstehen auf«, vgl. *Physik* 247b 11.

de) Allgemeine. Streng genommen abstrahiert die Seele das Allgemeine nicht aus dem sinnlich Wahrgenommenen – wie sollte aus dem Sinnlichen als solchen etwas Intelligibles kommen? –, sondern aus den sinnlich wahrgenommenen Dingen (in denen sich Wahrnehmbares und Intelligibles findet).

Aus Aristoteles' wichtiger Bemerkung, dass die Sinneswahrnehmung, wiewohl Erkenntnis des Einzelnen, doch auf Allgemeines verweist, lässt sich entnehmen: 1. dass das Subjekt der Wahrnehmung nicht die Sinne sind, sondern der Intellekt, der mit den Sinnen wahrnimmt; 2. dass die Wahrnehmungen des Einzelnen nicht in Gegensatz stehen zur Allgemeinerkenntnis des Intellekts. Vielmehr beginnt sie schon bei den Wahrnehmungen, in Verbindung mit ihnen.[21]

Abschließend beantwortet Kap. 19 die eingangs erwähnten Probleme über die Erkenntnisart vom Beweisbaren und den Prinzipien: Die Erkenntnis ist nicht dieselbe, weil die Prinzipien des Beweisbaren nicht mehr beweisbar sind (*Zweite Analytiken* II, 100b 5–17). Da die wissenschaftliche Erkenntnis in ihrer vollendeten Form diskursiv beweisend vorgeht, ist die Erkenntnis der Prinzipien nicht mehr Wissenschaft, sondern ein intuitives Erfassen des Intellekts:

»Der Intellekt ist das Vermögen der Prinzipien« (νοῦς ἂν εἴη τῶν ἀρχῶν, *intellectus est principiorum, Zweite Analytiken* II, 100b 13).

Dieses Ergebnis stimmt mit der Stelle in *Nikomachischer Ethik* VI, 6, überein und steht nicht in Widerspruch zum Lehrstück über die Induktion, dem definitorischen Verfahren, mit welchem der diskursiv vorgehende Verstand die Wesensmerkmale zur Wesenheit des untersuchten Gegenstandes auffindet; denn das ganze Verfahren ist eingebettet in das von der Vernunft zu leistende, intellektuelle Erfassen der einzelnen Wesensmerkmale, mit der abschließenden Zusammenschau aller Merkmale in der einen Wesenheit des Gegenstandes. Es ist hier also auf die zwei verschiedenen Vermögen, den Verstand *(lógos, ratio)* und die Vernunft *(noûs, intellectus)*, mit ihren diskursiven und intuitiven Funktionen zu achten.

[21] Vgl. Parallelstellen wie diese (*Zweite Analytiken* I, 31, 87b 28ff.): »Die Wahrnehmung geht auf ein Solchartiges (ἡ αἴσθησις τοῦ τοιοῦδε) und nicht auf Dieses (Einzelne) da, wahrgenommen aber wird notwendig Dieses da.«

Schlussbemerkung zur Epistemologie
in den *Zweiten Analytiken*:

Überblicken wir die zwei Bücher dieser Schrift, so ist es wichtig zu sehen, dass die in Buch I herausgestellte Vorkenntnis vom Sein / Dasein und Etwas-Sein der Dinge, das der Intellekt intuitiv erfasst, für alle erwerbbare Erkenntnis vorausgesetzt wird und somit dem Abstraktionsprozess zugrunde liegt. Das Seiende, das alle Dinge ihrem Sein nach betrifft (und das dann Objekt der aristotelischen Metaphysik wird), hat eine moderne Metaphysik-Kritik als leere Abstraktion ausgelegt, jedoch zu Unrecht, da bei Aristoteles das Seiende kein Ergebnis einer Abstraktion ist, sondern vielmehr deren Voraussetzung. Daher ist das Seiende auch kein univokes Allgemeines mehr, wie alle durch Abstraktion gewonnenen Begriffe, sondern ein analoges / transzendentales Allgemeines (s. u. S. 237 ff. zu Aristoteles' *Metaphysik*).

Das univoke, von den Einzeldingen abstrahierte Allgemeine bezieht sich auf ihre Washeit und repräsentiert sie zunächst in sinnlichen, dann in intellligiblen Inhalten begrifflich in der Seele. Hierzu verhält sich das Sein / Dasein und Etwas-Sein der Dinge formal, das der Intellekt im intuitiven Akt / Bewusstsein berührt und bewusst hat. Dadurch sind alle abstrakten Erkenntnisinhalte auf die Einzeldinge bezogen.

Dem entspricht, dass die Definition einer Art (Spezies) von Einzeldingen deren Sein voraussetzt. Im Definitionsverfahren, das in den gegensätzlichen spezifischen Differenzen der Gattung der zu definierenden Art fortschreitet, geht es immer um Sein oder Nichtsein des Dinges der zu definierenden Art, ob es nämlich nach der einen oder der anderen Differenz hin das real ist, was es spezifisch ist.

Das anschauliche Beispiel mit dem fliehenden Heer, das sich reorganisiert, hat H.-G. Gadamer *(Kleine Schriften)* im Sinne seiner, sich in immer neuen Erfahrungen bewegenden, Hermeneutik so ausgelegt, dass das in der Bewegung befindliche Heer die menschlichen Erfahrungen symbolisiere, welche unsere Erkenntnis überhaupt bildeten. Dabei hat er Anstoß genommen an dem Zum-Stehen-kommen des Heeres, da ihm keine menschliche Erfahrung entspreche. Indes entgeht dieser Auslegung gerade der entscheidende Gesichtspunkt des Beispieles und somit der aristotelischen Epistemologie, die darauf abzielt zu zeigen, wie menschliche Erkenntnis, ausgehend von den einzelnen, vielen Sinneswahrnehmungen, zu immer höheren Erkenntnisstufen – über Erinnerungen / Vorstellungen, Meinungen / Erfahrungen bis hin zu Kunst und Wissenschaft – fortschreitet, um so zu immer höherer Allgemeinheit und bleibender Einheit zu gelangen. Dabei zeigen die Dinge, die zunächst in sinnlich wahrnehmbarer Vielheit erscheinen, bei zunehmendem Erkenntnisfortschritt immer mehr ihr inneres Ordnungsprinzip, ihr intelligibles Wesen, das bleibend identisch hinter den wechselnden Erscheinungen steht. Daher schreitet der Intellekt von der Bewegung der Sinneswahrnehmungen zu immer stabilerer Erkenntnis fort, bis er in der Wissenschaft einen festen Stand gewinnt, der auf dem bleibenden Wesen der Dinge fußt. Dies veranschaulicht das Beispiel des fliehenden Heeres, das sich zur ursprünglichen Ordnung reorganisiert.

Die Induktion ist der Weg vom sinnlich wahrnehmbaren Einzelnen zum allgemein Erkennbaren über das Wesen der Dinge, vom »Bekannteren für uns« zum »Bekannteren der Natur nach« (siehe oben Buch I, Kap. 2, 71b 33 ff.). Letzteres bezieht sich auf die Wesensnatur der Dinge.

Den Begriff der »Abstraktion« hat Aristoteles eingeführt zur Kennzeichnung der mathematischen Gegenstände, die für ihn keinen eigenen ontologischen Status haben (wie bei Platon), sondern nur abstrakt Gedachtes im Mathematiker sind (τὰ ἐξ ἀφαιρέσεως λεγόμενα, *Metaphysik*, 1061a 28; *Zweite Analytiken* I, 81b 3; *Über die Seele* III, 429b 18), sich aber auf mathematische Verhältnisse in den materiellen Dingen beziehen.

b) Pragmatien

Gehen wir zu den Hauptabhandlungen über, die Aristoteles jeweils einer Disziplin widmet, und zuerst zur *Physik*, welche an die Lehren der Vorsokratiker und Platons anschließt und nun erstmals den Bereich der Natur systematisch in einer eigenen philosophischen Abhandlung angeht.

Physik

Da Aristoteles' Naturphilosophie die Natur (φύσις), die für alle natürlichen Dinge steht, zum Gegenstand hat, sofern sie in Bewegung sind und das Prinzip / die Ursache ihrer Bewegung in sich selber haben, beginnt Buch I mit der Frage nach der Natur als dem Prinzip der Dinge; denn der Fortschritt menschlicher Erkenntnis erfolgt in der Erklärung der Phänomene aus Ursachen, wie das Kapitel 1 als methodologische Vorbemerkung, anknüpfend an die *Zweiten Analytiken* I, 2, feststellt:

»Wir glauben, dann jedes zu erkennen, wenn wir die ersten Ursachen und ersten Prinzipien, bis zu den Elementen hin, erkennen« (*Physik* I, 1, 184a 1–3).[22]

Wir gehen von dem sinnlich Wahrgenommenen aus, dem »Bekannteren für uns«, um zu den Ursachen fortzuschreiten, dem »Bekannteren der Natur (der Dinge) nach« (*Physik* 184a 21–26).[23] Anders als in den *Analytiken* und sonst, bezeichnet Aristoteles an vorliegender Stelle den Fortschritt nicht als vom Einzelnen zum Allgemeinen gehend, sondern als vom Allgemeinen zum Einzelnen, weil unsere Erkenntnis beim sinnlich wahrgenommenen, ganzen Ding[24] anfängt, das sich ihr als »konfuses« Ganzes darbietet. Von ihm schreitet dann die Erkenntnis allmählich zu den einzelnen internen Ursachen im Ding fort.

Doch sind die zwei Bedeutungen des Allgemeinen, das sonst auf die Ursachen im Ding abzielt, hier aber für das ganze Ding steht, nicht in Widerspruch zueinander, sondern ergänzen sich, da der Intellekt die

---

[22] Vgl. *Zweite Analytiken* I, 2, 71a 9–13.

[23] Vgl. *Zweite Analytiken* I, 2, 71b 34–72a 6.

[24] Der griechische Begriff für das Allgemeine: *kathólou* (καθόλου), bedeutet »vom Ganzen«.

Allgemeinerkenntnis von den Ursachen[25] aus dem Einzelding gewinnt; denn schon auf der Ebene der Sinneswahrnehmung erfasst er nicht nur viele Sinnesdaten, sondern bereits das Ding als Ganzes. Und die durch Allgemeines erkannten Ursachen sind einzelne im Einzelding.

Der Rückblick auf die Vorsokratiker (Kap. 2 ff.) führt zu einer Kritik an Parmenides' Leugnung der Bewegung und an seiner Lehre vom Einen Seienden, ferner an der Auffassung der jonischen Naturphilosophen von den konträren Gegensätzen der Elemente als den alleinigen Ursachen / Prinzipien (Kap. 3–5) da auch diese Auffassung nicht das Problem der Einheit der Naturdinge löst. Stattdessen weist Aristoteles drei Prinzipien auf (Kap. 6–7) da die Gegensätze Eigenschaften eines Substrates sind, das ein von ihnen verschiedenes Prinzip ist, nämlich die Materie, die an sich gestaltlos, amorph und ungeordnet ist (190b 15). Ihr steht die Formursache gegenüber und deren Privation, sofern die Entstehung der Dinge mit ihren Eigenschaften ein Formungsprozess durch das Hinzutreten einer Form ist.

Formursache
Privation — Form
NATURDING
Substrat
Materieursache

Die Formursache begründet zusammen mit der Materie die Einheit der Dinge. Das Entstehende ist somit immer zusammengesetzt aus zwei Ursachen, dem Substrat, d. h. der Materieursache, und der Formursache (*Physik* 190b 10–29).

Es ist also zu beachten, dass die mit dem Begriff der Form *(eîdos, morphé)* bezeichnete Ursache nicht mehr die sichtbare Form am materiellen Substrat ist, sondern deren Formursache, die ein eigenes substantiell Seiendes neben der Materieursache ist. Sie wird zuerst mit der Frage eingeführt, »ob die Form oder das Substrat Substanz ist« (*Physik* 191a 19–20). Die Antwort wird positiv sein, dass beide Substanzen sind.

Im Zuge dieser Untersuchung klärt Aristoteles (Kap. 8) auch das

[25] Von ihr spricht der Text wieder unten: *Physik* I, 5, 189a 4.

von den Vorsokratikern zurückgelassene Problem des Werdens/Entstehens:

»Sie behaupten, dass nichts Seiendes entstehen oder vergehen kann, da was entsteht entweder aus Seiendem oder aus Nichtseiendem entstehen muss, aus diesem beiden aber es (= das Entstehen) unmöglich ist; denn weder entsteht das Seiende – es ist ja schon –, und aus Nichtseiendem kann nichts entstehen, da etwas zugrunde liegen muss« (*Physik* I, 191a 27–31).

Aristoteles löst das Problem dadurch, dass er die Bedeutungen der Begriffe des Seienden und Nichtseienden differenziert. Zwar geht das Entstehende nicht aus dem Nichtseienden schlechthin hervor, sondern aus etwas Seiendem, welches aber in Bezug auf das, was entsteht, ein Nichtseiendes ist. Daher entspringt das Entstehende auch nicht aus dem Seienden schlechthin, da es ja in Bezug auf das Entstehende nichtseiend ist (191b 13–27).

Ein anderer Lösungsweg erfolgt durch die Unterscheidung zwischen dem Nichtseienden und dem Seienden als potentiellem und aktuellem Seienden (191b 27–34).

	Entstehen →	
NICHTSEIENDES		SEIENDES
	← Vergehen	
bezogen auf Seiendes		bezogen auf Nichtseiendes
potentiell Seiendes		aktuell Seiendes

Abschließend sieht Aristoteles, Kapitel 9, bei den Früheren einen Hauptirrtum darin, dass sie bei der Erklärung der entstehenden Naturdinge aus Gegensätzen, aus positiven und negativen Bestimmungen, die negativen mit dem Substrat vermengen. Daher unterscheidet Aristoteles nun klar zwischen beiden: Das Substrat, die Materie, ist als Potentielles nur akzidentell Nichtseiendes, der Substanz nahestehend (τὴν μὲν ἐγγὺς καὶ οὐσίαν πως, τὴν ὕλην …). Dagegen sind die negativen Bestimmungen der Privation keineswegs Substanz (… τὴν δὲ [στέρησιν] οὐδαμῶς, 192a 5–6), weil ein Nichtseiendes. Das Substrat, die Materie, ist »die beharrende Mitursache zur Form der entstehenden

Dinge, gleichsam wie eine Mutter« (*Physik* I, 192a 13–14).[26] Von den gegensätzlichen Bestimmungen, Privation und Habitus, in Bezug auf die verantwortliche Formursache, strebt keine zur anderen, entsteht und vergeht, sondern nur das Ding mit dem Substrat, durch das Aufnehmen oder Verlieren der Form (a 14–25). Das Ding mit dem Substrat entsteht und vergeht an sich, wenn bezogen auf Privation und Form (die an sich nicht entstehen und vergehen). Das Substrat, an sich betrachtet, ist hingegen unentstanden und unvergänglich, weil es für jedes Entstehen und Vergehen vorausgesetzt wird. Hätte es selbst wieder Entstehen und Vergehen, so müsste es früher als es selbst und später als es selbst sein, was unmöglich ist (192a 15–32). In dieser Argumentation wird die Materie so definiert:

»Ich nenne nämlich Materie das erste jedem Ding Zugrundeliegende (Substrat), aus welchem als ihm innewohnenden etwas nicht akzidentell entsteht.«

Wenn etwas vergeht, kehrt es zu diesem Substrat als dem letzten zurück (*Physik* I, 192a 31–34). Dass die Materie nur »beinahe Substanz« ist, liegt daran, dass sie an sich kein durch eine Form bestimmtes aktuelles Ding ist. Die Elemente sind in ständiger Umwandlung ineinander. Ferner, wenn die Materie der Naturdinge aus den Elementen besteht, befindet sie sich in ständigem Werden, im Kreislauf der sich ineinander verwandelnden Elemente (s.u. S. 217ff., *Über Entstehen und Vergehen*). Zu definieren, was die Formursache sei, ist Aufgabe der Ersten Philosophie (*Physik* 192a 34-b 1, s. *Metaphysik* VII-VIII).

Aristoteles' Materie-Definition knüpft an die Vorsokratiker an, trotz seiner Kritik an ihnen. So bestimmte schon Anaximander das Naturprinzip als das, woraus die Dinge entstehen und worein sie vergehen.

Buch II führt die weiteren, nicht-materiellen Ursachen ein, ausgehend von den Naturdingen, die dadurch bestimmt sind, dass sie den Ursprung der Bewegung und Ruhe in sich selber haben (*Physik* II, Kap. 1, 192b 13–14). Bewegung wird in weiterer Bedeutung verstanden, nicht nur als die des Ortes, sondern auch als die nach Wachstum und Schwinden, nach der qualitativen Veränderung und der quantita-

---

[26] Der Vergleich mit der Mutter (dem aufnehmenden Nährboden) ist aus Platons *Timaios* übernommen (s.o. S. 153). Daraus dann die lateinische Übersetzung *materies / materia* für den griechischen Begriff ὕλη, der wörtlich Holz, Stoff bedeutet.

tiven, in Vermehrung und Verminderung. Die Natur *(phýsis)* ist die Substanz *(ousía)* nach der ersten Kategorie, die den Bewegungen, Veränderungen, nach den übrigen Kategorien, zugrunde liegt und die Ursache von ihnen in sich selber hat.

In einer Hinsicht ist Ursache der Naturdinge die Materie, in anderer die Formursache (*Physik* II, 193a 28–31). Die Annahme der Formursache erweist sich aus folgenden Gründen als notwendig:

1. Grund (*Physik* II, 193a 31- b 8): Wie in der Technik das Material des herzustellenden Gegenstandes ohne seine formende Ursache nur potentiell der Gegenstand (in Möglichkeit), noch nicht aktuell (in Wirklichkeit) ist, so hat auch das natürliche Ding in seiner Materie allein noch nicht seine Natur, wenn es nicht die Formursache aufnimmt, die dem Verstand (Begriff) entspricht (τὸ εἶδος τὸ κατὰ τὸν λόγον, *Physik* II, 193b 1–2), und nach der wir jedes Naturding in seinem Was-Sein definieren. Diese Form(ursache) ist vom Ding bzw. seiner Materie nicht (real) abtrennbar, sondern nur dem Verstande nach (begrifflich). »Und diese (Formursache) ist mehr Natur als die Materie« (*Physik* II, 193b 6–7), weil jedes Ding mehr nach seinem aktuellen Sein, als nach seinem potentiellen, benannt wird.

2. Grund (b 8–12): Die natürliche Entstehung erfolgt aus dem (artgleichen) Naturding (z. B. ein Mensch aus einem Menschen), im Gegensatz zum technischen Gegenstand (Artefakt); denn bei letzterem ist die einzige substantielle Naturursache die Materie, mit der technisch hinzugefügten Form als Akzidens. Beim lebendigen Naturding hingegen findet sich auch die substantielle spezifische Formursache, die ein Artgleiches entstehen lässt.

3. Grund (b 12–21): Die Entstehung versteht sich beim Naturding als »Weg zur Natur«, d. h. zum Naturding, aus einer Naturursache, die nicht wiederum entsteht, sondern für die Entstehung vorausgesetzt ist. Diese ist die Formursache, nicht die Materie. Analog beim Artefakt, das aus der Technik als Ursache entsteht, ohne dass diese selbst entstünde, da sie vielmehr die Ursache der Entstehung ist.

Auf diese Weise löst sich das Problem, ob die belebte Natur nur in der Materie bestehe, durch den Aufweis der Formursache, die nicht als bloßes Akzidens der Materie betrachtet werden kann.

Da also das belebte Naturding aus Materie- und Formursache besteht, stellt sich die Frage (Kap. 2) ob der Physiker (Naturphilosoph) die Naturdinge nach ihrer Materieursache oder nach ihrer Formursache untersuchen soll. Die Alten betrachteten sie weitgehend nach ihrer materiellen Seite. Da aber »die Technik die Natur nachahmt« (*Physik* II, 194a 21–22), wobei sie verstandesmäßig und als Formursache vorgeht, und in den Naturdingen auch die Formursache vorliegt, muss der Physiker die Naturdinge nach beiden Seiten, der materiellen und der formellen, untersuchen. Ferner richtet sich die Physik auf das Zweckvolle in der Natur, und die Zweckursache geht mit der Formursache zusammen, so dass sie sich auf beide Seiten der Naturdinge richten muss, die materielle und die formursächliche. Analog muss auch der Techniker seinen Gegenstand nicht nur nach der materiellen und praktisch-nützlichen Seite kennen, sondern auch nach der formalen, anleitenden (»architektonischen«) Seite.

Bei der Einführung der Natur als Zweckursache erwähnt Aristoteles den wichtigen Gesichtspunkt, dass »in gewisser Weise auch wir Zweck (der Natur) sind« (*Physik* II, 194a 35–36). Dabei unterscheidet er diesen Zweck, welcher die Natur übersteigt, von den spezifischen, den Naturdingen immanenten Zweckursachen: »Von zweifacher Art ist der Zweck.« Die wichtige Unterscheidung kehrt in *Über die Seele* II, 4 (s. u. S. 227 ff.) und *Metaphysik* XII, 7 wieder (s. u. S. 237 ff.).

Kap. 3 setzt die Untersuchung über die natürlichen Ursachen fort, immer auf der Grundlage, dass unsere Erkenntnis von jedem Gegenstand aus seinen Ursachen erfolgt (*Physik* II, 194b 17–20, s. auch Kap. 1, 184a 12–15). Diese können nur von vierfacher Art sein, nämlich als Materie- und Formursache, sowie als Bewegungs- und Zweckursache, wobei sich die ersten zwei komplementär ergänzen wie das unbestimmt-bestimmbare und das bestimmende Prinzip, und die letzten zwei als die für den Beginn und das Ende der Entstehung der Naturdinge verantwortlichen Prinzipien.

Von dem aus Ursachen Entstehenden wird das abgegrenzt, was aus Zufall oder spontan, ohne Ursache, entsteht (Kap. 4–6). Der Physiker muss sich nicht nur auf die Materieursache in den Naturdingen richten, sondern auch auf die Form-, Bewegungs- und Zweckursachen, die tatsächlich zusammengehen, da sie der Materie gegenüberstehen, wenn sie auch rational gesehen verschieden sind.

Von der Zweckmäßigkeit der Naturvorgänge, welche in den Naturdingen aus der Zweckursache hervorgeht, unterscheidet Aristoteles die Notwendigkeit, die in materiellen Bedingungen liegt, als *condicio sine qua non*, ohne die sich auch die zweckmäßigen Vorgänge nicht verwirklichen können (*Physik* II, 200a 5, 8). Frühere Materialisten missachten die Unterscheidung und erklären die Zweckmäßigkeit in der belebten Natur durch materielle Notwendigkeit (Kap. 8–9). So erklären sie z. B. die zweckvolle Bildung der vorderen Schneide- und der hinteren Backenzähne (zum Zerschneiden und Zerkleinern der Nahrung) als bloß mechanisch-notwendigen Vorgang materieller Elemente. Aristoteles widerlegt diese Erklärung; denn ein solcher Bildungsvorgang, der regelmäßig bei Lebewesen wiederkehrt, kann nicht rein materiell mechanisch erklärt werden, wonach jener Vorgang sich aus einmaligem Zufall ergeben hätte (198b 23–199a 8).

Aristoteles vergleicht hier, wie oben (Kap. 1 ff.), wo er die Form- bzw. Bewegungs- und Zweckursachen einführt, die Natur mit der Technik. Moderne Interpreten, wie Hans Wagner, haben an diesen Vergleichen (im Sinne Kants) Kritik geübt, als ob sie die Zweckmäßigkeit, die wir nur im Bereich menschlicher Praxis verstünden, fälschlich auf die Natur übertrügen. Die Stellen in der *Physik* sprechen jedoch von einer Analogie der Ursachen in verschiedenen Bereichen (189a 1, 191a 8), wonach wir Menschen auch im Naturbereich ein direktes Verständnis von Ursächlichkeit haben. Dies geht schon daraus hervor, dass die Technik die Natur nachahmt (194a 21–22) oder sie dort vollendet, wo sie aus Unvermögen hinter dem angestrebten Zweck zurückbleibt (199a 15–17).

Die erstaunliche Zweckmäßigkeit in der Natur, die sich vergleichen lässt mit dem zweckmäßig vernünftigen Handeln des Menschen, veranlasst sogar zu der Vermutung, dass Pflanzen und Tiere mit »einer gewissen Vernunft« zu Werke gehen (199a 22), was Aristoteles aber mit Recht zurückweist. Doch darf man wiederum aus der Tatsache von Missbildungen in der belebten Natur nicht auf das Fehlen einer Zweckursache schließen. Vielmehr liegt sie vor, kann aber durch materielle Verhältnisse oder äußere Umstände an der Verwirklichung gehindert werden (199a 33 ff.).

In Buch III folgt die Untersuchung über die Bewegung und jede Art von Veränderung, die sich an den Naturdingen findet, die ja dadurch bestimmt sind, das Prinzip der Bewegung in sich selber zu haben (Kap. 1). Nun liegt jedes Ding oder Seiende entweder in Potenz oder in Akt vor, und zwar in allen Kategorien: der Substanz, der Quantität, der Qualität, der Relation (nach Übermaß und Mangel), des Ortes, des Tuns und des Erleidens, so dass in jeder der Kategorien das Seiende nach Potenz und Akt unterschieden ist. Hiernach lässt sich die Bewegung – sei sie Entstehung, Veränderung, Vermehrung oder Ortsbewegung – auf folgende Weise bestimmen

»Bewegung ist die Vollendung des potentiell Seienden als solchen« (ἡ τοῦ δυνάμει ὄντος ἐντελέχεια ᾗ τοιοῦτον κίνησίς ἐστιν, *Physik* III, 1, 201a 9–11).

In der anschließenden Begründung der Bewegungs-Definition zeigt Aristoteles, mit welchem Problem er befasst war, und wie es sich mit dieser Definition auflöst; denn das in Bewegung Befindliche ist weder ein Nichtseiendes an sich, noch schon das aktuelle, vollendete Seiende, zu dem es hintendiert, sondern befindet sich in einem Akt des potentiell Seienden als solchen. Die Hinzufügung »als solchen« drückt aus, dass es noch nicht im vollendeten, sondern in einem »unvollendeten Akt« (201b 31) ist, also noch auf dem Weg vom potentiellen zum voll aktuellen Sein ist.

Daraus erhellt auch etwas über das Verhältnis der Materie- und Formursache, aus denen die Naturdinge zusammengesetzt sind, die entstehen und in Bewegung bzw. Veränderung sind; denn am Übergang vom potentiellen zum aktuellen Sein sind beide Ursachen beteiligt: die Formursache ist für das aktuelle Sein verantwortlich, die Materieursache für das potentielle Sein. Dabei ist die Materie an sich schon etwas Seiendes, das sich aber zu der aufzunehmenden aktuellen Form wiederum potentiell verhält. Zum Potentiellen erläutert Aristoteles den Zusatz »als solchen«, dass er nicht besagt, die (spezifische) Materie sei nur Potentielles, z. B. das Erz in der entstehenden Statue; vielmehr ist es selbst schon Aktuelles (201a 29 ff.).

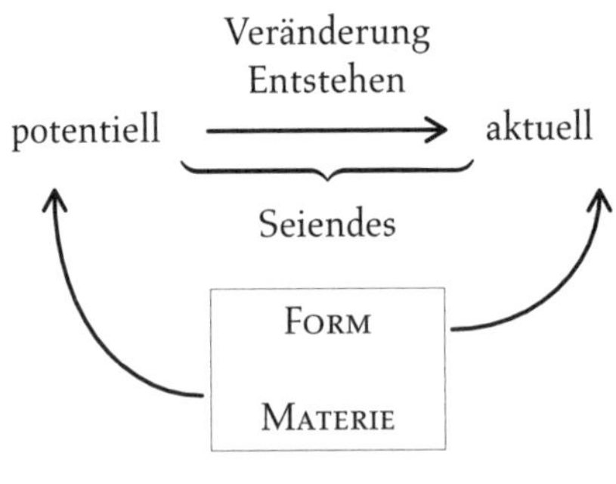

Für das Aktuell- und Potentiellsein des Naturdinges ist die Materie das Potenzprinzip, die Formursache das Aktprinzip.

Moderne Interpreten haben an Aristoteles' Definition der Bewegung Kritik geübt, dass sie die Bewegung zu statisch, ontologisch, fasse.

Aber indem sie die Bewegung dynamisch verstehen wollen, wird diese überhaupt nicht mehr definierbar, es sei denn letztlich als eine Denkbewegung des Subjekts, das zum erstbekannten Prinzip erhoben wird. Als solches Prinzip muss jedoch das Seiende anerkannt werden, sonst geht der Realismus verloren, der die aristotelische Definition der Bewegung auszeichnet. Unleugbar ist die Bewegung etwas Seiendes und wird von Aristoteles genial als unvollendeter Seinsakt definiert, als Übergang vom potentiellen zum vollendet aktuellen Sein.

Eine Kritik sieht in der Definition einen Widerspruch, da Potentialität niemals Aktualität werden kann. Die Definition spricht jedoch nicht vom Akt der Potentialität, sondern vom Akt des potentiell Seienden. Dieses, d. h. das bewegte Ding, kann in einer Hinsicht potentiell, in anderer aktuell sein.

Sehr beachtlich ist, dass das Entstehen eines Dinges schon etwas Seiendes voraussetzt, und zwar zwei konstitutive Ursachen: die Materie- und die Formursache, deren Zusammenwirken das Ding entstehen lässt. Hegel, der zum Entwicklungsgedanken seines Systems sich auf Aristoteles' Lehre von der Entstehung der Naturdinge beruft, führt als Beispiel den Samen an, aus dem ein Baum wächst. Es soll erläutern, wie sich der Weltgeist dynamisch in der Geschichte entwickelt. Doch entgeht dem monistischen Idealismus, dass nach Aristoteles alle Entstehung und Entwicklung zwei Prinzipien erfordert, ein Potenz- und ein Aktprinzip. Auch im Samen eines Baumes ist eine Materie- und eine Formursache, durch deren Zusammenwirken der Baum entsteht. Hegels Weltgeist soll zugleich das seine Entwicklung Erfahrende und das sie Bewirkende sein, was unmöglich ist. Dieselbe Unmöglichkeit finden wir schon bei Spinoza, dessen Gott, *Deus sive natura,* sowohl *natura naturans,* als auch *natura naturata* sein soll.

Kapitel 4–8 handeln vom Unendlichen und klären wichtige Fragen, so diese, ob das Unendliche existiert, weil es nicht gegeben ist wie ein Sinnesding. Doch verteidigt Aristoteles seine Existenz (203b 15 ff.), aber nicht als Substanz und Prinzip, mit Kritik an Pythagoreern und Platon (Kap. 5). Ferner legt er dar, dass es keinen unendlichen Körper gibt (204a 34 ff.). Kap. 6–7 zeigen, dass das Unendliche existiert, aber nur als Potentielles (206a 18), wie die Materie (b 4–5), sofern sie kontinuierlich teilbar ist ins Unendliche. (Die unendliche Teilbarkeit wird in der Mathematik gedacht.) Das Unendlich-Sein ist ein privatives (207b 34–208a 2). Kap. 8 beweist, dass es in der Natur kein aktuell Unendliches gibt.

Es folgen in Buch IV, Kap. 1–5, die Erörterungen über den Ort,[27] das Leere, Kap. 6–9, und die Zeit, Kap. 10–13, die wir hier nur insoweit durchgehen, als sie sehr realistisch diese Gegenstände behandeln, was für uns lehrreich ist, da diese in der Neuzeit, vor allem seit Kant, zu rein subjektiven Anschauungsformen werden und den Realismus verlieren.

Die Ansichten der Früheren, die den Ort teils mit dem materiellen Körper, teils mit dessen Form identifizieren, weist Aristoteles zurück (Kap. 1–3), und bestimmt den Ort als das erste Umfassende jedes Gegenstandes, das keinen Teil von ihm ausmacht. Der Ort hat ein Oben und Unten, Rechts und Links, Vorne und Hinten, entsprechend den Bewegungen der Körper in ihm (Kap. 4.) Da nur vier mögliche Bestimmungen des Ortes in Frage kommen: ihn entweder als Gestalt oder als Materie oder als Abstand zwischen äußersten Grenzen oder als diese selbst zu definieren, und die ersten drei Möglichkeiten nicht annehmbar sind, wie Aristoteles darlegt, bleibt nur die vierte übrig, wonach er den Ort wie folgt definiert:

»Ort ist die erste unbewegliche Grenze des umfassenden Körpers, bezogen auf den umfassten Körper«, der lokal beweglich ist (*Physik* IV, 4, 212a 5–6).

Über das Leere (Kap. 6 ff.) erörtert Aristoteles zuerst die früheren Ansichten, vor allem die, dass es der Abstand zwischen Körpern sei, übernimmt sie aber nicht, da sie die Kontinuität im materiellen Körperlichen aufheben. Er selbst versucht, das Leere im Zusammenhang mit dem Ort zu bestimmen, nämlich als »Ort, in welchem kein Körper ist«, wobei sich dann erweist, dass es nicht existiert (Kap. 7, 214a 16 ff.). Der von einigen geführte Beweis der Existenz des Leeren aus der Existenz der Bewegung ist unannehmbar, da sie das Leere als »die (ermöglichende) Ursache der Bewegung« (214a 24) der Körper ansetzen, als ob sie sich in den Zwischenräumen bewegten. So bleibt als Ergebnis (Kap. 8–9), dass das Leere ein Nichtseiendes, oder eine Privation ist, nämlich der Ort ohne Körper (215a 11, 217a 10–11).

Es folgen ausführliche Erörterungen über die Zeit (Kap. 10 ff.), die zunächst mit den Ansichten der Früheren beginnen. Es geht zuerst um die Frage, ob die Zeit existiere; denn sie setzt sich aus Vergangenem

---

[27] Ich übersetze das griech. Wort τόπος mit »Ort«, nicht mit »Raum«, dem griech. χώρα entspricht. »Ort« bezieht sich enger auf Dinge als »Raum«, der auch mehr eine mathematische Betrachtung zulässt, die im vorliegenden Text weitgehend fehlt.

und Zukünftigem zusammen, die aber gegenwärtig nicht sind. Und das Jetzt ist kein Teil der Zeit; sie ist nicht aus Jetzt-Punkten zusammengesetzt (218a 6–8). Zudem fragt sich, ob das Jetzt als ein und dasselbe beharrt oder immer wieder ein anderes ist.

Gegen die Annahme, dass »das Jetzt immer wieder ein anderes ist«, wendet Aristoteles ein, dass dann das je vorhergegangene Jetzt, wiewohl seiend, vergehen würde. Alle früheren Jetzt-Punkte würden nicht zugleich sein (in der Gegenwart), da sie vergangen wären. Es ist jedoch unmöglich, sowohl dass das vorhergehende Jetzt, als in sich selbst seiend, vergangen wäre, als auch dass das frühere Jetzt in einem anderen verginge (218a 8–18). Auch kann die Zeit keine Reihe unendlich vieler Jetztpunkte sein; denn wenn sie nicht vergehen, werden unendlich viele zugleich sein, was unmöglich ist (a 18–21).

Aber auch die Annahme, dass »das Jetzt als ein und dasselbe beharrt«, ist unmöglich. Das teilbare Begrenzte wird nicht mehr kontinuierlich sein, wenn die Grenze sich nicht kontinuierlich ändert, sondern unveränderlich beharrt; denn das Jetzt wird hier als unveränderliche Grenze angenommen, durch die eine begrenzte Zeit erfasst wird (a 21–25).

Ferner, in dem einen beharrenden Jetzt, das ein zeitliches Zugleich bedeutet, gibt es kein Früher oder Später, sondern beides fällt in ihm in eins zusammen, »so dass das zehntausendste von vergangenen Jahren heute mit ihnen (zugleich) wird, ohne Früher oder Später, ohne Abfolge des einen nach dem anderen« (a 25–30).

Nach der Erörterung über die Existenz der Zeit folgt die über das Wesen der Zeit (218a 30 ff.). Da die Zeit immer zusammen mit Bewegung erfahren wird, muss sie entweder Bewegung oder »etwas von der Bewegung« sein. Es zeigt sich aber, dass sie nicht mit Bewegung oder sonst einer Veränderung identisch sein kann; denn es gibt schnelle und langsame Bewegungen / Veränderungen, nicht aber schnelle und langsame Zeit, da vielmehr Schnelligkeit und Langsamkeit durch die Zeit gemessen werden.

So bleibt nur übrig (Kap. 11), dass die Zeit »etwas von der Bewegung« ist (218b 10–20). Wie nun die kontinuierliche Bewegung der kontinuierlichen Größe folgt, so die kontinuierliche Zeit der kontinuierlichen Bewegung (218b 20–219a 10).

Und wie es bei den Größen lokal ein Vorher und Nachher (in der Anordnung der Teile) gibt, so auch ein Früher und Später in der Abfolge der Zeit. Die Seele bestimmt einen früheren und einen späteren

Bewegungsabschnitt mit einem dazwischen liegenden Punkt, als Mitte zwischen zwei Extremen.

Gleicherweise versteht sich auch bei der Bestimmung zweier Zeitabschnitte das dazwischen liegende Jetzt als Grenze, nämlich als »zweifaches Jetzt« (weil Grenze am Ende des früheren Zeitabschnitts und am Beginn des späteren). Die Zeit ist dann das so Begrenzte (219 a 10-b 2), woraus sich folgende Definition ergibt:

»Die Zeit ist Zahl der Bewegung nach dem Früher und Später« (*Physik* IV, 219b 1–2). Und weiter unten: »Die Zeit ist Maß der Bewegung und des Bewegtwerdens« (*Physik* IV, 220b 32–221a 1).

An die Definition fügt Aristoteles eine Reihe von Erläuterungen an, von denen folgende besonders beachtenswert sind. Indem zwischen zweierlei Zahl unterschieden wird: als dem Gezählten und als dem, womit gezählt wird, also zwischen der konkreten Zahl[28] und der abstrakten, wird die Zeit als die konkrete Zahl verstanden, weil sie an der konkreten Bewegung ist.

Ferner wird die Feststellung, dass das Jetzt im Fluss der Zeit bzw. der Bewegung teils dasselbe, teils immer wieder verschieden ist, dadurch geklärt, dass die Zeit auf die Bewegung, das Jetzt hingegen auf das Bewegte bezogen ist (τῷ δὲ φερομένῳ ἀκολουθεῖ τὸ νῦν, ὥσπερ ὁ χρόνος τῇ κινήσει, 219b 22–24); denn das Bewegte wird einerseits als real immer dasselbe verstanden, andererseits, sofern es in der Bewegung einmal hier, dann dort ist, auch als immer wieder verschieden (z. B. Koriskos am Lykeion und Koriskos auf dem Marktplatz, b 20–21). Ebenso ist auch das Jetzt einerseits immer dasselbe (nämlich als Grenze zwischen Früher und Später), wandert aber andererseits im Zeitfluss mit und wird als Grenze eines immer wieder anderen Früher und Später auch selber als immer wieder anderes erfasst (219b 2–33).

Wenn das Jetzt als das betrachtet wird, »was es einmal seiend ist« (ὅ δέ ποτε ὄν ἐστι τὸ νῦν, 219b 14–15; b 18–19; b 26), so wird es in seinem immer selben Wesen erfasst, in welchem es »kein Früher und Später in der Bewegung« gibt, auch scheint dann »keine Zeit geworden zu sein, weil auch keine Bewegung« (219a 32–33).

In scharfsinniger Weise stellt hiernach Aristoteles den zweifachen Aspekt der Zeit und des Jetzt heraus: Einerseits »ist die Zeit durch das

[28] In dieser konkreten Bedeutung führt Aristoteles, *Über die Seele* II 6, die Zahl unter dem gemeinsam (von mehreren Sinnen) Wahrgenommenen auf.

Jetzt kontinuierlich«, andererseits »wird sie durch das Jetzt geteilt« (220a 4–5), wie dies entsprechend auch vom Bewegten gilt: Einerseits ist es seinem Wesen nach ein und dasselbe (»was es einmal seiend ist«), andererseits im Fluss der Bewegung immer wieder ein anderes, weil immer wieder an einem anderen Ort. Auch der Punkt in der kontinuierlichen Größe des Bewegten ist einmal das, was sie kontinuierlich (zusammenhängend) macht (sie »zusammenhält«), zum andern das, was sie trennt in einen vor- und nachgeordneten Teil (s. Schema).

Eine weitere wichtige Feststellung ist die, Kap. 12, dass »wir nicht nur die Bewegung durch die Zeit messen, sondern auch die Zeit durch die Bewegung, da sie gegenseitig bestimmt werden«.

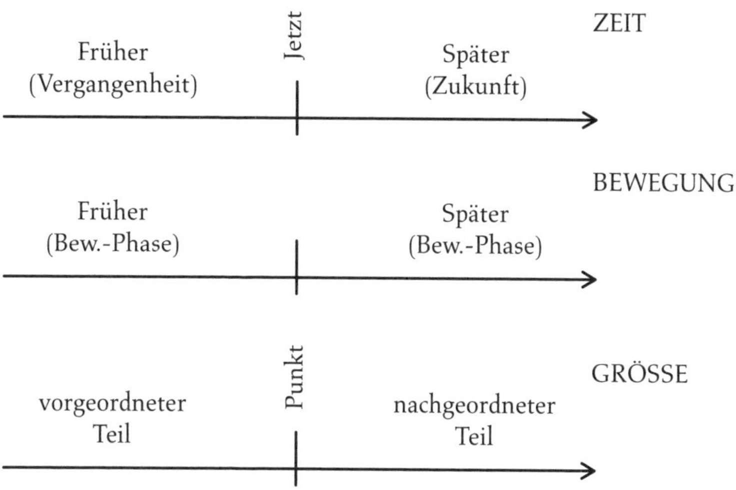

Das Sein des bewegten Dinges

Ferner: Alles Bewegte mit seinen Bewegungen ist umfangen von der Gesamtzeit (221a 26ff.), so dass es etwas von der Zeit erfährt (»erleidet«). Als Zeitliches hat alles sein Entstehen und Vergehen. Die zeitliche Bewegung »lässt das Bestehende aus sich heraustreten« (ἣ δὲ κίνησις ἐξίστησιν τὸ ὑπάρχον, b 3).

Kap. 13 führt zum Aspekt des Jetzt näher aus, dass es die Kontinuität der Zeit (im Übergang vom Früher zum Später, vom Vergangenen zum Zukünftigen) stiftet, und definiert eine Reihe zeitbezogener Begriffe (wie »schon«, »plötzlich« usw.). Kap. 14 erörtert das Verhältnis der Zeit zur Seele, welche die Zeit zählt, und die Frage, ob es ohne die Seele Zeit gäbe (223a 21 ff.), die positiv beantwortet wird, wenn doch die Zeit, »was sie einmal seiend« ist, sich als die in der Bewegung liegende Ordnung des Früher und Später erweist, mit der Möglichkeit, von der Seele gezählt zu werden.

Mit dieser Lösung stimmt auch die oben genannte Unterscheidung überein zwischen der konkreten Zahl in der Bewegung und der abstrakten Zahl im Intellekt.[29]

Zusammenfassend gesehen, hat Aristoteles' Erörterung die Probleme über die Zeit sehr realistisch behandelt und sie deshalb so erfolgreich aufgelöst. Sie konzentriert sich auf das Jetzt; denn die Zeit fließt von der Vergangenheit in die Zukunft durch das Jetzt. Dabei wird das Jetzt selbst näher bestimmt: Es ist kein Teil der Zeit mehr (sondern gleichsam ihr Prinzip), tritt aus dem Zeitfluss heraus, bildet eine Einheit, die mehr als der bloße Schnittpunkt zwischen Vergangenem und Zukünftigem ist. Wenn die fließende Zeit dem Bewegungsfluss zugeordnet ist, so das Jetzt dem Bewegten, als einem festen Punkt, von dem aus Zeiträume fixiert und gemessen werden können. Genau genommen, ist das Jetzt auf das Sein des bewegten Dinges bezogen und tritt aus dem Werden im Zeitfluss heraus. Daher kann dann die Metaphysik die philosophische Reflexion auf das Sein der Dinge im stehenden Jetzt vollziehen.

Buch V handelt von den Arten der Bewegung oder Veränderung, Buch VI von der Teilbarkeit / Unteilbarkeit des Kontinuierlichen, vom Zusammenhang zwischen dem Orts-, Zeit- und Bewegungs-Kontinuum und stellt (Kap. 3) das Jetzt als unteilbare Einheit heraus. Kap. 4 geht über die Teilbarkeit der Bewegung.

Buch VII und VIII führen die *Physik*-Untersuchung zu ihrem Abschluss in einem ersten unbewegten Beweger. In Buch VII erörtert Kap. 1 den Grundsatz: »Jedes Bewegte wird von etwas bewegt«, mit der Alternative, dass es entweder »von etwas anderem« bewegt wird, oder »von sich selbst«, d. h. »die Ursache der Bewegung in sich selbst

[29] Aristoteles' Auffassung von der Zeit als objektiv Realem, die im Gegensatz steht zu einer rein subjektiven Zeitauffassung bei Denkern der Neuzeit und Gegenwart, knüpft bei der realen Auffassung von uns Menschen im Alltag an, wie sie sich z. B. im religiösen Bereich bereits in den biblischen Psalmen ausdrückt, wo es heißt, dass alle Tage unseres Lebens schon gezählt und in Gottes Hand sind.

hat« (241b 34–38). Missverständnisse beim Sich-selbst-Bewegenden, dass es von anderem bewegt werde, oder wenn es ruht, keine Bewegungsursache habe, ergeben sich daraus, dass bei ihm die innere Bewegungsursache nicht so deutlich ist. Man muss es aber als ein Ganzes AB betrachten, das aus den Teilen AC und CB besteht. Wenn von ihnen der eine bewegt, der andere bewegt wird, wird das Ganze bewegt, einschließlich des bewegenden. Und wenn ein Teil ruht, so auch das Ganze, ohne dass deshalb keine Bewegungsursache da wäre. (Vielmehr liegt sie im anderen, bewegenden Teil.)

Anzumerken ist hier, dass der von modernen Interpreten als »Kausalgesetz« bezeichnete Grundsatz nicht als a priori gesetzte, abstrakte Theorie oder als rein physikalisches Gesetz ausgelegt werden darf, beschränkt auf materielle Bewegungen zwischen Körpern. Sonst erfährt er die häufig geäußerte Kritik, dass aus ihm niemals eine immaterielle erste Bewegungsursache abgeleitet werden kann. Vielmehr führt Aristoteles den Grundsatz induktiv ein als uns allen aus der Erfahrung unmittelbar einsichtig, wonach wir mit dem Bewegten nicht nur leblose Körper, sondern ebenso die Lebewesen verstehen, die hier als das Sich-selbst-Bewegende bezeichnet werden. Entsprechend ist das Bewegende nicht auf bewegende Körper beschränkt, sondern kann ebenso für »die Ursache der Bewegung« stehen, die in den Lebewesen ein seelisches Prinzip ist. Buch II hat sie als nicht-materielle Ursache eingeführt.

Der Text legt dann weiter dar: Wenn das örtlich Bewegende ein Körper ist, der wieder von einem anderen bewegt wird, so kann die Reihe der bewegt-bewegenden Körper nicht ins Unendliche gehen, da das Bewegen des einen Körpers und das Bewegtwerden des anderen zugleich erfolgt. Es ist zahlenmäßig ein und dieselbe Bewegung, die nicht unendlich groß sein kann, weil zwischen Grenzen (Anfangs- und Endpunkt) verlaufend. Auch können die Körper, die in Kontakt stehen, nicht unendlich viele sein, da es kein aktuell unendlich Vieles gibt (s. o.). Also muss es ein erstes Bewegendes und Bewegtes geben (*Physik* VII, 1, 242a 49–243a 31). Die Kap. 2–4 legen dar, dass dies für alle drei Arten der Bewegung gelten muss, für die des Ortes, der qualitativen Veränderung und der quantitativen Vermehrung bzw. Verminderung.

Anmerken möchte ich auch, dass Kant die Möglichkeit eines unendlichen Regresses in der Reihe bewegt-bewegender Körper, in Raum und Zeit, zu einem großen Problem macht, das gegen die Gottesbeweise verwendet wird. Bei Aristoteles dagegen ist es kein ernstes Problem.

Er behandelt es nur kurz, um offensichtlich auf Materialisten zu antworten, die mit dem unendlichen Regress gegen die metaphysische Annahme einer ersten immateriellen Ursache argumentieren. Sie lassen als Reales nur materielle Körper in ständiger Bewegung gelten, ohne Sein. Aristoteles dagegen verweist gerade auf das Sein der materiellen Dinge, die – wenn als Bewegtes und Bewegendes in Beziehung stehend – zugleich sein müssen, hier und jetzt; wie ja jede Reflexion auf das Sein der Dinge im stehenden Jetzt erfolgt.

Buch VIII vollzieht den abschließenden Beweis einer ersten unbewegten Bewegungsursache, der vom Sich-selbst-Bewegenden, den Lebewesen, ausgeht. Dabei ist die antike Vorstellung vorausgesetzt, dass die Himmelssphären beseelte Lebewesen sind, wobei die sichtbaren Gestirne mit den angenommenen (ätherischen) Sphärenschalen ihr Leib ist, zu denen die intellektuellen Seelen erschlossen werden. Der Beweis in Kap. 5–6 wird durch eine Reihe von Beweisargumenten vorbereitet.

Kap. 1 geht vom Begriff der Bewegung, einschließlich des Werdens, aus, die der Akt des Bewegten, des »potentiell Seienden als solchen« ist. Werden, Entstehen, Bewegung setzt immer schon etwas aktuell Seiendes voraus, das selbst unentstanden ist. Ebenso muss die Zeit, die alle Bewegung umfasst, unentstanden sein. Gleicherweise ist das Jetzt unentstanden und zeitlos, sofern auf das Sein alles Bewegten bezogen, wodurch es alles Früher und Später der Gesamtbewegung und -zeit umfasst (251a 8 – 252a 5).

Kap. 2 bringt unsere Erfahrung als Lebewesen hinzu, d. h. als Sich-selbst-Bewegendes, die wir das Prinzip der Bewegung in uns selber haben, und zieht eine Analogie von uns als Mikrokosmos zum großen Kosmos, der ebenfalls beseelt ist, wie gesagt (252b 17–28).

Kap. 3 räumt die falschen Ansichten aus, die entweder alle Dinge immer als unbewegt annehmen (Parmenides) oder alle immer als bewegt (Heraklit), oder einen Teil der Dinge immer unbewegt, einen anderen immer bewegt (wie Platon mit seinen zwei Welten). Aristoteles tritt für die Annahme ein, dass einige Dinge teils bewegt, teils unbewegt sind, d. h. bei den Lebewesen, als Sich-selbst-Bewegendem.

Ergänzend hierzu erörtert Kap. 4 die Frage, was bei den leblosen Körpern die Bewegungsursache sei, und beantwortet sie so, dass für ihre Aufwärts- und Abwärtsbewegung ihre Leichte und Schwere die Ursache ist, bzw. das diese Eigenschaften Hervorbringende, sowie das die Hindernisse Beseitigende, welche die Körper an ihrer natürlichen

Bewegung behindert. Eine eigene, von der Materie verschiedene Bewegungsursache tritt erst bei den Lebewesen auf.

Von der aristotelisch-thomistischen Auffassung der Schwere als einer Bewegungsursache der Körper hatte vielleicht (über Handbücher) Newton Kenntnis, als er die Gravitation als Bewegungsursache in seiner *Philosophia naturalis* einführte.

Kap. 5 nimmt den Kausalsatz, dass das Bewegte von etwas bewegt wird, zur Grundlage induktiver Beweisargumentation, die stufenweise vom Bewegten, von materiellen Körpern, ausgeht, um zwischen zweiten, mittelbaren Bewegungsursachen und einer ersten zu unterscheiden, von der alles Bewegte schließlich abhängt.

II) Jedes Bewegte ist bewegt von einer Ursache.

I) Die Ursache ist { entweder von anderem bewegt (als unbelebter Körper)
oder von sich selbst bewegt (als Lebewesen).

III) Jedes Bewegte ist (letztlich) bewegt von einer sich selbst bewegenden Ursache.

Der Rückgang zu den Bewegungsursachen kann nur entweder zu solchen führen, die wieder von anderem bewegt werden, oder zu etwas Sich-selbst-Bewegendem.

Bei Prämisse I) scheidet die erste Alternative aus, da sie ins Unendliche fortgehen könnte. Die Reihe des Bewegten und Bewegenden muss bei einer sich selbst bewegenden Ursache, einem Lebewesen, enden. Veranschaulicht wird dies mit dem Beispiel vom Stein, der von einem Stock bewegt wird, der wieder von der Hand des Menschen bewegt wird. Dies wird auf die Natur übertragen, deren Bewegungen der Elemente im Kreislauf der Jahreszeiten abhängen von den Bewegungen der beseelten Himmelssphären.

Die Analyse des Lebewesens (257a 31 ff.) als des Sich-selbst-Bewegenden führt zu seinen Komponenten, Leib und Seele, von denen die erste Bewegtes, das nicht bewegt, ist, die zweite hingegen Bewegendes, das nicht mehr bewegt wird, es sei denn nur akzidentell. Somit wird der oben gegebene Beweis durch folgenden ersetzt:

II) Jedes Bewegte ist bewegt von einer Ursache.

I) Die Ursache ist {
entweder eine durch sich selbst bewegende (= sich selbst bewegende, als Lebewesen)
oder eine direkt bewegende, unbewegte (als Seele).

III) Jedes Bewegte ist (letztlich) bewegt von einer direkt bewegenden, unbewegten Bewegungsursache (als Seele).

Die Prämisse I) differenziert beim Lebewesen zwischen diesem selbst und seiner Seele, so dass ein Übergang von der ersten zur zweiten Alternative stattfindet. Aristoteles knüpft an Platon an, da dieser (in *Phaidros* und *Gesetze*, Buch X) – auf der Suche nach der ersten Bewegungsursache – die Seele als Sich-selbst-Bewegendes angenommen hatte, und korrigiert ihn; denn als das Sich-selbst-Bewegende erweist sich vielmehr das Lebewesen, während die Seele dessen unbewegt bewegendes Prinzip ist.

Kap. 6 gelangt in einem letzten Schritt zum Beweis eines absolut unbewegten, ersten Bewegers; denn die Seelen der einander untergeordneten Himmelssphären sind zwar an sich unbewegte Bewegungsprinzipien, aber noch mittelbar bewegt, da die Sphären sich mit ihren verschiedenen Bewegungen beeinflussen. Nur die erste Himmelssphäre, die der Fixsterne, unterliegt keinem solchen Einfluss mehr und vollzieht eine gleichförmig kontinuierliche, ewige Kreisbewegung, der ein gänzlich unbewegter Beweger entsprechen muss. Es ergibt sich folgender Beweis:

II) Jedes Bewegte ist bewegt von einer Ursache.

I) Die Ursache ist {
entweder eine an sich unbewegte, aber akzidentell bewegte Bewegungsursache (= Seelen der unteren Himmelssphären)
oder eine absolut unbewegte Bewegungsursache (= Seele der ersten Himmelssphäre).

III) Jedes Bewegte ist (letztlich) bewegt von einer absolut unbewegten, ersten Bewegungsursache (= Seele der ersten Himmelssphäre).

Bewegendes			
bewegt Bewegendes		unbewegt Bewegendes	
von außen	von sich selbst	akzidentell bewegt	absolut unbewegt
leblose Körper	Lebewesen	Seelen der unteren Himmelssphären	Seele der obersten Himmelssphäre

In den drei Beweisen findet sich eine Einteilung bewegender Ursachen, mit den entsprechenden Naturdingen (siehe obenstehendes Schema). Wenn wir sie vor Augen haben, dann wird ersichtlich, dass der »erste unbewegte Beweger« der *Physik* nicht mit der ersten Seinsursache in *Metaphysik* XII identisch ist, entgegen einer weit verbreiteten modernen Interpretation.

Mit dem »Unbewegten« in *Physik* VIII ist das Fehlen jeder physischen Bewegung gemeint. Dagegen spricht *Metaphysik* XII von der ersten, transzendenten Seinsursache von allem so, dass sie das ihr Untergeordnete »wie ein Geliebtes bewegt«, mit einer uneigentlichen, immateriellen Bewegung, wie vergleichsweise bei den Menschen der Geliebte die Seele des Liebenden »bewegt«.

Im Text findet sich eine Analogie zwischen den Lebewesen im bewegten (sublunaren) Bereich und denen im (supralunaren) Bereich des Unbewegten. Wenn das Lebewesen, wie früher definiert, das Sichselbst-Bewegende« ist, so wird nun ein solches Prinzip vom irdischen Lebewesen Mensch, als dem »kleinen Kosmos« (εἰ γὰρ ἐν μικρῷ κόσμῳ γίγνεται, καὶ ἐν μεγάλῳ, 252b 26–27), analog auch auf die lebenden Wesen im makrokosmischen Bereich übertragen.

	unbewegte Beweger	**1. unbewegter Beweger**
Himmelswesen	intellektuelle Seelen	intellektuelle Seele
	übrige Himmelssphären	1. Himmelssphäre

				unbewegter Beweger
Irdische Dinge	{	Formursache	Mensch {	intellektuelle Seele
		Materie		Leib

Insbesondere wird diese Analogie zwischen dem Menschen, in dem der Intellekt das herrschende Prinzip über den Körper ist, und den kosmischen Lebewesen gelten, die aus den Intellekt-Seelen und den Himmelssphären, als ihren Körpern, bestehen. Wie die Intellekt-Seele des Menschen unbewegtes Bewegungsprinzip ist, so ist dies auch die Intellekt-Seele der ersten Himmelssphäre. Auch sie ist ein »unbewegter Beweger«.

Die letzten Kap. 7–10 von Buch VIII legen dar, dass der frühere Beweis einer kontinuierlichen, ewigen Bewegung auch durch die Tatsache der ewigen Kreisbewegung des Fixsternhimmels bestätigt wird; denn von den verschiedenen Arten der Bewegungen kann nur die kontinuierliche Kreisbewegung eine ewige sein, bei der Anfang und Ende ineinander übergehen.

Abschließende Bemerkungen:

Auch wenn wir heute die antike Auffassung von den beseelten Himmelssphären nicht mehr teilen, muss deshalb Aristoteles' Lehre in *Physik* VII-VIII nicht als bloß historische abgetan werden. Ihr bleibender Wert dürfte sein, dass die dargebotenen Beweise einen Übergang von den bewegten, materiellen Naturdingen, zu unbewegten, immateriellen Bewegungsursachen vollziehen. Zwar gehören diese Beweise zur Naturphilosophie, da sie von der Bewegung der Naturdinge, einschließlich der Menschen, ausgehen, haben aber eine metaphysische Grundlage. So setzt alle Bewegung und Zeit aktuell Seiendes voraus, weshalb das Jetzt, das Prinzip der Zeit, auf das Sein der bewegten Dinge bezogen ist. Dadurch wird die Gesamtbewegung und -zeit umfasst; denn gerade vom Jetzt aus erschließt Aristoteles, dass Bewegung und Zeit immer sind, sowie unentstanden (VIII 1, 251b 10–28), was auf ein ihnen zugrundeliegendes, zeitloses Seiendes verweist.

Mag es nun auch bei den Bewegungen zu jedem Früher ein Früher geben und zu jedem Später ein Später, in der zeitlichen Erstreckung, so ist ihnen im stehenden Jetzt das Seiende vorgeordnet, an dem sich Bewegung und Zeit finden, mit nicht mehr bewegten Bewegungsursachen, die immaterielle sind. Wenn es eine gestufte Ordnung von Bewegungsursachen gibt, so nicht (horizontal) im zeitlichen Nacheinander, sondern (vertikal) zugleich im Jetzt.

Besonders beachtlich ist die Unterscheidung (VIII 6, 258b 10 ff.) zwischen unbewegt-bewegenden Prinzipien, die »einmal sein und nicht sein können ohne Entstehen und Vergehen« (b 17–18), und solchen, die immer sind. Bei den ersteren ist wohl an die Lebensprinzipien in Pflanze und Tier, bei den letzteren an die intellektuellen im Menschen zu denken, sowie an die im überirdischen Bereich.

Die tiefgründige Auffassung eines entstehungslosen Ins-Sein-treten von Prinzipien, ohne vorhergehende Materie, im Unterschied zur Entstehung der Dinge aus vorliegender Materie, wurde die Vorbereitung für die christliche Lehre von der Schöpfung aus Nichts.

Die Analogie zwischen dem Menschen als Mikrokosmos und dem Makrokosmos mit den beseelten Himmelssphären endet nicht bei der Intellekt-Seele der ersten Fixsternsphäre (*Physik* VIII), sondern geht in der Metaphysik (*Metaphysik* XII) weiter bis zu einer transzendenten ersten Seinsursache, auf welche die Intellekt-Seelen der Himmelssphären als auf das Objekt ihrer Erkenntnis und ihres liebenden Willens gerichtet sind, so dass die erste göttliche Seinsursache, als erste Bewegungs- und Zweckursache das unter ihr stehende Seiende »wie ein Geliebtes bewegt« (wobei diese »Bewegung« keine materielle mehr ist, sondern eine immaterielle).

Dabei fließt die Selbsterfahrung des Menschen von seinem Intellekt ein, der sich seiner selbst als unbewegten Prinzips bewusst ist. Einerseits erfährt er sich als mit dem Leib Handelnder von ihm bewegt (in Mitleidenschaft gezogen), andererseits aber ihm überlegen; denn er weiß auch von einem vollkommenen Zustand theoretischer (kontemplativer) Tätigkeit, ungestört vom Leib. Analog hierzu hat er eine Vorstellung von der Lebensweise höherer intellektueller Wesen, welche die Tradition religiös-biblisch gesehen mit den Engeln und Gott identifiziert hat.

Angesichts der zahlreichen Kritiken in unserer Zeit zu Buch VIII, die schon beim Begriff der Bewegung beginnen, da er teils rein physikalisch, teils rein abstrakt verstanden wird, empfiehlt sich, von den Texten her das traditionelle, breitere Verständnis von Bewegung wieder aufzunehmen, das jede Art von Veränderung einschließt und sich an den Dingen findet, ja besonders auch an den belebten Naturwesen.[30] Das sog. psycho-physische Problem betrifft das Verhältnis zwischen dem Körper und der immateriellen Seele und den Übergang von der physischen Bewegung zur psychischen »Bewegung«. Letztere besteht nur in der Leitung der physischen Bewegungen, die dem Körper an sich schon zu eigen sind.

[30] Dies betont auch Flashar: »Dabei ist entscheidend, dass es Bewegung nicht ›abstrakt‹ gibt, sondern immer bezogen auf eine bewegte Sache« (*Grundriss der Geschichte der Philosophie*, Bd. 3, *Ältere Akademie, Aristoteles, Peripatos*, 391).

Über Entstehen und Vergehen

Diese wichtige naturphilosophische Schrift handelt in Buch I von Entstehen und Vergehen in einfacher Bedeutung, sofern sie verschieden ist von der qualitativen Veränderung sowie von der quantitativen Vermehrung / Verminderung.

Kap. 1–2: Aristoteles geht wie gewöhnlich von den Ansichten der Vorsokratiker aus, und zwar hier nun besonders derer, welche die Natur in unveränderlichen, unvergänglichen Elementen annehmen – Anaxagoras in den Homöomerien, Empedokles in vier Elementenarten (Erde, Wasser, Luft, Feuer), Demokrit in den Atomen – und durch deren Zusammenfügung und Trennung die Naturdinge entstehen und vergehen lassen. Aristoteles verwirft in Kap. 2 (317a2)-Kap. 3 (318a14) diese Lehre als falsch, da sie Entstehen und Vergehen als bloß akzidentelle Veränderung der Elemente verstehen, in denen allein die Natur als unveränderliche vorläge. In Wahrheit jedoch sind Entstehen und Vergehen der Naturdinge, nach der ersten der aristotelischen Kategorien, wesentlich verschieden von den akzidentellen Veränderungen qualitativer und quantitativer Art nach den übrigen Kategorien. Entstehen und Vergehen betreffen das Naturding an sich, in seinem substantiellen Sein und Nichtsein, während sich die quantitativen und qualitativen Veränderungen nur akzidentell an der schon bestehenden Substanz vollziehen.

Zudem waren die Vorsokratiker mit dem Problem des Werdens / Entstehens befasst, dass nämlich aus »Nichtseiendem an sich« nichts entstehen kann (317b 28–32), so dass es nur Seiendes gibt, die Elemente, mit ihren akzidentellen Veränderungen. Anders bei Aristoteles, für den die Naturdinge komplex sind, bestehend aus Materie- und Formursachen. Die Elemente sind nur die Materieursache, die sich potentiell zum entstehenden Ding verhält, während dieses durch die Form-Bewegungs-Zweckursache zu einem aktuell bestimmten Ding wird.

Eingefügt in diese Erörterung ist eine andere hinsichtlich der Elemente, ob sie nämlich ins Unendliche teilbar sind, wie Anaxagoras lehrt, oder ob sie unteilbare Atome sind, wie Demokrit in Kap. 2 (315b 25–317a 13) lehrt. Aristoteles verwirft beide Positionen; denn jedes Atom als Quantum muss teilbar sein. Aber eine unendliche Teilung, aktuell vollzogen, würde das Quantum aufheben. So bleibt nur die Möglichkeit, dass jeder Körper potentiell ins Unendliche teilbar ist, aber aktuell ungeteilt ist, d. h. nicht aktuell in unendlich Vieles geteilt sein kann (316b 20–22).

Entstehen und Vergehen wie auch akzidentelle Veränderungen gehen aus der Privation als »Nichtseiendem an sich« hervor, sei es der substantiellen Form, sei es der akzidentellen an der Substanz. Bei der substantiellen Entstehung ist das Zugrundeliegende die Materie, bei der akzidentellen die Substanz.

Das Materieprinzip ist seinem Wesen nach, »was es einmal als Seiendes ist, dasselbe, dem Sein nach nicht dasselbe« (319b 3–5), nämlich dem Dasein nach als bestimmte, spezielle Materie jedes konkreten Dinges.

Kap. 4–5 bestimmen näher die Vorgänge der qualitativen Veränderung und des quantitativen Wachstums aus den Verbindungen bzw. Mischungen der Elemente. Von ihrem Wirken und Leiden und ihrem Kontakt handeln die Kap. 6–10. Die speziellen Materien der Lebewesen sind aus Elementen gemischte.

Buch II handelt von den vier Elementen: Erde, Wasser, Luft und Feuer, wobei ihre ontologische Grundlage deutlich wird, auf die es uns besonders ankommt.

Kap. 1 geht der Frage nach der »zugrundeliegenden Materie« nach, nicht nur für die Naturdinge, deren Materie die Elemente sind, sondern auch der Elemente selbst, die Platon im *Timaios* das »Allaufnehmendes« (πανδεχές, 329a 15) oder die »Nährmutter« (τιθήνη, a 24) nennt.[31] Aristoteles bemerkt aber kritisch, dass Platon diese Materie als abgetrennt von den Elementen bestehendes Seiendes ansetzte und dann nicht weiter bestimmte. Dagegen setzt nun Aristoteles fest, dass diese »erste Materie« nicht abgetrennt für sich besteht, sondern nur mit den gegensätzlichen Eigenschaften der vier Elemente, denen sie zugrunde liegt (329a 24-b 1).

Insofern kann diese erste Materie nur *per reductionem* erschlossen werden, wenn bei den Elementen von ihren gegensätzlichen Formen abgesehen wird. Wir treffen sie also nur konkret in den Elementen an; denn sie ist an sich ein potentiell Seiendes, das dank der Formen ein aktuelles wird.

[31] Es ist interessant, dass schon wenige Jahre nach Platons Tod sein Dialog *Timaios* in schriftlicher Fassung vorlag, auf die sich Aristoteles beziehen konnte: »… wie im Timaios geschrieben steht«, *Über Entstehen und Vergehen*, 329a 14.

Die Scholastik hat viel über die *prima materia* diskutiert, ob sie real sei, da ihr jede Bestimmung fehle, und moderne Interpreten haben sie als nur Gedankliches der realen Materie der Naturdinge entgegengesetzt (Cl. Baeumker). Dabei wird übersehen, dass die Elemente von Aristoteles ebenfalls als »erste Materie« der Naturdinge bezeichnet werden, im Unterschied zu deren spezifischen Materien, und dass, genau genommen, die Materie der Elemente Materie der Materie der Naturdinge ist; denn da die Materie per Definition das ist, woraus die Dinge entstehen, ist ihr Woraus nicht die Materie der Elemente, sondern sind dies die Elemente.

Die anschließenden Kapitel 2 und folgende legen die Lehre von den vier Elementen dar und zunächst von ihren Eigenschaften: trocken – feucht, kalt – warm. Diese treten in vier gegensätzlichen Paaren auf, die sich auf die vier Elemente verteilen (wie das unten stehende Schema zeigt). Indem sie je eine Eigenschaft austauschen, wandeln sie sich ineinander. Wenn z. B. Wasser, mit seinen Eigenschaften des Feuchten und Kalten das Kalte gegen das Warme austauscht (unter dem Einfluss des Feuers), so wird es Luft.

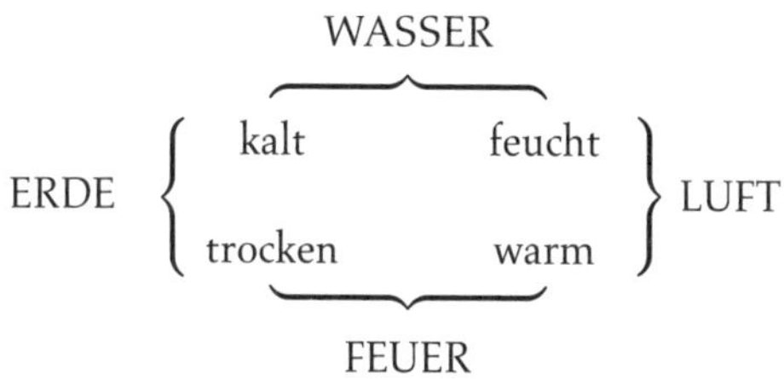

Das Problem, wie die Elemente entstehen, da jede Entstehung aus einer schon vorliegenden Materie erfolgen muss, eine solche aber nur die in ihnen selbst vorhandene »erste Materie« sein kann, löst Aristoteles durch die Umwandlung der Elemente ineinander, die in einem kontinuierlichen, endlosen Kreislauf geschieht. Sie selber sind wiederum »erste Materie«, woraus die komplexen Naturdinge entstehen, wobei sich deren spezifische Materien bilden, z. B. Holz bei den Pflanzen, Fleisch bei den Lebewesen.

Abschließend gesehen, hat Aristoteles mit der *Physik* die Grundlage für eine echte Naturphilosophie geschaffen, die gegenüber der *Metaphysik* ihren eigenen Forschungsbereich hat, die Natur mit ihren gesetzmäßigen Bewegungen: Entstehen und Vergehen, quantitativen und qualitativen Veränderungen, sowie den Bewegungen in Raum und Zeit. Dabei anerkennt er die Natur auf ihren verschiedenen Stufen des Unbelebten und Belebten. Dem entspricht die Einführung und Erschließung nicht nur der Materie- sondern auch gewisser Form-, Bewegungs- und Zweckursachen zur Erklärung der Lebewesen.

Wiewohl aber die *Physik* durchweg verschieden ist von der *Metaphysik*, die von allen Dingen als Seiendem handelt, hat sie doch eine metaphysische Grundlage, sofern alle Bewegung und Veränderung substantiell Seiendes voraussetzt. Damit nämlich etwas entstehen kann, d. h. von einem potentiell Seiendem zu einem aktuellen übergehen kann, muss immer schon etwas sein, nämlich konstitutive Ursachen für das potentielle und das aktuelle Sein des Entstehenden. Diese sind aber in den Lebewesen die Materieursache einerseits und die Form-, Bewegungs-, Zweckursache andererseits, als psychische Lebensprinzipien. Die *Metaphysik* führt die immanenten »zweiten« Ursachen in den Naturdingen auf eine »erste« transzendente Seinsursache zurück.

Die *Physik* enthält zwar Lehrstücke über den Kosmos, die inzwischen durch die Naturwissenschaften überholt sind, bietet jedoch auch einige tiefe Einsichten, die durch die moderne Physik bestätigt werden. Erstens nimmt wie diese auch Aristoteles die Materie als in sich bewegungsbegabt an und in ständiger Bewegung. Zweitens bestätigt sich seine Lehre, dass sich in der Natur nichts aktuell Unendliches findet: Es gibt ein Minimum und Maximum der Temperatur, ein Maximum der Geschwindigkeit, eine begrenzte Gesamtmasse des Universums, mit dem umschließenden, »gekrümmten« d. h. endlichen Raum. Ähnlich spricht Aristoteles vom Ort als der äußersten, die Körper umschließenden Grenze. Auch die Zeit ist für den modernen Physiker, wie für Aristoteles, eine reale Eigenschaft der Körper in Bewegung, die gemessen wird und Berechnungen erlaubt, womit die Technologie in die materielle Welt verändernd eingreift.

Über die Entstehung der Lebewesen

Diese Schrift folgt der *Über die Teile der Lebewesen* und übernimmt die dort (Buch I, Kap. 1) angegebene Methode, die Lebewesen nach den vier Ursachen zu untersuchen: der Materie-, Bewegungs-, Form- und Zweckursache.[32] Die in der äußeren Beobachtung feststellbaren Teile der Lebewesen machen ihre Materieursache aus, die in ihrer organischen Anordnung auf die nicht mehr materielle, seelische Bewegungs-, Form- und Zweckursache der Lebewesen verweisen. Sie sind für jede Spezies eigene und prägen ihr Wesen im Organismus einer jeden aus.[33]

Die ontologische Grundlage hierfür ist der Vorrang des Lebendigen vor dem Leblosen (*Entstehung der Lebewesen* II, 1, 731b 28–31):

»Besser ist die Seele als der Leib, das Beseelte als das Unbeseelte, wegen der Seele, sowie das Sein als das Nichtsein, und das Leben als das Nichtleben« (βέλτιον δὲ ψυχὴ μὲν σώματος, τὸ δ' ἔψυχον τοῦ ἀψύχου διὰ τὴν ψυχήν, καὶ τὸ εἶναι τοῦ μὴ εἶναι καὶ τὸ ζῆν τοῦ μὴ ζῆν).

Die wichtige Stelle enthält zugleich die Definition des Lebens als der (hohen) Seinsstufe des Lebendigen (scholastisch ausgedrückt: *vivere est esse viventibus*).[34] Grundlegend ist Aristoteles' Lehre von der Analogie des Seienden auf verschiedenen Stufen. Dementsprechend hat das Sein vor dem Werden den Vorrang (*Entstehung der Lebewesen* V, 1, 778b 6):

»Die Entstehung folgt der Substanz *(ousía)* und ist um der Substanz willen, nicht aber diese um der Entstehung willen« (τῇ γὰρ οὐσίᾳ ἡ γένεσις ἀκολουθεῖ καὶ τῆς οὐσίας ἕνεκά ἐστιν, ἀλλ' οὐ αὕτη τῇ γενέσει).

---

[32] Meine Dissertation *Das Verhältnis der causa efficiens zur causa finalis in Aristoteles' Schrift* De generatione animalium, München 1965, die nur im Typoskript vorlag, ist später teilweise in meine Abhandlungen: *Beiträge zu Aristoteles' Naturphilosophie*, Würzburg/Amsterdam 1995, und: *Evolution und Naturfinalität*, Hildesheim 2008, eingegangen.

[33] Auch Flashar sieht für das Verständnis der *Entstehung der Lebewesen* Aristoteles' Anwendung der vier Ursachen auf die Lebensvorgänge und seine finale Betrachtungsweise als wesentlich an, da sie erstmals eine philosophische Biologie begründet, die nicht nur materiell-mechanische Abläufe erforscht (*Grundriss der Geschichte der Philosophie*, Bd. 3, *Ältere Akademie, Aristoteles, Peripatos*, 409). Sie erschließt eine Ordnung oder »Stufenleiter« der Natur, »auf der die Arten und Gattungen der Lebewesen in einer teleologisch ausgerichteten Hierarchie nach dem Grad der Vollkommenheit bzw. Unvollkommenheit angeordnet sind« (403).

[34] Siehe auch unten S. 227 ff. zu *Über die Seele*.

Dieselbe Grundlage finden wir auch in der Schrift *Über Entstehen und Vergehen*.[35]

Da die Zeugungsteile in besonderem Maße als Organe der Entstehung der Lebewesen dienen, widmet sich ihnen ausführlich die vorliegende Schrift und erschließt von ihnen aus die für die Entstehung verantwortliche Bewegungs- und Zweckursache. Dabei setzt sie sich durchgehend mit den früheren »Physiologen« auseinander, welche die Bildungsprozesse der Organe rein materiell erklären und mechanistisch betrachten. Aristoteles leugnet die materielle Seite der Organbildungen nicht, bringt aber den neuen Gesichtspunkt der ihnen eigentümlichen Zweckmäßigkeit (Finalität) hinzu, der sich nur aus seelischen Lebensprinzipien erklären lässt.

Die zwei Gesichtspunkte machen sich vor allem hinsichtlich der Bewegungsursache bemerkbar, die einerseits eine materielle ist, nämlich die Wärme, die aus den Elementen Feuer und Luft bzw. dem Pneuma (einem warmen Lufthauch) herkommt,[36] andererseits eine seelische, die sich jener materiellen Wärme als ihres Werkzeuges bedient, um die Lebensfunktionen zweckvoll ausführen zu können. Die von der seelischen Bewegungsursache geleitete Körperwärme heißt daher auch lebensspendende, »psychische Wärme«. Diese kommt nicht der Seele zu (denn sie ist immateriell), sondern dem Pneuma, dessen sich die Seele als Instruments bedient bei der Bildung der Organe und ihrer Lebensfunktionen.[37]

Es ist nun die dem Aristoteles eigene Lehre, dass er im Zeugungs-

---

[35] »Da nämlich in allem die Natur, wie wir sagen, nach dem Besseren strebt, besser aber das Sein als das Nichtsein ist …« (*Über Entstehen und Vergehen* II, 10, 3366 28 f.) mit der theologischen Erklärung, dass »der Gott das Ganze (Universum) vollendete, indem er die Entstehung ununterbrochen machte; denn so würde das Sein am meisten Bestand haben, da ihm das immerwährende Entstehen und Vergehen der Substanz am nächsten kommt« (b 34–337a 1).

[36] Zum Begriff »Pneuma« siehe die Einleitung in dem von A. L. Peck herausgegebenen Band 13, *Generation of animals*, der zweisprachigen Werkausgabe Aristotle, Loeb Classical Library, London/Cambridge, Mass. Dieselbe Einleitung bringt auch zu anderen Hauptbegriffen der vorliegenden Schrift nützliche und philologisch genaue Hinweise.

[37] Auch Flashar anerkennt in *Entstehung der Lebewesen* die geringere oder größere Lebenswärme als wichtiges Kriterium für die Stufenordnung von den niederen zu den höheren Lebewesen (*Grundriss der Geschichte der Philosophie*, Bd. 3, *Ältere Akademie, Aristoteles, Peripatos*, 406). Um aber von der Wärme »als der eigentlichen Lebenssubstanz« zu sprechen, scheint es mir notwendig, bei Aristoteles zwischen der materiellen Wärme und der »psychischen Wärme« zu unterscheiden. Letztere ist die von der Seele instrumentell verwendete Wärme. Lebenssubstanz ist die Seele.

geschehen die materielle Ursache dem weiblichen Organ, dem Ei, zuschreibt und die Form-, Bewegungs-, Zweckursache dem männlichen, dem Sperma. Da diese Sicht von der modernen Biologie widerlegt worden ist, welche erkannt hat, dass sich die Zeugungsstoffe und -kräfte gleicherweise auf Ei und Sperma verteilen, hat dies zu einer Entwertung und Ablehnung der gesamten aristotelischen Biologie und Embryologie geführt. Meines Erachtens zu Unrecht; denn ungeachtet der falschen Zuteilung an das Männliche und Weibliche bleibt doch die Unterscheidung zwischen materieller und formal-finaler Ursachen im Zeugungsgeschehen gültig.

Im Gegensatz hierzu erklären die heutigen Biowissenschaftler die Lebensvorgänge nur aus dem Genmaterial (DNA der Gene im Genom und Chromosom), das tatsächlich nur Materieursache ist, und leugnen theoretisch jedes psychische Vitalprinzip, wiewohl sie in ihrer Forschungspraxis ein hohes, sozusagen operationales Verständnis der Finalität in den Naturvorgängen zeigen und gerade deshalb so erfolgreich sind. Nun mag zwar die Theorie der Biowissenschaft in Abhängigkeit von Physik und Chemie stehen, so dass ihr der Begriff einer seelischen Lebensursache nicht mehr verfügbar ist. Aber dann muss es der Naturphilosophie gestattet sein, ihn wieder einzuführen.

Ferner gibt es noch einen anderen Grund, der zur Ablehnung der Schrift *Entstehung der Lebewesen* geführt hat, dass nämlich in ihr Aristoteles häufig die Natur als Form-, Bewegungs-, Zweckursache mit der menschlichen Technik vergleicht. Wie der Techniker einen zweckvollen Plan zur Herstellung von Werkzeugen hat und Mittel und Kräfte einsetzt, um es aus einem gegebenen Material zu formen, so formt auch die Natur zweckvoll die entstehenden Lebewesen, freilich mit dem Unterschied, dass der Techniker mit dem Verstand vorgeht, von außen auf das Material einwirkt und ihm äußerlich bleibt, die Natur hingegen ohne Verstand und als immanentes Prinzip im entstehenden Lebewesen wirkt.

Moderne Kritik (Hans Wagner) hat, im Anschluß an Kant, zu Aristoteles' teleologischer Natur-Betrachtung festgestellt, dass er das Zweckverständnis, das wir Menschen nur in unserem praktischen Bereich haben, fälschlich auf die Natur übertrage, »als ob« ihr Zweckmäßigkeit zukäme, wiewohl sie der Natur an sich nicht eigne. Wie schon oben zu *Physik* II bemerkt, lässt sich dagegen sagen, dass wir Menschen durchaus ein direktes, primäres Verständnis von der Zweckmäßigkeit in der belebten Natur haben, auf das sich Aristoteles mit

Recht stützen kann, und dass der Vergleich zwischen Natur und Technik neben der Gemeinsamkeit der Zweckmäßigkeit ebenso auf den Unterschied hinweist: dass nämlich der Techniker mit Verstand das Zweckmäßige wirkt, die Natur hingegen solches ohne Verstand hervorbringt, wiewohl es vom menschlichen Verstand als zweckvoll eingesehen und bewundert wird.

Es ist hier nicht unsere Aufgabe, ins Einzelne der reichhaltigen Beobachtungen einzugehen, welche die fünf Bücher in einer langen Reihe verschiedener Tierarten ausbreiten, um aus den unterschiedlichen Formen und der je verschiedenen Lage der Geschlechtsorgane im Tierleib auf die weniger oder mehr vollkommene Verwirklichung des Lebenszweckes jeder Tierart zu schließen. Für uns bleibt sehr beachtenswert Aristoteles' Auffassung einer Entwicklung von niederen zu höheren Arten, wobei er der Natur eine weise Haushaltung ihrer formenden Kräfte zuschreibt, die immer aus dem vorhandenen Material und den materiellen Mitteln das Bestmögliche, das Zweckmäßigste macht.

Grundsätzlich geht es immer um die formende Gestaltung der Materie durch die seelischen Form-, Bewegungs-, Zweckursachen, die nur stufenweise erreicht wird, nicht sogleich auf vollkommenste Weise. Und doch wird auf jeder Stufe immer eine organische Einheit hervorgebracht, ein Lebewesen von mehr oder weniger vollkommener Art. So muss die Natur auf unterster Stufe mit der Bearbeitung der rohen Materie beginnen, z. B. Fäulnisstoffen, aus denen sich Würmer bilden, teils noch spontan, teil durch geschlechtliche Fortpflanzung.

Aus den primitiven Organismen gelingt es dann der Natur, auf einer höheren Stufe, die belebte Materie zu differenzierteren Zeugungsstoffen mit der wirksamen Körperwärme zu entwickeln. Und je mehr die Formbildungsprozesse der belebten Materie – in Hart- und Weichteilen, Skeletten, Organen usw. – fortschreiten hin zu immer höheren Organismen bzw. Tierarten, desto mehr kann die seelische Form-, Bewegungs-, Zweckursache sich in ihren eigenen Lebenstätigkeiten entfalten. So zeichnet sich eine aufsteigende Entwicklungslinie ab: von den blutlosen zu den blutführenden Lebewesen, von den eierzeugenden Lebewesen (*ovipara*, Buch III) zu den lebenderzeugenden (*vivipara*, Buch II). Als Beispiel diene folgender Text (*Entstehung der Lebewesen* II, 1, 733a 34-b 2):

»Man muss bemerken, wie gut und nacheinander die Natur die Entstehung zuwege bringt (δεῖ δὲ νοῆσαι ὡς εὖ καὶ ἐφεξῆς τὴν γένεσιν ἀποδίδωσιν ἡ φύσις); denn von den Lebewesen bringen die vollkommeneren und wärmeren das Erzeugte qualitativ vollkommen hervor …«

Aristoteles betont hier die organische Entwicklung in der Natur. Eine wichtige Parallelstelle für das zweckmäßige Wirken der Natur lautet (*Entstehung der Lebewesen* V, 8, 788b 21–22):[38]

»Wir nehmen von der Natur an, indem wir unsere Annahme auf das stützen, was wir an ihr sehen, dass sie es nicht fehlen lässt oder nutzlos wirkt an dem, was bei jedem (Lebewesen) als möglich erreichbar ist«.

Ein wertvolles Detail ist Aristoteles' Eintreten für die (später so genannte) Epigenesistheorie, entsprechend der finalen Betrachtungsweise, gegen die Präformationstheorie (*Entstehung der Lebewesen* II, 1, 733b 24 ff.); denn die Entstehungsprozesse der Lebewesen sind nicht nur nach ihrer Materieursache (dem Woraus) zu untersuchen, sondern auch nach ihrer Bewegungs- und Zweckursache (dem Wodurch und Wozu). Rein materiell gesehen, müssten alle organisch entstehenden Teile schon in der Materie von Anfang an vorliegen (präformiert sein), während sie, final betrachtet, sich aus der Materie erst bilden unter Einwirkung einer seelischen Form-, Bewegungs-, Zweckursache.

Parallel zur immer zweckvolleren Ausbildung der Zeugungsorgane läuft die der Fortbewegungsorgane, zusammen mit immer besseren Sinnesvermögen.

Im Menschen als dem vollkommensten Lebewesen entfaltet sich die Seele am besten, und zwar mit einem neuen, bei ihm allein auftretenden Prinzip, dem Intellekt, der sich wesentlich von der Sinnesseele unterscheidet (II, 3, 736b 14 ff.). Während nämlich diese durch das männliche Sperma in den Fötus kommt und ihre Tätigkeiten nur mit dem Leib, d. h. mit leiblichen Organen, ausübt, ergibt sich für den Intellekt, dass er »von außen hinzu hereinkommt und alleine göttlich ist; denn an seiner Tätigkeit hat keine leibliche Tätigkeit teil« (τὸν νοῦν μόνον θύραθεν ἐπεισιέναι καὶ θεῖον εἶναι μόνον, II, 3, 736b 28–29). Damit drückt Aristoteles treffend aus, dass der Mensch als intellektu-

[38] Der Kontext ist Aristoteles' Kritik an Demokrits rein materieller Betrachtung der Natur.

elles Lebewesen die Natur überschreitet, d.h. dass das Auftreten des Intellekts von der Natur her nicht mehr erklärbar ist.[39]

Bei Aristoteles fehlt der Ausblick auf die göttliche Erstursache nicht, wobei ihm wohlbewusst ist, dass er damit das Gebiet der Biologie, nämlich der bewegten Naturdinge, verlässt und in das des unbewegten Seienden übergeht. Im Übrigen unterscheidet er zwischen zwei Zweckursachen, der immanenten in den Lebewesen und der transzendenten, göttlichen. Zu dieser Unterscheidung vgl. auch *Über die Seele* (s. u. S. 227 ff.) und *Metaphysik* (s. u. S. 237 ff.).

---

[39] Später hat die christliche Theologie Aristoteles' Feststellung vom Intellekt, der von außen in den Menschen hereinkommt, so ausgelegt, dass jede Intellektseele im menschlichen Embryo von Gott erschaffen und ihm eingestiftet wird.

Über die Seele

Die Schrift *Über die Seele* gehört zu Aristoteles' abschließenden Untersuchungen der Naturphilosophie. Er räumt ihr hier den höchsten Rang ein, der ihr sowohl wegen der Erhabenheit ihres Gegenstandes, der Seele, als auch wegen der Genauigkeit der ihr zugewandten Erkenntnis zukommt, die »Großes zur gesamten Wahrheit beiträgt und am meisten zur Natur«, wie er in der schön ausgeformten Einleitung hervorhebt (*Über die Seele* I, 1, 402a 4–7).

Damit gibt Aristoteles ein großartiges Zeugnis über die natürliche Vertrautheit der Vernunft mit der Seele und sich selbst, während ihr hingegen das Körperliche, Materielle, sehr fremd ist. Freilich, eine empiristische Einstellung leugnet jene natürliche Vertrautheit und muss nun das empirisch Beobachtbare, Materielle, als das Bekannteste erklären und bezeugt damit eine Selbstentfremdung der Vernunft.

In Buch I geht Aristoteles die Ansichten der Früheren über die Seele durch, welche die Natur der Seele hauptsächlich aus zwei ihrer Tätigkeiten erschließen: aus der Bewegung, Kap. 2 (*Über die Seele* 403b 28 ff.), und der Wahrnehmung (404b 7 ff.). Als drittes Merkmal zur Erschließung ihrer Natur kommt ihr Unkörperlich-sein hinzu (405b 11 ff.). Der Rückschluss aus der Bewegung argumentiert so, dass die Seele als Bewegungsursache selber in sehr intensiver Bewegung sein muss. Aus der Sinneswahrnehmung der aus materiellen Elementen zusammengesetzten Sinnesdinge wird erschlossen, dass die Seele aus allen Elementenarten gebildet sein muss. Bei Empedokles sind diese Erde, Wasser, Luft und Feuer, da nach seiner Lehre nur »Gleiches durch Gleiches« erkannt werden kann. Anaxagoras dagegen lehrt, dass Erkenntnis – die zwischen der Seele und den Dingen als zwischen Passivem und Aktivem erfolgt – nur zwischen Ungleichem stattfinden kann. Das Merkmal des Unkörperlichen lässt an die feinsten Elemente denken, wie bei Demokrit an die kleinen glatten Feueratome, aus denen die Seele gebildet sei.

Aristoteles übt dann (Kap. 3–5) ausführliche Kritik an den genannten Rückschlüssen und stellt vor allem die Immaterialität heraus. Da die Seele den Körper nicht mehr wie ein Körper bewegt, der selbst in intensiver Bewegung wäre, muss auf die Seele als unbewegtes, immaterielles Bewegungsprinzip geschlossen werden. Beim Menschen hebt er besonders die immaterielle Natur des Intellekt-Vermögens hervor:

»Der Intellekt, so scheint es, stellt sich ein als eine Substanz und vergeht nicht« (*Über die Seele* I, 4, 408b 18–19).

Wenn im Alter intellektuelles Denken und Betrachten dahinwelken, so deshalb, »weil etwas anderes innen zugrunde geht«, nämlich die Sinnesorgane und -vermögen, auf die sich der Intellekt stützt. »Er selber ist leidensunfähig« (408b 25). Dieses Merkmal nimmt er von Anaxagoras auf, der das göttliche Zweckprinzip als »unvermischt« (mit den Stoffelementen) uns »leidensunfähig« (ihnen gegenüber) bestimmt hat.

Aristoteles' Kritik an der vorsokratischen Wahrnehmungslehre (409b 19 ff.) geht wieder gegen die materielle Auffassung von der Seele vor; denn sie nimmt doch nicht z. B. mit Erde Erdiges wahr, sondern mit einem höheren Vermögen. Dies gilt besonders vom Intellekt, der »verständlicherweise das von Natur Ursprünglichste und Entscheidende ist« (410b 14–15).

In Buch II, Kap. 1, bestimmt Aristoteles die Seele ausgehend von der Tatsache, dass sie unter die Substanz-Kategorie fällt. Nun sind Substanzen einerseits die unbelebten Körper, andererseits die belebten, die komplex (»zusammengesetzt«) sind; denn sie haben potentiell und aktuell Leben. Da die Ursache für das potentielle Sein / Leben die Materie ist, d. h. hier der organische Körper, muss die Seele Substanz als Formursache für das aktuelle Sein / Leben der Lebewesen sein.

Ferner tritt die Aktualität auf zwei Stufen auf, als eine erste und eine zweite Vollendung / Entelechie, nämlich als Haltung und als ihre Betätigung, wie vergleichsweise die Wissenschaft als erworbene Haltung und als ihre Betätigung.

Daher ist die Seele zu definieren »als erste Entelechie des organischen Körpers, der potentiell Leben hat« (*Über die Seele* II, 1, 412a 27–28).

Substanz

leblose — belebte

belebte:

als Materie-
Potenz
= Körper

als Formursache
Akt / Entelechie
= Seele

Kap. 2: Zur selben Definition gelangt Aristoteles auch induktiv, ausgehend von den Lebenstätigkeiten als Wirkungen der Seele, um diese als ihre Lebensursache aufzuweisen:

Formursache als
Lebensursache

Nähr-, Wahrnehmungsprinzip = SEELE bei den übrigen Lebewesen	Nähr-, Wahrnehmungsprinzip, Intellekt = SEELE beim Menschen

Das zweifache Vorgehen, das zuerst aufweist, dass die Seele die Ursache der Lebewesen ist, sodann was sie als Ursache ist, vergleicht Aristoteles mit der Definition einer bestimmten Eigenschaft an ihrem Gegenstand, hier erläutert am geometrischen Beispiel der Quadratur, die definiert wird als Flächengleichheit eines gegebenen Rechtecks mit einem gesuchten Quadrat. Diese Definition kann nun zu einem Beweis erweitert werden, der die Ursache im Mittelterm angibt, nämlich die mittlere Proportionale, so dass dann die Definition als Konklusion des Beweises erscheint. Doch liegt nur ein Vergleich vor; denn von der Substanz gibt es nur eine Wesensdefinition, die keine Beweisform annehmen kann.

Freilich, der Wesenseinsicht, die zur Definition der Seele als Formursache des Körpers führt, ging ein empirisches Stadium von Beobachtungen voran, die sich auf die Lebensfunktionen richteten, um von ihnen, als Wirkungen der Seele, auf deren Natur als Lebensursache bzw. als Formursache des Körpers rückzuschließen (414a 4–14):

I) Das wodurch wir leben (Das Lebensprinzip) —— die Formursache des Körpers.
II) Die Seele —— das wodurch wir leben (das Lebensprinzip).
III) Die Seele —— die Formursache des Körpers.

Im Folgenden geht Aristoteles alle seelischen Vermögen durch, beginnend mit dem Nährvermögen, Kap. 4, und stellt das methodologische Prinzip voran (415a 14–22), dass die Vermögen aus ihren Tätigkeiten bestimmt werden müssen, und die Tätigkeiten aus ihren Objekten.

Dies entspricht der realistischen Haltung, welche die Erkenntnis an den Dingen *(res)* ausrichtet.

Das Kapitel über das Nähr- bzw. Zeugungsvermögen enthält eine Reihe wichtiger allgemeiner Bemerkungen: Die Erzeugung des Artgleichen ist eine Teilhabe am Göttlichen, Ewigen, soweit den Naturdingen möglich (415a 26-b 2). Dabei wird zwischen zwei Bedeutungen von Zweck unterschieden: als Zweck »von etwas«, d. h. von den entstehenden Naturdingen, denen er immanent ist, und als Zweck »für etwas«, für den die Naturdinge da sind und in Dienst stehen. Dieser Zweck ist den Naturdingen transzendent, nämlich als das göttliche Gute. Aber auch der Mensch ist in gewissem Maße das Wofür der Naturdinge, die ihm als äußere Güter zur Verfügung stehen.

Grundlegend sind Aristoteles' Feststellungen (415b 8 ff.), dass die Seele »Ursache und Prinzip des lebendigen Körpers« ist, und dies sowohl als Zweck- wie auch als Bewegungsursache:

»Dass nun (die Seele) als Substanz vorliegt, ist offenkundig; denn die Ursache des Seins ist für alle Dinge die Substanz. Das Leben aber ist das Sein für die Lebewesen, und Ursache wie Prinzip hiervon ist die Seele«.

Der Abhandlung der fünf Sinnesvermögen (Kap. 7–12), schickt Aristoteles (Kap. 5–6) allgemeine Erörterungen über die Sinneswahrnehmung voraus. Die Vorsokratiker haben das Problem ungelöst zurückgelassen, ob die Wahrnehmung »aus Gleichem« (Empedokles) oder »aus Ungleichem« (Anaxagoras) erfolge. Ferner, wenn die Wahrnehmung ein Erleiden ist, so fragt sich, von welcher Art dieses ist. Die Auflösung der Probleme erfolgt durch eine Differenzierung der Wahrnehmung in ein potentiell und ein aktuell erkennendes Prinzip. Als potentiell erkennendes verhält sich das Vermögen zum Gegenstand ungleich, als aktuell erkennendes hingegen gleich. Der Wahrnehmungsvorgang aber ist der Übergang vom potentiellen zum aktuellen Erkennen des Gegenstandes.

Genau genommen aber vollzieht sich ein Übergang nicht von der Potenz zum Akt, sondern von einem ersten Akt zu einem zweiten. Dies verdeutlicht Aristoteles mit den zwei Zuständen eines Menschen, der durch Lernen eine Wissenschaft erworben hat, und der dann zur Betätigung seiner Wissenschaft übergeht. Während beim Übergang vom Unkundigen zum Erwerb der Wissenschaft der Lernende »viele Umwandlungen« erfährt, verhält es sich beim Wissenschaftler anders. Sein Übergang zur aktuellen Erkenntnis ist keine Umwandlung mehr, sondern »eher eine Bewahrung des potentiell Seienden durch das aktuell Seiende« (*Über die Seele* II, 5, 417b 3–4). Wer wissenschaftlich etwas betrachtet, erleidet keine Umwandlungen mehr, sondern erfährt einen »Fortschritt zu sich und zur Vollendung hin« (b 6–7).

Anlage		Haltung		Tätigkeit
1. Möglichkeit	- - >	1. Vollendung		
		2. Möglichkeit	⟶	2. Vollendung

Daher sind auch zwei verschiedene Bedeutungen des Erleidens zu unterscheiden: erstens das physisch materielle, bei dem das Ding eine völlige Umwandlung oder Auflösung erfährt (wenn z.B. das Holz durch das Feuer verbrannt wird); zweitens ein nicht mehr materielles, psychisches »Erleiden«, bei dem das Subjekt nicht umgewandelt, sondern in seinem Sein als vollendetem Zweck bewahrt wird. Mehr noch: Bei der Erkenntnisrelation zwischen Subjekt und Objekt bedeutet nun der Übergang von der potentiellen zur aktuellen Erkenntnis einen solchen von der ersten Vollendung (Entelechie) zu einer zweiten.

Der vorliegende Text handelt von der Sinneswahrnehmung, erläutert aber ihre Verhältnisse von denen der uns vertrauteren, intellektuellen, wissenschaftlichen Erkenntnis aus, da zwischen dieser und jener eine echte Analogie besteht. Der Intellekt weiß sich als Subjekt sowohl der eigenen wissenschaftlichen Erkenntnis, als auch der Sinneserkenntnis und ist sich der Immaterialität beider Erkenntnisweisen bewusst. Per Analogie wird dann von der Sinneserkenntnis, die ein immaterielles »Erleiden« seitens des Sinnesobjekts ist, auf die Intellekterkenntnis geschlossen, dass sie ebenso aufgrund eines »Erleidens« erfolgt seitens ihres eigenen, intelligiblen Objekts (s. auch Buch III, 4).

Die Einsicht, dass das »Erleiden« der Seele in Beziehung zum Objekt kein physisches, materielles mehr ist, bedeutet einen entscheidenden philosophischen Fortschritt über die Vorsokratiker hinaus, welche die Erkenntnisvollzüge rein materiell erklärten. Nun haben diese zwar auch eine materielle Seite, da die Sinnesvermögen an Körperorgane gebunden sind. Daher enthält Aristoteles' Untersuchung der fünf Sinnesvermögen (Kap. 7–11) auch eine Theorie der materiellen Vorgänge in den entsprechenden Organen. Aber sie macht den Beginn einer Sinnesphysiologie aus und wird der eigentlichen Erkenntnistheorie untergeordnet, die sich den immateriellen Erkenntnisvollzügen in der Seele widmet.

Das zusammenfassende Kapitel 12 hält definitorisch die Hauptfaktoren fest, die bei jeder Wahrnehmung zusammenwirken: 1. Die Wahrnehmung nimmt »die wahrnehmbaren Formen ohne die Materie« auf. 2. Sie erleidet etwas von den Gegenständen, welche die wahrnehmbaren Eigenschaften haben (Farbe, Klang, Geschmack, Geruch u.ä.), und nimmt sie als »solchartige« auf, als Qualitäten, »gemäß dem Logos« (κατὰ τὸν λόγον, 424a 24). »Logos« steht hier für Verhältnisse an der Oberflächenstruktur der Körper, nach denen sie die verschiedenen Eigenschaften haben, und die vom Verstand einsehbar sind. 3. Das Wahrnehmungsorgan ist das, worin sich das Wahrnehmungsvermögen befindet. Dieses bildet mit dem Organ eine identische Einheit, wenn auch beide dem Sein nach verschieden sind.

Buch III geht zu den anderen, nicht mehr sinnlichen Vermögen der Seele über und erörtert einleitend kurz zwei Probleme: Das eine betrifft die Tatsache, dass wir außer den spezifischen Daten auch gewisse, gemeinsame Daten wahrnehmen: wie die Bewegung, das Quantum und die Zahl, so dass man auf einen »Gemeinsinn« zurückschließen muss, der dem Intellekt nahe kommt, aber von ihm verschieden ist.

Ein anderes Problem betrifft die Selbstwahrnehmung, mit welcher z.B. der Gesichtssinn nicht nur sein farbiges Objekt sieht, sondern sozusagen auch sich selbst. Es bietet sich nun folgende Alternative: Entweder vollzieht sich die Selbstwahrnehmung mit demselben Wahrnehmungsakt, mit dem der Sinn das Objekt wahrnimmt, oder mit einem anderen Akt. Im zweiten Fall hätte der zweite Wahrnehmungsakt zwei Objekte: das farbige Objekt des ersten Wahrnehmungsaktes und diesen selbst, der dann auch farbig sein müsste, was unmöglich ist.

Daher bleibt nur die erste Alternative, wonach ein und derselbe Wahrnehmungsakt das Objekt sieht und zugleich auch seiner selbst gewahr ist, aber nicht wie eines zweiten Objekts und auch keines farbigen.

Aristoteles' Andeutungen können wir entnehmen, dass die Selbstwahrnehmung eine dem einzigen Wahrnehmungsakt einwohnende Qualität ist, die auf den Gemeinsinn und den Intellekt verweist.

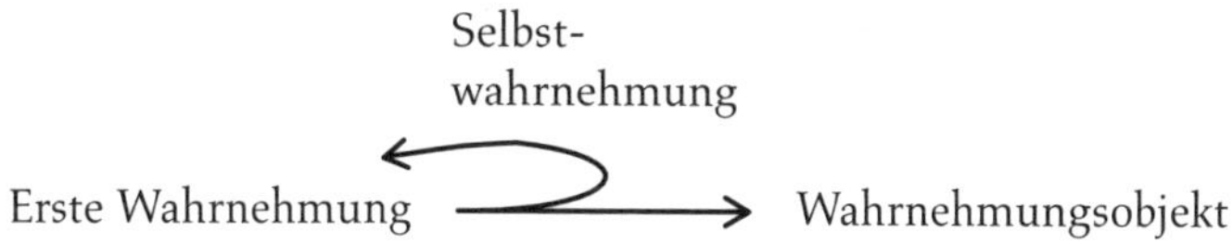

Kap. 3 definiert die Vorstellung *(phantasia)* als verlängerte Bewegung aus der Sinneswahrnehmung, die über die momentanen Eindrücke hinaus in der Seele fortdauert.

Das Kap. 4 führt den Intellekt als neues, von den sinnlichen verschiedenes Vermögen ein, mit den zwei Merkmalen: »leidlos« *(apathés)* und »unvermischt« *(amigés)* zu sein, die dem Intellekt schon Anaxagoras zugeschrieben hat, um ihn jedem Einfluss seitens der Elemente zu entziehen und von ihnen zu trennen. Sein Erkennen ist zwar ein »Erleiden«, analog dem der Sinne, aber ein immaterielles und insofern wiederum »leidlos«, ja mehr noch als die Sinne; denn sie sind an Organe gebunden, so dass bei zu starken Sinneseindrücken die Organe und die Sinnesvermögen geschädigt werden. Dagegen ist der Intellekt an kein Organ gebunden, und je stärker der Einfluss seines intelligiblen Objekts auf ihn, desto mehr erstarkt er.[40]

Im Anschluss an Parmenides, der eine Identität zwischen der Intellekt-Erkenntnis und dem Seienden gelehrt hat, stellt Aristoteles fest, dass der Akt der Intellekt-Erkenntnis mit dem Akt des Erkannten, d. h. des Begriffes, der das Außending im Intellekt repräsentiert, identisch ist; denn das im Intellekt immateriell gegenwärtige Objekt existiert im Intellekt nur dank des Aktes, mit dem es der Intellekt in sich vergegenwärtigt.

Kap. 4 legt weiter dar, dass der Intellekt sich gegenüber seinem Objekt zuerst potentiell, dann aktuell erkennend verhält. Bevor er zur aktuellen Erkenntnis übergeht, ist er vergleichsweise wie eine leere Tafel, auf der noch nichts geschrieben steht (gegen Platons Annahme, dass, vor der Erkenntnis der Wcsenheiten der Dinge, in der Seele bereits schwache Erinnerungen an sie lägen).

Das Kap. 5 spricht von zwei Intellekten, einem aktiven, »der alles bewirkt«, und einem passiven, »der alles wird«. Neuplatonische Interpreten (Themistios), die auch Thomas von Aquin beeinflusst haben,

---

[40] Eine detaillierte Interpretation der Texte findet sich in der zweisprachigen Ausgabe *Aristoteles' Über die Seele.* Griechisch-Deutsch. Bearbeitete Übersetzung von Willy Theiler, mit Einleitung und Kommentar hrsg. von Horst Seidl. Hamburg 1995.

identifizieren den passiven und den aktiven Intellekt mit dem Intellekt in Kap. 4, der zuerst das Objekt in Potenz ist und dann in Akt. Auf diese Weise wäre der *intellectus possibilis* und der *intellectus passivus* derselbe.

	Über die Seele III, Kap. 5:	*Über die Seele* III, Kap. 4:
SEELE	Aktiver Intellekt »der alles bewirkt«	= in Akt erkennend
	Passiver Intellekt »der alles wird«	= in Potenz erkennend

Indes, diese Interpretation gerät in Widerspruch zu den Texten. Erstens kennzeichnet Aristoteles den Intellekt, der sein Objekt zunächst in Potenz, dann in Akt erkennt, als unvergänglich, während er den passiven Intellekt, von dem er nur an dieser Stelle und ein einziges Mal spricht, vergänglich nennt. Zweitens wechselt der Gesichtspunkt von Kap. 4 zu Kap. 5 wesentlich: In Kap. 4 ist er ein epistemologischer, der zwei Stadien des Intellekts unterscheidet, den potentiell und den aktuell erkennenden, hingegen ist er in Kap. 5 ein naturphilosophischer und psychologischer / anthropologischer, der die Seele als Substanz betrachtet und an ihr, wie an jedem Naturding, zwei konstitutive Ursachen unterscheidet: eine form- bzw. wirkursächliche und eine material-ursächliche, einen aktiven und einen passiven Intellekt. Letzterer, der nur hier erschlossen wird, muss den irrationalen Teil der Seele mit umfassen und ist wie dieser vergänglich. Auf diese Weise ist der aktive Intellekt von Kap. 5 offensichtlich identisch mit dem Intellekt von Kap. 4, der die zwei Erkenntnisstadien, den potentiellen und den aktuellen, durchläuft. In der Tat, gerade um vom potentiellen Stadium zum aktuellen überzugehen, muss der Intellekt schon aktiv sein.

	Über die Seele III, Kap. 5:	*Über die Seele* III, Kap. 4:
SEELE	AKTIVER INTELLEKT »der alles wirkt«	in Akt erkennend / in Potenz erkennend
	PASSIVER INTELLEKT »der alles wird«	

Ferner ist klar, dass der Intellekt, der »alles wirkt«, sein intelligibles Objekt erst gewinnen muss, nämlich im Abstraktionsprozess aus den sinnlich wahrgenommenen und vorgestellten Formen. In dieser Wirksamkeit erkennt er noch nicht das Intelligible in Akt. Schließlich wird diese Interpretation durch die Merkmale bestätigt, mit denen Aristoteles in Kap. 5 den aktiven Intellekt kennzeichnet: nämlich »eine Haltung substantiell in Akt« zu sein, aus der er in die aktuelle Erkenntnis des Objekts (als zweiter Akt) übergehen kann.[41] Diese Haltung wird mit der des Lichtes verglichen, das ebenfalls ein konstanter (erster) Akt der transparenten Medien ist (s. II, 7, 418b 9ff.), als formale Bedingung, welche die aktuellen Erkenntnisse farbiger Objekte (als zweite Akte) ermöglicht.

Übrigens hat die Tatsache, dass der Intellekt das einzige Seiende in dieser Welt ist, das sich schon von Anfang an (ontologisch) in Akt befindet und an kein Organ gebunden ist, Aristoteles veranlasst, in *De generatione animalium* anzunehmen, dass der Intellekt nicht im Zeugungsprozess von den Eltern auf den Embryo übergeht, sondern »von außen hereinkommt«.[42]

Dieser einfache und ehrliche Schluss ist umso schätzenswerter, als Aristoteles keine Erklärung hierfür hat. Die christliche Scholastik hat die Tatsache so erklärt, dass Gott zu jedem menschlichen Embryo individuell den Intellekt hinzu erschafft.

---

[41] Meine Interpretation ist eingegangen in die Neuauflage von: *Grundriss der Geschichte der Philosophie*, Bd. 3, *Ältere Akademie, Aristoteles, Peripatos*, 417.

[42] *Entstehung der Lebewesen* II, 3, 736b 27–28.

Die folgenden Kapitel 6–8 vervollständigen die Bestimmungen des Intellekt-Vermögens: Besonders eigentümlich ist dem Intellekt, im Unterschied zum diskursiven Logos, dass er die ersten Gegebenheiten der Dinge (nach den Kategorien) intuitiv mit einem einfachen, einheitlichen Akt aufnimmt, in unteilbarer Zeit (im Jetzt). So erfasst der Intellekt auch sich selbst in seiner Einheit, als einfaches Gegebenes.

Ferner gilt, dass »die Seele in gewisser Weise alles ist« (*Über die Seele* III, 8, 431b 21), nicht die konkreten Dinge, sondern ihren Formen nach, den sinnlichen in der Sinneswahrnehmung, und den intelligiblen in der Intellekt-Erkenntnis. Dabei ist die Sinnes- und Intellekt-Seele jene Formen nicht in Akt, sondern nur in Potenz. In dieser Weise ist die Seele

»die Form der Formen, der Intellekt die Form der (intelligiblen) Formen, der Wahrnehmungssinn die Form der sinnlichen Formen« (*Über die Seele* III, 5, 432a 2–3).

Die Kapitel 9 und 10 erörtern Fragen zur Seele als Bewegungsursache. Zunächst wird die Abfolge vom Bewegten zur Ursache in der Triade vorgestellt, die vom bewegten, nicht bewegenden Körper zum bewegt-bewegenden Lebewesen, und weiter zur Seele als dem unbewegt-bewegenden Prinzip führt. Sodann wird diese Abfolge durch eine neue Triade ersetzt, bei der das Lebewesen das Bewegte ist, die Seele das Bewegt-Bewegende und das Objekt, von dem sie bewegt wird, das erste unbewegte Bewegungsprinzip ist. Das Objekt wird hier als ein intelligibles verstanden, das die intellektuelle Seele nicht mehr physisch-materiell sondern immateriell (psychisch) bewegt.

Die Erörterung über das Objekt (*Über die Seele* III, 9–10) führt zur Feststellung, dass dieses weder nur als wahrgenommenes bzw. intelligibles, noch nur als erstrebtes die Seele bewegt, sondern in beiderlei Hinsicht: als intelligibles und erstrebtes. Daher ist auf moralischem Gebiet Bewegungsursache für die Handlungen die Entscheidung *(prohairesis)*, die dort als die Kombination aus Überlegung und Willen definiert wird.[43]

[43] Vgl. *Nikomachische Ethik* III, 5, 1113a 9–12.

Metaphysik

Das aus vierzehn Büchern bestehende Werk, das mit dem Titel »Nach den Physik-Büchern« *(metà ta physiká)* überliefert ist, führt Aristoteles als »Weisheit« *(sophía)*, als »Wissenschaft von den ersten Ursachen«, als »Erste Philosophie«, ein und nennt sie zu Beginn »die gesuchte Wissenschaft«. Dieser Ausdruck ist von Interpreten in unserer Zeit so missverstanden worden, als ob Aristoteles seine Metaphysik als ein fragwürdiges Unternehmen betrachtet habe, dessen Erfolg für ihn bei der Durchführung in Frage stand. So verhält es sich jedoch nicht. Vielmehr hat er ein klares Konzept seiner Metaphysik, das er mit bewundernswerter Geschlossenheit durchführt. Die Frage geht nur um ihre wissenschaftliche Form, deren Maßstab die von ihm selbst erstmals in den *Zweiten Analytiken* aufgestellte Wissenschaftslehre bildet. Zwar finden wir schon bei Platon eine breit angelegte Metaphysik, aber erst bei Aristoteles wird sie durchgehend von der epistemologischen Reflexion ihrer wissenschaftlichen Form begleitet. Da jede Wissenschaft nach Aristoteles aus einem Gegenstandsbereich und seinen Eigenschaften besteht, deren Zusammenhänge aus Ursachen begründet werden, gilt dies auch für die Metaphysik.

Das einleitende Buch I (A)

beginnt mit der allgemeinen Feststellung, dass die Menschen von Natur nach Wissen streben (Kap. 1–2). Dieses entwickelt sich auf verschiedenen Stufen: angefangen von der Sinneswahrnehmung, über Erinnerung und Meinung, oder Erfahrung, bis zu Kunst und Wissenschaft. Von letzterer ist die höchste die Metaphysik. Dabei unterscheidet Aristoteles zwischen dem praktischen Wissen in Erfahrung und Künsten, die von praktischem Nutzen sind, und dem theoretischen Wissen, das um keines solchen Nutzens willen erstrebt und betätigt wird. Es kündigt sich schon auf unterster Stufe bei den Wahrnehmungen, besonders des Gesichtssinnes, an, die »um ihrer selbst willen geliebt« werden, und äußert sich, auf höchster Stufe, in vollkommener Weise in der metaphysischen Erkenntnis von den ersten Ursachen, die keinen praktischen Nutzen mehr hat. Offensichtlich verteidigt Aristoteles hier die Metaphysik in ihrer so noch nicht bestehenden Form: Bei Platon war sie weitgehend eine praktisch-politische, »architektonische« Philosophie (des Guten, des Gerechten, der Tugenden), sowie eine Dialektik, die begrifflich das Verhältnis der obersten Wesensprinzipien zu klären versuchte. Sie wollte das positive Gegenstück zur negativen Dialektik der Sophisten und Skeptiker sein, die das Seiende mit den Erscheinungen gleichsetzten und damit eher vom Nichtseienden handelten, wobei sie im Für und Wider der Argumentation jede These relativierten und alle für wahr hielten.

Die *Metaphysik* zeichnet sich durch folgende Merkmale aus: Sie erreicht über Meinung und Erfahrung hinaus echt allgemeine und notwendige Erkenntnis, die auf die ersten Ursachen der Dinge geht, ist also Weisheit.

Ihre Erkenntnis ist von abstrakter, größter Allgemeinheit, d. h. am weitesten entfernt von den Sinneserscheinungen der Dinge. (Aber man beachte: Sie entfernt sich nicht von den Sinnesdingen! Vielmehr dringt sie gerade zu den Wesensursachen in den Dingen vor.)

Ihre Erkenntnis ist lehrbar, weil aus der Einsicht in die Ursachen erfolgend. Sie ist frei, weil vom Menschen ohne Abhängigkeit vom praktischen Nutzen vollzogen, und göttlich, weil sie zur ersten Ursache, Gott, gelangt, und weil Gott am meisten eine solche Erkenntnis (als Selbsterkenntnis) besitzt.

Die Kap. 3 ff. bieten einen Rückblick auf die Vorsokratiker, Sokrates und Platon, und zwar am Leitfaden der vier Ursachen: der Materie-, Form-, Bewegungs- und Zweckursache, die Aristoteles aus dem Studium der Früheren selbst gewonnen hat. Die Jonischen Naturphilosophen sahen das erste Prinzip *(arché)* nur in einem natürlichen Element: Thales im Wasser, Anaximenes in der Luft, Heraklit im Feuer. Empedokles nahm vier Elementenarten, zusammen mit der Erde, in unbegrenzter Vielheit an, Anaxagoras unendlich viele Homöomerien (gleichteilige Elemente in allen Qualitäten), Demokrit unendlich viele Atome (unteilbare solide Körperchen ohne Qualitäten). Insoweit erreichten sie nicht mehr als nur die Materieursache, um mit ihr die Naturphänomene zu erklären. Wohl aber führte die weitere Erforschung der Natur – zur Erklärung der Bewegungen und der Zweckmäßigkeit bzw. Ordnung in ihr – bei Empedokles zur Annahme zweier Bewegungskräfte in den Elementen (Freundschaft und Streit), und bei Anaxagoras dazu, ein von den Elementen verschiedenes Prinzip, einen göttlichen Intellekt, anzunehmen, der alles beherrscht und ordnet. Zur Annahme solcher von der Materie verschiedenen Ursachen wurden diese Denker »durch die Natur der Dinge«, »durch die Wahrheit der Sache selbst gezwungen«.

Dieser vortreffliche Ausdruck bezeugt die realistische Einstellung, mit der die Vorsokratiker, wie auch Platon und Aristoteles selbst, über die Natur der Dinge philosophiert haben. Damit wurden sie auch die Vorläufer der im Abendland sich ausbildenden Wissenschaften, die aus philosophischen Anfängen hervorgingen.

Mit Platons Philosophie setzt sich Aristoteles ausführlich auseinander (*Metaphysik* Kap. 6). Er stimmt Platons Einführung der sog. Ideen zu, soweit sie Form- bzw. Exemplar- oder Zweckursachen sind, die zur Materieursache hinzukommen. Da aber das Allgemeine in Gegensatz zu den Einzeldingen dieser Sinneswelt steht, und die Wesenheiten nur durch das Allgemeine erkannt werden, sah sich Platon gezwungen, sie als »Ideen« in einer unsinnlichen, intelligiblen Welt anzusetzen, die über der sinnlichen Werdewelt Heraklits steht. Das Hauptkriterium, wonach Platon von etwas Ideen annahm, war das des Allgemeinen, nämlich »Eines über Vielem« zu sein: So gab es zu jeder Spezies und jeder Gattung eine Idee.

Die mathematischen Gegenstände setzte Platon in einem eigenen Zwischenbereich zwischen den Sinnesdingen und den Ideen an. Ferner ordnete Platon unter pythagoreischem Einfluss den Ideen Zahlen zu und leitete von den idealen Zahlen ideale geometrische Größen ab (Punkt, Linie, Ebene), aus denen jene mathematischen Gegenstände hervorgehen, die im Zwischenbereich zwischen den Ideen und der Sinneswelt stehen, und von denen wiederum sich die Sinnesdinge herleiten.

Aristoteles übt an dieser Lehre Kritik, die hier nicht im Einzelnen darzulegen ist. Die Hauptkritikpunkte sind folgende: Wenn die Wesenheiten der Dinge als Substanzen abgetrennt von diesen angenommen werden, dann tragen sie nichts zu deren Sein bei. Die Erklärung durch »Teilhabe« ist nichtssagend. Vielmehr sind die Sinnesdinge selbst Substanzen (erstes Seiendes), dank der ihnen immanenten Wesenheiten.

»Dasselbe bedeutet Substanz hier wie dort. Oder was soll es bedeuten zu sagen, dass etwas neben diesen Dingen hier ist, das Eine über Vielem?« (*Metaphysik* I, 9, 990b 34–991a 2).

»Am meisten aber könnte einer daran zweifeln, was denn die Ideen für die ewigen von den sichtbaren Dingen oder für die entstehenden und vergehenden beitrage; denn sie werden weder für ihre Bewegung, noch für irgendeine Veränderung von ihnen Ursache sein. Aber auch für die Erkenntnis der anderen Dinge hier werden sie nichts helfen – denn jene sind auch nicht Substanz von diesen Dingen hier, sonst wären sie in ihnen –, noch auch für ihr Sein, wenn sie nicht in den Dingen sind, die an ihnen teilhaben« (*Metaphysik* I, 9, 991a 8–14).

Durch die Zahlenspekulation wird die Philosophie durch die Mathematik ersetzt (992a 32) und die Naturphilosophie aufgehoben (b 9). Auch lehnt Aristoteles das platonische Konzept einer Universalwissenschaft ab, die alles Seiende, wiewohl es in kategorialer Vielheit vorliegt, aus denselben Prinzipien herleiten will (992b 18 ff.). Zudem widerspricht dies der Tatsache, dass wir die verschiedenen Prinzipien induktiv aus vorher Bekanntem in den einzelnen Erfahrungsbereichen erschließen.

Es ist auffallend, dass Aristoteles in diesem Text in der Wir-Form spricht (z.B. 990b 8–9): »Von den Vorgehensweisen, mit denen wir zeigen, dass es die Formen (Ideen) gibt, scheint keine dies zu leisten.« Werner Jaeger hat diesen und ähnliche Texte der Frühperiode des Aristoteles zugeschrieben, als dieser noch in Platons Akademie war und Ideen annahm, im Gegensatz zu einer Spätperiode, in der er von Platon getrennt am Lykeion lehrte und die Ideenlehre aufgab. Mir scheint indes, dass der vorliegende Text mit seiner Kritik an der Ideenlehre ebenso Aristoteles' Spätperiode zugehört, sich aber gegenüber den Materialisten gleichwohl mit dem Wir den Platonikern verbunden weiß; denn trotz seiner Kritik hält auch Aristoteles an der, von Platon erstmals eingeführten, nicht-materiellen Formursache fest, nur dass er sie nicht abgetrennt von den Sinnesdingen, sondern in ihnen ansetzt.

In einem zweiten Einleitungsbuch II (α),

begründet Aristoteles, Kap. 1, den Anspruch der Metaphysik, »Theorie der Wahrheit« zu sein, damit, dass sie, wie oben ausgeführt, auf die ersten Ursachen der Dinge geht, und die Wahrheit nur aus den Ursachen erkannt wird, so dass die Wahrheit in höchster Bedeutung, als Ursache aller wahren Erkenntnis, mit der ersten Ursache alles Seienden zusammenfällt.

Die Feststellung, dass sich jedes Ding wie zum Seienden so zum Wahren verhält, also Seiendes und Wahres austauschbar sind, ist zum Quellentext für die spätere scholastische Transzendentalienlehre geworden *(ens et verum convertuntur)*. Im Übrigen hebt Aristoteles hervor (Kap. 2), dass die Erforschung der vier Ursachen keinen Rückgang ins Unendliche zulässt, sondern immer eine erste Ursache in jeder Gattung erreicht.

Das Buch III (B)

stellt die Hauptprobleme zusammen, die sich aus den Ansichten der früheren Philosophen ergeben, und mit denen sich die *Metaphysik* befassen muss. Aristoteles folgt hier der methodologischen Einsicht, dass sich kein Problem auflösen lässt, wenn es nicht zuvor klar erfasst wird. Andernfalls würde die Erörterung einer Wanderung in unbekannte Richtung gleichen. (Dies ist eine Anspielung an die Etymologie von »*aporia*« = Ausweglosigkeit). Auch würde man die gewonnene Lösung nicht als solche erkennen, dass man sie gefunden hat und ans Ende der Untersuchung gelangt ist.

Das Kap. 1 stellt eine Reihe von Aporien zusammen, die sich aus den Ansichten der früheren Denker ergeben. Eine erste Gruppe von Aporien betrifft die gesuchte Metaphysik-Wissenschaft selbst: was ihr Gegenstand ist, und wenn er alle Dinge umfasst, wie von ihnen allen eine einzige Wissenschaft handeln soll; ferner ob sie als Gegenstand nur die Substanz hat oder auch die Akzidenzien, und ob sie nur auf die sinnlich sichtbaren Substanzen oder auch auf unsinnliche, immaterielle geht. Die zweite Gruppe (Kap. 2–6) befasst sich mit den zu erforschenden Ursachen der Dinge selbst: ob sie in den materiellen Elementen zu suchen sind, oder in dem begrifflich Allgemeinen. Als schwierigste Aporien werden (999a 24ff.; 1001a 4ff.) die bezeichnet, welche die platonischen Ideen betreffen, ob es Wesensursachen neben der Materie der Dinge gibt, und ob das Eine und das Seiende für sich bestehende Substanzen sind, oder ob sie sich nur in bestimmten Dingen zeigen, die Eines und Seiendes sind.

Die Bücher IV–VI

gehen auf die Aporien hinsichtlich der Metaphysik-Wissenschaft ein und besonders auf die, wie es eine einzige Wissenschaft von allen Dingen geben könne, mit der Buch IV (Γ), Kap. 1, beginnt. Die Lösung liegt darin, dass der Ausgangsgegenstand der Metaphysik das Seiende als solches ist, d.h. alle Dinge unter einem formal gemeinsamen Aspekt, sofern sie schlechthin sind. Damit unterscheidet sie sich von den Einzelwissenschaften, die sich jeweils bestimmten Gattungen von Dingen widmen. Wie jede Wissenschaft richtet sich auch die Metaphysik auf Ursachen, und zwar auf erste, welche »von einer bestimmten Natur« sind. Wenn die Früheren »die Elemente des Seienden« erforschten, so zielten sie auf diese nicht als akzidentell Seiendes ab, sondern auf substantiell Seiendes als solches. Daher richtet sich die gesuchte Metaphysik-Wissenschaft auf die ersten Ursachen des Seienden als solchen (διὸ καὶ ἡμῖν τοῦ ὄντος ᾗ ὂν τὰς πρώτας αἰτίας ληπτέον, *Metaphysik* IV, 1, 1003a 30–31).

Da aber das Seiende, wie Aristoteles weiter ausführt (Kap. 2), in vielfacher Bedeutung vorliegt, nach den verschiedenen Kategorien, und ihnen allen zukommt, ist es nicht von gattungsmäßiger, univoker Allgemeinheit, noch von äquivoker, sondern von einer auf ein erstes Prinzip bezogenen, d. h. von analoger Allgemeinheit:

»Das Seiende wird in vielfacher Bedeutung ausgesagt, aber auf Eines und auf eine einzige bestimmte Natur hin, und nicht äquivok« (*Metaphysik* IV, 2, 1003a 33–34).

Erläutert wird dies durch das Beispiel mit dem Merkmal »gesund«, das von gattungsmäßig verschiedenen Dingen ausgesagt wird, aber immer mit Bezug auf die Gesundheit: von der Speise, welche die Gesundheit erhält, oder vom Heilmittel, das sie bewirkt, oder vom Urin, der die Gesundheit anzeigt usw. Ebenso wird auch das Seiende in verschiedenen Bedeutungen, nach den verschiedenen Kategorien ausgesagt, aber immer in Bezug auf ein erstes Prinzip, die Substanz. So kann es auch eine einzige Wissenschaft von allen Dingen geben, nämlich insofern sie sind, als Seiendes betrachtet (1003b 5–16). Da das Seiende in primärer Bedeutung in den Substanzen vorliegt, geht auf sie die gesuchte Metaphysik.

Eine andere Aporie war, ob Gegenstand der Metaphysik nur die Substanz ist oder auch gewisse Eigenschaften von ihr. Da nun »das Seiende und das Eine dasselbe und eine einzige Natur sind« (1003b 22 ff.), und »das Seiende sogleich in (kategorialen) Gattungen vorliegt« (1004a 4–5), und da dem Einen das Viele entgegengesetzt ist, dem eine Reihe von Gegensatzpaaren zugeordnet ist: des Gleichen und Ungleichen, Ähnlichen und Unähnlichen usw., wird es der *Metaphysik* zukommen, auch über diese zu handeln (*Metaphysik* IV, 2, 1004a 9 ff.).

Aristoteles hebt ausdrücklich seine metaphysische Philosophie sowohl gegen die Dialektik seiner Zeit ab als auch gegen die Sophistik; denn beide schlüpfen in die Gestalt der Philosophie und handeln über das Seiende und die allgemeinen Gegensatzpaare. Doch die Sophistik macht dies nur, um sich den Schein der Philosophie zu geben, aus einer falschen Lebensentscheidung, die Dialektik hingegen aus fehlendem Vermögen, d. h. aus mangelnder Erkenntnis über die Substanz (1004b 17–26).

Die Allgemeinheit des Seienden, die keine gattungsmäßige mehr ist, sondern eine auf ein erstes Prinzip bezogene, wird später in der Scholastik als »transzendentale« bezeichnet, weil sie die höchsten Gattungen der Kategorien übersteigt *(transcendit genera)*, aber auch als »analoge«. Aristoteles verwendet diese Bezeichnung nicht an vorliegender Stelle, wohl aber an anderen, z. B. in Buch IX (Θ), 6, wenn er von Potenz und Akt als zwei Seinsweisen spricht, die man »durch Analogie zusammenschauen« muss. Die vom analog Allgemeinen bezeichneten Instanzen scheinen zwar keinen Zusammenhang zu haben,[44] doch liegt dieser meines Erachtens in ihrer ursächlichen Beziehung zueinander, sofern die untergeordneten Instanzen »auf Eines hin«, auf eine erste Instanz als auf ihre Ursache bezogen sind.

Hinzu kommt, dass das Sein der Dinge, wie auch das Eine und ihre grundlegenden Beziehungen zueinander, nicht mehr definierbar sind. Daher können sie als prinzipielle, erste Gegebenheiten nur intuitiv »zusammengeschaut« werden.

Das von Aristoteles für Analoges verwendete Beispiel mit dem Gesunden, das von wesentlich Verschiedenem – von der Nahrung, von der Medizin oder vom Urin und vom Leib – gemeinsam ausgesagt wird, hat moderne Kritik gefunden, da das Gesunde keine echte transzendentale oder analoge Beziehung anzeige, sondern bei den abgeleiteten Instanzen eine äquivoke Bedeutung habe, hingegen bei der ersten Instanz, der Gesundheit des Leibes, eine univoke. Dies stimmt freilich, aber deshalb verliert das Beispiel nicht seinen Sinn. Gerade weil die einzig echte Analogie nur die Seinsanalogie ist, kann es kein echtes Beispiel geben, das die Seinsanalogie nicht schon anwendete. Ein Beispiel, das sie noch nicht anwendet, um sie zu erläutern, muss daher ein unechtes sein. Gleichwohl kann es zum Erfassen analoger Beziehungen verhelfen.

Der wesentliche Unterschied zwischen dem univoken Allgemeinen und dem analogen ist klar: Während das univoke auf die wesensgleichen Dinge einer bestimmten Gattung beschränkt ist, umfasst das analoge Allgemeine wesensmäßig verschiedene Dinge. Die Gemeinsamkeit ist hier die Beziehung zwischen Verursachtem und Ursache. Ferner verhält sich das univoke Allgemeine zum Einzelnen unbestimmt, während das analoge Allgemeine alles Einzelne vollbestimmt bezeichnet; denn jedes ist ein Seiendes.

Da zum Gegenstand der Metaphysik, dem Seienden als solchen, auch das Eine und Viele, bzw. das Identische und Verschiedene gehö-

---

44 Zur Problematik vgl. *Grundriss der Geschichte der Philosophie*, Bd. 3, *Ältere Akademie, Aristoteles, Peripatos*, 380 f.

ren, handelt Aristoteles im Folgenden (Kap. 3–6) vom Widerspruchsprinzip, wonach jedes Seiende mit sich identisch ist, also nicht zugleich sein und nicht sein kann, auch nicht zugleich entgegengesetzte Bestimmungen haben kann, und nimmt gegen die Leugnung dieses Prinzips durch Sophisten Stellung. Da das Widerspruchsprinzip zu den ersten, gewissesten Prinzipien, den Axiomen, gehört, die für alle Erkenntnisse, alle Wissenschaften gelten, kommt die Erörterung hierüber nur der Philosophie zu, weil sie über alles Seiende als solches, bzw. über »die erste Substanz« handelt, wodurch sie als Weisheit und Erste Philosophie über allen anderen Disziplinen, auch über der Physik (Naturphilosophie) steht (*Metaphysik* IV, 3, 1005a 19 ff.).

Wie Aristoteles in den *Zweiten Analytiken* herausgestellt hat, kann man nicht von allem Beweis fordern, was ein Zeichen von Unbildung ist, vielmehr gibt es eine nicht mehr beweisbare Einsicht in die Prinzipien der beweisend vorgehenden Wissenschaften, die vorhergewusst werden (προεπισταμένους, 1005b 5).

Aus derselben Reflexion der *Zweiten Analytiken* auf das Vorgewusste, die zum Sein der Dinge führt, ergibt sich der Gegenstand der Metaphysik: das Seiende als solches.

Das gewisseste (evidenteste) Prinzip ist das des Nicht-Widerspruchs des Seienden, zu dem kein Irrtum möglich ist, das alle zu jeder Erkenntnis voraussetzen müssen, und das selbst voraussetzungslos ist. Es lautet:

> »dass dasselbe demselben und in derselben Hinsicht zugleich zukommt und nicht zukommt, ist unmöglich« (*Metaphysik* IV, 3, 1005b 11–23).

Dementsprechend ist es auch unmöglich, dass jemand annehme, dasselbe sei zugleich und sei nicht, dass er also zugleich entgegengesetzte Ansichten von demselben Gegenstand habe, wie fälschlich Heraklit lehrt (1005b 23–34).

In Kap. 4 setzt sich Aristoteles mit den Leugnern des Widerspruchsprinzips auseinander, die einen Beweis von seinen Befürwortern fordern. Aristoteles lässt sich darauf nicht ein – weil von den ersten Prinzipien kein Beweis möglich ist –, sondern geht prüfend vor (elenktisch, ἐλεγκτικῶς, 1006a 12), d.h. er fordert seinerseits von den Gegnern, wenigstens etwas mit einem Namen zu bezeichnen. Wenn sie dies tun, wenden sie bereits das Widerspruchsprinzip an und widerlegen damit sich selbst.

E. Berti versteht (im Anschluss an P. Aubenque) Aristoteles' Erste

Philosophie nicht als Wissenschaft, sondern als Dialektik, da er die (auf Platon zurückgehenden) Probleme in Buch III über immaterielle Substanzen und Formursachen auch als Aristoteles' eigene Probleme ansieht, die er nicht gelöst habe, sondern sich faktisch auf dialektische Erörterungen beschränke, wie sie gerade in Buch IV mit den Leugnern des Widerspruchsprinzips geführt würden. Dieser Ansicht kann ich nicht folgen. Mir scheinen (mit der traditionellen Interpretation) die platonischen Probleme in den Substanz-Büchern VII-IX befriedigend aufgelöst.

Ferner wird Bertis Auslegung dem Text in Buch IV nicht gerecht, den er so versteht, dass Aristoteles in ihm eine Dialektik entfalte, die von der gegnerischen Leugnung des Widerspruchsprinzips als These ausgehe, um diese dann elenktisch zu widerlegen. Der Text hingegen zeigt, dass sich Aristoteles auf eine dialektische Diskussion mit dem Gegner nicht einlässt und daher auch die Leugnung des Widerspruchsprinzips nicht als These akzeptiert. Vielmehr ist der Ausgangspunkt die Anerkennung dieses Prinzips, und jede Leugnung hebt sich schon im Ansatz auf. Der Gegner muss nur seinen Mund auftun und etwas mit einem Namen zu bezeichnen, womit er sogleich seine Leugnung widerlegt.[45]

Aristoteles erläutert das »Bezeichnen mit einem Namen«, dass es auf substantiell Seiendes verweist, das eine bestimmte Wesenheit hat. Die Leugner des Prinzips »heben die Substanz und die Wesenheit auf« (*Metaphysik* IV, 4, 1007a 20–21). Der Leugnung liegt die relativistische Lehre des Protagoras zugrunde, Kap. 5, nach welcher alle Aussagen wahr seien, relativ zu dem, wie es jedem erscheine (b 18 ff.), wodurch alles alles sein könne: »Triere[46], Wand und Mensch«. Anstelle jedes bestimmten Seienden tritt das Unbestimmte, Potentielle, Materielle, wie Anaxagoras' Urgemisch aller Elemente.

Hinzu kommt auch das praktische Argument (1008b 13–15), dass die Menschen nicht alles gleicherweise für wahr halten. So weiß einer z. B. sehr wohl, wenn er nach Megara und nicht anderswohin geht, oder sich davor hütet, in einen Brunnen zu fallen, weil er sehr wohl weiß, dass dies nicht dasselbe ist, wie nicht in den Brunnen zu fallen.

Mit der Lehre des Protagoras verbindet sich die des Heraklit, der

---

[45] Siehe die nähere Darlegung in meiner Untersuchung: *Beiträge zu Aristoteles' Erkenntnislehre und Metaphysik*, 162 ff.

[46] Kriegsschiff mit drei Ruderreihen.

die Dinge nur in ihren wechselnden Erscheinungen sieht, in denen sie Gegensätzliches werden. Da er wie auch Demokrit das Werden aus Nichtseiendem nicht erklären kann, nimmt er in den Dingen alles Gegensätzliche an, so dass was auch immer entsteht, schon in ihnen vorhanden ist (IV, 5, 1009a 22–30). Die Schwierigkeiten löst Aristoteles dadurch auf, dass er außer der Materie (den Elementen), die potentiell alles sein kann, auch Formursachen anerkennt, wodurch die Dinge jeweils aktuell Bestimmtes sind, mit Ausschluss des Gegenteiles (a 34–38). Alles Bewegte, Veränderliche, setzt identische, substantielle Formursachen voraus, die nur vom Intellekt eingesehen werden, nicht von den Sinnen (IV, 7, 1012a 2; vgl. auch IV, 4, 1006b 10).

In Kap. 6 und 8 werden die Ergebnisse der Epistemologie der *Zweiten Analytiken* wiederholt, dass die Prinzipien der Beweise nicht mehr beweisbar sind, sondern die Wesenheiten der Gegenstände enthalten, die definiert werden. Kap. 7 formuliert das Prinzip vom ausgeschlossenen Dritten.

Buch V (Δ)

geht eine Reihe der in der *Metaphysik* verwendeten Begriffe durch, um ihre mehrfachen Bedeutungen zu klären. Dabei beginnt Aristoteles häufig mit den vorphilosophischen Bedeutungen, um zu den spezifisch philosophischen zu gelangen, die teils schon die Früheren verwendet haben, teils auch er selbst erstmals einführt. So nennt er in Kap 4 über die Natur als vier ihrer Bedeutungen die vier Ursachen: Materie-, Form-, Bewegungs- und Zweckursache, und kennzeichnet die natürlichen Elemente, mit dem ihm eigenen Ausdruck, als »erste Materie« (πρώτη ὕλη, *Metaphysik* V, 4, 1014b 32, 1015a 7).

In Kap. 6 über das Eine führt Aristoteles neben den Bedeutungen des numerischen, spezifischen und generischen Einen auch die der Wesenheit des Einzeldinges auf und bezeichnet sie mit seinem eigenen Ausdruck als »das Sosein«, das »der unteilbare Vernunftakt von den Dingen erfasst« (V, 6, 1016b 1–2). Er bedeutet wörtlich »das dem Einzelnen eigentümliche Sein« (τὸ τί ἦν εἶναι). Ferner fügt er als eine Bedeutung des Einen die von ihm selbst eingeführte hinzu, nämlich das Eine »nach Analogie«, das noch weiter ist als das generische und deshalb gerade auf das Seiende zutrifft.

In Kap. 8 werden die Bedeutungen der Substanz (οὐσία, wörtlich: Seiendheit) aufgeführt: zuerst als Einzelding, das letzte Aussagensubjekt, sodann seine internen Ursachen, die Materie- und die Formursache. Letztere bezeichnet Aristoteles wie Platon mit εἶδος, »Form«, aber auch wieder mit seinem eigenen Ausdruck τὸ τί ἦν εἶναι, »Sosein« (1017b 21), das sich vom platonischen τί ἐστιν: »Was ist es?« abhebt; denn dieses lehnt sich an den Allgemeinbegriff an. Dagegen richtet der aristotelische Ausdruck die Formursache am Sein des Einzeldinges aus und überwindet damit die platonische Abtrennung der Wesenheit vom Einzelding. In demselben Text nennt Aristoteles die Formursache auch »die Ursache des Seins« (b 15) des Einzeldinges, also gerade in der Funktion, welche die platonische Idee, weil abgetrennt von den Einzeldingen, nicht mehr leistet, nämlich Ursache ihres Seins zu sein (s. auch Buch I, Kap. 9).

Der vorliegende Text ist aber noch in anderer Hinsicht sehr aufschlussreich; denn er bezeichnet die Formursache, das Sosein der Einzeldinge als das, »was diesen einwohnt, die nicht von einem Subjekt ausgesagt werden«, d. h. den Einzeldingen. Damit zeigt Aristoteles an, dass die Formursache – auf metaphysischer Ebene – dem Einzelding bzw. der Materie nicht in derselben Weise zugesprochen wird, wie Eigenschaften als Prädikate vom Subjekt, dem Einzelding, – auf aussagenlogischer Ebene – ausgesagt werden; denn jene metaphysischen, ursächlichen Verhältnisse fallen *in* das letzte Aussagensubjekt! Moderne sprachphilosophische Kritik an der Sinnlosigkeit der Aussagen der traditionellen Metaphysik haben dies gänzlich übersehen.

Sehr beachtlich ist auch in Kap. 15 über das Relative Aristoteles' Entdeckung, dass es neben den gleichseitigen Relationen, wie z. B. zwischen Vater und Sohn, Rechts und Links, bei denen der eine Pol vom anderen bestimmt wird, und dieser von jenem, auch einseitige Relationen gibt, wie vor allem die zwischen Gemessenem und Maß, bei denen der eine Pol, das Gemessene, zwar vom anderen, dem Maß, bestimmt wird, nicht jedoch dieser von jenem; denn das Maß wird nicht vom Gemessenen bestimmt.

Angeregt wurde Aristoteles von Protagoras' These vom Menschen als Maß aller Dinge, die er erwähnt und dann korrigiert, da in Wahrheit vielmehr die Dinge das Maß für den Menschen als erkennendes Subjekt sind. Diese wichtige Einsicht verstärkt den Realismus, der den Dingen den Vorrang vor der Erkenntnis einräumt und gestattet in der Metaphysik die Verhältnisse zwischen Verursachtem und Ursachen unter dem Gesichtspunkt einseitiger Verhältnisse zu betrachten, die »auf Eines hin« (jeweils auf ein Prinzip) bezogen sind.

Buch VI (E)

bestimmt (Kap. 1) nochmals das Seiende als solches als den Gegenstand der Metaphysik, und zwar im Vergleich dieser neuen Wissenschaft mit den schon bestehenden Einzelwissenschaften. Während diese sich nur je einem Teilbereich des Seienden / Realen widmen (*Metaphysik* VI, 1, 1025b 7–9) und dabei das Sein ihrer Gegenstände, d.h. ihr Dasein und Etwassein, wie selbstverständlich voraussetzen (b 14–18), befasst sich die Metaphysik gerade mit dem vorausgesetzten Sein der Dinge, thematisiert im »Seienden als solchen«, das nun der Gegenstand der *Metaphysik* wird (b 9). Da es drei intellektuelle Tätigkeiten gibt: die theoretische, die praktische und die hervorbringende, gehört die Metaphysik wie die *Physik* und die Mathematik zu den theoretischen; denn die *Physik* betrachtet die Naturdinge, sofern sie mit der Materie verbunden und damit in Bewegung sind (1025b 26–1026a 7). Die *Metaphysik* wiederum geht auf die Dinge, sofern sie sind, und auf eine unbewegte, immaterielle Substanz. Die Gegenstände der Mathematik sind zwar auch unbewegt, bestehen aber nicht abgetrennt für sich, sondern werden nur als abgetrennte (abstrakte) betrachtet (a 7–10). Allein der Gegenstand der *Metaphysik* besteht unbewegt und abgetrennt für sich, so dass sich auf ihn eine eigene Disziplin, die metaphysische, als Erste Philosophie richten wird, die vor den zwei anderen Disziplinen den Vorrang haben muss (a 10–23).

Es stellt sich die Aporie, ob ein und dieselbe *Metaphysik*-Wissenschaft allgemein von allem Seienden, sofern es ist, handelt oder nicht vielmehr von einer Gattung, der unbewegten, ewigen Substanz (a 23–27). Die Lösung ist die, dass die unbewegte, ewige Substanz auch allgemein ist, da »erste Substanz«, d.h. erstes Prinzip von allem Seienden als solchen (a 27–32).

Moderne Interpreten haben diese Aporie für sehr schwerwiegend gehalten und als Ausdruck zweier verschiedener *Metaphysik*-Konzeptionen des Aristoteles angesehen, die er nicht in Einklang zu bringen vermochte. Es sei denn, man verstünde den Ausdruck des »Seienden als solchen« als implizite Frage nach einer ersten Seinsursache, die jenes Seiende als solches in erster Bedeutung sei. Indes mir scheint schon der Text in Buch IV, 1, die Antwort zu enthalten, wenn es dort heißt: »Daher müssen wir vom Seienden als solchen die ersten Ursachen erfassen« (1003a 31–32). Das Seiende als solches steht also für die verursachten Dinge, nach deren erster Ursache gefragt wird, nicht für diese Ursache selbst.

In der Tradition haben sich zwei Teile der *Metaphysik* ausgebildet, ein erster, der als »Ontologie« die Eigenschaften des Seienden als solchen sowie die immanenten Ursachen in den Dingen untersucht, und ein abschließender, der als »Theologie« zu einer transzendenten ersten Ursache aufsteigt, die mit Gott identifiziert wird.

Die restlichen Kapitel schließen aus dem Gegenstand der *Metaphysik* das akzidentelle Seiende aus (Kap. 2–3) sowie das Wahr- und Falschseiende (Kap. 4). Beide sind kein substantiell Seiendes. Wahr- und Falschseiendes ist nur im Intellekt.

Das Buch VII (Z)

tritt in die Untersuchung der sinnlich wahrnehmbaren Substanz ein, die auch zusammengesetzte heißt, weil aus Materie- und Formursache bestehend, um die zentralen Aporien von Buch III aufzulösen, vor allem die über die Formursache, wie sie Platon zurückgelassen hat. Aus der Kategorien-Einteilung gewinnt Kap. 1 den ontologisch wichtigen Unterschied zwischen der ersten Kategorie und den übrigen als zwischen der Substanz und den Akzidenzien. Die Substanz ist das An-sich-Seiende, die Akzidenzien hingegen sind das von ihr abhängige, abgeleitete Seiende. Die Metaphysik hat sich nur mit dem »primär Seienden«, mit der Substanz (οὐσία) zu befassen (1028a 30–31).

Die Frage, wie die Substanz näher zu bestimmen sei (Kap. 2), zielt auf die Ursachen der Naturdinge ab; denn wenn diese Substanzen sind, müssen es umso mehr ihre Ursachen sein. Dabei knüpft Aristoteles an die Suche der Vorsokratiker und Platons nach den Prinzipien, ersten Ursachen, an und stellt fest:

»Und wahrlich das von alters her und jetzt und immer Gesuchte und immer Gefragte ist dies: Was ist das Seiende, das heißt: Was ist die Substanz? … Deshalb müssen auch wir am meisten und zuerst und sozusagen allein das so Seiende betrachten (untersuchen), was es sei« (*Metaphysik* VII, 2, 1028b 2–7).

Diese Stelle ist heute von existentialistischer Seite so missverstanden worden, als wäre für Aristoteles die Frage nach dem Seienden eine für alle Zeiten unlösbare, und das Sein des Seienden ein unlösbares Problem bis heute. Dabei wird jedoch übersehen, dass »das so Seiende« das Seiende in ursächlicher Bedeutung meint, während das existentielle Denken die ursächliche Dimension gänzlich vernachlässigt zugunsten eines Fragens des Denkens und Sprechens in Wortbedeutungen.

Ferner meint die vorliegende Stelle dies: Wann immer Philosophen nach Prinzipien fragten, fragen oder fragen werden, zielt das Fragen immer auf das primär Seiende ab, auf die Substanz als Ursache der gegebenen Dinge. Damit rechtfertigt Aristoteles sein Vorgehen, dass er im Folgenden die Untersuchung auf die Substanz richten wird, und zwar in ursächlicher Bedeutung. Keine Rede davon, dass das Seiende ein niemals auflösbares Problem bleibe.

Die Untersuchung über die Substanz als Ursache geht, Kap. 3, von vier möglichen Bedeutungen aus: dem Sosein (Formursache), dem Allgemeinen, der Gattung und dem Zugrundeliegenden (Materie). Die vierte ist vorsokratischer Herkunft, die zweite und dritte platonischer. Die erste kommt von Aristoteles selbst, der die Formursache nicht mehr wie Platon nur vom Allgemeinen her bestimmen wird.

Die dann folgende Erörterung beginnt mit der vierten Bedeutung von Substanz, dem Zugrundeliegenden (ὑποκείμενον), das für Aristoteles sowohl das konkrete Einzelding (σύνολον) bedeuten kann, als auch die Materie- und die Formursache, wobei die letztere vorrangig ist, weil mehr seiend als die Materie (1029a 2–7). Damit gibt er schon die metaphysische Antwort auf die Frage nach der primären Bedeutung der Substanz.

Doch erwähnt er auch die Definition der Substanz aus den *Kategorien,* wonach sie das letzte Aussagensubjekt ist, das Einzelding, »von dem alle Bestimmungen ausgesagt werden, während es selbst von nichts anderem mehr ausgesagt wird« (a 7–9), um auf ein Argument einzugehen, das von dieser aussagenlogischen Bedeutung aus allein auf die Substanz als Materie schließen möchte. Das Argument ist sophistischer Herkunft, am Aussagensubjekt orientiert, mit dem vorsokratischen Materialismus als Hintergrund, und lautet so (a 10–26): Alle Eigenschaften und Vermögen werden von den Körpern ausgesagt, als der zugrundeliegenden Substanz. Aristoteles verstärkt das gegnerische Argument, indem er einräumt, dass per Definition die Materie das unbestimmte Substrat ist, das übrig bleibt, wenn alle kategorialen Bestimmungen vom Körper weggenommen werden (*Metaphysik* VII, 3, 1029a 20–23):

»Ich nenne aber Materie das, was an sich weder ein Was, noch etwas Quantitatives, noch etwas anderes genannt wird, wonach das Seiende bestimmt ist«.

Er schließt das Argument im Sinne der Gegner ab (*Metaphysik* VII, 3, 1029a 23–26):

»denn das übrige wird von der Substanz ausgesagt, diese aber von der Materie, so dass das Letzte an sich weder ein Was, noch etwas Quantitatives, noch etwas anderes ist. Auch nicht die Verneinungen; denn auch diese würden ihr als Akzidentelles zukommen.«

Dagegen nimmt dann Aristoteles Stellung: Es ist unmöglich, dass die gänzlich unbestimmte Materie allein die Substanz sei, während doch der Substanz »offenbar am meisten das Abgetrennte (als für sich Bestehendes), das Dies-da (als bestimmtes Einzelding) zukommt. Daher dürfte sich zeigen, dass die Form(ursache) und das aus beiden (Zusammengesetzte) mehr Substanz ist als die Materie« (a 26–30).

Für die richtige Auslegung des Textes muss man sehen, dass Aristoteles ein gegnerisches Argument vorbringt, das er als fehlerhaft zurückweist, wiewohl er ihm einräumt, dass es konsequent zu dem führt, was auch er selbst als Materie definiert: zu einem gänzlich unbestimmten Substrat der Dinge. Worin liegt der Fehler des Arguments, das zur Materie als alleiniger Substanz führt? Offensichtlich darin, dass nach ihm, wie die übrigen Bestimmungen von der Substanz ausgesagt werden, so auch die Substanz, d. h. ihre Form von der Materie ausgesagt werde, welche dann als das völlig Unbestimmte zurückbliebe, wenn alle Bestimmungen, die Akzidenzien / Eigenschaften und die substantielle Form weggenommen würden. In Wahrheit jedoch werden zwar die Eigenschaften und die Substanz vom Einzelding als letztem Aussagensubjekt ausgesagt, nicht jedoch ebenso die substantielle Form von der Materie. Das letzte Aussagensubjekt ist nämlich das vollbestimmte Einzelding (z. B. Sokrates), von dem alle Bestimmungen ausgesagt werden, nicht hingegen die Materie, die ja das gänzlich Unbestimmte ist, so dass die Form nicht von der Materie ausgesagt wird (z. B. die Seele vom Leib des Sokrates), sondern ihr in anderer Weise zugesprochen oder zugeordnet wird; denn das Verhältnis der Form- zur Materieursache fällt *in* das letzte Aussagensubjekt (!), wie aus *Metaphysik* V, 8 (1017b 15–16) hervorgeht. Dies ist den Interpreten entgangen, die in dem Argument ein echtes Problem sehen, das auch Aristoteles nicht aufzulösen vermochte.

Die metaphysische Zuordnung der Form zur Materie, innerhalb des letzten Aussagensubjekts, hat nicht mehr die aussagenlogische Struktur von Subjekt und Prädikat: S-P, wie die Aussagen der Eigenschaften vom Einzelding (z. B. Gebildet von Sokrates). Wollte man die metaphysische Zuordnung der Form zur Materie (z. B. der Seele zum

Leib des Sokrates) aussagenlogisch bewerten, so müsste man sie als tautologische Aussage ansehen: S-S (Sokrates als leibliches Seiendes ist Sokrates als seelisches Seiendes). Eine moderne, sprachphilosophische Kritik, die alle metaphysischen Aussagen für sinnlos hält, weil nur Aussagen von der Struktur S-P statthaft sind, übersieht, dass die metaphysischen Analysen, die innerhalb des letzten Aussagensubjekts, des Einzeldinges, fallen, nicht mehr diese logische Struktur haben, es sei denn als Tautologien. Aber auch als solche wären sie nicht sinnlos. Eher erscheint es als sinnlos, metaphysische Aussagen nach logischem Maßstab zu beurteilen.[47]

In Buch VII, 17, wo Aristoteles die Struktur metaphysischer Analyse der Dinge auf ihre Ursachen hin betrachtet, bezeichnet er zwar ihre gegenseitige Zuordnung mit demselben Ausdruck »etwas von etwas« (τὶ κατὰ τινός) – vgl. das hiernach betitelte Buch von E. Tugendhat –, mit dem die logische Aussagenstruktur in den *Analytiken* bezeichnet wird. Doch erfolgt die Erörterung in VII, 17, auf metaphysischer Ebene, nicht auf aussagenlogischer (s. u. S. 254).

In Kap. 4 klärt Aristoteles, dass das Sosein (die Wesenheit) jedes Dinges das ist, was ihm an sich (καθ' αὑτό, *per se*) zukommt, wie es die Definition ausdrückt, und dass es eine Wesensdefinition nur von der Substanz, dem bestimmten Ding, geben kann, nicht aber von Kombinationen aus dem Ding und einer Eigenschaft von ihm.

Kap. 5 geht auf das Naturding ein, für welches das Beispiel des Stülpnasigen steht. Der Physiker / Naturphilosoph betrachtet die Form nicht abgetrennt von der Materie, z. B. als das Hohle, sondern mit der Materie verbunden, wie z. B. das Stülpnasige. In diesem Fall lässt sich nicht nach dem Sosein und seiner Definition fragen, weil die Frage nach dem Sosein auf die Formursache abzielt.

Für die Vorsokratiker waren beide Fälle noch dasselbe; denn sie hatten noch keinen Begriff von der Formursache, sondern kannten nur Formen als Eigenschaften der Materie, d. h. der Elemente, die für sie die Naturdinge selber waren.

In Kap. 6 wird gegen Platon, der die Wesenheit als vom Einzelding verschieden und deshalb als von ihm abgetrennt ansieht, Folgendes klargestellt:

---

[47] Siehe auch die Darlegung in meiner Untersuchung *Realistische Metaphysik*, Hildesheim, 2006, 255 ff.

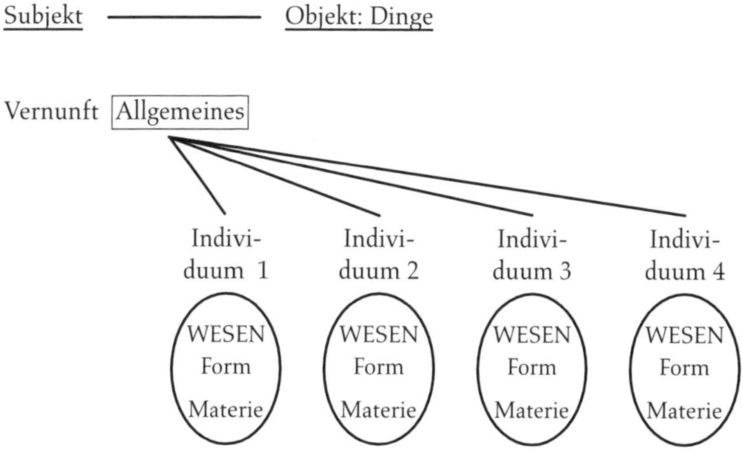

Die Wesenheit ist mit dem Einzelding (partiell) identisch, da dieses, anders als bei Platon, keine flüchtige Erscheinung ist, sondern ein substantiell Seiendes, mit dessen Sein die Wesenheit, als Sosein, identischerweise verbunden ist. Im Unterschied zu Platon sieht Aristoteles die Wesenheit mit dem Sein der Einzeldinge verbunden. Sie verhält sich zu ihnen nicht in der Weise, wie das Allgemeine im Intellekt ist, d. h. nicht als »Eines über Vielem« (siehe das obenstehende Schema). Damit löst sich das platonische Problem des Einzelnen und Allgemeinen auf (das auch ein erkenntnistheoretisches war, s. auch *Zweite Analytiken* I, 24).

Die Kap. 7–9 bieten Erörterungen über das Verhältnis der Wesenheit zum Entstehen und Vergehen des Einzeldinges. Sie kommen u. a. zu dem wichtigen Ergebnis, dass seine Wesenheit, die in seinen konstitutiven Ursachen besteht, nicht ihrerseits wieder entsteht und vergeht, sondern ohne Entstehen und Vergehen ist, wenn es ist, und nicht ist, wenn es nicht ist. Das zugrundeliegende Argument ist dieses: Was nicht aus Ursachen hervorgeht, ist unentstanden. Die Ursachen (Materie- und Formursache) des Entstehenden gehen nicht wieder aus Ursachen hervor wie das Entstehende (was sonst in einen unmöglichen Regress ins Unendliche führen würde). Also sind die Ursachen (Materie- und Formursache) des entstehenden Naturdinges unentstanden (und unvergänglich).

Die Kap. 10–12 klären abschließend das Verhältnis der Definition zur Wesenheit. Die Frage, welche Teile des zu definierenden Dinges als Bestandteile in die Definition eingehen, wird so beantwortet, dass dies nicht die materiellen Teile des Dinges sind, sondern seine konstitutiven Teile, die Materie- und die Formursache. Ihnen entsprechen der Gattungs- und der letzte Differenzbegriff.

Die Kap. 13–16 nehmen zu den platonischen Bedeutungen der Substanz als des Allgemeinen und der Gattung Stellung und sprechen sich gegen diese als Substanz aus.

Mit Kap. 17 beschreitet Aristoteles ausdrücklich einen anderen Zugang zur Wesenheit der Dinge, der nicht mehr »logisch« (λογικῶς, s. auch Kap. 4, 1029b 13) erfolgt, d. h. nicht von der Begriffseinteilung, sondern von der ursächlichen Betrachtung aus. Dabei greift er auf die methodische Erschließung der Ursachen in den *Zweiten Analytiken* (II, 1–2) zurück. Angesichts des zu definierenden Dinges ist die Frage, was es ist, in die Frage umzuwandeln, warum es ist, genauer: warum in ihm »etwas etwas anderem« zukommt, nämlich eine Form- oder Zweckbestimmung einer materiellen. (Beispiel mit dem Haus, das nicht nach seinen materiellen Teilen definiert wird, sondern nach seinem Zweck, dass es zum Schutz von Mensch und Sachen gegen das Wetter dient.)

Das Buch VIII (H)

blickt auf die bisherige Erörterung über die Substanz zurück, die zur Definition der Wesenheit geführt hat. Da sie die Materie- und die Formursache umfasst, widmet sich dieses Buch der genaueren Erfassung der Formursache. Die von Vorsokratikern, besonders von Demokrit, herausgestellten formalen Unterschiede an den materiellen Dingen – Gestalt, Gliederung, Wendung, Berührung, Zusammensetzung, Bindung, Lage u. ä. – weisen in Richtung auf die Formursache, wenn sie auch von ihr noch sehr verschieden sind. Für Aristoteles zeichnet sich die Formursache als bestimmendes Prinzip gegenüber der Materie als dem unbestimmt-bestimmbaren Prinzip aus (Kap. 1–2). Hinzu kommt die wichtige Kennzeichnung der Formursache als des aktuellen Prinzips in den Naturdingen (Kap. 3) und der Materie als des potentiellen Prinzips (Kap. 4–5). Beide sind komplementär aufeinander zugeordnet, wodurch sich die Einheit der aus ihnen zusammengesetzten Naturdinge erklärt (Kap. 6).

Das Buch IX (Θ)

handelt über Potenz und Akt der Substanzen und knüpft zunächst (Kap. 1–2) an die vorphilosophische Bedeutung des Begriffes Potenz als eines aktiven Vermögens zu handeln an, sei es eines vernunftlosen oder eines vernünftigen (siehe auch Kap. 5), um dann Potenz als passives Vermögen einzuführen, das gegenüber der Form als aktivem Prinzip in einer realen Möglichkeit besteht. Zurückgewiesen wird, Kap. 3, die Ansicht der Megariker,[48] die eine solche Möglichkeit zu handeln oder nicht zu handeln leugnen, sondern Möglichkeit und Wirklichkeit zusammenfallen lassen. So hat z. B. der Baumeister das Vermögen ein Haus zu bauen nur, wenn er wirklich ein Haus baut. Ebenso kann nicht etwas möglich sein, wenn es dies nicht geworden ist und d. h. wirklich ist. Aristoteles widerlegt diesen Irrtum durch die Unterscheidung zwischen dem eleatischen, absoluten Nichtseienden und dem von ihm nun eingeführten relativen Noch-Nichtseienden, das auf einem realen Vermögen beruht.

Das Möglich-Seiende zu sein und nicht zu sein steht zwischen dem Notwendigen, das nicht nicht sein kann, und dem Unmöglichen, das nie sein kann, Kap. 4.

In Kap. 6 legt Aristoteles das Potentielle und das Aktuelle als zwei Seinsweisen der entstehenden und sich verändernden Dinge dar, die wie ihr Sein nicht mehr definierbar sind, sondern intuitiv als evident erfasst werden müssen. Da sie in den analog verschiedenen Bereichen des Seienden auftreten, sind sie in ihnen »analog zusammenzuschauen« (*Metaphysik* IX, 6, 1048a 37). So verhalten sich z. B. das unbearbeitete Holz zur bearbeiteten Figur, das Schlafende zum Wachenden, der Lernende zum Erkennenden usw. analog jeweils wie das Potentielle zum Aktuellen.

Das Aktuelle ist der Formursache, das Potentielle der Materie zugeordnet. Kap. 7 differenziert näher, wann etwas Materielles potentiell ein bestimmtes Ding ist. Kap. 8 lehrt den Vorrang des Aktuellen vor dem Potentiellen. Damit etwas vom potentiellen Zustand zum aktuellen übergehen kann, muss immer schon etwas aktuell vorliegen (eine Form- oder Bewegungs- bzw. Zweckursache), das den Übergang leitet. Dieser Vorrang des Aktuellen gilt auch im sittlichen Handlungs- und Erkenntnisbereich, Kap. 9.

Wie Kap. 10 darlegt, hat der das aktuelle Sein intuitiv erfassende Intellekt den Vorrang vor den diskursiven, wahren Erkenntnissen in

---

[48] Die Megarische Schulrichtung wurde von Eukleides von Megara begründet, siehe *Friedrich Ueberwegs Grundriss der Geschichte der Philosophie.* Erster Teil: *Die Philosophie des Altertums,* 155 ff. Diodoros Kronos (gest. 307 v. Chr.) verband diese Lehre mit der eleatischen vom Einen Seienden.

der Seele, welche sich potentiell zur (ontologischen) Wahrheit im Ding verhalten, zur »Wahrheit in eigentlichster Bedeutung« (τὸ κυριώτατον ὂν ἀληθές, 1051b 1). »Was als etwas Bestimmtes und in Akt ist« – d. h. alles, was sogleich als einfaches Seiendes nach den verschiedenen Kategorien gegeben ist –, »darüber gibt es keine Täuschung, sondern nur ein intellektuelles Erfassen oder nicht« (ὅσα δή ἐστιν ὅπερ εἶναί τι καὶ ἐνεργείᾳ, περὶ ταῦτα οὐκ ἔστιν ἀπατηθῆναι ἀλλ' ἢ νοεῖν ἢ μή, b 30–32); d. h. dieses einfach gegebene Seiende erfasst unser Intellekt evident.

Das evident Erkannte ist das, worüber man sich nicht täuschen kann, und hat sein Fundament im Sein der Dinge. Man kann es nur wahr erfassen, oder überhaupt noch nicht.

Das Buch X (I)

ergänzt die Ausführungen über das Eine und Viele in Buch V (Δ), 6. Es erörtert auch die diesem Gegensatz sich anschließenden Gegensätze des Identischen und Verschiedenen, Gleichen und Ungleichen, sowie damit zusammenhängend den Unterschied zwischen dem konträren und dem privativen Gegensatz.

Beachtlich ist, wie die Erörterungen über die abgeleiteten Bedeutungen des Einen und Vielen auf die Grundbedeutung zurückgeführt werden, die im substantiellen Sein der Dinge liegt. »Das erste Eine ist die Ursache des Eines-Seins für die Substanzen« (*Metaphysik* X, 1, 1052a 33–34), d. h. die Formursache bzw. Wesenheit in ihnen, nach welcher sich der Intellekt ausrichtet; denn sie wird von »einem Intellektakt« erfasst (τοιαῦτα ὧν ἡ νόησις μία, a 30). Dadurch wird auch Protagoras' These vom Menschen als Maß der Dinge korrigiert (1053a 35-b 3).

Buch XI (K) rekapituliert Hauptlehrstücke der Bücher IV–X.

Das Buch XII (Λ)

beantwortet die Aporie von Buch III, ob es eine immaterielle Substanz als erste Ursache aller Dinge gibt, und bildet somit den Abschluss der gesamten *Metaphysik*-Abhandlung. Da diese Ursache mit Gott identifiziert wird, heißt das Buch auch das »theologische«.

Die Einleitung, Kap. 1, umreißt die Aufgabe:

»Die Untersuchung (Theorie, θεωρία) geht über die Substanz; denn von den Substanzen werden die Prinzipien und die Ursachen gesucht. Wenn nämlich das All wie ein Ganzes betrachtet wird, ist die Substanz der erste Teil; und

> wenn in einer Abfolge, ist auch so das Erste die Substanz, dann das Qualitative, dann das Quantitative« (*Metaphysik* XII, 1, 1069a 18–21).

Es ist klar, dass von den Substanzen, den Naturdingen, von denen die Untersuchung ausgeht, die Prinzipien oder Ursachen wieder Substanzen sein müssen, ja in höherem Grade.

Buch XII gliedert sich in zwei Teile: Der erste fasst die Lehren der vorangegangenen Bücher VII–X über die sinnliche, materielle Substanz zusammen (Kap. 1–5) in Vorbereitung zum zweiten Teil, der von der unsinnlichen, immateriellen Substanz handelt (Kap. 6–10).

Die Kap. 1–5 wiederholen zur materiellen, zusammengesetzten Substanz, dass sich ihr Entstehen aus dem Übergang von der Privation zum Besitz der Form erklärt, der sich an der zugrundeliegenden Materie vollzieht, und betonen nun, dass es ein Übergang vom potentiellen zum aktuellen Zustand der Substanz ist. Die Materie ist – analog bei den Substanzen verschiedenen Ranges – das Prinzip ihres potentiellen Seins, die Formursache analog das Prinzip ihres aktuellen Seins.

Der Analogie-Aspekt ist wichtig, weil die Argumentation im Folgenden vom Bereich der physisch bewegten Naturdinge zu dem metaphysischen des unbewegten Seienden übergehen wird, in dem sich analog Form-, Bewegungs- und Zweckursachen finden.

Aristoteles führt dann, in Kap. 6, einen Beweis der Existenz einer ersten, »abgetrennten« (transzendenten) Substanz als rein aktueller vor, welche Ursache für das aktuelle Sein der ihr untergeordneten, aktuellen Naturdinge ist. Der Beweisgang, dass es eine unbewegte, ewige Substanz gibt, ist folgender (1071b 3–11):

<table>
<tr><td rowspan="2">I) Die Prinzipien von allem Seienden sind</td><td>entweder vergängliche (von vergängl. Seienden)</td></tr>
<tr><td>oder unvergängliche (von unvergängl. Seienden).</td></tr>
<tr><td rowspan="2">II) Die Substanzen sind Prinzipien alles Seienden</td><td>des vergänglichen (von vergängl. Seienden)</td></tr>
<tr><td>des unvergänglichen (von unvergängl. Seienden).</td></tr>
</table>

III) Die Substanzen des unvergänglichen Seienden sind unvergänglich.

In diesem Beweis ist der Nachweis eingeschlossen, dass es etwas Unentstandenes und Unvergängliches gibt, nämlich die Himmelskreisbewegung und die mit ihr verbundene Zeit, die ebenso unentstanden und unvergänglich ist; denn sie hat immer wieder ein Früher und ein Später, ohne Anfang und Ende. Es folgt ein zweiter Beweis, der die Aspekte von Potenz und Akt einführt, mit dem Vorrang des Aktes vor der Potenz. Da das, was »in Akt« ist, noch mit Potenz verbunden ist, muss ihm ein erstes Prinzip vorstehen, das reiner Akt selbst ist (1071b 12–20, siehe das nachstehende Schema):

1a) Die Bewegungsprinzipien sind
- entweder in Potenz (von nicht ewig Bewegtem)
- oder nicht in Potenz (von ewig Bewegtem)
  - in Akt
  - selbst Akt

1b) Die Bewegungsprinzipien von ewig Bewegtem sind selbst Akt.
2) Eine unvergängliche Substanz ist Bewegungsprinzip von ewig Bewegtem.
3) Eine unvergängliche Substanz ist selbst Akt.

»Also muss es ein solches Prinzip geben, dessen Wesenheit Akt ist« (δεῖ ἄρα εἶναι ἀρχὴν τοιαύτην ἧς ἡ οὐσία ἐνέργεια, XII, 6, 1071b 19–20).

Man beachte, dass dieser Schluss die erste Substanz, das erste Prinzip von allem Seienden, in einzigartiger Weise kennzeichnet; denn alles natürliche Seiende zeigt Sein und Wesenheit als zwei verschiedene Aspekte, während sie bei jenem Prinzip in eins zusammenfallen, wobei hier das Sein in ursächlicher Fülle zu verstehen ist, von dem alles verursachte Sein der Dinge abhängt. Dies kann nur von einer einzigen, der ersten Substanz, gelten. Insofern ist nicht leicht verständlich, dass der Text fortfährt, von Substanzen im Plural zu sprechen:

»Ferner müssen diese Substanzen ohne Materie sein; denn sie müssen ewige sein, wenn es doch anderes Ewiges gibt. Also in Akt« (1071b 20–22).

Mir scheint diese Aussage auf die immateriellen Intellekt-Wesen, die Beweger der Himmelssphären, zu gehen, wobei die Lesart: »Also in Akt« (ἐνεργείᾳ ἄρα, b 22) vorzuziehen ist vor der Lesart: »Also Akt«

(ἐνέργεια ἄρα); denn auch in *Über die Seele*, III, 5, hieß es von dem menschlichen Intellekt, dass er »Substanz in Akt« ist.

Beim ersten Beweis hat Kl. Oehler die Prämisse, dass »die Substanzen die ersten des Seienden sind« (αἵ τε γὰρ οὐσίαι πρῶται τῶν ὄντων, 1071b 5) so ausgelegt, dass sie von den Kategorien spreche, deren erste die Substanzen sind, und zwar die materiellen, und an dem Beweis Kritik geübt, dass er nicht weiter gelange als nur zur ersten Himmelssphäre. Mir scheint jedoch der ganze Kontext eindeutig zu erfordern, dass die Bezeichnung der Substanzen als »die ersten« sie als die Prinzipien meint, weshalb die Prämisse oben von mir so wiedergegeben wird: »Die Substanzen sind die Prinzipien des Seienden.«

Der Text erwähnt dann eine Aporie (1071b 22–26) zum Vorrang des Aktes vor dem Vermögen zur Bewegung; denn alles Aktuelle, Tätige, hat auch das Vermögen zu ihr, aber nicht alles Vermögende ist auch tätig. Aristoteles' Lösung greift auf seine Lehre vom Vorrang des Aktes vor der Potenz im seinsursächlichen (ontologischen) Sinne zurück (Buch IX), während die Aporie (vorsokratischer Herkunft) den Vorrang im zeitlichen Sinne versteht. In diesem Sinne aber gibt auch Aristoteles zu, dass das Potentielle dem Aktuellen vorhergeht (XII, 6, 1071b 26–1072a 9).

Kap. 7 erläutert zuerst[49] zum vollzogenen Beweis seinen Ausgangspunkt vom ewig Bewegten, der ersten Himmelssphäre.

Anmerkung: Leider ist der Text (1072a 24) korrupt, doch lässt er m. E. den Übergang von der physischen Bewegung zur metaphysischen erkennen, indem er die dreigliedrige Reihe:

1. Bewegtes —— 2. Bewegt-Bewegendes —— 3. unbewegt Bewegendes

zunächst – in physischem (materiellem) Verständnis – 1. auf die bewegten Naturdinge, 2. die beseelten Himmelssphären und 3. auf ihr seelisches Bewegungsprinzip, die Intellekt-Wesen, bezieht, dann aber – in metaphysischem Verständnis – die drei Glieder neu bestimmt, nämlich 1. als die beseelten Himmelssphären, 2. als ihr seelisches Bewegungsprinzip, die Intellekt-Wesen, und 3. als deren intelligibles und erstrebbares, unbewegt bewegendes Objekt. Von diesem spricht dann der weitere Text. Es ist klar, dass die Bewegung, die der Intellekt von

---

[49] *Metaphysik* XII, 7, 1072a 19–26.

seinem intelligiblen Objekt, der ersten immateriellen Substanz, empfängt, keine physische Bewegung mehr ist, wie sie sich an materiellen Dingen vollzieht, sondern eine immaterielle, so dass hier per Analogie die Verhältnisse aus dem menschlichen Bereich, wo die Seele in ihrem Erkennen und Streben von ihrem intelligiblen und erstrebten Objekt bewegt wird (s. auch *Über die Seele* III, 9–10), übertragen werden auf Verhältnisse des Unbewegten, im supralunaren Bereich. Der vorliegende Text (*Metaphysik* XII, 7) stellt dann fest, dass die erste Substanz »wie ein Geliebtes bewegt« (1072b 3).

Aristoteles bestimmt im Folgenden das Wesen der ersten Substanz, des ersten Seinsprinzips alles Seienden (1072a 26-b 14):

1. Es ist erstrebbares und intelligibles Objekt für Intellekt-Wesen der Himmelssphären (wie auch der Menschen), die von ihm bewegt werden. Indem es das erste / höchste, erstrebbare Gute und intelligible Wahre ist, kommt beides in diesem Prinzip identisch zusammen.

2. Da es als das höchste Gute / höchste Zweckursache bewegt, ist es Zweckursache nicht mehr von etwas, sondern für etwas, d. h. nicht mehr immanenter Zweck in den Naturdingen, sondern der transzendente Zweck für sie.

Zu dem zweifachen Zweck »von etwas und für etwas« (ἔστι γὰρ τινὶ τὸ οὗ ἕνεκα ⟨καὶ⟩ τινός, 1072b 2) vgl. auch *Über die Seele* II, 4 (415a 26-b 2), mit Bezug auf den menschlichen Intellekt, der ebenfalls Zweck für die Naturdinge ist, die ihm dienstbar sind. Die Interpretation von D. Ross zur Stelle bezieht fälschlich den »Zweck von etwas«, der eindeutig der immanente Zweck der Naturdinge ist, auf das höchste (göttliche) Gute und den »Zweck für etwas« auf den Naturzweck.

Indem im ersten Prinzip die Bewegungs- und Zweckursache, als transzendente, in eins zusammengehen, »bewegt es wie ein Geliebtes und durch das Bewegte (= die Intellektwesen der Himmelssphären) das übrige«, d. h. die gesamte Natur (1072b 3–4).

3. Das ewig Bewegte vollzieht nur in der Kreisbewegung der ersten Himmelssphäre eine gleichförmige Bewegung, während die untergeordneten Sphären ungleichförmige vollziehen und »sich (immer wieder) anders verhalten«, so dass ihre Beweger sich ebenso verhalten und etwas Nichtnotwendiges aufweisen. Nur das erste Prinzip muss sich »aus Notwendigkeit« immer gleich verhalten. »Von einem solchen Prinzip hängen der Himmel und die Natur ab« (b 13–14).

4. Da das erste Prinzip reiner Akt ist, als reine Intellekt-Aktualität, muss es die beste, vollkommenste, glückseligste Lebensweise haben.

Die Intellekt-Tätigkeit an sich geht (beim Menschen) auf den an sich besten Gegenstand; denn sich selbst erkennt der (menschliche) Intellekt »durch Teilhabe am intelligiblen Objekt«. Er selbst wird sich selbst intelligibel durch Berührung und Erfassung (des Objekts), so dass der Intellekt und das intelligible (Objekt) identisch werden.

Diese Aussagen über den Intellekt, der nur in Berührung mit seinem intelligiblen Objekt in Tätigkeit kommt und dann auch sich selbst erkennt, werden vom menschlichen Intellekt gemacht, um zu verdeutlichen, wie im Unterschied hierzu der göttliche Intellekt von vornherein in bester Intellekt-Tätigkeit und sich selbst direkt Objekt ist (nicht indirekt, durch Tätigkeit an einem Fremdobjekt). Hegels Interpretation, der diese Aussagen auf den göttlichen Intellekt, den Weltgeist, bezieht, legt in ihn die menschlichen Verhältnisse hinein und lässt ihn einen Prozess der Selbsterkenntnis vollziehen.

Nur der Gott besitzt jene vollkommenste Lebensform in höchst bewundernswerter Weise, und zwar immer, während wir sie in seltenen Augenblicken nur berühren:

»Wir sagen aber, dass der Gott ein ewiges bestes lebendes Wesen ist, weshalb dem Gott eine kontinuierliche und ewige Lebenszeit eignet; denn dies ist der Gott« (b 28–30).

Sehr eindrucksvoll ist der Monotheismus, zu dem der Philosoph gelangt, den volkstümlichen Vielgötterglauben reinigend. Im Übrigen ist die Gleichsetzung der ersten Seinsursache mit dem Gott kein Bestandteil der Metaphysik, sondern eine Hinzufügung, die der Philosoph aus religiösem Interesse macht.

5. Gegen die Lehren der Vorsokratiker, die an den Anfang etwas Unvollkommenes, Potentielles stellen, aus dem sich erst etwas Vollkommenes entwickelt, betont Aristoteles, dass das erste Prinzip das Vollkommenste und reiner Akt ist: Es ist »unbewegt und abgetrennt«, ohne Größe, unteilbar, von unendlicher Macht (δύναμιν ἄπειρον), leidlos, unveränderlich (1072b 30–1073a 13).

Kap. 8 bestimmt die Anzahl der unbewegten Beweger nach der Anzahl der Bewegungen der Himmelssphären und Planeten, was hier nicht näher darzulegen ist.

Kap. 9 erörtert Aporien darüber, welche Erkenntnis der göttliche Intellekt hat. Die erste Aporie lautet (1074b 15–22): Der menschliche Intellekt kommt in Akt nur in Hinwendung zu einem Fremdobjekt und empfängt von ihm, wenn er göttlich ist, Rang und Würde. Aber beim göttlichen Intellekt würde dies bedeuten, dass sein göttliches Objekt höher stünde als er, was unannehmbar ist.

Die Lösung der Aporie ist die (b 22–35), dass der göttliche Intellekt sein eigenes Objekt ist, also mit diesem in eins zusammenfällt. Das auflösende Argument ergibt sich als letzte von vier Alternativen A-D, mit einander sich ausschließenden Gegensätzen, von denen jeweils der eine ausscheidet. Dies lässt sich in folgendem Schema festhalten:

Der Intellekt ist göttlich

A (b 17)	[potentiell erkennend]	aktuell erkennend
B (b 18–20)	[durch sich selbst als Vermögen]	durch ein eigenes Objekt
C (b 23–25)	[immer wechselndes, beliebiges Objekt]	immer mit sich identisches Objekt
D (b 22–35)	[verschieden vom göttl. Intellekt]	identisch mit dem göttlichen Intellekt

Anmerkung zum Argument:

Die Alternative A besagt, dass der göttliche Intellekt nicht nur potentiell, sondern aktuell erkennt; B, dass er nicht durch sein bloßes Vermögen, sondern durch ein Objekt erkennt, auf das er gerichtet ist; C, dass dieses Objekt kein wechselndes, beliebiges Objekt ist, sondern ein göttliches, mit sich immer identisches; D, dass das göttliche Objekt nicht vom göttlichen Intellekt verschieden sein kann, da es sonst höher, göttlicher wäre als dieser.[50] Daraus folgt dann notwendig, dass der göttliche Intellekt sich selbst zum Objekt hat, d. h. dass seine Erkenntnis Selbsterkenntnis ist, was die einzigartige Aussage ausdrückt: dass nämlich seine »Intellekt-Aktualität Intellekt-Aktualität seiner Intellekt-

[50] Schon Platon hat diese Aporie im *Timaios* gestreift und die Lösung angedeutet, dass der göttliche Demiurg mit seinem Objekt, der Idee des Guten, auf die schauend er den Kosmos bildet, identisch ist.

Aktualität ist«: αὑτὸν ἄρα νοεῖ, εἴπερ ἐστὶ τὸ κράτιστον, καὶ ἔστιν ἡ νόησις νοήσεως νόησις (1074b 33–35).

Gegen moderne Missverständnisse der vorliegenden *Metaphysik*-Stelle ist erstens klarzustellen, dass die Erkenntnis des göttlichen Intellekts, die zugleich seine Selbsterkenntnis ist, nicht die Form einer leeren Selbstreflexion hat, sondern die Erkenntnis von allem einschließt (vgl. *Metaphysik* I, Kap. 2), da er ja die erste Seinsursache von allem ist.

Zweitens ist zu beachten, dass diese Erkenntnis nicht mehr diskursiv, wie die wissenschaftliche, ist, sondern intuitiv. Der Begriff νόησις *(intelligentia)* bedeutet, im Unterschied zu διάνοια oder λογισμός, dem rationalen, diskursiven Denken, gerade die intuitive Intellekttätigkeit. Daher ist die moderne Übersetzung von νοήσεως νόησις mit »Denken des Denkens« missleitend.

Drittens: Die einzigartige Aussage über die göttliche Intellekterkenntnis der Intellekterkenntnis von sich selber ist ontologisch zu verstehen, da nämlich die göttliche Intellekterkenntnis zugleich reiner Seinsakt ist. Daher fällt in der göttlichen Seinsursache das Subjekt mit dem Objekt in eins zusammen, d. h. die erkennende Intellektaktualität mit derselben als ursächlicher Seinsaktualität von allem. Und dies drückt sich dann in der einzigartigen Aussage aus: καὶ ἔστιν ἡ νόησις νοήσεως νόησις, in der das Subjekt und das Prädikat identisch sind, was logisch gesehen eine leere Tautologie ist, jedoch ontologisch gesehen eine höchst bedeutungsvolle Aussage, dass nämlich in der göttlichen Vernunft-Substanz Subjekt und Objekt zusammenfallen. Dem entspricht die oben (*Metaphysik* XII, 6) gewonnene Einsicht, dass die erste Seinsursache ihrem Wesen nach reiner Seinsakt ist: δεῖ ἄρα εἶναι ἀρχὴν τοιαύτην ἧς ἡ οὐσία ἐνέργεια (1071b 19–20).

An die erste Aporie schließt sich eine zweite an, 1074b 35–36: Jede Erkenntnis richtet sich auf ein von ihr verschiedenes Objekt, auf sich selbst nur »beiläufig«, so dass sie nicht mit der Selbsterkenntnis identisch werden kann. Ferner, eine dritte Aporie (b 36–38): Das Erkennen (des Subjekts) und das Erkanntsein (des Objekts) sind verschieden. Auf welcher Seite ist nun das Gute (das Göttliche) zu finden? Denn die Intellekterkenntnis und das vernünftig Erkannte sind dem Sein nach verschieden. Die Lösung beider Aporien (1074b 38 – 1075a 5) lautet: Bei den Wissenschaften ist der Intellekt mit seinem Objekt, qua Erkenntnisinhalt (Begriff) in ihm, identisch, nämlich wie dieses seinem Wesen nach »ohne die Materie« (im Intellekt) ist. Das Erkannte (im

Intellekt) und der Intellekt sind also bei allem, »was keine Materie hat« (wie das Abstrakte im Intellekt), dasselbe: »die Intellekterkenntnis ist ein und dasselbe mit dem Erkannten« (dem Akt nach).

Vgl. den Paralleltext in *Über die Seele* II, Kap. 4–5: »Bei dem, was ohne Materie ist, ist das Erkennende und das Erkannte dasselbe; denn die theoretische Wissenschaft und das so wissenschaftlich Erkannte sind dasselbe«: ἐπὶ μὲν γὰρ τῶν ἄνευ ὕλης τὸ αὐτό ἐστι τὸ νοοῦν καὶ τὸ νοούμενον ἡ γὰρ ἐπιστήμη ἡ θεωρετικὴ καὶ τὸ οὕτως ἐπιστητὸν τὸ αὐτό ἐστιν (430a 3–4).

»Die Wissenschaft in Akt ist mit der Sache identisch«: τὸ δ' αὐτό ἐστιν ἡ κατ' ἐνέργειαν ἐπιστήμη τῷ πράγματι (430 19–20).

Aristoteles nimmt hier die bei Parmenides begonnene Reflexion wieder auf (s. o. S. 28 ff.), wonach zwischen dem Intellekt und dem Seienden, nämlich dem Erkannten (νόημα) im Intellekt, eine Identität besteht. Durch dieses ergibt sich eine identische Beziehung zu den Dingen selbst; denn Erkenntnisobjekt sind die Dinge selbst, nicht ihre Repräsentation im Intellekt.

Im Gegensatz zur menschlichen sind in Gottes Selbsterkenntnis Subjekt und Objekt ontologisch identisch, so dass er sich nicht »beiläufig«, sondern direkt selbst erkennt.

Es folgt noch eine vierte Aporie (1075a 5–6): Wenn das Erkannte (der Erkenntnisinhalt) zusammengesetzt ist, ändert sich die Erkenntnis »in den Teilen des Ganzen« (indem sie die Teile durchgeht und verbindet oder trennt). Die Lösung (a 6–10) lautet: Alles, was ohne Materie ist, ist unteilbar. Der menschliche Intellekt, der von zusammengesetzten Objekten ausgeht, erreicht zwar den Gesamtzweck (»das Gute und das Beste«) des Ganzen, – also nicht nur in diesem oder jenem Teile –, aber nur einen Augenblick lang (in einer ekstatischen, intuitiven Gesamtschau), während sich dagegen in dieser Einheit die aktuelle Erkenntnis des göttlichen Intellekts von sich selber eine Ewigkeit lang verhält.[51]

Anmerkungen zur Fehlinterpretation des Textes bei Plotin und bei Hegel:

Plotin hat Aristoteles so ausgelegt, dass die göttliche Substanz ihre Selbsterkenntnis in einer Reflexion vollziehe, als einer Bewegung, in

[51] Hellmut Flashar spricht sich mit Hans Joachim Krämer zu Recht gegen jene Interpretation aus, welche das Sichselbstdenken des Gottes nur als ungegenständliche Selbstreflexion versteht (*Grundriss der Geschichte der Philosophie*, Bd. 3, *Ältere Akademie, Aristoteles, Peripatos*, 379). Vielmehr hat sich in ihm Gott selbst zum Gegenstand.

welcher die göttliche Vernunft auf sich selbst zurückkomme, und dass sie dadurch sich selbst zum Objekt werde, also in der Reflexion in die Zweiheit von Subjekt und Objekt eintrete. Daher setzt Plotin in seinem metaphysischen System der drei Hypostasen den aristotelischen Gott als zweite Hypostase an, unter der ersten, dem platonischen Guten / Einen. Indes, Plotin war offensichtlich von einer peripatetischen Interpretation beeinflusst, die dem statischen Substanzbegriff eine dynanische Wendung zur Bewegung gab, und hatte keine Kenntnis mehr vom *Metaphysik*-Text selbst, der ausdrücklich, Kap. 7 und 9, von der einfachen Einheit der göttlichen Substanz spricht (ἁπλῆ οὐσία, 1072a 32), sowie jede Bewegung aus ihrer Vernunfterkenntnis ausschließt (1074b 26–27).

Hegel, der den griechischen Text aus *Metaphysik* XII, 9, zitiert,[52] missversteht ihn im Sinne der neuplatonischen Fehlinterpretation, dass nämlich der göttliche Intellekt sich in der Bewegung der Selbsterkenntnis befinde. Dies übernimmt Hegel in sein idealistisches System, in welchem sich nun der Weltgeist in einem Prozess der Selbsterkenntnis entwickelt. Zu Hegels Darlegung ist auch noch Folgendes anzumerken: Aristoteles' Lehre von der Selbsterkenntnis der göttlichen Vernunft (*Metaphysik* XII, 9) ergibt sich aus der Unterscheidung der göttlichen von der menschlichen Vernunft. Während diese sich selbst nur »beiläufig« (ἐν παρέργῳ, 1074b 36) zu einer Objekterkenntnis mit erfasst, hat die göttliche Vernunft sich selbst direkt zum Objekt, so dass in Gott in einzigartiger Weise Subjekt und Objekt in eins zusammenfallen, was der menschlichen Vernunft nicht nachvollziehbar ist.

Hegel entgeht dieser wesentliche Unterschied, so dass er die Selbsterkenntnis des Weltgeistes aus der des menschlichen Geistes begreift, ja diese als ein Teilmoment der göttlichen Selbsterkenntnis versteht, wobei nun menschliche Verhältnisse in den göttlichen Geist hineinprojiziert werden, ähnlich wie bei Plotin in die Weltvernunft der zweiten göttlichen Hypostase. Von Aristoteles ist dies weit entfernt. Seine Auffassung über die Selbsterkenntnis der göttlichen Vernunft ist eine metaphysische, welche über diese als erste transzendente Substanz erschlossen wird. So auch noch bei Plotin, während sie in Hegels Idealismus aus der Reflexionsphilosophie hervorgeht.

---

[52] Georg Wilhelm Friedrich Hegel, *Enzyklopädie der philosophischen Wissenschaften*, Heidelberg 1830, nach § 577.

Hegel verbindet die Reflexionsbewegung der Selbsterkenntnis (des menschlichen wie des göttlichen Geistes) mit dem aristotelischen Begriff der Entwicklung, γένεσις, der Naturdinge, und überträgt diese auf die geistige Entwicklung, wie er sie in seiner *Einleitung in die Geschichte der Philosophie* darlegt. Doch ist diese Übertragung unhaltbar, wie auch seine Auslegung der aristotelischen Lehre, die er mit dem Beispiel vom Samen erläutert, woraus der Baum wächst. Ebenso soll der Weltgeist dynamisch sich entwickeln. Dabei entgeht Hegel, dass der Same nach Aristoteles zwei Ursachen enthält: die Materie- und die Form-Bewegungs- bzw. Zweckursache (wie ich schon oben zu Aristoteles' *Physik* bemerkt habe). Das heißt, zur Entwicklung bedarf es zweier Prinzipien, eines aktiv bestimmenden Prinzips und eines passiven, das bestimmt wird, woran sich die Entwicklung vollzieht. Unmöglich kann ein und dasselbe Prinzip die aktive Kraft seiner Entwicklung sein und deren Unterlage, woran sie sich vollzieht.

Das Kap. 10 schließt die Abhandlung über die erste Substanz, das Seinsprinzip alles Seienden, ab und hebt ihre transzendente Stellung über der Natur, dem Kosmos, hervor. Die Aporie ist die, wie sich das höchste Gute zum gesamten Seienden, dem Kosmos, verhält: ob als abgetrenntes (transzendentes) Prinzip, oder als (immanentes) Ordnungsprinzip seiner Teile. Die Lösung betrifft die neue Art von Zweckursache der ersten Substanz, da sie nicht mehr »Zweck von etwas« ist (s. auch Kap. 7), d. h. in den Naturdingen, sondern ihr »Zweck für etwas«, über ihnen.

Die Lösung ist die, dass die erste Ursache, als das Gute selbst, zwar Ordnungsprinzip für alles Seiende ist, aber ihm doch transzendent bleibt, wie vergleichsweise der Feldherr dem Heer, der ihm zwar die Ordnung gibt, aber über ihm steht. Die Ordnung in allem Seienden ist nämlich nicht in allen seinen Teilen / Gattungen dieselbe (sondern eine analoge) und »auf Eines ausgerichtet«, d. h. ein erstes transzendentes Zweckprinzip (als erstes Analogat).

»Alles ist nämlich auf Eines hingeordnet«: πρὸς μὲν γὰρ ἓν ἅπαντα συντέτακται (1075a 18–19).

Der Ausdruck »auf Eines hin« schließt an Buch IV, Kap. 2 an, welches das Seiende nicht mehr als generisch Allgemeines, sondern als analoges begründet, als »auf Eines hin bezogenes«, auf ein Prinzip. Es folgt ein weiterer erläuternder Vergleich mit einem Hauswesen, dessen verschiedene Glieder, Freie und Knechte, Eltern und Kinder, seinen Zweck in verschiedenem Grade erfüllen. So herrscht also über allem Seienden das Gute als höchster transzendenter Zweck.

»In allem ist am meisten das Gute Prinzip« (ἐν ἅπασι μάλιστα τὸ ἀγαθὸν ἀρχή, a 37).

Es folgt ein dritter Vergleich mit dem Monarchen im Staatswesen, der alles zum Besten leitet, mit dem schönen Zitat aus *Ilias* II, 204 ab:

»Nicht ist gut Vielherrschaft; Einer sei Herrscher«.

Abschließende Bemerkung zu Buch XII:

Mit dieser Abhandlung löst Aristoteles die Aporie über eine immaterielle, abgetrennte (transzendente), unbewegte Substanz auf, ob es diese gibt, und von welcher Natur sie ist. Sie wurde in den früheren Büchern wiederholt gestellt (*Metaphysik* III, 1, 995b 13–17; 2, 997a 34 ff.; Buch IV, 5, 1009a 36–39; 1010a 34; Buch VI, 1, 1026a 29; Buch VII, 2, 1028b 30–31; 16, 1040b 20, 30–32; 17, 1041a 7–9). Moderne Interpreten kritisieren das Vorgehen so, dass zum bloßen Begriff einer solchen Substanz etwas Reales gesucht werde, das sich nicht finde. So verhält es sich aber nicht. Ausgangspunkt ist nicht ein fragwürdiger Begriff, sondern die reale Tatsache, dass die Naturdinge Ursachen haben: Materie- und Formursachen, durch die sie spezifisch sind, was sie sind. Die Frage nach einer ersten transzendenten Substanz liegt in der Verlängerung der tatsächlich vorhandenen, immanenten Form-, Bewegungs-, Zweckursachen. Der Fragende hat von ihr deshalb einen Begriff, weil sie implizit mit den immanenten Ursachen schon miterfasst wird. Somit erscheint der metaphysische Beweis in XII, Kap. 6, nur als Explikation der transzendenten Ursache, die aus dem Verursachten, den immanenten Ursachen, erschlossen wird.

Aus moderner Sicht, die keine beseelten Himmelssphären mit ewigen Bewegungen und den ihnen zugeordneten Intellektseelen mehr akzeptiert, wird der Wert des metaphysischen Beweises der ersten Substanz in XII 6 sehr geschmälert. Deshalb verliert er aber m. E. nicht jeden Wert; denn er setzt nur voraus, dass die Bewegung insgesamt und die ihr zugeordnete Zeit unentstanden sind. Nun liegt dem ein Argument zugrunde, das auch in *Über den Himmel* und in *Metaphysik* VII, 7–9, dargeboten wird: dass nämlich das, was für alles Entstehen der Naturdinge vorgegeben ist, wie die Materie- und die Form-Bewegungs-Zweckursachen, nicht selbst wieder ein Entstehen haben kann, sondern unentstanden ist. Selbst wenn dies nicht sogleich gestatten sollte, von ewigem Seienden zu sprechen, so gilt doch, dass die unentstandenen Prinzipien der entstehenden Naturdinge ohne Entstehen und Vergehen sind, solange sie sind, und nicht sind, wenn nicht. Da sie nun tatsächlich da sind, darf daraus mit Notwendigkeit geschlossen werden, dass sie eine transzendente Ursache haben, die für ihr Sein verantwortlich ist. Der metaphysische Beweisschluss auf die erste Seinsursache alles Seienden erfolgt von den immanenten Ursachen in den Naturdingen aus, die unentstanden sind.[53]

[53] Freilich hat Aristoteles den Zusammenhang der Formursache der Dinge mit der ersten Seinsursache nicht näher ausgeführt, wie auch Flashar mit Verweis auf Hans Joachim Krämer feststellt (*Grundriss der Geschichte der Philosophie*, Bd. 3, *Ältere Akademie, Aristoteles, Peripatos*, 382 f.).

Nikomachische Ethik

Wenden wir uns nun Aristoteles' Ethik zu. Mit seiner dem Sohn Nikomachos gewidmeten Ethik bietet er uns die erste systematische Abhandlung dieser Disziplin. Es liegen von Aristoteles neben der *Nikomachischen Ethik* auch die *Eudemische* und die *Große Ethik* vor, drei Fassungen, die teilweise Textstücke gemeinsam haben, aber auch eigene Teile. Sie sind an je andere Adressaten gerichtet und behandeln zum Teil verschiedene Probleme. Aus Raumgründen beschränkt sich unsere Darlegung auf die *Nikomachische Ethik*, die von besonders geschlossener und ausgereifter Form ist.[54]

Der Gegenstand der *Nikomachischen Ethik* ist das menschliche Handeln, sofern es gut oder schlecht ist, und fragt nach der Ursache, wodurch es gut ist, nach dem Guten selbst, dem letzten Zweck alles Handelns und des Lebens selbst, der auch Glückseligkeit heißt. Buch I beantwortet diese Frage im Umriss, Buch X ergänzt die Antwort abschließend. Die Bücher II-IX handeln von den Tugenden, die zwischen dem Guten selbst und den verschiedenen Bereichen menschlichen Handelns und Lebens vermitteln, in denen es sich verwirklichen soll.

Mit dieser Aufstellung seiner Ethik steht Aristoteles in Gegensatz zu Ethiken unserer Tage, die an erster Stelle die Freiheit sehen und das Gute durch die Werte ersetzen, die immer wieder zur Diskussion gestellt werden, weil der freien Entscheidung aus immer neuen Erfahrungen unterworfen. Bei Aristoteles ist das Gute von analoger Bedeutung und als sittliches eine Qualität der menschlichen Seele, das normativ für das menschliche Leben ist.

Buch I (A)

führt mit einer Allaussage das Gute selbst als Grundlage der Ethik ein:

»Jede Kunst und jede Methode und gleicherweise jede Praxis und Entscheidung scheint nach einem Guten zu streben. Daher hat man treffend das Gute als das bezeichnet, wonach alles strebt«, *Nikomachische Ethik* 1094a 1–3.

---

[54] Die wichtigsten Ausgaben sind zusammengestellt in: *Grundriss der Geschichte der Philosophie. Die Philosophie der Antike*, Bd. 3: *Ältere Akademie, Aristoteles, Peripatos*, hrsg. von Hellmut Flashar, Basel/Stuttgart 1983, mit ausführlicher Werkanalyse und Besprechung der kontroversen Interpretationen zu Aristoteles' drei Ethiken, 242 ff. und 336 ff.

Beachtlich ist, dass Aristoteles als Subjekt des allgemeinen Strebens nach dem Guten »alles« benennt, also nicht nur die Menschen, sondern auch alle Naturdinge. Mit seinem Streben ist der Mensch in die gesamte Natur einbezogen. Die Aussage geht auf Eudoxos von Knidos und seine allgemeine Naturbetrachtung zurück.

In Kap. 1 richtet sich die Untersuchung angesichts der vielen Handlungen und ihrer spezifischen Zwecke auf einen letzten Zweck alles Handelns, ja des Lebens selbst. Dabei wird unterschieden zwischen mittelbaren Zwecken, die um anderer Zwecke willen gewollt werden, und solchen Zwecken, die um ihrer selbst willen gewollt werden. Es geht um den letzten Zweck, »das menschliche Gute« (τὸ ἀνθρώπινον ἀγαθόν) selbst.

Dass es einen letzten Zweck gibt, und die mittelbaren Ursachen nicht ins Unendliche gehen können, zeigt Aristoteles mit dem Argument, dass im Falle eines unendlichen Rückganges in den Zweitursachen der Wille selbst aufgehoben würde, der als Objekt das Gute selbst, als letzten Zweck, hat. (Dieser Wille ist aber eine Tatsache.)

»Wenn es einen (letzten) Zweck des Handelns gibt, den wir um seiner selbst willen wollen, das Übrige aber durch diesen, und wir nicht alles um eines anderen willen wählen – denn so ginge es ins Unendliche, so dass das Streben leer und nichtig wäre –, ist offenkundig dieser (letzte Zweck) das Gute und das Beste« (1094a 18–22).

Der Bezug des Willens zum Guten ist die Grundlage für die Ethik. Die mittelbaren Zwecke sind nur dank der letzten, der allein vollen, eigentlichen Zweckursache.

Dem Bezug des Willens zum Guten entspricht ein ebenso grundlegender Bezug des Intellekts zu ihm. Das Gute, auf das allgemein und natürlicherweise der Wille gerichtet ist, wird vom Intellekt im natürlichen Bewusstsein erfasst. Beide Vermögen, Intellekt und Willen, wirken zusammen in den Entscheidungen, die zum Handeln führen (s. auch Buch III).

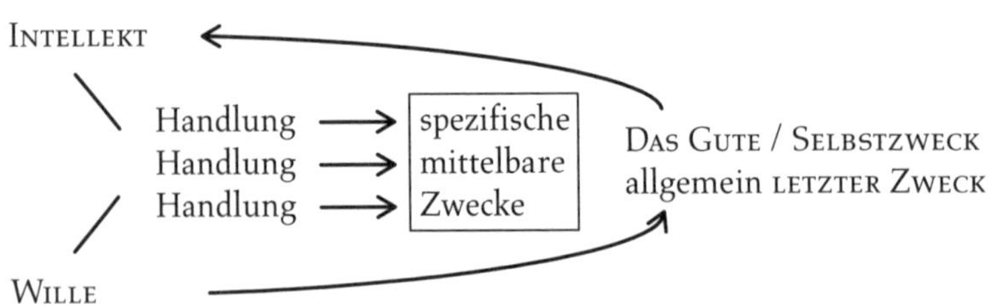

Aristoteles macht noch einige Vorbemerkungen zur Wissenschaft (I, 1, 1094a 22 ff.), die das Gute selbst untersucht, dass sie »die am meisten architektonische«, »die politische«, ist und den umfassenden Zweck alles Handelns der Menschen erfasst, »das menschliche Gute« (1094b 7), und zwar nicht nur im Individuum, sondern auch im Staat, wo es »vollkommener und göttlicher« ist. Es ist maßgebend für die Gesetzgebung, da die Gesetze nicht allein auf Satzung beruhen, sondern auch einen Bezug zur Natur des Menschen haben (b 15–16). Es ist ein Zeichen von Bildung, jede Unterweisung in dem Grad von Genauigkeit aufzunehmen, wie der Gegenstand es zulässt. Ferner ist der Jugendliche nicht der geeignete Hörer für die Ethik, weil er noch nicht nach Erkenntnis zu handeln versteht, der Zweck der Ethik aber nicht die Erkenntnis, sondern die Praxis ist (τὸ τέλος ἐστὶν οὐ γνῶσις ἀλλὰ πρᾶξις, 1095a 5–6).

Aus diesen Bemerkungen kann man m. E. nicht schließen, wie einige Interpreten wollen, dass die *Nikomachische Ethik* der *Politik*-Abhandlung untergeordnet sei. Vielmehr wird hier der Ausdruck »politische Wissenschaft« in weiter, seinerzeit üblichen Bedeutung verwendet, wie bei Platon, auf den auch die Bezeichnung »architektonisch« zurückgeht. Dagegen nimmt die *Politik* bei Aristoteles eine engere, spezifische Bedeutung an. Sie untersucht nicht mehr »das menschliche Gute« allgemein, wie die *Nikomachische Ethik*. Vielmehr stützt sich die *Politik* auf diese – besonders auf die allgemeine Bestimmung des letzten Zweckes und der Gerechtigkeit – und kann gleichsam als die Anwendung der allgemeinen Ethik auf das spezielle Gebiet des Politischen angesehen werden.

Auch in dem Ausdruck, dass der Mensch von Natur ein »politisches Lebewesen« ist (ἐπειδὴ φύσει πολιτικὸς ὁ ἄνθρωπος, 1097b 11), hat »politisch« eine weitere, allgemein-menschliche Bedeutung, nämlich als »gesellig«.[55]

Die nun anstehende Bestimmung des menschlichen, sittlichen Guten, des letzten Zweckes, geht einen induktiven Weg von empirischen Sachverhalten zu einem Prinzip, im Gegensatz zum deduktiven Weg, der vom Prinzip aus einen Sachverhalt begründet, wie Aristoteles vor-

[55] Flashar versteht überzeugend das Verhältnis zwischen Ethik und Politik (ihren »Zusammenschluss«) so, dass sie in der praktischen Philosophie zwei Teilbereiche ausmachen (*Grundriss der Geschichte der Philosophie*, Bd. 3, *Ältere Akademie, Aristoteles*, Peripatos, 337 f.).

weg methodologisch hervorhebt (1095a 30-b 8). Wenn ein Prinzip bestimmt wird, darf man nicht mehr nach einem begründenden Warum fragen; denn das Prinzip ist ein erstes Gegebenes, das aufzufinden ist.

In Kap. 3 werden drei Güter unterschieden: äußere, leibliche und seelische (s. auch Kap. 8), und entsprechend drei Lebensformen: die genießerische (bezogen auf die ersten beiden Güter), die politisch-praktische und die theoretische (bezogen auf das seelische und das göttliche Gute). Das gesuchte Gute, der letzte Lebenszweck, kann sich nur unter den letzteren finden.

Kap. 4: Da Platon das Gute hauptsächlich als das metaphysische, göttliche suchte, das der ersten Kategorie angehört, korrigiert ihn Aristoteles und stellt fest, dass das Gute sich analog in allen Kategorien findet, und dass das sittliche Gute in die Qualitätskategorie fällt, da es in den Tugenden eine Qualität der Seele ausmacht.

Das Kap. 6 findet das sittliche Gute mit einem induktiven Argument auf, das vom »Werk des Menschen« (seiner Leistung) ausgeht. Aristoteles verdeutlicht dieses mit mehreren Analogien: a) mit den Künsten des Flötenspielers und des Bildhauers, von denen jeder seine Leistung vollbringt, b) mit den technischen Künsten des Architekten und des Schusters, c) mit den Organen, wie Auge und Hand, als Teilen des Leibes, von denen jeder seine ihm eigene Funktion ausübt, d) mit den Arten anderer Lebewesen, wie Pferd und Rind, die ihre arteigenen Lebensfunktionen ausführen, die vom Nähr- und Sinnesvermögen geleistet werden. Beim Menschen kommt aber als das ihn auszeichnende Vermögen der Verstand (*lógos*) hinzu, so dass die spezifische Lebenstätigkeit des Menschen, seine Leistung, in der verstandesmäßigen liegt, die ihre eigentümlichen Tugenden erlangt. Dies wird wiederum e) durch den Vergleich mit dem Künstler erläutert, wie dem Zitherspieler, dessen Leistung nicht nur im Zitherspiel besteht, sondern im guten Spiel. Also liegt das menschliche, sittliche Gute in der besten seelischen Tätigkeit nach ihrer besten Tugend:

II) Das sittliche Gute ist das Werk des Menschen.
I) Das Werk des Menschen ist die Tätigkeit der Seele
nach ihrer besten Tugend.
III) Das sittliche Gute ist die Tätigkeit der Seele
nach ihrer besten Tugend (1098a 16–18).

Der Schluss (ἐκ τοῦ συμπεράσματος, 1098b 9–10) hat induktive Form: Er begründet nicht wie der deduktive einen Sachverhalt aus einem Prinzip (im Mittelterm), sondern führt (im größeren Term) zu einem Prinzip hin, das in der Seele als Ursache liegt, ausgehend von ihrer Wirkung (im Mittelterm), d.h. ihrem »Werk« (Aufgabe, Leistung). Der Übergang von der Wirkung zur Ursache wird auch begrifflich unterstützt: Es ist ein Übergang von ἔργον zu ἐνέργεια, von »Werk« zu »Wirklichkeit«, »Tätigkeit«.

Im Übrigen ist zu beachten, dass bei Aristoteles der Begriff der »Tätigkeit« (Aktualität, ἐνέργεια), ebenso auch der »Vollendung« (ἐντελέχεια), wesentlich verschieden ist von dem der Handlung (πραξις): Während diese eine Bewegung von Potenz zu Akt ist, die ihrem Ende, Zweck, zustrebt, bedeutet die Tätigkeit einen Seinsakt, der sogleich, von Anfang an, in seinem Ende, Zweck, in seiner Vollendung ist. Die angemessene Bezeichnung des letzten Zweckes des Menschen, des sittlichen Guten, ist die der »Tätigkeit«; denn es liegt ja nicht mehr in irgendeiner Handlung; noch weniger im äußeren Werk einer Handlung. Daher heißt es schon zu Beginn von Kap. 1:

»Es zeigt sich aber ein gewisser Unterschied in den Zwecken; denn die einen sind Akte (Tätigkeiten), die anderen sind neben diesen bestimmte Werke« (I, 1, 1094a 3–5).

Die Kap. 8–12 ergänzen das Ergebnis mit weiteren Merkmalen des sittlich guten Menschen als eines glückseligen und freudvollen; »denn gut ist nicht, wer nicht Freude hat an sittlich schönen Handlungen« (1099a 17–18). Der sittliche Gute ist von freier Haltung (a 19), äußerer Güter nur in geringem Maße bedürftig (a 31 ff.). Wenn Glückseligkeit der »Preis und Zweck der Tugend« ist, gehört sie zum »Göttlichsten«, das der Mensch erwerben kann (b 15–18). Doch sollte sie ihm in einer vollendeten Lebenszeit bewahrt bleiben (1101a 16).

Der Begriff der Tugend in der Bestimmung des sittlichen Guten veranlasst Aristoteles zur Erörterung der Tugend überzugehen, die in Buch II erfolgt, und bereitet sie in Buch I, Kap. 13, durch eine Klärung der seelischen Vermögen vor:

Es gibt nämlich in der Seele zwischen dem unverständigen *(álogon)* Bereich, mit dem Nähr- und Wachstumsvermögen, und dem verständigen Bereich mit dem Verstand *(lógos)* einen schwer bestimmbaren Bereich, mit einem triebhaften *(hormé)*, begehrenden Vermögen *(epithymía, órexis)*, das im unbeherrschten Menschen dem Verstand widerstreitet, im beherrschten dagegen ihm gehorcht.

Daher könnte man den zu bestimmenden Bereich dem unvernünftigen zurechnen, wenn man diesen zweiteilte, oder dem vernünftigen Bereich, wenn man diesen in zwei Teile gliederte. (Aristoteles rechnet in *Über die Seele* den triebhaften Teil dem unverständigen zu.)

Für die Tugenden ergeben sich somit zwei Gruppen: die »verstandesmäßigen« (dianoetischen), die dem Verstand zugeordnet werden, und die »ethischen« als Gewöhnungstugenden (von *êthos*, Charakter, mit Verweis auf *éthos*, Gewöhnung), die dem Bereich des Triebhaften, Begehrenden (und den Affekten) zuzuordnen sind.

SEELE

verstandesloser Bereich		verstandesmäßiger Bereich
Nähr- und Wachstums-Vermögen	triebhaftes begehrendes Vermögen	Verstand
	ETHISCHE TUGENDEN	DIANOETISCHE TUGENDEN

Allgemeine Bemerkung zu Buch I:

Den besonderen Vorteil gegenüber modernen Ethiken scheint mir die aristotelische in ihrer anthropologischen Grundlage zu haben, d. h. in der Auffassung vom Menschen als konstituiert aus Leib und Seele, mit dem irrationalen und rationalen Seelenvermögen, so dass er mit Verstand und Willen auf das Gute ausgerichtet ist. Dies hat moderne Kritiker veranlasst, sie als metaphysische Ethik abzulehnen und für eine »Ethik ohne Metaphysik« einzutreten; denn die Ausrichtung auf das metaphysische Gute, Gott, lenke die Ethik von ihrer eigenen Aufgabe ab, den Menschen auf sein Handeln aus eigenen Kräften zu konzentrieren. Indes, wie wir gesehen haben, ist das Gute, nach dem Aristoteles fragt und zu dem er eine klare Antwort findet, »das menschliche Gute« (!), das im Menschen selber liegt, in seiner rationalen Seele, auf die also Verstand und Wille rückbezogen sind. Aristoteles selbst übt an Platons Ethik Kritik, dass sie zu direkt auf das göttliche Gute bezogen ist, während doch die Ethik zunächst auf das Gute gehen muss, das der Mensch in sich verwirklichen soll.

Die anthropologische Grundlage ist für die Ethik unentbehrlich, wenn sie normativ sein will; denn sie kann nicht vorschreiben, was und wie gehandelt werden soll, wenn nicht mit Bezug auf die Wesensnatur des Menschen: nämlich so zu handeln, wie es seinem Wesen entspricht.

Man kann in der aristotelischen Ethik unterscheiden zwischen dem sittlichen Guten, den Tugenden, im qualifizierten Handeln und Leben, und dem anthropologischen Guten in der Menschennatur selbst, vor allem in der rationalen Seele. Die Tugenden machen eine Qualität der menschlichen Seele aus.

Buch II (B):

Kap. 1 beginnt mit der Untersuchung der Tugenden, die durch Gewöhnung erworben werden. Das heißt, dass die Menschen sie nicht schon von Natur haben – sonst würden diese nicht erst durch Gewöhnung gebildet werden –, aber sie auch nicht gegen die Natur erwerben: dass also die Gewöhnung sich auf eine natürliche Disposition zum Guten, Tugendhaften, im Menschen stützen kann. Die Gewöhnung erfolgt durch einübende Handlungen, die von derselben Art sind, wie die zu erwerbende Tugend: »Gerechtes handelnd werden wir gerecht« (1103b 1).

Kap. 2 beginnt mit methodologischen Bemerkungen: Die Untersuchung geht nicht auf eine Theorie, sondern auf die Handlungen, wie sie geschehen sollen; »denn wir untersuchen nicht um zu wissen, was die Tugend ist, sondern um gut zu werden, sonst hätten wir von ihr keinen Nutzen« (1103b 27–29). Daher darf man in der Ethik nicht zu große Genauigkeit fordern (wie in der Theorie), sondern muss auch mit umrisshaften Bestimmungen zufrieden sein. Dabei bedient sich Aristoteles ausgiebig der Analogie zwischen dem Leiblichen und dem Seelischen, um vom »Bekannteren für uns« zum »Bekannteren an sich« fortzuschreiten.

Das Kapitel stellt im Umriss heraus, dass jede Tugend zwischen zwei Extremen hinsichtlich der Affekte die Mitte *(mesótes)* hält, zwischen einem Mangel und einem Übermaß, die zwei Laster zur Folge haben (1104a 11 ff.). So steht z. B. die Tapferkeit zwischen der Feigheit und der Tollkühnheit.

Da die Tugenden die Handlungen *und* die sie begleitenden Affekte betreffen (αἱ ἀρεταί εἰσι περὶ πράξεις καὶ πάθη, 1104b 13–14), und sich mit allen Affekten Lust und Schmerz verbinden, gehen die Tugenden über Lust und Schmerz (b 15–16). Daher kommt bei der Bildung der Affekte in jeder Tugend viel auf die gute Gewöhnung an (a 33 ff.), nämlich an dem Lust und Schmerz zu haben, woran man soll. Ja »man muss zum Anzeichen der Tugendhaltungen die den Taten folgende Lust und den Schmerz machen« (b 3–5). So ist z. B. derjenige besonnen, welcher an der Enthaltung von der Lust Freude hat, hingegen unbeherrscht, welcher daran leidet (b 5–7); »denn die ethische Tugend geht über Lust und Schmerz« (b 8–9). Daher muss der Mensch sich von Jugend auf daran gewöhnen, wie Platon sagt,[56] an dem Freude und Schmerz zu haben, woran man soll; denn darin liegt die rechte Erziehung (*paideía*, b 11–13). Der Verstand muss bestimmen, wie man mit welcher Lust und welchem Schmerz handeln soll, wann, wo und wie, unter welchen Umständen, mit wem und zu welchem Zweck (b 22–24, 26, vgl. auch 1106b 21–23; 1109a 28). Von den drei Faktoren bei dem, was die Menschen verfolgen und meiden: dem sittlich Schönen (Guten), dem Nützlichen und dem lustvoll Angenehmen, ist der dritte sehr wichtig. Er »färbt die ganze Lebensweise« (1105a 3); denn er fügt sich zum Guten und Nützlichen. Daher muss »die ganze Abhandlung hierüber gehen« (a 5–6, 10–12).

In Kap. 3 stellt sich eine Aporie zu dem eingangs Gesagten (Kap. 1), dass die Menschen jede Tugend durch einübende Gewöhnung erwerben, d. h. durch Handlungen, die der Tugend gleichartig sind (»Gerechtes handelnd werden wir gerecht«). Wenn aber die einübenden Handlungen tugendhaft sein müssen, besitzt der Handelnde die Tugend schon und braucht sie nicht mehr zu erwerben. Die Lösung unterscheidet jedoch zwischen der einübenden Handlung und der aus der erworbenen Tugendhaltung hervorgehenden Handlung; denn jene erfolgt zwar in einer tugendhaften Weise, aus einer »natürlichen« Anlage zur Tugend, aber es fehlt ihr die Qualität der erforderlichen Tugendhaltung: nämlich erstens das Wissen von der Tugend, zweitens die vorsätzliche Entscheidung um der Sache selbst willen und drittens die unverrückbare Festigkeit (1105a 30–34). Das Wissen zählt relativ wenig, wenn nicht das entscheidungsvolle Handeln hinzukommt.

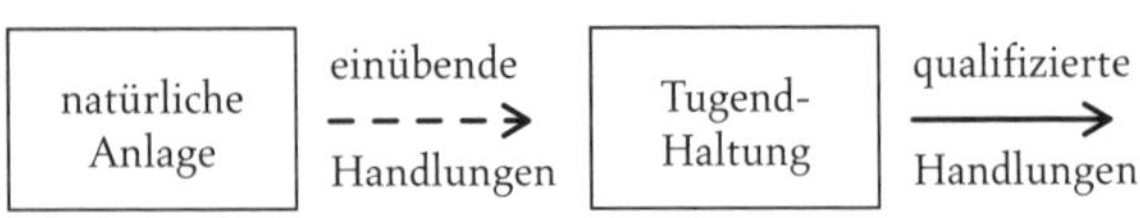

[56] S. o. S. 159 ff., Platon, *Gesetze*, 636d.

Daher ist einübendes Handeln notwendig, mit dem wir die tugendhafte Haltung erwerben, wie Aristoteles gegen Philosophen seiner Zeit betont, welche die Ethik auf das Wissen von den Tugenden beschränken, ohne die Bemühung, es in gutes Handeln umzusetzen (b 2–18).

Es geht also um den Unterschied zwischen den einübenden tugendhaften Handlungen (die z. B. schon Kinder ausführen, wenn sie dem Vorbild der Eltern folgen) und den qualifizierten Handlungen, die aus der erworbenen Tugendhaltung erfolgen (siehe Schema). Es zeigt sich auch, dass die einübenden Handlungen aus einer natürlichen Anlage der Seele hervorgehen, da wir die Tugenden »nicht gegen die Natur« erwerben (s. auch Kap. 1, 1103a 23–24). Sophisten, die behaupteten, dass Tugend nicht erworben werde, sondern dass man sie entweder habe oder nicht, und dass, wer sie habe, sie von Natur besitze (vgl. 1103b 13–14), identifizieren fälschlich die Tugend mit der natürlichen Anlage zu ihr.

Die Kap. 4–6 führen zur Definition der Gewöhnungstugend, ausgehend von drei Möglichkeiten sie zu bestimmen, nämlich als Affekt, Vermögen oder Haltung. Die Erörterungen lassen schließlich nur die dritte übrig, so dass die Tugend definiert wird als

> »vorsätzliche Haltung, welche die Mitte hält zu uns, bestimmt durch den Verstand und wie sie der Verständige bestimmen würde« (II, 6, 1106b 36–1107a 2).

Die Definition wird dann näher erläutert: Die Tugend ist die Mitte zwischen zwei Lastern, die sich aus einem Mangel und einem Übermaß in den Affekten (beim Handeln und Verhalten) ergeben. Die Tugend vermag das Mittlere aufzufinden und zu wählen (a 2–6). Dem Wesensbegriff nach ist sie eine Mitte (im Kontinuum des Handelns und Verhaltens), dem ethischen Wert nach ein Höchstes (a 6–8, siehe das Schema).

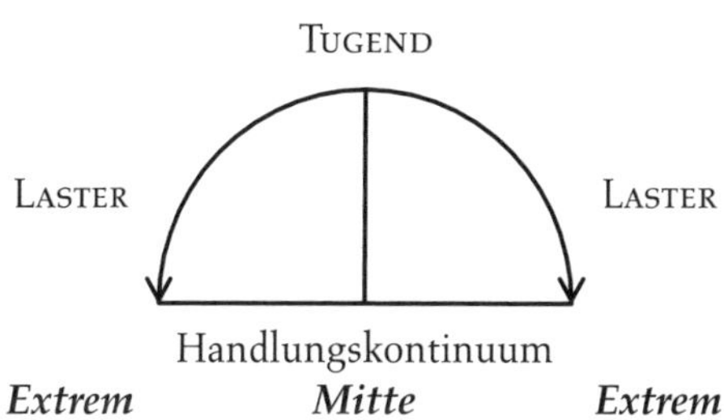

Mit der Lehre, die Extreme zu vermeiden, knüpft Aristoteles an die der Sieben Weisen an: »nichts zu viel« zu tun (μηδὲν ἄγαν), sowie mit der Auffassung der rechten Mitte an die Volksweisheit des goldenen Mittelweges.

Die Begriffe der Mitte und der Extreme gehören ursprünglich dem quantitativen, geometrischen Bereich an. Bei Aristoteles erfolgt die Übertragung auf den qualitativen Bereich der Ethik. Während die tugendhafte Handlung nur eine einzige, die allein richtige ist, verlieren sich die lasterhaften Abweichungen in endlos viele Fehlhandlungen, und zwar im Kontinuum der Handlungen, von dem man sprechen könnte, wiederum mit einem dem Quantitativen entlehnten Begriff.

Besonders wertvoll erscheint mir in der Tugend-Definition der Zusatz »und wie der Rechtschaffene sie (die Mitte) bestimmen würde«. Hieraus geht hervor, dass sich die Tugenden aus dem Leben guter Menschen bestimmen. Damit widerlegt sich das moderne Vorurteil über die traditionelle Tugendethik, dass sie nur schöne Ideale aufstelle, mit dem ungelösten Problem, sie aufs konkrete Leben zu beziehen.

Die restlichen Kap. 7–9 handeln von den Schwierigkeiten, die Mitte in jedem Tugendbereich zu treffen, und geben einige Hilfen; denn man darf nicht bei den allgemeinen Bestimmungen stehen bleiben, sondern muss sie »den Einzelfällen anpassen« (1107a 28–29). Gerade im Einzelfall ist es z. B. für den Freigebigen schwierig zu bestimmen, »wem, wie viel, wann, zu welchem Zweck und in welcher Weise er Geld geben soll« (1109a 28), oder für den Zürnenden, »wie und welchen, aus wie beschaffenen Gründen und wie lange Zeit er zürnen soll« (b 15–16). Wenn die Beurteilung ins konkrete, sinnlich wahrnehmbare Einzelne geht, ist keine genaue Bestimmung mehr möglich (b 23–23).[57]

Allgemeine Bemerkung zu Buch II:

Wenn es Aufgabe der Ethik ist zu bestimmen, wie der Mensch handeln soll, so hat sich Aristoteles in diesem Buch sehr intensiv auf

[57] Flashar erörtert in *Grundriss der Geschichte der Philosophie*, Bd. 3, *Ältere Akademie, Aristoteles, Peripatos*, 340 f., »das Problem der Norm« in der *Nikomachischen Ethik*, da sie Platons Verweis auf das metaphysische Gute als normative Quelle nicht übernehme. Die wenigen Aussagen: zu handeln »wie der Logos gebietet«, oder »wie man soll«, seien zu vage. Indes, die vorliegenden Texte zeigen mit den Beispielen, dass die Norm in den Tugenden liegt, die als allgemeine auf die konkrete Handlungssituation anzuwenden sind. Hier muss die Ethik an eine Grenze der Bestimmungen kommen und kann nicht in konkrete Details gehen (wie eine Kasuistik).

dieses Wie der Handlungen gerichtet, mit der Frage, »wie man handeln soll« (ὡς δεῖ).

»Wir müssen das, was die Handlungen betrifft, untersuchen, wie man sie ausführen soll« (1103b 29–30).

Er führt die verschiedenen Umstände der Situationen an, in denen gehandelt werden soll, nach den Kriterien: wann und wo, mit wem, mit welchen Mitteln. Das wichtigste Kriterium ist aber: »zu welchem Zweck«, welches er am Ende des Buches nennt (καὶ οὗ ἕνεκα, 1109a 28); denn beim Wie einer Handlung ist der Bezug zu ihrem Zweck entscheidend, der das gute, vollendete Leben des Menschen selbst betrifft, um dessentwillen er leben soll.

Wir werden sehen, wie unten, Bücher III (8–15) und IV, die Bestimmung der einzelnen Tugenden auf den Zweck ihrer Handlungen bezogen ist. Sie sind ja (wie der Begriff der Tugend, *areté*, anzeigt) die Bestformen menschlichen Lebens, als zu erwerbende Qualität der Seele. Dabei ist es notwendig, vor der Untersuchung der einzelnen Tugenden die Fragen über die Tugend im allgemeinen geklärt zu haben, da sie die Gattung ist, die alle umfasst, und unter der sie zu betrachten sind. So führte schon bei Platon die Untersuchung über einzelne Tugenden auf die Frage nach der Tugend selbst zurück.

Buch III:

Aristoteles wendet sich nun der vorsätzlichen Entscheidung zu,[58] die ein Bestandteil der Tugend-Definition ist. Da sie den entschiedenen Willen enthält, erörtert er zuerst, Kap. 1–3, die Freiwilligkeit, ausgehend von der Unfreiwilligkeit. Diese bestimmt sich erstens aus dem Zwang und zweitens aus der Unwissenheit. (Die erste Bestimmung betrifft den Willen, die zweite den Verstand.) Wenn der Zwang ein äußerer ist, sind wir nicht mehr Herr unseres Handelns, sondern unfrei. Schwieriger ist der Fall psychischen Zwanges, da wir an sich gegen ihn handeln können, aber nur soweit wir dem psychischen Zwang standzuhalten vermögen. Bei Bedrohung Dritter mit dem Tod wird die Wahl fast unmöglich. Bei der Unwissenheit unterscheidet Aristoteles (Kap. 2) zwischen einer Unwissenheit im Allgemeinen über Gebo-

---

[58] Der griechische Begriff προαίρεσις enthält die zwei Aspekte der verstandesmäßigen Vorzugswahl und der willentlichen Entscheidung und hat im Deutschen kein Äquivalent. Meine Übersetzung umschreibt ihn mit »vorsätzliche Entscheidung«.

tenes und Verbotenes, die unentschuldbar ist, und einer in Einzelheiten, die Verzeihung findet und beim Handelnden von Reue begleitet ist; denn in einer konkreten Situation kann niemand alle Einzelheiten kennen. Entsprechend den Bestimmungen über die Unfreiwilligkeit definiert sich die Freiwilligkeit aus der Abwesenheit von Zwang und von Unwissenheit (Kap. 3).

Erwähnt sei, dass die Freiwilligkeit sowohl der politischen Freiheit *(eleutherótes)* als auch der weiteren, menschlichen Freiheit zugrunde liegt, die hier von Aristoteles nicht behandelt wird, wohl aber dann bei den Neuplatonikern, wo sie mit dem Begriff der »Selbstverfügung« *(autexousía)* bezeichnet wird. Die Freiwilligkeit ist nur die minimale Form von Freiheit (haben doch an ihr schon die Kinder teil, 1111b 8–9).

In den Kap. 4–5 wird die vorsätzliche Entscheidung *(prohaíresis)* erörtert. Sie scheint weder mit dem Willen *(boúlesis)* identisch zu sein, noch auch mit der Überlegung *(boúleusis)*, sondern beide in sich zu vereinigen, so dass sie schließlich definiert wird als »überlegendes Streben nach dem, was bei uns steht« (ἡ προαίρεσις … βουλευτικὴ ὄρεξις τῶν ἐφ’ ἡμῖν, 1113a 9–12; vgl. auch VI, 2, 1139a 23, b 4–5).

Im Zuge der Erörterung wird auch die Überlegung oder Beratschlagung bestimmt, dass »wir nicht über die Zwecke der Handlungen beratschlagen, sondern über die Mittel zu ihnen, … wobei wir uns den Zweck vornehmen« (1112b 11–15).

Dabei geht die Überlegung auf die Mittel des zu verwirklichenden Zweckes, den der Überlegende vorweg im Blick hat; denn er geht von ihm als Erstem aus, um die Mittel zu seiner Verwirklichung zu finden, in der dann der Zweck als Letztes erreicht wird. Die einzelnen Schritte der aufzufindenden Mittel laufen in der Überlegung spiegelbildlich zu ihrer Reihenfolge in der Ausführung.

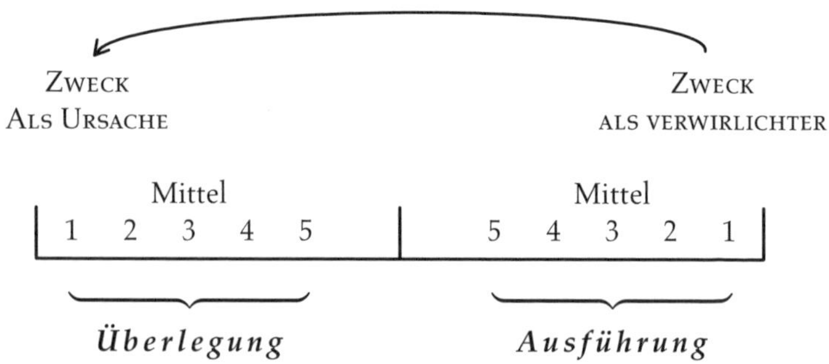

Jedenfalls ist klar, dass die Überlegung des Verstandes nicht mehr auf den Zweck selber gehen kann, sondern dass er diesen schon erfasst haben muss.

Kap. 6–7 erörtern noch zwei Aporien zum Willen: Wie nämlich die Überlegung auf die Mittel zum Zweck geht, so der Wille auf den Zweck, das Gute selbst. Hierzu stellt sich die Frage (1113a 17–21), ob es etwas an sich (objektiv), in Wahrheit Gutes gibt, das von Natur gewollt wird (φύσει βουλητόν, a 21), oder ob es nur das Gute gibt, wie es (subjektiv) jedem erscheint. Die Lösung sieht Aristoteles in einem Sowohl-als-auch (a 22-b 2): Der Wille geht seiner Natur nach auf das Gute an sich, aber allgemein, so dass der Einzelne in einer konkreten Handlungssituation nur das bestimmte Gute wollen kann, wie es ihm erscheint. Im sittlich guten, rechtschaffenen Menschen deckt sich das (subjektiv) individuell erscheinende Gute mit dem an sich (objektiv), in Wahrheit Guten; denn er beurteilt das Einzelne richtig und ist »wie eine Regel und ein Maßstab« für das Gute (ὥσπερ κανὼν καὶ μέτρον ὤν, a 29–33). Beim Schlechten dagegen ist beides entzweit; denn »bei den Vielen liegt eine Täuschung durch die Lust vor« (a 33–34).

Eine weitere Erörterung betrifft die Frage, Kap. 7, ob es bei uns steht, Tugend oder Laster zu haben, gut oder schlecht zu handeln. Aristoteles tritt hierfür ein; denn es steht uns frei, eine Handlung zu tun oder nicht zu tun, und bei diesem Gegensatz geht es immer darum, etwas Gutes oder etwas Schlechtes zu tun. Somit steht es auch in unserer Macht, gut oder schlecht zu sein (1113b 3–14).

Dagegen erheben sich zwei Ansichten: Eine erste argumentiert, dass niemand freiwillig schlecht sein will, weil niemand unfreiwillig glücklich sein, d.h. jeder freiwillig glücklich und gut sein will, also niemand freiwillig schlecht.

Dieselbe Ansicht hat auch Platon vertreten, mit dem Grund, dass das Schlechte negative Folgen hat, die unglücklich machen, und niemand unglücklich sein will. Doch setzt dies schon gute Erziehung und Gewöhnung mit der Einsicht voraus, dass Schlechtigkeit negative Folgen hat. Nach Aristoteles haben aber viele Menschen, wenn sie lasterhaft geworden sind, eine solche Einsicht nicht mehr. Gleichwohl bleibt er dabei, dass die Schlechtigkeit freiwillig ist, weil der Mensch Anfang und Urheber seiner Handlungen ist (b 16 ff.), und in einem anfänglichen Stadium die negativen Folgen lasterhaften Handelns vorhersehen konnte. Die Unkenntnis über sie ist selbstverschuldet.

Die zweite Gegenansicht (1114a 31 ff.) argumentiert so, dass jedem der Zweck individuell verschieden erscheine, gut oder schlecht, wie jeder von Natur veranlagt sei; denn jeder strebe den Zweck so an, wie er ihn vorstelle, und die Vorstellungen stünden uns nicht frei.

Aristoteles korrigiert diese Ansicht: Was sie als individuell verschiedene Natur betrachtet, ist die Haltung, die jeder freiwillig erworben hat, als gute oder schlechte. In der Tat, jedem erscheint der Zweck als so beschaffener, wie beschaffen jeder geworden ist. Und in die so beschaffene Haltung ist er freiwillig aus ersten Anfängen gekommen, als es ihm noch frei stand, gut oder schlecht zu handeln. Eine schlechte Haltung ist Ergebnis schlechten Handelns. In einer solchen Haltung ist er dann nicht mehr so frei wie am Anfang.

Schlussbemerkung zu Buch III 1–6:

Die Lehre von der Entscheidung (προαίρεσις) ist das Herzstück der aristotelischen Ethik. Sie ist »das Prinzip (die Ursache) der Handlung« (ἀρχὴ τῆς πράξεως), durch das Zusammengehen von Verstand und Willen. Aristoteles betont weiter unten (VIII, 15, 1163a 22–23), dass »die Entscheidung des Handelnden einem Maß gleicht; denn in der Entscheidung liegt das Maßgebende für die Tugend und den Charakter«.

Grundlegend ist der Bezug des Willens zum Guten an sich (s. auch Buch I, 1). Dieses gründet in der Menschennatur, im rationalen Seelenteil, der den Vorrang vor dem irrationalen hat. Die Vernunft, die selbst substantiell die Menschennatur ausmacht, ist sich des hohen Gutes bewusst, das in ihr liegt, mit ihrem Vorrang über Sinnlichkeit und Leib.

Wenn im vorliegenden Text unterschieden wird zwischen dem Guten, wie es jedem erscheint, und dem Guten an sich, so erfasst jeder das ihm individuell erscheinende Gute, das mit dem Nützlichen und sinnlich Angenehmen verbunden ist, durch die Vernunft, sofern sie mit den Sinnen verbunden ist. Dagegen wird das Gute an sich durch die Vernunft erfasst, sofern sie losgelöst von den Sinnen und von ihnen nicht mehr beeinflusst ist.

Allgemein gilt für Aristoteles, dass jeder sich nur nach dem Guten entscheiden und handeln kann, wie es ihm erscheint, aber darauf bedacht sein muss, dass das ihm erscheinende Gute sich mit dem an sich Guten deckt.

Einer jüngeren Interpretation erscheint Aristoteles' Aussage, »dass das gut ist, was dem Guten als gut erscheint«, als tautologisch. Jedenfalls lasse sie offen, nach welchem Kriterium das dem Guten erschei-

VERNUNFT —— das Gute
- an sich
- wie es jedem erscheint

das Nützliche

SINNLICHKEIT —— das Angenehme

nende Gute gut an sich sein solle.[59] Nach dem aristotelischen Text ist m. E. das an sich Gute dieses nicht deshalb, weil es dem Guten oder Rechtschaffenen so erscheint, sondern deshalb, weil es an sich so ist und als solches von der Vernunft im Rechtschaffenen richtig erfasst wird. Das Gute an sich und das Gute, wie es jedem erscheint, sind nicht dasselbe; denn das individuelle Gute erscheint der Vernunft in Verbindung mit der Sinnlichkeit. Vernunft und Sinnlichkeit sind jedoch verschieden. Wohl aber kommen das Gute an sich und das individuell erscheinende Gute im Rechtschaffenen zur Deckung, da in ihm auch Vernunft und Sinnlichkeit übereinstimmen. Anders beim Lasterhaften, in welchem beide entzweit sind. Daher ist das ihm erscheinende Gute verschieden vom an sich Guten.

Bei der oben genannten Interpretation schöpft der Rechtschaffene seine Ansicht vom Guten an sich aus bewährten Traditionen. Nach dem Text hat aber das an sich Gute seine Grundlage in der rationalen Wesensnatur des Menschen und wird daher »von Natur gewollt« (s. o. S. 281). Es betrifft die Wesensordnung im Menschen mit dem Vorrang der Vernunft vor Trieb und Sinnlichkeit, worin schon eine natürliche Gutheit liegt.

Der leitende Gesichtspunkt bei der Auffindung der Tugend-Definitionen in Buch III 7–13, Buch IV und V:

Da das Gute an sich allgemein ist, d. h. nicht mehr Zweck einer bestimmten Handlung, sondern einer ganzen Lebensweise, die alles Handeln umfasst, bedarf es der Vermittlung zwischen ihm und dem konkreten Handeln durch spezifische Handlungszwecke, welche nun in den Tugenden der verschiedenen Handlungsbereiche gewonnen wer-

[59] Sie wird wiedergegeben in: *Grundriss der Geschichte der Philosophie*, Bd. 3, *Ältere Akademie, Aristoteles, Peripatos*, 341.

den. Wie der allgemeine Zweck des Guten in den je spezifischen der einzelnen Tugenden eingeht, ist ein leitender Gesichtspunkt, nach welchem Aristoteles bei der Auffindung jeder Tugend vorgeht. Ich beschränke mich auf vier Tugenden, um dies an ihnen zu verfolgen: Tapferkeit, Besonnenheit, Freigebigkeit und Großgesinntheit.

Aristoteles' Vorgehensweise bei den einzelnen Tugenden hat H. J. Krämer als eine »Phänomenologie von oben« betrachtet,[60] welche zunächst den Gegenstandsbereich der betreffenden Tugend bestimmt und dann den Typ der Tugend, woran sich die Detailarbeit seiner Ausfüllung anschließt. Dabei habe Aristoteles die bei Platon vorherrschende »ontologische Bindung und Begründung für das ethische Strukturprinzip« aufgegeben. Der Sachverhalt erscheint mir anders. Aristoteles hat zwar von Anfang an das Gute im allgemeinen im Blick, geht aber bei der Auffindung der einzelnen Tugenden von den beobachtbaren Phänomenen aus, »von unten«, von den empirisch gegebenen Handlungen der Menschen. Von ihnen aus schreitet dann Aristoteles zu Wesensmerkmalen fort, die nicht mehr Phänomene sind, sondern intelligible Wesensaspekte seelischer Haltungen. Somit hat das Vorgehen auch eine ontologische Grundlage; denn die Seele ist die Ursache des menschlichen Lebens, das durch jede Tugend sittlich qualifiziert wird.

Der Gegenstandsbereich ist nicht nur ein Feld von Phänomenen, welches immer detaillierter beschrieben wird, sondern auch die Gattung, welche durch die Differenzbegriffe zunehmend bestimmt wird. Das Definitionsverfahren ist von Anfang an auf das Sein des Gegenstandes gerichtet. Bei jedem Schritt der aufzufindenden Differenzen, die jeweils disjunktiv erschöpfend die Gattung in Teilbereiche aufteilen, muss der zu definierende Gegenstand notwendig jeweils dem einen von zwei Bereichen zugehören. Es geht hier immer um das Sein oder Nichtsein des Gegenstandes.

So teilt sich z. B. der Gegenstand der Tapferkeit, in der Gattung des Gefahrvollen, in die zwei Bereiche des für die Lebensumstände und des für das Leben selbst Gefahrvollen auf, und der letztere Bereich wieder in den der Lebensgefahren, denen einer unfreiwillig, zwangsweise, ausgesetzt ist, und in den von Gefahren, denen einer sich freiwillig aussetzt. Mit jeder spezifischen Differenz wird die Tapferkeit immer

---

60 Siehe *Grundriss der Geschichte der Philosophie,* Bd. 3, *Ältere Akademie, Aristoteles, Peripatos,* 339.

mehr in Bezug auf das Leben / das substantielle Sein des Menschen bestimmt.

Nach Aristoteles' Lehre von der Definition (*Zweite Analytiken* I, 1–2; II, 1–10) setzt diese für ihr Vorgehen schon das Sein / Dasein ihres Gegenstandes voraus, in unserem Falle das der zu definierenden Tugenden und ihres Subjekts, der Seele, welche die Lebensursache des Menschen ist. Die Wesensmerkmale jeder Tugend, die ja eine Qualität der Seele ist, sind auf das menschliche Sein / Leben bezogen: Sie machen dessen Sosein und letzten Lebenszweck aus, worumwillen die Menschen tugendhaft handeln sollen.

Buch III, 7–13, Definitionen von Tugenden:

Kap. 7–12 untersuchen das Wesen der Tapferkeit, ausgehend vom Gegenstand, dem Furchterregenden, Gefahrvollen. Das Wesen der Tapferkeit beweist sich am deutlichsten gegenüber der größten Gefahr, dem Tod, und zwar wenn man ihr nicht durch Zwang ausgesetzt ist, sondern sie freiwillig auf sich nimmt. Dann zeigt sich das Wesen dieser Tugend, wenn nämlich der Tapfere sich einer Todesgefahr freiwillig um eines edlen Zweckes willen aussetzt (1115a 33, b 12), wie es der Verstand (*lógos*) fordert.

Der Hauptgesichtspunkt, nach welchem die Tugend der Tapferkeit aufgefunden wird, ist das sittliche Gute, der letzte Zweck des menschlichen Lebens, nun spezifisch in einem bestimmten Lebensbereich betrachtet, hier des Gefahrvollen und besonders der Todesgefahr, weil bezogen auf das Leben, das der Tapfere um des Guten willen einsetzt. Die rechte Tugendmitte der Handlungen betrifft die Beherrschung der Affekte, welche die Handlungen begleiten, hier vor allem der Furcht vor Schmerz und allem Übel, bis zum Ertragen des Todes.

Die Kap. 13–15 untersuchen die Besonnenheit und die Zügellosigkeit und bestimmen sie in ihrem Lebensbereich, der im Lustvollen liegt. Es geht hier weniger um die seelische als um die leibliche Lust, welche sich, besonders durch den Tast- und Geschmackssinn, mit dem Sinnesleben verbindet, das die Menschen mit den Tieren analog gemeinsam haben. Umso mehr kommt es dann darauf an, dass der Besonnene das Sinnesleben dem Verstand und dem ihm gemäßen sittlichen Guten unterordnet, also »maßvoll und nicht mehr als man soll,« Lust genießt, wie es für Gesundheit und Wohlbefinden zuträglich ist (1119a 11–20). Der Zügellose begehrt die Lust mehr als die Würde (ἀξία) zulässt.

Die Zügellosigkeit gleicht der Feigheit, ist aber von ihr doch verschieden; denn die Feigheit ist weniger frei und flieht den Schmerz, der die Natur des ihn Erleidenden vernichten kann, während die Zügellosigkeit eine Lust frei aufgrund falscher Gewohnheit verfolgt, die nicht gefährlich ist.

Auch die Tugend der Besonnenheit ist wieder am sittlich guten Leben ausgerichtet, mit der Unterordnung der Sinnlichkeit unter den Verstand.

»Wie das Kind nach dem Befehl des Lehrers leben muss, so auch das Begehrende nach dem Verstand. Daher muss auch beim Besonnenen das Begehrende mit dem Verstand übereinstimmen« (1119b 13–16).

Wenn die Begierde zügellos wird, so drängt sie die verstandesmäßige Überlegung beiseite (b 9–10). Nur der Besonnene hat in sich die erforderte Harmonie zwischen dem Begehrenden und dem Verstand, mit der Beherrschung der Affekte, hier besonders des Lustgenusses. In Bezug hierauf »begehrt er das, was und wie und wann man soll,« und dies stimmt mit dem überein, »was der Verstand anordnet« (b 15–18).

Buch IV, Definitionen von Tugenden (Fortsetzung):

Die Kap. 1–3 handeln von der Freigebigkeit, die sie dem Bereich des materiellen Besitzes zuordnen, wo diese Tugend das rechte Maß im Geben und Empfangen der Tausch- oder Geldmittel einzuhalten weiß. Auch sie hat, wie jede Tugend, einen Bezug zum Leben: Der Verschwenderische richtet sein eigenes Leben zugrunde (1120a 1–3). Wiederum wird die Tugend durch ihre Ausrichtung am sittlichen Guten als Lebenszweck ausgerichtet:

»Die tugendhaften Handlungen sind edel und um des Edlen willen. Der Freigebige wird um des Edlen willen und in richtiger Weise geben; denn er wird denen geben, welchen er soll, und wie viel, und wann, sowie nach den andern Bestimmungen, die dem rechten Geben folgen« (1120a 23–26).

Die rechte Mitte in den Handlungen betrifft wieder die sie begleitenden Affekte, vor allem Lust und Schmerz. Daher erfordert die tugendhafte Handlung des Freigebigen, dass sie »mit Lust oder ohne Schmerz« erfolgt (a 26).

Die Kap. 7–10 suchen die Tugend der Großgesinntheit im Bereich der Ehren auf und bestimmen den Großgesinnten als denjenigen, der sich großer Ehren für würdig hält, weil er ihrer auch würdig ist (1123b 2, 15–17). Er steht zwischen dem Hochmütigen und dem Kleinmütigen, die sich selbst falsch einschätzen. Der eine hält sich größerer Ehren, der anderer kleinerer Ehren für würdig als er verdient. Die Ehre ist das größte der äußeren Güter. Aber die Selbsteinschätzung des Großgesinnten bezieht sich auf seinen inneren Wert, das sittliche Gutsein.

»Der Großgesinnte, wenn er der größten Ehren würdig ist, ist wohl auch der Beste; denn es ist der jeweils Bessere des Größeren würdig, und des Größten der Beste« (1123b 26–28).

Die Großgesinntheit zeichnet sich durch Größe in allen Tugenden aus; sie ist wie »ein Schmuck der Tugenden«; »die Ehre ist der Siegespreis der Tugend« (b 35–1124a 2). Der Großgesinnte wird um keines Schlechten willen handeln, sondern nur um des Besten willen. Dafür setzt er auch sein Leben ein. Wieder ist der leitende Gesichtspunkt das sittliche Gute, das Worumwillen der tugendhaften Handlungen und schließlich des Lebens selbst, auf das es bezogen ist.

Man hat Aristoteles' Konzeption der Großgesinntheit Überheblichkeit vorgeworfen, ohne zu berücksichtigen, dass der Maßstab allein das sittliche Gute ist, nicht psychologisch zu kritisierende Megalomanie. Nach Aristoteles findet sich der Großgesinnte, der eher mit den christlichen Heiligen zu vergleichen ist, nur selten, wegen der erforderlichen sittlichen Vollkommenheit in allen Tugenden. Meines Erachtens hatte er Sokrates vor Augen, den Platon *(Siebter Brief)* als den besten Mann seiner Zeit gepriesen hat. Insofern durfte Sokrates, nach dem Todesurteil, das er großgesinnt auf sich nahm, durchaus sich hoher Ehrung für würdig halten, im Prytaneion zu speisen, zur Belehrung (und Beschämung) der arroganten Ankläger und Richter.

Das Buch V

handelt von der Gerechtigkeit, verstanden nicht nur als politische, sondern auch im weiteren Sinne als verteilende sowie als wiederherstellende Gerechtigkeit. Als solche hat sie zum Gegenstand die zwischen Menschen zu verteilenden Güter. Ihre Tugend besteht dann im rechten Geben und Empfangen von Gütern nach proportionaler Gleichheit. Aristoteles macht darauf aufmerksam, dass die aufzufindende Mitte hier »nicht auf dieselbe Weise wie bei den anderen Tugenden« (1133b 32–33) bestimmt ist,[61] nämlich als Mitte zwischen extre-

---

[61] Darauf weist auch Flashar hin (*Grundriss der Geschichte der Philosophie*, Bd. 3, *Ältere Akademie, Aristoteles, Peripatos*, 340).

men Affekten in der Seele, sondern als eine Haltung, die auf die Mitte in den zu verteilenden Gütern geht, nach proportionaler Gleichheit. Insofern kommt hier nur ein zum Laster hin ausschlagender Affekt ins Spiel: die Habsucht *(pleonexía)*, durch die der Ungerechte zu viel an Gütern nehmen und zu wenig geben will, so dass es hier um Übermaß an eigenem Vorteil bzw. an fremdem Nachteil und um Mangel an fremdem Vorteil bzw. an eigenem Nachteil geht. Das Richtmaß für das rechte Geben und Nehmen ist hier, wie bei den anderen Tugenden, das sittliche Gute, wonach sich Nutzen und Schaden in Bezug auf das Zusammenleben der Menschen bemisst.

Besondere Beachtung verdient die kurze Erörterung (Kap. 10) über das natürliche Recht, weil sie für dieses wichtige Thema bis heute ein grundlegender Quellentext geblieben ist, der leider wegen seiner Kürze viele Missverständnisse erfahren hat.

Zunächst vollzieht Aristoteles den Übergang vom »Gerechten schlechthin« zum »politischen Gerechten« (1134a 24 ff.) das sich auf den staatlichen Bereich beschränkt und »bei Menschen besteht, die zur Erreichung der Autarkie sich zu gemeinsamem Leben zusammengeschlossen haben und frei und gleich sind«. Da das Recht *(díke)* »die Scheidung des Gerechten vom Ungerechten ist, findet sich das politisch Gerechte »bei Menschen, die unter sich ein Gesetz haben«.

Von diesem gesetzlichen Gerechten lässt sich aber ein »von Natur Gerechtes« unterscheiden (1134b 18 ff.), welches überall bei allen Menschen dieselbe Geltungskraft *(dýnamis)* hat, während das gesetzliche Gerechte zunächst auf diese oder jene Weise festgelegt werden kann, dann aber freilich bindende Kraft hat. Hieran anschließend erörtert nun Aristoteles ein Problem (b 24–27): Einigen nämlich erscheint alles Gerechte von der Art des gesetzlichen zu sein, d. h. nur auf politischer Festlegung zu beruhen (nur »positiv« zu sein),

»weil das von Natur Bestehende unbeweglich ist und überall dieselbe Kraft hat, wie z. B. das Feuer hier und in Persien brennt, während man das Gerechte als Bewegtes sieht«.

Aristoteles löst das Problem auf folgende Weise:

»Dies verhält sich jedoch nicht so (dass alles Recht durchwegs veränderlich sei), sondern nur in gewisser Weise. Bei den Göttern freilich mag es sich überhaupt nicht so verhalten (bei denen nichts veränderlich ist). Bei uns hingegen gibt es zwar etwas von Natur, wenn auch alles beweglich (= veränderlich) ist. Dennoch ist einiges von Natur, anderes nicht von Natur« (b 27–30).

Er unterscheidet zwischen dem unbedingt Unveränderlichen, wie es sich in den Naturvorgängen (z. B. des Feuers) findet, sowie wiederum im göttlichen Bereich, und dem bedingt Unveränderlichen im praktischen Bereich der Menschen, die (so dürfen wir ergänzen) sittlich gute, gerechte Handlungen nicht mit Naturnotwendigkeit vollziehen. Gleichwohl können sie gemäß der menschlichen, rationalen Natur geschehen (die unveränderlich ist). Im Hintergrund des Problems steht freilich die sophistische Ansicht, dass dem Menschen nur eine Triebnatur eigne, weshalb alles rationale Handeln und alle Moral, wie auch die Gesetzgebung, sich nur durch Konvention und Satzung ergebe. Der Text fährt fort:

»Was nun von dem, was sich so und anders verhalten kann, von Natur ist und was nicht, sondern gesetzlich und durch Vertrag, ist offenkundig, auch wenn beides gleicherweise beweglich (veränderlich) ist. Denn diese Unterscheidung trifft auch in anderen Fällen zu: Von Natur nämlich ist z. B. die rechte Hand gewandter. Und doch ist es möglich, dass alle Menschen an beiden Händen gewandt werden« (b 30–35).

Die Unterscheidung zwischen dem von Natur und dem gesetzlich Gerechten, und damit zwischen einem (bedingt) unveränderlich Gerechten und einem veränderlichen, hält Aristoteles für offenkundig und erläutert sie durch eine Analogie aus dem leiblichen Bereich: Auch wenn die Gewandtheit an beiden Händen durch menschliche Veranstaltungen erreicht werden kann, bleibt die natürliche Gewandtheit der rechten Hand (Rechtshändigkeit) immer bestehen.[62] Dies besagt für den seelisch-rationalen Bereich, dass auch hier eine natürliche »Gewandtheit« vorliegt, nämlich eine natürliche Ausrichtung des Willens und des Verstandes / des Intellekts zum Guten, eine »natürliche Tugend« (eine Disposition), Gutes zu tun, zu der dann menschliche »positive« Veranstaltungen, Gesetze, hinzukommen und sie weiter formen, sei es positiv oder negativ. Die natürliche Disposition als solche bleibt unveränderlich immer dieselbe, wenn auch ihre Verwirklichung durch Gesetze auf verschiedene Weise erfolgen kann und veränderlich ist.

Mitzudenken ist Aristoteles' Unterscheidung zwischen Potenz und Akt. Die Aktualisierung der rationalen seelischen Vermögen erfolgt nicht mit Notwendigkeit, sondern wird durch menschliche Freiheit

---

[62] Die biologische Theorie für die natürliche Gewandtheit der rechten Hand muss uns hier nicht interessieren.

und Entscheidung – positiv oder negativ, sittlich gut oder schlecht – vermittelt. Der Text fährt fort:

»Was aber vom Gerechten nur auf Vertrag beruht und dem Nützlichen dient, verhält sich ähnlich wie z. B. bei den Maßen; denn die Maße für Wein und Getreide sind nicht immer dieselben, sondern wo man kauft, sind sie größer, und wo man verkauft, kleiner. Ebenso ist das menschliche (positive) und nicht naturgegebene Gerechte nicht überall dasselbe, da es auch nicht die Staatsverfassungen sind. Und doch ist überall eine einzige von Natur die beste« (b 35–1135a 5).

Aristoteles kommt hier zum Ergebnis seiner Argumentation: Das Recht in den verschiedenen Staaten und ihre Verfassungen sind von positiver Art (wie vergleichsweise bei der Festlegung von Maßen im Handel), gleichwohl gibt es für alle Menschen nur eine beste Verfassung. Diese ist zweifelsohne die Monarchie, wenn der Monarch von sittlich vollkommener Gutheit ist. Das von Natur Gerechte bezieht sich also auf die rationale Natur des Menschen, mit ihrer unveränderlichen sittlichen Vollkommenheit. Das natürliche Recht liegt letztlich in der Herrschaft des Verstandes über den Trieb.

Moderne Kritik an Aristoteles' Lehre vom Naturrecht beruht auf zwei Missverständnissen: Das erste ist ein naturalistisches, da es das Naturrecht auf die sinnlich-leibliche Natur des Menschen bezieht, missleitet von dem Beispiel mit der natürlichen Gewandtheit der rechten Hand. Es liegt aber nur eine Analogie zwischen Leib und Seele vor (die sich bei Platon und Aristoteles häufig findet; man vergleiche z. B. die Analogie der Tugend als »seelischer Gesundheit« mit der leiblichen). Daher kommt es auf die seelische »Gewandtheit« an, auf die Disposition des Verstandes und des Willens zum sittlichen Guten, die auch als »natürliche Tugend« bezeichnet wird, mit dem natürlichen Vorrang des Verstandes über die Triebnatur.

Das Naturrecht ist also auf jener unteren Ebene natürlicher (noch unvollkommener) Sittlichkeit anzusetzen und steht nicht in Konkurrenz zur frei selbstbestimmten, voll verantwortlichen Sittlichkeit, auf höherer Ebene. Hier liegt ein weiteres Missverständnis moderner Kritiker, wenn sie die voll personale Sittlichkeit durch das Naturrecht gefährdet sehen. In Wahrheit ist es jedoch vielmehr die natürliche Grundlage für die voll personale Sittlichkeit.

Vielleicht ist das Beispiel mit der Rechtshändigkeit nicht so glücklich. Aber man könnte auch andere Beispiele nehmen, so das der natürlichen Grundlage der Geschlechtergemeinschaft zwischen Mann und

Frau. Nun können zwar gesetzlich andere Gemeinschaftsformen eingeführt werden, z.B. die homosexuelle, aber sie werden dann gegen die natürliche, vorgegebene Form verstoßen, die immer unverändert dieselbe bleiben wird.

Ferner missversteht die Kritik das Naturrecht so, als stünde es in einem getrennten Bereich dem des positiven Rechts gegenüber, wozu vielleicht das Beispiel mit der besten Verfassung gegenüber den anderen den Anlass gab. Der Rechtspositivismus vertieft dann diese Trennung so, dass der Bereich des positiven Rechts der reale sei, der des Naturrechts hingegen ein idealer. Dies ist jedoch unhaltbar, wenn wir beachten, dass das Naturrecht in der rationalen Natur des Menschen gründet, und die Herrschaft des Verstandes über den Trieb sehr reale Verhältnisse im Menschen betrifft, welche die natürliche Grundlage für das sittliche Handeln des Menschen sind, auch für alles politisch-rechtliche. Daher ist es möglich, alle positiven Rechtshandlungen, wie auch die Verfassungen, als gute oder schlechte zu beurteilen, je nachdem, ob sie dem »gemeinsamen Guten« *(koinòn agathón, bonum commune)*, gemäß der rationalen Menschennatur, entsprechen oder nicht. So ist die Monarchie, als auf das wahre Gemeinwohl gerichtet, gemäß der Verstandesnatur des Menschen, die Tyrannis dagegen ihr entgegengesetzt. Im Falle eines sittlich vollkommenen Herrschers würde sich die positiv eingerichtete Monarchie mit ihrer natürlichen Rechtsgrundlage decken. Das natürliche Recht steht also nicht neben dem positiven, sondern ist seine natürliche Grundlage.

Buch VI, über die Verstandestugenden:

Im Anschluss an die Definition der Gewöhnungstugenden, welche den (die rechte Mitte findenden) »rechten Verstand« *(orthòs lógos)* enthält, bestimmt nun Buch VI diesen selbst und die ihm eigene Tugend, die Klugheit *(phrónesis)*, sowie auch die andere Verstandestugend, die Weisheit *(sophía)*. Die reichhaltigen Erörterungen, die gleichwohl gut durchgegliedert sind, gehen auf eine Reihe von Problemen ein, deren Auflösung zu wichtigen Unterscheidungen führt.

Kap. 1 beginnt mit der Frage, was der rechte Verstand ist bzw. wie er die rechte Mitte in den Tugenden findet, wenn er auf einen Zweck *(skopós)* hinschaut und dabei »die Zügel anzieht oder locker lässt« (1138b 22–23: Anspielung auf Platons Gleichnis vom Seelenwagen)[63].

[63] Zur Tugend als Mitte, siehe auch Platon, *Staat*, Buch III, 411 ff.

Die Antwort erfolgt in Kap. 2 (mit Rückverweis auf die Einteilung der Seele in den rationalen und den irrationalen Seelenteil, Buch I, 13) durch die Unterscheidung beim rationalen Seelenteil in das theoretische und das praktische Erkenntnisvermögen, welche zwei verschiedenen Gegenstandbereichen zugeordnet sind: dem des notwendig Seienden, das sich immer auf dieselbe Weise verhält, und dem des Kontingenten, das sich so oder anders verhalten kann. Zu ihm gehört der praktische Bereich, in welchem der praktische Verstand so oder anders handeln kann. Der theoretischen Erkenntnis eignet eine theoretische Wahrheit, der praktischen eine praktische Wahrheit.

Beide Erkenntnisarten unterscheiden sich voneinander durch das verschiedene Verhältnis des Verstandes zum Willen; denn in der praktischen Erkenntnis steht der Verstand im Dienste des Willens, der von Natur aus allgemein auf das Gute gerichtet ist, und stellt ihm das je spezielle Gute, d.h. den jeweiligen Handlungszweck vor, auf dass der Wille diesen anstrebt. Sonach liegt die praktische Wahrheit darin, dass der rechte Wille das verfolgt oder flieht, was der rechte praktische Verstand bejahend oder verneinend vorstellt (αὕτη μὲν οὖν ἡ διάνοια καὶ ἡ ἀλήθεια πρακτική (1139a 26–27). Bei der theoretischen Erkenntnis hingegen ist der Verstand um dieser selbst willen tätig und der Wille in ihrem Dienst. Aus dem Zusammenwirken des praktischen Verstandes mit dem Willen zum Guten (dem er dient) resultiert die vorsätzliche Entscheidung (*prohaíresis*, s. auch Buch III, 4–5). Sie ist »das Prinzip der Handlungen«, deren Zwecke das Streben zu erreichen sucht.

Die Zwecke sind einerseits das Gute, wie es jedem erscheint, haben aber andererseits das allgemeine Gute an sich im Hintergrund (auf das der Wille von Natur ausgerichtet ist). Gute Zwecke können jedoch nur dem sittlich guten Menschen als gut erscheinen aufgrund seiner tugendhaften Haltung; denn beim Schlechten, Lasterhaften, ist der dem Intellekt eigene Blick auf das Gute verdorben, wie Aristoteles bei der Bestimmung der Klugheit feststellt (Kap. 5, 1140b 16–21).

Deshalb betont Aristoteles bei der Wiederaufnahme der Definition der Entscheidung (aus III, 5), dass sie der Gewöhnungstugenden bedarf.

»Daher ist die Entscheidung nicht ohne Vernunft und Verstandestätigkeit, noch ohne Gewöhnungstugend möglich«, Kap. 2, 1139a 33–34 … Die gute Praxis (*eupraxía*, die in die Tugend ausmündet) ist nämlich Zweck, und das Streben ist auf diesen (im Handelnden selbst) gerichtet. Daher ist die Entscheidung entweder strebender Intellekt oder verstandesmäßiges Streben, und ein solches Prinzip ist der Mensch« (b 3–5).

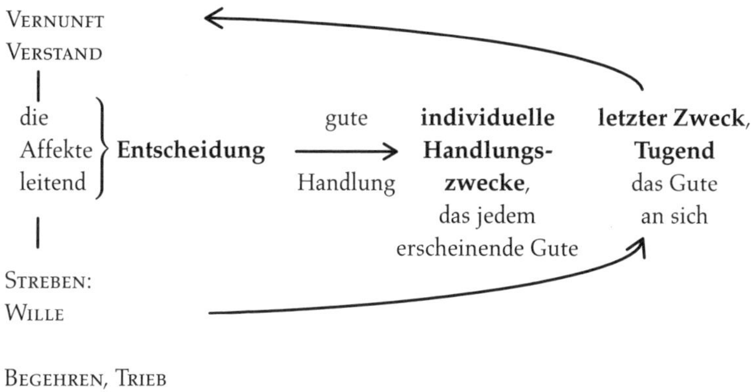

In den Kap. 3–6 bestimmt Aristoteles die verschiedenen erkenntnismäßigen Haltungen und grenzt sie voneinander ab: Die Wissenschaft ist die theoretische mit Verstand ausgeübte Erkenntnis, deren Gegenstand das ist, was sich notwendig immer auf dieselbe Weise verhält. Von ihr sind die hervorbringende und die praktische Haltung zu trennen, die ihrerseits wieder voneinander verschieden sind. Die hervorbringende, die auch Kunst *(téchne)* heißt, geht mit Verstand vor, um Dinge entstehen zu lassen im Bereich dessen, »was sich auch anders verhalten kann« (scholastisch: *contingentia*), die im Unterschied zu den Naturdingen den Ursprung der Entstehung nicht in sich selber haben, sondern im Menschen. Von der Hervorbringung ist die Handlung verschieden, 1140a 6, 16.

Die Klugheit *(phrónesis)* ist die mit Verstand vollzogene, gute Überlegung über das Gute und Nützliche für das gute Leben überhaupt (Kap. 5, a 25–28, b 4–6), im Bereich dessen, was sich auch anders verhalten kann, des Kontingenten. Sie richtet sich auf die Mittel zum gegebenen Handlungszweck, nicht auf diesen selbst, der schon im Blick sein muss und nur vom sittlich Guten erfasst wird, nicht vom Schlechten, dessen Blick verdorben ist (b 16–21).

Kap: 6 stellt den Intellekt *(noûs)* als das Vermögen heraus, allgemein die Prinzipien zu erfassen, im theoretischen wie im praktischen Bereich. In letzterem sind sie die Handlungszwecke, das Gute in jedem Praxisbereich, wie auch der letzte Lebenszweck selbst.

Kap. 7: Im Unterschied zur Weisheit, als der höchsten theoretischen Wissenschaft, welche das unveränderliche Seiende zum Gegenstand hat, ist die Klugheit auf das gerichtet, worüber wir beratschlagen.

Sie wird auch als »politische Haltung« bezeichnet, wobei diese Benennung in weiterer Bedeutung steht, die über die engere, auf die Gesetzgebung im Staat bezogene hinausgeht (b 23 ff.).

Im Folgenden bestimmt Aristoteles noch spezielle Erkenntnishaltungen (Geistesgegenwart, Verständigkeit, Einsicht u.a.), die sich den genannten Grundhaltungen anschließen. Zusammenfassend stellt er als ihnen Gemeinsames in Kap. 12 fest, dass alle »auf das Letzte und das Einzelne« gehen, da sich auf dieses das Praktische bezieht (1143a 28–29). Der dann folgende Text scheint mir wichtig wegen des sog. praktischen Syllogismus:

»Die Vernunft (Intellekt) geht auf das Letzte in beiden Richtungen; denn von den ersten Begriffen (Definitionen) und den letzten ist Vernunft (das entsprechende Vermögen), nicht der Verstand. Und die Vernunft geht teils (als theoretische) in den Beweisen auf die unbewegten (d.h. unveränderlichen) und ersten Begriffe (Definitionen), teils aber (als praktische) in den praktischen Beweisen auf das Letzte und Mögliche (sich auch anders zu verhalten) und auf die andere (untere) Prämisse; denn Prinzipien des Worumwillen sind diese. Aus dem Einzelnen nämlich ist das Allgemeine. Hiervon aber muss man Wahrnehmung haben, und diese ist Vernunft (a 35-b 5).

Aristoteles spricht vom praktischen Beweis, in welchem die obere Prämisse ein allgemeines Prinzip angibt, die untere hingegen ein partikuläres, aus der Sinneserfahrung (am Einzelnen) entnommenes Prinzip. Das Allgemeine wird aus dem Einzelnen gewonnen, d.h. den konkreten, handelnden Individuen, in denen die Handlungsursache liegt (Verstand und Willen mit dem sittlichen Zweck). Der Handlungszweck ist an sich ein allgemein menschlicher, der aber im Einzelmenschen individuell erstrebt und verwirklicht wird. Die praktische Vernunft erfasst nun den Zweck sowohl als allgemeinen (in der oberen Prämisse), als auch als besonderen, aufs Individuum bezogenen (in der unteren Prämisse). Sie ist hier (gleichsam) mit der Wahrnehmung identisch. (Allgemein sind beide voneinander verschieden.)

Weiter unten spricht Aristoteles nochmals vom praktischen Syllogismus:

»Denn die Syllogismen, die das Prinzip des Handelns enthalten, beginnen so: ›Da das und das der Zweck und das Beste ist …‹, was es auch immer sein mag, beispielshalber ein beliebiges. Dies wird sich aber nur dem guten Menschen zeigen« (VI, 13, 1144a 31–34).

Daraus lässt sich entnehmen, dass die obere Prämisse den Zweck, eine

Tugend, in allgemeiner Form angibt, unter die der besondere Fall einer in Frage stehenden Handlung subsumiert wird, mit der Folgerung, dass sie getan werden soll. Dabei wird die besondere Handlung der allgemeinen Tugend untergeordnet, weil die Vernunft diese aus dem besonderen Handlungsbereich als allgemeine abstrahiert und eingesehen hat. Der praktische Syllogismus hat z. B. über eine gerechte Handlung folgende Form:

I) Der Zweck, die Gerechtigkeit, ist sittlich gut, d. h. durch Handeln auszuführen.
II) Diese bestimmte Handlung ist eine gerechte.
III) Diese bestimmte Handlung ist sittlich gut, d. h. auszuführen.

Die Eingangsfrage, von welcher Art »der rechte Verstand« ist, so dass er die rechte Mitte der Tugend findet, bzw. welche verstandesmäßige Tugend ihm eignet, hat also Aristoteles mit der Bestimmung der Klugheit beantwortet, welche die gesuchte Verstandestugend ist.

Das Kap. 13 erörtert abschließend zwei Aporien zur je eigenen Aufgabe von Weisheit *(sophía)* und Klugheit *(phrónesis)*, in ihrem Verhältnis zueinander. Die Erörterung wird auch deutlich machen, dass die Klugheit von den Gewöhnungstugenden unterstützt werden muss, um zum guten Handeln zu führen.

Die erste Aporie fragt, wozu die Weisheit als höchste theoretische Wissenschaft nützlich ist, da nicht theoretisches Wissen die Menschen tugendhaft macht, was eher der Klugheit zukommt. Und doch wird die Klugheit für geringer gehalten als die Weisheit, die in gewisser Weise alles bestimmt und anordnet. Die zweite Aporie betrifft die Klugheit, die zwar praktische Erkenntnis über gutes Handeln ist, aber als solche uns noch nicht zu tugendhaft Handelnden macht. Hierzu ist allein entscheidend eine Tugendhaltung, aus der heraus man gut handelt. Es genügt, dem gutem Beispiel anderer zu folgen, welche die Erkenntnis in die Tugenden besitzen, ohne dass man selber eine solche besitzen müsste (1143b 18–36). (Beispiel mit dem Kranken, der sich des Arztes bedient, ohne dessen Wissenschaft zu besitzen.)

Die Antwort zur ersten Aporie lautet, dass Weisheit und Klugheit an sich erstrebenswert sind, auch wenn sie sonst ohne Nützlichkeit für den Menschen wären. Dass sie aber eine Bedeutung für ihn haben, erläutert Aristoteles dadurch, dass er beide Tugenden mit der Arztkunst und der Gesundheit vergleicht (1144a 1–6): Wie die Arztkunst sich für die Gesundheit des Leibes einsetzt, so hat auch die Klugheit ihren Nutzen, indem sie sich für die »Gesundheit der Seele« einsetzt, die Tugenden bzw. den letzten Zweck sittlich guten Lebens. Die Weisheit hingegen hat keinen solchen Nutzen mehr, da sie der Gesundheit selbst entspricht, die ihren Zweck in sich selbst hat, um deren Erlangung die Klugheit sich bemüht.

Mittel / Zweck	mittelbarer Zweck Nutzen	letzter Zweck an sich selbst
leiblicher Bereich	Arztkunst	Gesundheit
seelischer Bereich	Klugheit	Weisheit
Erkenntnisart	praktische Erkenntnis	theoretische Erkenntnis

Moderne Kritik bemängelt an dieser Lösung, dass die Weisheit als letzter Zweck ein leeres Konzept gegenüber den inhaltlichen Handlungen bleibt und in der Ethik keinen Platz ausfüllt. Doch scheint mir, dass der letzte Zweck der voll erfüllte Lebensakt des Menschen ist: »die beste Tätigkeit der Seele nach der besten rationalen Tugend« (s. auch Buch I, 6).

Sodann legt Aristoteles dar, dass zum guten Handeln und Leben die Klugheit allein nicht ausreicht, sondern dass es entscheidungsvoll sein muss, wozu auch Erkenntnis gehört. Von der vorsätzlichen Entscheidung ist aber die Klugheit nur die eine Komponente, zu der die andere hinzukommt, das Streben nach dem Zweck, dem sittlichen Guten (s. auch Buch III, 5). Die Entscheidung, die auf den Zweck des Handelns geht, kann jedoch den Zweck als guten nur im Blick haben, wenn sie unterstützt wird von Gewöhnungstugenden (1144a 6 ff.); denn die Laster verderben den Blick (der Vernunft) auf den Zweck, d. h. das Gute (das in den Tugenden selbst liegt). »Die Tugend macht die Entscheidung zu einer rechten« (a 20–21). Umgekehrt aber bedarf die Tugend zu ihrer Ausbildung der Klugheit.

Im Folgenden geht Aristoteles dem wechselseitigen Zusammenhang von Klugheit und Gewöhnungstugend näher nach (a 22 ff.). Einerseits hat die Klugheit eine natürliche Anlage, die »Gewandtheit« *(deinótes)*, Mittel zu Zwecken aufzufinden. Diese kann lasterhaft werden, wenn für schlechte Zwecke tätig. Um die Klugheit als Tugend auszubilden, muss »das Auge der Seele« (a 30, ein platonischer Ausdruck), das die Vernunft ist, den guten Zweck im Blick haben, »was nicht ohne die Tugend möglich ist«. Andererseits (b 1 ff.) hat auch die Tugend eine natürliche Grundlage (*physikè areté*, »natürliche Tugend«, b 3), die zu sittlich vollkommenen Tugenden nur unter der Führung der Vernunft ausgebildet werden kann, was »nicht ohne die Klugheit geschieht« (b 16–17). Damit löst sich die zweite Aporie auf: »Aus dem Gesagten ist offenkundig, dass es nicht möglich ist, im eigentlichen Sinne gut zu sein ohne Klugheit, noch auch klug zu sein ohne die Gewöhnungstugend« (b 30–32).

In Buch VIII, 16, bekräftigt Aristoteles, dass »das Maßgebende für Tugend und Charakter in der vorsätzlichen Entscheidung liegt« (1163a 22–23). In Buch X, 8, erwähnt er als Alternative, ob vielleicht die Handlungen maßgebender sind, und spricht sich dann nicht für diese aus, sondern für beide zusammen (1178a 34-b 1).

Die Tugenden bestehen nicht zusammenhanglos, getrennt voneinander, sondern haben durch die Klugheit ihre innere Einheit. (Als Ursache der Gewöhnungstugenden steht diese Verstandestugend über ihnen.) Was die Frage der ersten Aporie nach dem Vorrang von Klugheit oder Weisheit betrifft, so folgt nach dem Gesagten der Vorrang der Weisheit; denn die Klugheit ist bemüht, die Voraussetzung für den Erwerb der Weisheit zu schaffen, nicht über sie anzuordnen.

Weisheit

Verstandestugenden

Klugheit

Gewöhnungstugenden

Im Übrigen trifft die Klugheit, als »politische«, Anordnungen in den menschlichen Verhältnissen, während die Weisheit sich mit göttlichen befasst. Es ergibt sich also folgende Anordnung: Den Gewöhnungstugenden ist die Klugheit als ihr Prinzip vorgeordnet, und der Klugheit als ihr Prinzip die Weisheit.[64]

[64] Das in *Grundriss der Geschichte der Philosophie*, Bd. 3, *Ältere Akademie, Aristoteles, Peripatos*, 341, angesprochene Problem, dass Aristoteles die theoretische Lebensform in die Ethik einbeziehe, in der doch die praktische Klugheit ausschlaggebend sei, klärt sich m. E. wohl dadurch, dass die Weisheit nicht neben der Klugheit eingefügt, sondern ihr vorangestellt wird als ihr vorgeordneter Lebenszweck, auf den sie hinwirkt.

Schlussbemerkung zu Buch VI:

Ein besonders wichtiges Ergebnis der Erörterungen ist die Unterscheidung zwischen theoretischer und praktischer Erkenntnis. Es gibt in unserer Zeit Handlungstheorien, die theoretische Reflexionen über Handlungsstrategien der Subjekte im Zusammenleben unter der Bedingung der Freiheit darbieten, aber keine »praktische Erkenntnis«, für welche der Zweck das gute Handeln ist. Eine solche erscheint geradezu als widersprüchlich; denn das Praktische ist in heutiger Sicht Sache der Erfahrung, zu welcher die Erkenntnis als eine Theorie hinzukommt.

Eine andere Kritik an der antiken Tugendlehre betrachtet sie ebenfalls als eine Theorie, und zwar als eine in abstrakten Idealen bleibende, von der empirischen Praxis entfernte. Wie jedoch die Texte in Aristoteles zeigen, gewinnt er die Tugenden aus dem konkret gelebten Leben tugendhafter Menschen, in denen die Tugenden, das sittliche Gute, der Lebenszweck, Realität geworden sind. Dieses Selbstzeugnis des praktischen Verstandes setzt aber beim Leser die substantielle Selbstgegenwart seiner rationalen Seele voraus, welche freilich bei einem empiristischen Standpunkt, wie die Kritik ihn zeigt, nicht mehr bewusst wird und außer Sicht gerät.

Zum »Problem der Norm« macht Flashar[65] mit Recht darauf aufmerksam, dass bei Aristoteles, anders als bei Platon, »die Norm nicht mehr das Ewige und Unveränderliche, sondern ›der Umsichtige‹ (ὁ φρόνιμος) als Repräsentant der praktischen Umsicht und Klugheit ist, sowie ›der Gute‹ bzw. ›der treffliche Mensch‹ (ὁ σπουδαῖος), der als Paradeigma Richtschnur und Maß für die Richtigkeit ethischen Handelns abgibt (vgl. besonders *Nikomachische Ethik* III, 6)«, indem er »nicht an die theoretische Einsicht in die Struktur des Seins gebunden« ist, sondern an »vorphilosophische Lebenserfahrungen und Traditionen …« Die Texte weisen m. E. auch auf das Mensch-Sein und das in ihm liegende Gute, als »von Natur erstrebtes«, das im sittlich guten Menschen übereinstimmt mit dem »ihm erscheinenden Guten« (III, 6). Vgl. auch Buch IX 4:

»Von allen (Entscheidungen) ist Maß die Tugend und der Vortreffliche; denn dieser ist in Übereinstimmung mit sich selbst und strebt nach ein und demselben mit seiner ganzen Seele« (1166a 12–14).

---

65 *Grundriss der Geschichte der Philosophie*, Bd. 3, *Ältere Akademie, Aristoteles, Peripatos*, 340 f.

Mein Kommentar unten zur Stelle hebt die ontologisch-anthropologische Grundlage dieser Ethiknorm hervor.

Eine andere moderne Kritik betrifft die aristotelische Konzeption der praktischen Klugheit *(phrónesis)*, weil diese nur über die Mittel zum jeweiligen Handlungszweck beratschlage, nicht auch über den Zweck selbst. Dabei versteht die Kritik den Zweck wie einen Faktor der Handlung, der mit diesen zur Diskussion stünde. In Wahrheit aber ist er als Zweckursache das Prinzip der Handlung, ein spezielles Gut, das letztlich im Sein und rationalen Wesen des Menschen selbst gründet (verschieden vom Handeln).

Das Gutsein des Menschen ist seinem Handeln vorgegeben und kann als solches nur durch die Vernunft erfasst, nicht erst vom Verstand durch Beratschlagung bestimmt werden. Daher ist zwar die Auffindung der Tugenden, die induktiv empirisch von den Handlungen der Menschen ausgeht, eine rationale Untersuchung, die sich aber durchgehend am sittlich Guten, am letzten Zweck allen Handelns ausrichtet, das in der Lebensform selbst liegt. Dieses ist vorgegeben, und zwar zunächst unvollkommen allgemein, schon als natürliche Sittlichkeit (»natürliche Tugend«) in allen Menschen, welche dann in jedem zur Vollkommenheit geführt werden soll.

Wichtig ist hierbei auch die Unterscheidung zwischen dem Verstand *(lógos, ratio)* und der Vernunft *(noûs, intellectus)* als zwischen dem diskursiven und dem intuitiven Vermögen. Letzteres geht auf die Prinzipien des Guten und Wahren.[66]

Buch VII

schließt an die Lehre von der Klugheit an und erörtert den Fall des Unbeherrschten, der zwar Klugheit, d. h. Wissen über den Weg zu gutem Handeln und Leben besitzt, aber nicht in die Tat umsetzt, wegen seiner Unbeherrschtheit, die in der Unbotmäßigkeit des triebhaften Seelenteils unter den rationalen liegt.

---

[66] Kant hat dem Menschen jede »intellektuale Anschauung« abgesprochen, weil er sie nur als »platonisch« auf (inhaltlich) ideale Gegenstände gerichtete verstand (die er kritisiert). Bei Aristoteles richtet sich der intuitive Akt der Vernunft lediglich (formal) auf das Sein und Gutsein der Dinge, sowie auf das sittliche Gutsein der Menschen. Nach Kants Leugnung der intellektualen Anschauung gab es Versuche, sie in anderer Art wieder einzuführen (im theoretischen wie praktischen Bereich) als ein Gefühl oder Erleben, ohne die traditionelle Lehre von der Vernunft als schlicht intuitivem Vermögen der Prinzipien wieder aufzunehmen.

Die Bücher VIII–IX

erörtern detailliert die Tugend der Freundschaft und führen nicht nur zu wertvollen Einsichten in das Wesen dieser Tugend, sondern auch in das Wesen des Menschen. Im Folgenden werde ich nur auf Aristoteles' Definition der Freundschaft und ihre anthropologische Grundlage eingehen.

Bereits die einleitenden Bemerkungen zur Freundschaft, Buch VIII, 1, sind sehr bedeutsam, dass sie nämlich für das Zusammenleben der Menschen notwendig, aber auch nützlich und sittlich schön ist. Dem entspricht, dass die Menschen schon von Natur freundschaftlich einander zugetan sind, und dass sich im Staat Gerechtigkeit und Gesetz auf diese natürliche Freundschaft stützen:

»Wo Freunde sind, bedarf es keiner Gerechtigkeit, aber diejenigen, welche gerecht sind, bedürfen dazu noch der Freundschaft« (1155a 26–27).

Die Freundschaft wird, Kap. 2, als gegenseitig bewusstes Wohlwollen zwischen Menschen bestimmt, die einander »das Gute um des anderen selbst willen« wünschen (b 31). Es folgen zwei Einteilungen der Freundschaften, 1. von den Personen her: Freundschaften zwischen Gleichen und solche zwischen Ungleichen; 2. vom Gegenstand her: Freundschaften a) um des Guten willen, b) um des Nutzens willen und c) um des Angenehmen willen. Nur die erste Form ist Freundschaft im vollen Sinne, da sie auf das sittlich Gute, Tugendhafte gerichtet ist, wiewohl sie Nützliches und Angenehmes einschließt, aber nur untergeordnet unter das sittliche Gute.

Sehr wichtig ist Aristoteles' Beobachtung, dass mit dem Bezug des einen Freundes zum anderen ein Selbstbezug eines jeden zu sich selbst zusammengeht; denn jeder wünscht dem anderen das Gute, das er auch sich selber wünscht:

»Indem man den Freund liebt, liebt man, was in einem selbst gut ist; denn der Tugendhafte, der zum Freund geworden ist, wird zu einem Gut für den, dessen Freund er geworden ist. Also liebt jeder von beiden das, was für ihn gut ist, und gibt das gleiche zurück« (Buch VIII, 7, 1157b 33–36).

Weiter unten heißt es: Der Freund wird dem Freunde das Gute um seinetwillen wünschen.

Er wird ihm »die größten Güter wünschen, die es für einen Menschen gibt, aber vielleicht nicht alle; denn jeder wünscht sich selbst am meisten das Gute« (1159a 9–12).

Gerade aus dem Bezug zum anderen, der mit dem Selbstbezug eines jeden zusammengeht, ergibt sich der Vergleich zwischen guten Menschen, die einander freund sind, und die ethische Einsicht, dass das Gute in beiden dasselbe ist, das sie einander wünschen, sowie schließlich die anthropologische Einsicht in das gemeinsame Gute, das in der rationalen Natur ihres Menschseins liegt.

Die Freundschaftsform um des Guten willen kann nur zwischen zwei Freunden stattfinden, die gute, tugendhafte Menschen sind. Und so wird die sittliche Gutheit dieselbe sein, die jeder dem anderen und sich selbst wünscht.

Zu diesem Gesichtspunkt finden sich noch wichtige Texte in Buch IX, das eine Reihe von Aporien erörtert. Eine betrifft den Selbstbezug der Freunde, aus dem sich auch ihr Bezug zum anderen bestimmt, In Kapitel 4 betont Aristoteles die Harmonie und unverrückbare Identität der Tugendhaltung im sittlich guten, tüchtigen Menschen *(spoudaîos)*, die auf der identischen, verstandesmäßigen (rationalen) Wesensnatur des Menschen gründet:

»Dieser (Tüchtige) stimmt mit sich selbst überein und begehrt mit seiner ganzen Seele ein und dasselbe. Er wünscht sich selbst das Gute, und das (ihm) erscheinende, und tut es – denn es eignet dem Guten, das Gute zu tun – und um seinetwillen; und zwar um des verstandesmäßigen Teiles willen, der doch jeder selbst ist, wie es scheint. Und er wünscht identisch mit sich selbst zu leben und sich zu bewahren, und am meisten mit dem klugen Teil. Dem Tüchtigen nämlich ist das Sein ein Gut. Jeder aber will für sich selbst das Gute, und keiner (von den Tugendhaften) wünscht ein anderer zu werden, so dass dann das andere alles Gute hätte – denn so (= identischerweise) hat jetzt auch der Gott das Gute –, sondern indem er ist, was er nun einmal ist (wünscht er für sich das Gute). Wie es scheint, dürfte jeder der vernünftige Teil sein, oder am meisten« (δόξειε δ' ἂν τὸ νοοῦν ἕκαστος εἶναι ἢ μάλιστα, IX, 4, 1166a 13–23).

Der Vergleich zwischen guten Menschen führt hier zur Einsicht in die ihnen gemeinsame Wesenheit: Sie liegt in ihrer Verstandesnatur, die jeder selbst ist.

Die Übereinstimmung, in welcher der gute Mensch mit sich selbst lebt (und nicht neidisch auf andere schaut, um so wie sie sein zu wollen), ist ein wichtiger Gesichtspunkt, den die Stoa fortführen wird, wenn sie die Tugend als das Leben des Menschen »in Übereinstimmung mit der rationalen Natur« bestimmt, in Harmonie mit sich selbst.

Ferner ist die vorliegende Stelle, welche die Wesensnatur dem Menschen, und zwar jedem Einzelnen, zuschreibt, m. E. der Quellentext für Boethius, den hervorragenden Aristoteles-Kenner, der die Person als »individuelle Substanz von rationaler Natur« definiert.

Der Text betont weiter, dass der Tugendhafte, was das Gute und Freudvolle betrifft, immer im selben Verhältnis zu sich selbst bleibt wie zum Freunde; »denn der Freund ist ein anderer er selbst« (ἔστι γὰρ ὁ φίλος ἄλλος αὐτός). Damit wird anthropologisch die Wesenheit des Menschen als in den Individuen identische herausgestellt.[67]

Während der Tugendhafte in Harmonie mit sich lebt und sich selber Freund ist, lebt der Lasterhafte in Konflikt, in Feindschaft mit sich selbst, und so kann er auch mit den anderen nicht in echte Freundschaft treten.

In Kap. 8 wird die Aporie, ob der Freund auch sich selbst lieben soll, bejaht; »denn jede Vernunft wählt für sich das Beste, und der Rechtschaffene gehorcht der Vernunft« (1169a 17–18). (Diese Selbstliebe als Selbstbejahung ist verschieden von der egoistischen Liebe.)

Grundlegend für die ganze Ethik ist das Subjekt, die Vernunft, die sich selbst gegenwärtig ist.

In Kap. 9 wird die Aporie, ob der gute Mensch der Freunde bedarf, positiv beantwortet, da er sie zwar nicht um des Nutzens und des Angenehmen willen braucht, wohl aber um am guten Freunde das Gute zu betrachten, das er auch in sich findet, um sich an ihm zu erfreuen. Er kann es nämlich an sich nur indirekt in der Reflexion auf sich selbst betrachten (1169b 33–34), was schwerer ist als direkt am guten Freund, der sein »anderes Selbst« ist (1170b 6–7). In einer weit ausholenden Argumentation beginnt Aristoteles beim Mensch-Sein mit dem in ihm liegenden Guten. Es ist jedem erstrebenswert und als solches ihm auch bewusst. All unsere leiblichen und seelischen Akte werden von einer Selbstwahrnehmung (Bewusstsein der Vernunft) begleitet, so dass wir auch »vernünftig erfassen, dass wir vernünftig tätig sind, und dass wir sind« (1170a 32–33). Das Gute im guten Menschen ist uns als erstrebenswert und lustvoll bewusst, sowohl in uns als auch im guten Freund, so dass wir seiner bedürfen, um es in ihm zu betrachten.

Diese in der Argumentation eingeschlossene Reflexion über die

[67] Wenn Cicero seinen Freund Atticus als *alter ego* bezeichnet, so übersetzt er den aristotelischen Ausdruck falsch, der mit *alter ipse* wiederzugeben ist; denn jeder hat sein einmaliges Ich, im Unterschied zum Selbst, das die Wesenheit bezeichnet.

Selbsterkenntnis und ihre Seinsgrundlage ist auch erkenntnistheoretisch von großem Wert.

Anmerkung zu Buch VIII–IX:

Dadurch, dass die Tugend der Freundschaft in verschiedenen Arten vorliegt und nicht nur einen Gegenstandsbereich hat, kann sie nicht ebenso wie die anderen Tugenden als Mitte zwischen gegensätzlichen Affekten bestimmt werden. Gleichwohl gilt auch hier als Kriterium dieser Tugend die Ausrichtung auf das sittliche Gute, das die allein authentische Freundschaftsform auszeichnet, während die auf das Nützliche und Angenehme allein ausgerichteten unechte Formen sind. Es geht um den Affekt der Liebe, der den Willen zum sittlich Guten begleitet und in der Tugend der Freundschaft ihm konform ist, ihm also nicht wie in der lasterhaften widerstreitet.

Die reichhaltigen Erörterungen über die Freundschaften zwischen Ungleichen konnte meine Untersuchung nicht mehr berücksichtigen, doch ist wenigstens das Lehrstück über die Ehe zwischen Mann und Frau zu erwähnen, Buch VIII 14 (1162a 16–33), weil es in die Ehelehre des Thomas von Aquin eingegangen ist, und diese heute in Diskussionen kritisiert wird. Ein Kritikpunkt besagt, dass die Ehe eine bloße Konvention sei und daher durch andere, freie Lebensgemeinschaften ersetzt werden könne. Bedacht wird nicht mehr, dass die Ehe eine natürliche Freundschaftsform ist, wie schon Aristoteles betont, die sich von anderen Freundschaftsformen dadurch unterscheidet, dass sie zwischen den zwei Geschlechtern, Mann und Frau, besteht. Der Mensch ist von Natur aus gesellig und noch ursprünglicher zur Ehegemeinschaft angelegt als zur staatlichen Gemeinschaft, da der Staat auf ihr aufruht.

Ein anderer Kritikpunkt wird von Personalisten vorgebracht und richtet sich gegen den zweifachen Ehezweck mit dem Vorrang der Kindererzeugung vor der gegenseitigen Liebe. Auch Aristoteles erwähnt ihn und hebt hervor, dass die Ehe »nicht nur um der Kindererzeugung willen, sondern auch wegen der Lebensgemeinschaft« besteht. Dabei ist einleuchtend, dass der erstere Zweck den Vorrang hat, weil bei den verschiedenen Freundschaftsformen die der Ehe gerade darin ihre spezifische Differenz hat, eine Gemeinschaft zwischen den beiden Geschlechtern zu sein.

Doch bemerkt Aristoteles, dass es den Menschen, gegenüber den anderen Lebewesen, auszeichnet, nicht nur Nachkommen zu erzeugen, sondern auch in der ehelichen Lebensgemeinschaft für ihre Aufzucht und Erziehung zu sorgen. Daraus geht der Vorrang des zweiten Zweckes, d.h. der Lebensgemeinschaft, in Bezug auf das Menschsein hervor, sofern die Ehe in das gesamtmenschliche Leben integriert ist, und der letzte Lebenszweck, mit der personalen Liebe, über dem spezifischen Ehezweck der Kindererzeugung steht. (Sofern er auch die Ehe leitet, weist er über deren spezifischen Zweck hinaus.) Beim Personalismus scheint der spezifische Ehezweck gleichsam im gesamtmenschlichen Lebenszweck personaler Liebe aufzugehen.

Ferner betont Aristoteles auch, dass Mann und Frau von Natur verschiedene Aufgaben haben – im Gegensatz zur heutigen Gender-Theorie –, die in der Ehe zu beachten sind. Ausführlicher legt er dies in seiner *Ökonomik*-Schrift dar.

Paul Ricœur knüpft in *Soi-même comme un autre* an den aristotelischen Ausdruck vom Nächsten als »anderem Selbst« an, kehrt nun aber die Verhältnisse um: Er geht vom Selbst als uns Fremdem aus, das uns zum Anderen führt, um dann mit ihm das Selbst zu suchen. Im Austausch der Biographien würden wir erst allmählich zu einer »narrativen Identität« gelangen. Aristoteles' Ausdruck des »Selbst« bezeichne nur eine anonyme, leere Identität. Indes ergibt sich dies nur aus der hermeneutischen Sicht des Autors. In der Tat, hermeneutisch gesehen, wäre der Begriff des »Selbst« bedeutungsleer, während er anthropologisch-ontologisch verstanden, seine volle Bedeutung hat, in der er auf das Wesen des Menschen abzielt.

Buch X

handelt von der Glückseligkeit *(eudaimonía)* und schließt damit die Erörterung von Buch I über das menschliche, sittliche Gute ab, aber auch die über die Weisheit von Buch VI; denn die Glückseligkeit erweist sich als ein komplexes Phänomen und umfasst die Weisheit und die Lust.[68] Daher erörtern die ersten Kap. 1–5 die Lust, die dann anschließenden Kap. 6–10 die Glückseligkeit. Die Erörterungen über die Lust widerlegen die falsche Ansicht, dass sie Bewegung sei (wie die Affekte, Emotionen). Vielmehr gehört sie (als Prinzip der Affekte) den Tätigkeiten (Akten) der Seele zu.

Aristoteles unterscheidet in *Physik* und *Metaphysik* zwischen Bewegung *(kínesis)* und Tätigkeit / Akt *(enérgeia)*. Die Bewegung ist ein

---

[68] Damit setzt Aristoteles die in Platons *Philebos* dargelegte Lehre vom sittlich guten Leben fort, das Vernunft und Lust umschließt.

Übergang vom potentiellen zum aktuellen Sein, also durchaus verschieden vom Seinsakt selbst. Man könnte die Bewegung mit dem Symbol eines Vektors anzeichnen, den Seinsakt mit einem Punkt, um deutlich zu machen, dass der Seinsakt in sich von Anfang an vollendet ist (siehe das Schema).

Somit kommt die Lust »mitvollendend« zum seelischen Akt hinzu, in dem sich ein Zweck vollendet (τελειοῖ δὲ τὴν ἐνέργειαν ἡ ἡδονή, 1174b 23), wie »ein hinzukommender Zweck« zur seelischen Tätigkeit, dem Zweck (ὡς ἐπιγιγνόμενόν τι τέλος, b 32), gleichsam wie seine Blüte (b 33). Die Lust »wohnt jeder Tätigkeit bei« (συνῳκειῶσθαι, 1175a 29), wie ja schon dem Lebensakt als solchem (a 12, 16–17), und »verstärkt« sie (συναύξει τὴν ἐνέργειαν ἡ οἰκεία ἡδονή, b 30–31).

Da der Bewegung die Zeit, und dem Seinsakt das Jetzt zugeordnet ist, kommt als weiteres Argument, dass die Lust keine Bewegung, sondern mitvollendender Akt ist, dieses hinzu: Während die Bewegung in allen Zeitphasen unvollendet ist, erweist sich die Lust zu jeder Zeit als in sich vollendet, im Jetzt, das aus dem Zeitfluss heraustritt und in sich eine Einheit, »ein Ganzes«, bildet (τῶν ὅλων τι καὶ τελείων ἡ ἡδονή … τὸ γὰρ ἐν τῷ νῦν ὅλον τι, 1174b 2). Vgl. auch *Physik* IV, 10.

Wenn nun die Lust die seelischen Tätigkeiten begleitet, und das sittliche Gute (wie oben Buch I, 6 dargelegt) die beste Tätigkeit der Seele nach ihrer besten Tugend, d. h. der verstandesmäßigen, ist, so ergibt sich, dass die Weisheit mit der ihr entsprechenden Lust verbunden sein wird; denn wie es der Art nach verschiedene Tätigkeiten der Seele gibt, so auch entsprechend verschiedene Arten der Lust (vgl. auch Platons *Philebos*).

Die Kap. 6–10 bestimmen abschließend die Glückseligkeit als Weisheit nach ihren Hauptmerkmalen: Aristoteles geht von der Einteilung des Lebens in grundlegend verschiedene Tätigkeitsbereiche aus: in den der Arbeit und den der Freizeit oder Muße, wobei er diese wieder in spielerische und ernste Tätigkeiten unterteilt. Zu den letzteren gehören die kontemplativen, wie die Philosophie und die Glückseligkeit (Kap. 6, siehe unten das Schema).

Beachtlich ist, dass von der mit dem Körper verbundenen Tätigkeit, der Arbeit, die theoretische unterschieden wird, die der Seele allein eigentümlich ist und zu ihrer höheren Bildung führt.[69]

Menschliche Tätigkeiten

in der Arbeit (ascholía) — in der Muße (scholé)

in der Muße (scholé): im Spiel — im Ernst

im Ernst: theoretische Tätigkeiten: die höchste als Weisheit mit Glückseligkeit

Die Glückseligkeit liegt in den theoretischen Tätigkeiten, d.h. in den kontemplativen, die von den praktischen verschieden sind. Zu ihnen gehören sicherlich die religiösen, sowie die wissenschaftlichen und die Weisheit, mit der sich die Glückseligkeit verbindet; denn sie ist die vollendetste Tugend, mit größter Lust verbunden (Kap. 7, 1177a 17–27) und das ganze Leben dauernd. Da dies aber »über Menschenkraft« zu gehen scheint (b 26ff.), muss man auch die zweitbeste Glückseligkeit gelten lassen, die in der Tätigkeit der sittlichen Klugheit liegt. Doch ist das Beste das für den Menschen von Natur eigene.

»Dem Menschen ist aber das Leben gemäß der Vernunft (wesentlich) zu eigen, wenn doch diese am meisten der Mensch ist« (1178a 6–7).

Wie in Buch VIII-IX haben wir auch hier wieder den anthropologischen Bezug zur Wesenheit des Menschen, nämlich zu seiner Vernunftnatur. Der Weise ist »am meisten gottgeliebt« (θεοφιλέστατος), weil die Vernunfterkenntnis göttlich, d.h. verwandt der Tätigkeit der Götter ist, und die Götter das ihnen Verwandte im Menschen lieben (1179a 22–30). Vgl. auch Platons Dialoge *Euthyphron* und *Symposion*.

[69] Begriffsgeschichtlich gesehen, ist der griechische Begriff *scholé* im lateinischen Lehnwort *schola*, sowie in den modernen Sprachen, z.B. im englischen *school* und im deutschen *Schule*, bewahrt geblieben, um einen von Arbeit und Geschäftigkeit freien Lebensraum anzuzeigen, welcher der Bildung des Geistes vorbehalten bleibt. Diese ist auch vom Spiel abgetrennt, welches der Erholung des Geistes dient.

5) Epikur

In der hellenistischen Epoche, zu der wir nun übergehen, entwickeln sich Probleme und Lösungen vor allem in der Stoa und im Neuplatonismus, womit wir uns daher ausführlicher befassen werden. Da aber beide Richtungen der Kritik des Skeptizismus ausgesetzt waren, und die stoische Philosophie sich weitgehend am Gegensatz zu Epikur profilierte, ist zunächst kurz auf Epikur einzugehen, sowie, nach der Stoa, auch auf den Skeptiker Sextus Empiricus.

Von Epikur (341–270 v. Chr.) sind uns bei Diogenes Laertius drei Briefe überliefert, in denen er für seine Schüler die Hauptlehren der Physik und Ethik, also über die Natur und das sittlich gute Leben zusammenfasst, die ich im Folgenden besprechen werde.[1] Zunächst aber einige Bemerkungen zu Epikurs Erkenntnislehre.[2]

a) Erkenntnislehre

Die hellenistischen Schulen der ersten Jahrhunderte nach Aristoteles' Tod (322 v. Chr.) fallen weit hinter dessen Epistemologie zurück und ringen mit dem Erkenntnisproblem, nämlich durch welches evidente Kriterium sich das Subjekt vergewissern könne, wahre Aussagen über die Dinge zu machen. Bei Platon und Aristoteles lag das Kriterium in den allgemeinen und notwendigen Aussagen, welche nun aber problematisch werden: Wie soll der Verstand bzw. die Vernunft von dem mit den Sinnen wahrgenommenen Einzelnen zum begrifflich Allgemeinen und Notwendigen gelangen, und wie soll dieses sich auf die Einzeldinge beziehen?

Es werden neue Begriffe eingeführt, welche den Übergang vom sinnlich Wahrgenommenen zum begrifflich Allgemeinen mit einer Reihe von Zwischenformen bezeichnen: Bei Epikur und seinen Schü-

---

1 Diogenes Laertius, Buch X: *Epikur.*

2 Als Quelle für Epikurs Erkenntnislehre nennt Diogenes (X, 31) dessen Schrift *Kanon.*

lern heißen die auf die Sinneseindrücke folgenden Stufen: die anfänglichen Vorstellungen (»vorstellungsmäßige Ansätze des Denkens«, φανταστικαὶ ἐπιβολαὶ τῆς διανοίας) und die aus ihnen sich bildenden, primitiven Begriffe (»Vorbegriffe«, προλήψεις). Epikur führt drei Wahrheitskriterien auf, die von unbezweifelbarer Evidenz (ἐνάργεια) sein sollen: die Sinneswahrnehmungen, die Begriffe, die seelischen Eindrücke (πάθη, Diogenes Laertius X, Nr. 31: κριτήρια τῆς ἀληθείας εἶναι τὰς αἰσθήσεις καὶ προλήψεις καὶ τὰ πάθη). Zu ihnen fügen seine Schüler die anfänglichen, unabweisbaren Vorstellungen hinzu. Die Eindrücke kommen ins Spiel bei der Bildungen von Meinung und Urteil (δόξα, ὑπόληψις).

Die Ursache für die Schwierigkeit gesicherter wahrer Erkenntnis ist die materialistische Grundlage, die Epikur aus Demokrits Atomenlehre übernommen hat. Hiernach sind die Objekte, die Dinge, nur Zusammensetzungen von Atomen, und ebenso das Subjekt, die Seele mit dem Verstand. Dadurch werden auch alle Vorgänge zwischen Subjekt und Objekt materielle, aus Atomen erklärbare Abläufe: Die Sinneseindrücke in der Seele entstehen aus Abbildern (Atomgeweben) der Dinge, die sich von ihrer Oberfläche ablösen und durch die Sinnesorgane zur Seele gelangen. Die weiteren Erkenntnisstufen: Vorstellungen und Begriffe, Eindrücke und Meinungen / Urteile, entstehen aus den Bewegungen in der Seele, die aus den Sinneseindrücken fortwirken.

Diese rein materielle Erklärungsweise der Erkenntnisvorgänge – die übrigens in den Empirismus der Neuzeit bei Bacon und Hume eingegangen ist – macht es schwierig, ja unmöglich, echte allgemeine Erkenntnis zu begründen, die sich nie aus Sinneseindrücken hervorziehen lässt. Dagegen haben wir aus Aristoteles' Abstraktionslehre entnommen, dass die Vernunft das Allgemeine nicht aus dem sinnlichen, sondern dem intelligiblen Gegebenen der Sinnesdinge gewinnt. Die Sinneswahrnehmungen sind nur das Medium, durch das hindurch die Vernunft mit dem Sein der Dinge in Berührung kommt, und zwar zuerst mit ihrem Dasein, um dann zu ihrem Sosein vorzustoßen.

Was die Frage der Evidenz betrifft, so gibt es, wie schon Aristoteles gesehen hat, nichts Evidenteres als das schlichte Sein der Dinge, mit dem sie da sind und etwas sind, und das nur der Vernunft bewusst sein kann. Das Erleben starker Sinneseindrücke – man vergleiche in der Moderne das Argument vom »Widerstandserlebnis« – kann nie das schlichte Bewusstsein der Vernunft vom evidenten Dasein der Dinge ersetzen.

b) Naturlehre

Im *Brief an Herodot* legt Epikur, in wenigen Lehrsätzen zusammengefasst, seine Naturphilosophie dar, die sich eng an die Vorsokratiker, besonders an Demokrit, anlehnt. In der Einleitung gibt Epikur die Absicht an, nämlich aus seiner umfangreichen Naturlehre, die er andernorts ausgebreitet hat, nur die Basisaussagen herauszustellen; denn man muss bei den Worten (φθόγγοι) auf ihre ersten Gedanken (ἐννόημα) achten, die nicht mehr beweisbar sind, sowie auf die aus ihnen sich bildenden ersten Ansätze (ἐπιβολαί), anfänglichen Vorstellungen, mit den begleitenden Eindrücken (πάθη).

Epikur bezieht sich also auf seine Erkenntnislehre, die von materialistischer Art ist. Die Worte sind nur »Laute«, die wie die Sinneseindrücke, Bewegungen in der Seele sind, aus denen sich Gedanken und Vorstellungen, »Ansätze« (»Anwürfe«, ἐπιβολαί) bilden.

Die wichtigsten Lehrsätze sind (Diogenes Laertius X, *Epikur*, Nr. 38–39 ff.): 1. »Aus nichts wird nichts«. 2. »Das Ganze ist immer von gleicher Art wie jetzt« und wandelt sich nicht in etwas anderes. 3. »Das Ganze ist; denn dass Körper sind, bezeugt bei allem die Wahrnehmung selbst«. 4. Es gibt auch das Leere, sonst könnten die Körper sich nicht bewegen, was jedoch die Wahrnehmung bezeugt. 5. Außer den Körpern (den Atomen) und dem Leeren gibt es nichts. Es folgen dann die Lehrsätze über die Atome: dass sie unendlich viele sind, unteilbar, keine Qualitäten haben, sondern nur quantitative Unterschiede, dass die Naturdinge Zusammensetzungen aus Atomen sind usw.

Für unsere Untersuchung interessiert nur, dass die materialistische Betrachtung in große Probleme für die Erklärung der Naturdinge führt; denn diese sind wesentlich mehr als nur Zusammensetzungen von Atomen. Sie verlieren ihr je spezifisches substantielles Sein und sinken auf die Stufe bloßer Akzidenzien der Atome herab, die nun die alleinige Natur werden. Auf diesen Irrtum hat schon Aristoteles aufmerksam gemacht. An die Stelle eines echten Entstehens und Vergehens der substantiellen Naturdinge, in ihren verschiedenen Arten, treten die Veränderungen in den Zusammensetzungen der Atome. Die Aufhebung der allgemeinen Arten hebt aber auch alle Erkenntnis auf, angefangen bei der bestimmten Bezeichnung von Dingen durch Worte, auf die es jedoch auch Epikur ankam.

In seiner Psychologie (Diogenes Laertius X, *Epikur*, Nr. 63 ff.) stellt Epikur, phantasievoll wie Demokrit, die Seele als aus »feinteiligen Körpern zusammengesetzt« vor und erklärt ihre Tätigkeiten mechanistisch aus den Atombewegungen. Ebenso auch die Leistungen der Seele in der Sprache (Diogenes Laertius X, *Epikur,* 76 f.). Das Aussprechen der Dinge wird zu einem Luftstrom, der dem Munde entfährt, ausgelöst von den materiell-seelischen Bewegungen, den Vorstellungen.

Dagegen lässt sich einwenden, dass dies gänzlich unserem Selbstbewusstsein widerspricht, der Grundlage unserer Unterscheidung zwischen Außen und Innen, Materiell und Immateriell.

Ferner, wenn auch den seelischen Tätigkeiten materiell körperliche Vorgänge zugrunde liegen, dürfen sie mit ihnen nicht verwechselt werden. Da es der Verstand ist, der eine solche Theorie ausdenkt, kommt er mit seinem eigenen Selbstbewusstsein in Widerspruch, das ihn und seine Tätigkeiten als wesentlich verschieden vom Körper und allen materiellen Vorgängen bezeugt.

Schließlich spricht Epikur von den göttlichen Wesen (Diogenes Laertius X, *Epikur,* 81), feinsten Atomgeweben, die in den Intermundien ihr glückliches Dasein leben, unbesorgt über die menschlichen Angelegenheiten.

Auch die Rede von Göttern wird aus der materialistischen Voraussetzung sinnlos; denn sie können ja nur in Analogie zur menschlichen, immateriellen Vernunft verstanden werden. Epikur spricht von ihnen auch nur, um das einfache gläubige Volk nicht durch eine Leugnung von Göttern zu beunruhigen.

c) Ethik

Der *Brief an Menoikeus* enthält in Kurzform die ethischen Grundsätze, und zwar folgende (Diogenes Laertius X, *Epikur,* 122 ff.):

1. Man soll dafürhalten, dass es Götter gibt, die ein glückseliges Leben führen und sich um die menschlichen Angelegenheiten nicht kümmern.

2. Der Tod bedeutet für uns nichts und ist nicht zu fürchten; denn solange wir leben, ist der Tod nicht da, wenn er aber da ist, sind wir nicht mehr. Das Verlangen nach Unsterblichkeit ist aufzugeben, da es uns unglücklich macht. Die Vorstellung eines endlos langen Fortlebens ist schrecklich, während das Wissen um die Sterblichkeit des Lebens zur Quelle des Glückes wird.

3. Erstrebenswert ist nicht ein langes, sondern ein hier und jetzt

genossenes Leben (Diogenes Laertius X, *Epikur,* 127 ff.). Der Zweck ist ein angenehmes, glückseliges Leben (μακαρίως ζῆν), in körperlicher Gesundheit und in Seelenruhe (τὴν τῆς ψυχῆς ἀταραξίαν).

Die Begründung ist diese (Diogenes Laertius X, *Epikur,* 127 f.): Es gibt im Menschen Begierden (ἐπιθυμίαι), die teils natürliche, teils nicht natürliche sind. Von den natürlichen sind die einen notwendig für Leib und Seele, die anderen nur natürlich. Daher muss man die einen immer wählen, die anderen hingegen nicht immer. Mit den Begierden sind Lust (ἡδονή) oder Schmerz verbunden. Der Schmerz liegt in der Abwesenheit der Lust. Im schmerzfreien Zustand bedürfen wir der Lust nicht mehr.

»Gerade deshalb ist die Lust, wie wir behaupten, Anfang und Ende des glückseligen Lebens; denn sie ist, wie wir erkannten, unser erstes angeborenes Gut, sie ist der Ausgangspunkt für alles Wählen und Meiden, und auf sie gehen wir zurück, indem dieser Eindruck uns als Richtschnur dient zur Beurteilung jeglichen Gutes« (Diogenes Laertius X, *Epikur,* 128 f.).

Die Lust als natürliches Gut deckt sich nicht immer mit dem zu wählenden Gut. Manchmal wählen wir auch den Schmerz, das Übel, um noch größeren zu vermeiden.

4. Erfordert ist Genügsamkeit, um schon mit der Lust, die in der Schmerzfreiheit liegt, zufrieden zu sein.

5. Vor allem bedürfen wir der Klugheit, die zwischen Lust und Schmerz abzuwägen versteht.

»Um der Lust willen befreunde man sich auch mit der Tugend, nicht um ihrer selbst willen, wie man es ähnlich mit der Heilkunst mache, um der Gesundheit wegen« (Diogenes Laertius X, *Epikur,* 138.).[3]

Stellungnahme zu Epikurs Ethik:

Die materialistische Einstellung führt Epikur zu Fehleinschätzungen der ethischen Fragen und zur falschen Bestimmung ihrer Grundsätze; denn der Materialismus schließt eine echte Zweckursache aus. (An ihre Stelle tritt der Zufall.) Es gibt nur Anfang und Ende der Handlungen und des Lebens, aber keinen Zweck.

1. Dies wirkt sich schon beim Argument aus, dass der Tod für uns

---

[3] Aristoteles' Analogie von Medizin und Gesundheit mit Klugheit und Weisheit (um das Mittel-Zweck-Verhältnis im leiblichen und seelischen Bereich zu vergleichen) verkehrt sich nun bei Epikur zur Analogie von Medizin und Gesundheit mit Klugheit und Lust.

nichts bedeute, das uns die Furcht vor dem Tod nehmen soll. Epikur verkennt den Sachverhalt. Die Menschen haben ein religiöses Bewusstsein vom Fortleben nach dem Tod. Die Furcht angesichts des Todes ist nicht die vor dem physischen Ende – wie der Materialist meint –, sondern vor einem unerfüllten Leben für das Jenseits.

2. Der Materialist kann sich ein Fortleben nach dem Tode nur als endlose Verlängerung dieses irdischen Daseins vorstellen und als schrecklich ablehnen; denn er anerkennt keine immaterielle Seele, die im Jenseits eine völlig andere (ewige) Lebensweise vollziehen wird.

3. Der entscheidende Irrtum liegt darin, die Lust als Zweck / Ziel der Begierde bzw. des Triebes anzusehen, während doch in Wahrheit jeder Trieb seinen spezifischen Zweck hat, und die Lust sich als begleitender Akt einstellt (s. Aristoteles, *Nikomachische Ethik* X). Die Tugend ist das sittliche Gute, dem der Wille entspricht, der es um seiner selbst willen erstrebt.

6) Stoiker

Wenden wir uns nun den Stoikern zu, den entschiedenen Gegnern der Epikureer, um ihre Hauptlehren auf den drei Gebieten der Erkenntnistheorie, der Physik (Naturphilosophie, Metaphysik bzw. Theologie) und der Ethik durchzugehen, und zwar nach systematischen Gesichtspunkten, nicht nach philosophiehistorischen, welche die Quellen und die Entwicklungen der verschiedenen Lehrstücke von der Älteren zur Mittleren und Späten Stoa betreffen.

Ausgehend von der Tatsache, dass die Stoa schon bei ihrem Gründer Zenon aus Kition Komponenten verschiedener Schulrichtungen vereinigt, die heraklitische, die kynische, die platonisch-akademische und nicht zuletzt auch die aristotelisch-peripatetische, interessiert uns besonders, welche Probleme sich in dieser inhomogenen Vereinigung ergeben. Die Wiederaufnahme der heraklitischen Lehre vom Verstand *(lógos)* als feinem Feuer wirkt sich problematisch aus; denn einerseits haben Platon und Aristoteles das Vermögen des Verstandes voll ausgeschöpft für eine wissenschaftlich allgemeine Erkenntnis vom Wesen der Dinge, von der Seele und von Gott, andererseits wird dieser positive Ertrag – der im großen Umriss in die Stoa eingegangen ist – negativ beeinflusst durch die materialistische Auffassung des Verstandes als feinen Feuers, die an sich der immateriellen Natur seiner Objekte und seiner selbst widerspricht. Der Widerspruch macht sich schon in der stoischen Erkenntnislehre bemerkbar, wie ich im Folgenden darlegen werde.

a) Erkenntnislehre

1. *Zenon, Chrysipp*

Bereits die Alte Stoa richtet bei ihren Gründern Zenon (336/5 – 264/3) und Chrysipp (281/78 – 208/05) ein Hauptaugenmerk auf den Erkenntnisfortschritt von den Sinneswahrnehmungen an den konkreten

Einzeldingen zu den abstrakt allgemeinen Begriffen und wissenschaftlichen Erkenntnissen im Subjekt. Als Zwischenstufen werden die – schon bei Platon und Aristoteles genannten – Erinnerungen, Vorstellungen, Meinungen aufgeführt. Hinzu kommen die »ergreifende Vorstellung« (φαντασία καταληπτική) und die Begriffe (ἔννοιαι). Die letzteren treten teils als natürliche (schon bei Kindern) auf, teils erst als später methodisch gebildete. Die natürlichen sind die »allgemeinen Begriffe« (κοιναὶ ἔννοιαι) und heißen auch »Vor-begriffe« (προλήψεις).

Die Vorstellung wird bei Zenon als eine »Prägung in der Seele« definiert (*Stoicorum veterum fragmenta* I, Nr. 58).[1] Chrysipp korrigiert diese Definition zu seiner eigenen, dass die Vorstellung eine »Veränderung der Seele« ist (*Stoicorum veterum fragmenta* II, Nr. 56). Dadurch wird die Vorstellung, statt eines bleibenden Eindruckes in der Seele, zu einer veränderlichen Bewegung der Seele selbst. Mit jeder Vorstellung (als πάθος) widerfährt der Seele, die anfänglich leer war, etwas, so dass sie sich mit Inhalten anfüllt, wie ein leeres Papier mit Schriftzeichen (*Stoicorum veterum fragmenta* II, Nr. 83).

Praechter macht in der stoische Erkenntnislehre auf eine Schwierigkeit aufmerksam, da er ihren Sensualismus an einer Stelle durchbrochen sieht, welche von »angeborenen Vorbegriffen« spricht.[2] Die Schwierigkeit dürfte sich aber auflösen, wenn man annimmt, dass für die Stoiker der Logos / Verstand von Anfang an als Subjekt im Menschen anwesend ist, wenn auch noch nicht sich selbst voll bewusst.

Im Übrigen ist an der zitierten Stelle der Kontext ein ethischer. Er betrifft das der Seele schon einwohnende Gute, das sie daher von Anfang an in sich wahrnimmt und so bereits einen ersten Vorbegriff von ihm hat.

Die den Menschen »gemeinsamen Begriffe« (κοιναὶ ἔννοιαι) sind »natürliche«, nicht weil bereits angeboren, sondern weil sie sich im Bildungsgang der Seele spontan einstellen und allgemeine Inhalte haben, die sich bei allen Menschen finden.

---

[1] Im Folgenden wird aus dem Standardwerk zitiert: *Stoicorum veterum fragmenta,* coll. Joannes ab Arnim, 3 Bde., Stuttgart 1968.

[2] *Friedrich Ueberwegs Grundriss der Geschichte der Philosophie.* Erster Teil: *Die Philosophie des Altertums,* 418, mit Hinweis auf *Stoicorum veterum fragmenta* III, Nr. 69.

Da die Begriffe nichts Reales sind, noch etwas Reales in den Dingen anzeigen, die an sich nur Einzelnes sind, ist die stoische Lehre später zu Recht als nominalistisch bezeichnet worden.

Auf die stoische Logik ist hier nicht näher einzugehen. Sie baut die aristotelische Syllogistik aus, besonders nach der Seite der Wahrscheinlichkeitsschlüsse, was dem stoischen Sensualismus, oder besser: Empirismus, entspricht.

Nach stoischer Auffassung stellt sich die Vernunft (νοῦς) bzw. der Verstand (λόγος) erst mit fortschreitender Entwicklung der Seele ein, d. h. die Vernunft wird sich ihrer erst allmählich bewusst,[3] wenn sie – nach den Anfangsstadien sinnlicher Wahrnehmung und Erfahrung – beginnt, in allgemeinen Begriffen mit logischer Methode zu denken und schließlich das Weltganze in den Blick nimmt.

Dies könnte als Sensualismus erscheinen (Praechter). Dagegen ist aber zu bedenken, dass für die Stoiker die Sinnlichkeit eine Vorstufe des Logos ist, in seinem unvollkommensten (gleichsam kranken) Zustand. Damit wird die sensualistische Komponente der Stoa in ihre rationalistische einbezogen.

Das wichtigste Lehrstück betrifft das Kriterium der Evidenz (ἐνάργεια) wahrer Erkenntnisse von den Dingen. Für die Alte Stoa liegt es in den »ergreifenden Vorstellungen«, welche die Seele so evident beeindrucken, dass Aussagen, die sich auf diese stützen, evident wahr sind.

Über den Ausdruck der »ergreifenden Vorstellung« (καταληπτικὴ φαντασία) erörtert Praechter eine Kontroverse darüber, was von der Vorstellung ergriffen wird, ob das Objekt oder die Seele. Für die erste Auffassung wird als Zeugnis Sextus Empiricus, *Grundriss*, 2, 4, angeführt, wo es heißt: καταληπτικὴ δέ ἐστιν (φαντασία) ἡ ἀπὸ ὑπάρχοντος καὶ κατ᾽ αὐτὸ τὸ ὑπάρχον ἐναπομεμαγμένη καὶ ἐναπεσφραγισμένη, ὁποία οὐκ ἂν γένοιτο ἀπὸ μὴ ὑπάρχοντος … Mir scheint jedoch diese Stelle die zweite Auffassung zu besagen, wonach vom Objekt her die Vorstellung der Seele eingebildet, eingeprägt wird. Hiernach gibt es gewisse Vorstellungen von den Dingen, welche die

---

[3] *Stoicorum veterum fragmenta* I, Nr. 149. Nach dieser Stelle scheint der Logos nicht schon von Anfang an in der Seele da zu sein, sondern sich erst, bis zum vierzehnten Lebensjahr, aus den Sinneswahrnehmungen einzustellen. Doch spricht der Text von einem »Sich-Sammeln« des Logos (συναθροίζεσθαι ἀπὸ τῶν αἰσθήσεων), das man wohl so verstehen kann, dass der Logos zwar von Anfang an da ist, sich aber erst allmählich seiner eigenen Gegenwart bewusst wird.

Seele so ergreifen, dass sie ihnen zustimmen muss. Dazu stimmt auch, dass die Grundlage der stoischen Erkenntnislehre die von den wahrgenommenen Dingen kommenden Sinneseindrücke sind, aus denen sich dann die Erinnerungen, Vorstellungen und Begriffe entwickeln.

2. *Cicero*

In der Schrift über die *Akademischen Lehren*[4] geht Cicero (106–43 v. Chr.) ausführlich auf Zenons Lehre von der ergreifenden Vorstellung, φαντασία, ein, die er vorteilhaft mit dem Wort *visum* übersetzt. Es drückt sowohl die Sinneswahrnehmung aus, als auch das Gutdünken des Subjekts. (Ähnlich doppelsinnig ist das deutsche Wort »Ansicht«.) Es bedeutet mehr als nur eine »Erscheinung« / »Vorstellung«. In *Akademische Lehren,* Buch I, 41, führt er aus, dass nach Zenons Lehre die ergreifende Vorstellung eine Zwischenstellung zwischen Nichtwissenschaft und Wissenschaft einnimmt, die als *visum sensibus,* durch die Sinne Gesehenes, das sinnlich Wahrgenommene mit einer verstandesmäßigen Zustimmung verbindet und damit eine Glaubwürdigkeit erhält (*e quo sensibus etiam fidem attribuebat* ⟨*Zeno*⟩).

Cicero referiert aus Zenon als besonders beachtenswert, dass er auch das Verbum καταλαμβάνειν bzw. das Verbalsubstantiv κατάληψις einführt, das den aktiven Anteil des Verstandes in der Bildung der ergreifenden Vorstellung hervorhebt, so dass also nicht nur die Seele von der Vorstellung des Sinnesobjekts ergriffen wird, sondern auch der Verstand in der Vorstellung aktiv das Objekt ergreift. (Vgl. die oben, S. 315, erwähnte Kontroverse bei Praechter.)

Dadurch erhält die ergreifende Vorstellung eine qualitativ wichtige Funktion auf dem Weg hin zur Wissenschaft: Sie wird gleichsam die von Natur gegebene Norm und das Prinzip ihrer selbst *(quodque natura quasi normam scientiae et principium sui dedisset)*. Doch gilt bei den Stoikern die Wissenschaft mit absolut evidenten, wahren Aussagen über die gesamte Realität als sehr selten und, wenn überhaupt, nur vom Weisen erreichbar, der ebenso selten ist.

---

[4] Cicero, *Akademische Lehren,* Buch II, Kap. 13, Paragr. 40 ff. Ich beziehe mich auf die nützliche Ausgabe der Loeb Classical Library, *Cicero, De natura deorum. Academica,* ed. H. Rackham, Cambridge, Mass./London 1979.

b) Stellungnahme zu a)

Die langen Erörterungen schon der Älteren Stoa über das Kriterium evident wahrer Erkenntnisse von den Dingen, die Einführung neuer Begriffe und subtiler, ins Einzelne gehender Unterscheidungen zeigen an, dass es um ein neues Problem geht, das letztlich doch keine befriedigende Lösung findet, sondern Angriffsflächen für die gleichzeitige skeptische Schule bietet.[5] Bei systematischer Betrachtung ist unschwer die Ursache zu sehen, weshalb die Stoa in diese Schwierigkeiten gerät. Sie liegt in ihrem heraklitischen Erbe, der Lehre vom Verstand *(lógos, ratio)* als feinem Feuer. Dadurch besitzt die Erkenntnislehre eine – zwar nicht intendierte, aber faktisch vorhandene – materialistische Grundlage, mit der unlösbaren Aufgabe, eine empiristische Komponente mit einer rationalistischen zu vereinigen, worauf schon Praechter gut hingewiesen hat.

Einerseits soll der Verstand von den konkreten Einzeldingen aus zu allgemeiner Erkenntnis in die Ursachen der Dinge gelangen. Andererseits ist unerklärlich, wie er das Allgemeine aus dem sinnlich wahrgenommenen Einzelnen gewinnen soll. Der Versuch, von Sinneserscheinungen mit fließenden Zwischenstufen – durch Gedächtnisbilder und Vorstellungen, welche noch sinnesbezogen sind – zum Allgemeinen überzugehen, bringt keine Erklärung. Der »allgemeine Begriff« der Stoiker ist kein echtes Allgemeines, sondern nur eine Generalisierung einzelner Fälle, oder ein Behälter, in welchem Dinge mit ähnlich erscheinenden Eigenschaften gesammelt werden.

Auch bei Aristoteles geht der Verstand von den konkreten Einzeldingen aus, aber das Allgemeine gewinnt er aus den Dingen selbst, die komplex sind, »konkret«, d. h. zusammengefügt sind aus Materie- und Form-Bewegungs-Zweckursachen. Das Allgemeine bezieht sich auf die letzteren, die intelligibel, nicht mehr sinnlich wahrnehmbar sind.

Was das Kriterium der Evidenz betrifft, kann es die Vernunft niemals aus den sinnlichen Wahrnehmungs- und Vorstellungsinhalten, sondern nur aus dem formalen, intelligiblen Sein und Sosein der Dinge

[5] Bezeichnend ist Ciceros Bericht, *Akademische Lehren,* Buch II, Paragr. 87, dass die Stoiker über die zu schwierigen Untersuchungen des Schulhauptes klagten, die sich bis in Vernunftwidriges hinein verlieren. Darauf habe Chrysipp geantwortet, dass er »sich selber unterlegen gewesen sei«, die Probleme verständlich klar zu lösen *(ipsum sibi respondentem inferiorem fuisse),* womit er dem Skeptiker Karneades die Waffen zur Bekämpfung der Stoa an die Hand gab *(itaque ab eo armatum esse Carneadem).*

gewinnen, das die Vernunft evident erfasst, schon in ihrem schlichten Dasein und Etwassein. Hilfreich ist Ciceros Zeugnis, dass Zenon das Wahrheits- und Evidenzkriterium, die sog. »ergreifende Vorstellung« zwischen die Sinneswahrnehmung und die Wissenschaft stellt, also in jenes Zwischenstadium, wo seit Heraklit, Platon und Aristoteles Meinung, Überzeugung, Glaube, d.h. Erfahrung angesiedelt sind. In diesem Stadium sind die Dinge qua Erscheinungen wie auch die Erfahrungen von ihnen in Veränderung und Bewegung.

c) Korrektur an der stoischen Erkenntnistheorie

Halten wir daran fest, dass Evidenz in einem Wissen liegt, das sich auf das Sein der Dinge als Seienden bezieht, so zeigt die Stoische Erkenntnislehre einen Mangel, dass sie zwar von Seiendem ausgehen will, dieses aber die Sinnesdinge als solche sind, mit denen die Menschen im Alltag durch die Sinneswahrnehmungen in Berührung sind. Anders bei Aristoteles, der unsere Begegnung mit den Sinnesdingen nicht nur durch unsere Sinne erfolgen lässt, sondern zugleich auch durch unsere Vernunft, die das Sein der Sinnesdinge – schon in ihrem Dasein – berührt, und zwar mit einem schlicht intuitiven Akt, der nach späterer Terminologie am besten mit Bewusstsein zu bezeichnen ist. Der Kontakt (Berührung) der Vernunft mit dem Sein der Sinnesdinge ist die Grundlage für die zwischen Subjekt und Objekt, zwischen der Vernunft und den Dingen, sich aufbauende Erkenntnisrelation, die von der Sinneswahrnehmung zur Vorstellung bis zur begrifflichen, wissenschaftlichen Erkenntnis fortschreitet (siehe das Schema).

Evident ist das Wahre, dessen Gegenteil, das Falsche, ausgeschlossen, weil unmöglich ist. Dies gilt bei dem wissenschaftlich eingesehenen Wesen der Dinge, aber auch schon bei ihrem schlichten Dasein; denn ein Ding, das da ist, kann unmöglich zugleich nicht sein. Nicht die Sinnesqualitäten als solche sind evident, sondern das Dasein der Sinnesdinge, das der Vernunft mit bewusst ist; denn die Vernunft ist Subjekt auch der Sinneswahrnehmungen. Nur durch den Vernunftakt des begleitenden Bewusstseins wird aus der Sinnesempfindung eine »Wahrnehmung«, wie das deutsche Wort treffend ausdrückt.

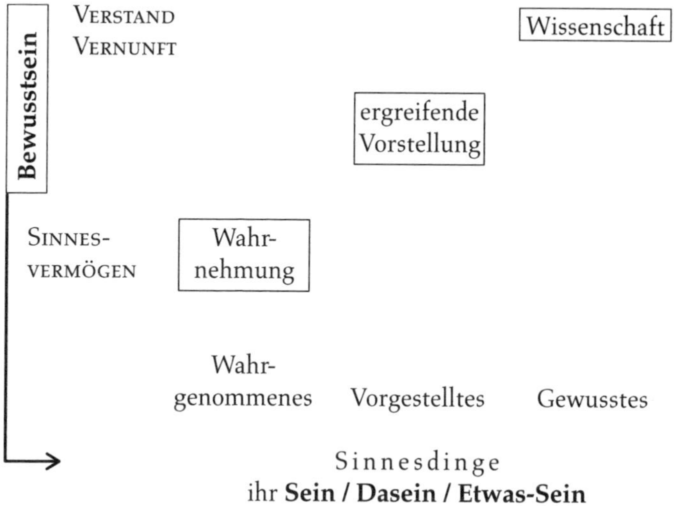

d) Physik (Naturphilosophie, Metaphysik bzw. Theologie)

1. *Der Körper als das Seiende*

Wie die Epikureer auf die Atomenlehre Demokrits zurückgreifen, so die Stoiker auf Heraklits Lehre vom Feuer-Prinzip, das göttlicher Logos *(ratio)* / Verstand ist. Näher gesehen, ist für die Ältere wie die Mittlere und Späte Stoa Gegenstand der Physik (Naturphilosophie, zugleich Metaphysik / Theologie) der Körper,[6] der in seinen sinnlichen Eigenschaften wahrgenommen wird (*Stoicorum veterum fragmenta* II, Nr. 329). Er fällt in die Kategorie des »Etwas« (τὶ), die weiter ist als der Körper, weil sie auch Unkörperliches einschließt, das aber kein Seiendes ist. So nehmen die Stoiker auch das Leere an, in welchem sich die Körper bewegen. Zu den Eigenschaften der Körper gehört auch die Zeit, ferner beim Menschen das Handeln mit dem sittlichen Guten

[6] Im Folgenden schließe ich mich an die allgemein anerkannte, vorzügliche Darstellung von Max Pohlenz an: *Die Stoa. Geschichte einer geistigen Bewegung*, 2 Bde., Göttingen 1948, mit der guten Auswahl der von ihm ausgewerteten Fragmente aus *Stoicorum veterum fragmenta*. Ferner: *Stoa und Stoiker. Die Gründer – Panaitios – Poseidonios*, eingeleitet und übertragen von Max Pohlenz, Zürich 1950.

und Bösen. Chrysipp lehrt, dass mit den Affekten auch Gut und Böse wahrnehmbar sind (*Stoicorum veterum fragmenta* III, Nr. 85).

2. *Materie- und Formursachen*

Am Körper werden zwei Komponenten unterschieden, eine passive und eine aktive, die als Materie und als Form-, Zweck- und Wirkursache bezeichnet werden (*Stoicorum veterum fragmenta* II, Nr. 303; Seneca, ep. 65, 2: *duo esse in rerum natura, ex quibus omnia fiant, causam et materiam, materia iacet iners, ... causa autem, id est ratio, materiam format ...)*. Die aristotelisch-peripatetische Lehre von den Ursachen wird mit der heraklitischen vom Feuer-Logos kombiniert.

Die Formursachen werden auch »samenartige Verstandeskräfte« (λόγοι σπερματικοί) genannt. Diese sind aus dem göttlichen Feuer-Logos abgespaltene Funken, welche, in die Materie eingeschlossen, sie zu den körperlichen Naturdingen zweckvoll formen. Genau genommen, formen sie zuerst die einfachen Naturelemente und aus ihnen dann die komplexen, körperlichen Dinge, welche also vom göttlichen Feuer-Logos geformte Materie mit ihren Eigenschaften sind (*Stoicorum veterum fragmenta* I, Nr. 102).

3. *Das oberste Naturprinzip: der göttliche Logos*

Der die Naturdinge wirkende, göttliche Feuer-Logos ist die Natur selbst, die Zenon so definiert (*Stoicorum veterum fragmenta* I, Nr. 171, aus Cicero, *De natura deorum* II, 57):

... naturam esse ignem artificiosum ad gignendum progredientem via.

Wir finden hier eine Kombination des platonischen Demiurgen (*artificiosum*, δημιουργικόν) mit der aristotelisch-peripatetischen Zweckursache, welche das Entstehen der Naturdinge immanent in ihnen zweckvoll (»methodisch vorgehend«) leitet. Einbezogen ist auch Aristoteles' Vergleich der Natur mit einem Künstler (Techniten).

In den entstehenden und entstandenen Dingen manifestiert sich die Natur durch ihr Streben der Selbsterhaltung, zur »Aneignung« (οἰκείωσις) der eigenen rationalen Natur. Es durchzieht alle Lebewesen und kommt beim Menschen zum Selbstbewusstsein. Nach Chrysipp ist die »Aneignung« eine »Wahrnehmung und Erfassung des Eigenen« (*Stoicorum veterum fragmenta* II, Nr. 724).

In der Mittleren Stoa bildet deren Hauptvertreter Poseidonios (ca. 135–50 v. Chr.) die Lehre vom Pneuma aus, das warme Luft ist und seinen kosmischen Ort zwischen der Luft- und der Feuersphäre hat. In den irdischen Lebewesen tritt es als der beseelende Lebensodem auf. Da es den ganzen Leib der Lebewesen, auch des Menschen durchzieht, dient es dem Philosophen auch zur Erklärung der Körpereigenschaften, verursacht durch Pneumaströmungen. Sie knüpft an Heraklits Lehre von der »gegenstrebigen Harmonie« an, wenn sie diese Strömungen als gegenstrebig vorstellt und in einer für das Leben notwendigen »Spannung« (τόνος) sieht.

e) Stellungnahme zu d)

Der Rückgriff auf Heraklits Feuer-Logos, mit der materiellen Auffassung des Naturprinzips, belastet die gesamte stoische Lehre und beraubt sie der Früchte der aus Platon und Aristoteles übernommenen Lehrstücke von den immateriellen Form- bzw. Zweckursachen, der Seele und der transzendenten, göttlichen Ursache.

1. Schon die Lehre vom Seienden verliert ihren Wert; denn der Körper ist zwar ein Seiendes. Indes, ihn (ontologisch) »als Seiendes« betrachten heißt eben, ihn gerade nicht mehr in seinen sinnlich wahrnehmbaren Eigenschaften betrachten, sondern in seinem intelligiblen Sein, Dasein, Etwassein. Da nun Sein / Dasein zu einem sinnlich materiellen Datum wird, geht es der vernunftmäßigen, ontologischen Betrachtung überhaupt verloren, ferner das Verständnis der Substanz, des primär Seienden, sowie der potentiellen und aktuellen Seinsprinzipien, auch der Materie- und der Formursache. Pohlenz beurteilt die stoische Lehre, schon bei Zenon, zu Recht als »monistischen Materialismus«, wenn sie sich auch von dem demokritisch-epikureischen dadurch unterscheidet, dass sie nicht wie dieser den Logos von der Materie ableitet, sondern ihn mit der Materie zusammen als gegeben ansieht.[7]

Der Monismus bedeutet, dass Materie und Form / Logos nur graduell voneinander verschieden sind, als zwei verschiedene Zustände

[7] Max Pohlenz, *Stoa und Stoiker*, 50.

desselben Logos-Feuers. Also können sie gar nicht als zwei verschiedene Ursachen einander gegenüberstehen.

2. Doch gibt es für den Stoiker, wie für Heraklit, überhaupt kein identisches Sein und Wesen der Dinge, auch kein »Zugleich«, da alles in Bewegung ist. An die Stelle der ontologischen Beziehung der Wirkursache zur Materie tritt ein Prozess, in dem das ständig wandelbare Feuerprinzip von einem passiven in einen aktiven Zustand übergeht.

Zum materialistischen Monismus der stoischen Physik fügt sich der Individualismus, wonach die Einzeldinge nur Partikuläres, Akzidentelles besitzen, nichts gemeinsam Wesenhaftes, woraus sich dann der schon erwähnte Nominalismus ergibt, dass nämlich die allgemeinen Begriffe und Erkenntnisse keinen realen Bezug auf Wesentliches in den Dingen haben. Statt der Wesensursachen finden sich in ihnen nur Aggregatszustände des beweglichen Feuerprinzips. Die Gleichsetzung des Feuerprinzips mit dem göttlichen Logos macht aus seinem Aggregatszustand keine Form- und Zweckursache.

3. Da der Zweck mit dem Guten verbunden ist und nur vom Intellekt in den Seins- bzw. Lebensformen des Lebendigen erfasst werden kann, wird ihm der stoische Materialismus nicht gerecht. An die Stelle des Zweckes tritt die Lehre von der »Aneignung« der Natur. Diese zeigt nur den Weg zur inneren Einheit einer zweckvollen Wesensnatur an, die jedoch eben nicht schon vorliegt. Hierin würde ich einen entscheidenden Unterschied zu Aristoteles' *Physik* mit der Lehre von den immanenten Wesensursachen in den Naturdingen sehen.[8] Die Einheit ergibt sich aus dem Zweck, nicht umgekehrt.

4. Ferner geht auch die Transzendenz der göttlichen Ursache gegenüber dem Kosmos bzw. der Natur verloren. Die stoische Lehre endet in einem pantheistischen Naturalismus. Gleichwohl bieten die Stoiker ihre Physik als Theologie an, wie Cicero in *De natura deorum*, Buch II, zeigt. Ihre Untersuchung – vorgetragen durch den Stoiker Balbus – hat die Götter zum direkten Gegenstand, gestützt auf den allgemein bei den Menschen zu findenden religiösen Glauben an göttliche Wesen. Die Philosophie bekräftigt ihn durch Argumente für die Existenz der Götter und ihrer Wesenseigenschaften. Dagegen tritt dann Cotta, als Vertreter der skeptischen Akademie, in Buch III auf, welcher einerseits der religiös-gläubigen Haltung der Menschen, wo-

---

[8] Zum Thema siehe auch J. M. Rist, *Aristotle and the Stoic Good*, in: ders., *Stoic Philosophy*, Cambridge 1969, 1 ff.

rauf sich die Stoiker stützen, voll zustimmt, aber andererseits bei ihnen die eigentlich philosophische Argumentation vermisst, die ohne religiöse Voraussetzung die Existenz von Göttern beweisen müsste. Tatsächlich hat die Metaphysik bei Aristoteles als Gegenstand nicht Gott, sondern die Weltdinge, das Seiende als solches, und erreicht erst im abschließenden, »theologischen« Teil durch Beweisschlüsse die transzendente Seinsursache, die mit Gott identifiziert wird.

Trotz der hier vorgetragenen Nachteile der stoischen Physik muss man doch positiv feststellen, dass die philosophische Reflexion auf die immanente Finalität in den Naturprozessen als solche wertvoll ist, wenn man einmal von der materialistischen Vorstellungsweise absieht. Ein solches Absehen ist möglich, da sie ja dem Natur- und Finalitätsverständnis selbst widerspricht. Die Stoiker wollten ihrer Intention nach nicht Materialisten sein, wie hingegen die Epikureer. Daher verwundert es nicht, dass die stoische Lehre großenteils in die mittelalterliche Scholastik eingegangen ist. Dort, wo Thomas von Aquin auf die natürlichen Voraussetzungen im erkenntnistheoretischen wie auch im moralisch praktischen Bereich reflektiert, liegt häufig eine stoische Quelle zugrunde.

Schließlich sei erwähnt, dass gegenüber der Älteren Stoa, mit ihrer allgemeinen pantheistischen Spekulation über den Kosmos, die Phänomene am Himmel *(metéora)* und in der Natur auf der Erde, in der Mittleren Stoa bei Poseidonios die Hinwendung zu einzelwissenschaftlichen Studien auffällt,[9] nämlich auf den Gebieten der Geschichte (besonders der römischen), Völkerkunde (Zusammenhang von Landschaft und Volkstum), Bergbau in Spanien, den Gezeiten des Meeres usw.

f) Ethik

Wie bei Epikur hat auch bei den Stoikern die Ethik den Vorrang vor Logik und Physik. Diese stehen im Dienst der Ethik und bilden ihr Fundament.[10] Der Vorrang ist ein solcher der Praxis vor der Theorie

---

[9] So bemerkt A. A. Long, *Hellenistic Philosophy. Stoics, Epicureans, Sceptics,* London 1974, 218: »In Posidonius we find philosophy and science reunited as they had not been since the time of Theophrastus.« Siehe auch M. Pohlenz, *Stoa und Stoiker,* 259 ff. – Ein besonderes Interesse für wissenschaftliche Naturerklärung zeigt auch Seneca in seinen *Quaestiones naturales.*

[10] *Stoicorum veterum fragmenta* III, Nr. 68, vgl. auch M. Pohlenz, *Stoa und Stoiker,*

überhaupt. Letztere wird nur ausgeübt um der Praxis willen, nicht umgekehrt, wie bei Platon und Aristoteles.

1. *Das sittliche Gute als die Tugend. Affektlosigkeit. Die drei Telos-Definitionen. Die Dreiteilung der Güter*

In scharfem Gegensatz zu Epikurs Lehre vom Guten als Lust lehren die Stoiker, dass das Gute allein in der Tugend liegt. Die Tugendlehre knüpft an die sokratisch-platonische und die aristotelische an, konzentriert sich aber auf die praktische Weisheit und die mit ihr verbundene Glückseligkeit. Da die Lust zu den Affekten (πάθη, *passiones*) gehört, verlangt die Ethik der Älteren Stoa die Ausmerzung der Affekte aus der Tugendhaltung (*Stoicorum veterum fragmenta* III, Nr. 201: πρὸ τῶν Στωικῶν ἦν ἡ δόξα αὕτη, ἡ τὰς ἀρετὰς ἐν ἀπαθείᾳ τιθεῖσα). Sie scheint die Tugenden in die Affektlosigkeit *(apátheia)* gesetzt zu haben. Die Affekte werden wie Krankheiten der Seele angesehen.

Dagegen war die Auffassung der Affekte bei Aristoteles positiv. Sie bildeten den Kern der sog. »Gewöhnungstugenden«. Der stoische Rigorismus wird sich in der Neuzeit bei Kant wiederfinden. Wie es scheint, hat ihn die Mittlere Stoa abgemildert. Seneca entscheidet sich in *De vita beata* so, dass er die Lust, wenn sie sich bei tugendhaftem Handeln einstellt, nicht ablehnt, sie aber nicht wie ein Gut sucht.

Das Gute als das sittliche Prinzip bestimmen Zenon und Chrysipp, wie bei Aristoteles, als den letzten Zweck, um dessentwillen alles getan wird, das aber selbst nicht mehr um eines anderen Zweckes willen getan wird (*Stoicorum veterum fragmenta* III, Nr. 2). Indem sie die Güter dreifach einteilen in die seelischen, die äußeren und die, welche weder zu den einen noch zu den anderen gehören (*Stoicorum veterum fragmenta* III, Nr. 95 ff.), setzen sie das sittliche Gute unter die ersten Güter. Eine andere Einteilung ist die in sittlich Gutes, Böses und Indifferentes (*Stoicorum veterum fragmenta* III, Nr. 117 ff.), mit der Forderung, sich nur um das Gute zu bemühen, zu dem allein die Tugenden gehören, nicht hingegen sich um Leben und Tod, Gesundheit und Krankheit u. a. m. Sorgen zu machen, da sie für die Tugend und Glückseligkeit indifferent, ohne Bedeutung, sind.

---

105 ff. Chrysipp betont: »Zu keinem anderen Zwecke ist es nötig, Physik zu treiben als zur Scheidung des Guten und Üblen«.

Freilich wird der Wert dieser Ethik der Tugend und des Guten, des letzten Zweckes, sehr geschmälert durch den Naturalismus, der aus der Physik in die Ethik hineinwirkt. So betont Chrysipp, dass das sittlich Gute sinnlich wahrnehmbar ist (*Stoicorum veterum fragmenta* III, Nr. 80ff.). Ferner lässt er das Streben nach dem Naturzweck mit dem Trieb beginnen, aus dem sich der rationale Wille erst allmählich herausbildet, wie auch der Logos aus den Sinneswahrnehmungen. Ganz anders bei Platon und Aristoteles, bei denen das sittliche Gute intelligibel ist und in der intellektuellen Seele des Menschen als immateriellem Realen liegt.

Das Gute, der letzte Lebenszweck wird bei Zenon und Chrysipp dreifach definiert: 1. leben gemäß der Tugend, 2. leben gemäß dem Verstand / Logos, 3. leben gemäß der Natur.

Nach Diogenes Laertius (VII 87 = *Stoicorum veterum fragmenta* I, Nr. 179) hat Zenon, in seiner Schrift *Über die Natur des Menschen*, »als Zweck das Leben gemäß der Natur genannt, was bedeutet, gemäß der Tugend zu leben« (Ζήνων … τέλος εἶπε τὸ ὁμολογουμένως τῇ φύσει ζῆν, ὅπερ ἐστὶ κατ᾽ ἀρετὴν ζῆν). Dagegen referiert Stobaios (*Ecl.* II p. 75, 11 W.), dass »Zenon den Zweck so wiedergegeben hat: ›in Übereinstimmung zu leben‹« (τὸ δὲ τέλος ὁ μὲν Ζήνων οὕτως ἀπέδωκε 'τὸ ὁμολογουμένως ζῆν), und kommentiert dies so: »das heißt, nach einem Verstand / Logos und übereinstimmend (mit ihm) zu leben« (τοῦτο δ᾽ ἔστι καθ᾽ ἕνα λόγον καὶ σύμφορον ζῆν). Stobaios gibt wohl Zenons originale Definition wieder, die aber in ihrer Kürze nicht eindeutig verständlich war, also eines Kommentars bedurfte, der aus dem Adverb »in Übereinstimmung«, *homologouménoos*, den Begriff *lógos* herausstellte. Die erweiterte Definition »in Übereinstimmung mit der Natur zu leben« wird zwar von Diogenes dem Zenon zugeschrieben, dürfte aber wohl von Chrysipp stammen, der nun die anthropologische Grundlage des tugendhaften Lebens hervorhebt: Der Logos macht die Natur des Menschen aus (*Stoicorum veterum fragmenta* III, Nr. 178).[11]

[11] Im Gegensatz zu den anderen Lebewesen ist den Menschen dank ihrer rationalen Natur zu eigen, gemäß dem Logos zu leben und das heißt: gemäß der Natur.

2. *Zum Verhältnis von Logos und Natur*

Moderne Interpreten haben in den drei Telos-Definitionen etwas Zirkuläres gesehen, sofern das tugendhafte Leben nach dem Logos ein Leben nach der menschlichen Natur sein soll, aber die Natur des Menschen wiederum im Logos liegt. Doch scheint mir kein Zirkel vorzuliegen, sondern ein echter Erkenntnisfortschritt, der von der ethischen Erfahrung des Logos im Menschen als des führenden Prinzips ausgeht (*Stoicorum veterum fragmenta* II, Nr. 841). Die Frage nach der Natur des Menschen führt den Philosophen zur Untersuchung über die gesamte Natur, in der Physik, und gelangt zu dem Schluss, dass das oberste Prinzip in der Natur, im Kosmos, nur der Logos sein kann, in Analogie zum Logos im Mikrokosmos, dem Menschen, welcher aus seiner ethischen Erfahrung sich des Logos als des führenden Prinzips bewusst ist. Mit dieser Entdeckung, dass der Logos das oberste Naturprinzip ist, gewinnt nun der Philosoph Einsicht auch in die Wesensnatur des Menschen, dass nämlich sein Logos nicht nur führende Entscheidungsinstanz in der Ethik ist, sondern auch die Wesensursache des Menschen.

Hierbei ist lehrreich, dass der Mensch sein Wesen nur kennenlernen kann, wenn er mit der Frage ›Was ist der Mensch?‹ nicht bloß um sich selber kreist (wie es im modernen Existentialismus geschieht), sondern mit der Untersuchung über den Menschen hinausgeht und auf die gesamte Wirklichkeit ausgreift, um dann mit Gewinn wieder auf den Menschen zurückzukommen.

3. *Das natürliche Sittengesetz und die Willensfreiheit*

Im Zuge der stoischen Ausrichtung der Ethik auf ihre natürliche Grundlage, d.h. auf die rationale Natur des Menschen – und des Kosmos – wird die platonische und aristotelische Lehre vom »natürlichen Recht« aufgegriffen und ausgearbeitet (*Stoicorum veterum fragmenta* III, Nr. 308ff.). Über den juridischen Bereich hinaus wird in weiterer Bedeutung in der allgemeinen Ethik vom sittlichen Gesetz gesprochen und dieses so definiert:

> »Das Gesetz ist der Logos der Natur, der das anordnet, was zu tun ist, und das verbietet, was nicht zu tun ist« (*Stoicorum veterum fragmenta* III, Nr. 315 und 323). Andere Stellen sprechen vom »rechten Logos«.

Damit knüpfen die Stoiker einerseits an Heraklit an, der vom Gesetz des göttlichen Logos im Kosmos spricht, andererseits an Aristoteles' Lehre (*Nikomachische Ethik* VI) vom rechten Logos / Verstand, der mit seiner Tugend der Klugheit die Gewöhnungstugenden ausbildet und in der Entscheidung bestimmt, wie zu handeln ist. Er wird dort nicht als Gesetz, sondern als Kanon unseres Handelns bezeichnet. Die Tugend der praktischen Klugheit verkörpert am vollkommensten der Weise.

Erörtert wird auch das Verhältnis von Gesetz und Freiheit. Beide geraten nur im schlechten Menschen in Gegensatz, weil er gegen den Logos lebt. Die Freiheit liegt darin, das zu tun, was das Gesetz befiehlt, d.h. der Logos, der im Weisen herrscht, so dass

»den Weisen das Gesetz in jeder Hinsicht freie Verfügung gab« (*Stoicorum veterum fragmenta* III, Nr. 590: καὶ τῶν σοφῶν δὲ πάντα εἶναι δεδωκέναι γὰρ αὐτοῖς παντελῆ ἐξουσίαν τὸν νόμον).

Die Stoa richtet sich hier gegen Epikurs Lehre, die wegen ihres mechanistisch-atomistischen Materialismus alles Geschehen für determiniert hält, was keine Freiheit zulässt. Wenn sie für menschliches Handeln doch angenommen wird, so ist die Erklärung mit den »Abweichungen« von den Atombahnen äußerst schwach.

Aber auch die Stoiker haben mit einer Schwierigkeit zu kämpfen, da ihre Lehre ebenfalls einen materialistischen Determinismus enthält, nun in Form eines durchgängigen Finalismus des göttlichen Feuer-Logos, welcher Willkürfreiheit (wie auch Zufall) ausschließt, so dass Freiheit hier in der Notwendigkeit des Guten liegt. Das Missliche an der stoischen Lehre ist, dass in ihr die Notwendigkeit des Guten *(propter melius)* mit der Notwendigkeit materieller Bedingungen *(sine qua non)* zusammengehen soll, obwohl beide wesentlich verschieden sind. Damit hängt auch das Problem des göttlichen Fatums zusammen und seiner Vereinbarkeit mit der menschlichen Freiheit.

4. *Die Widerlegung des epikureischen Hedonismus*

Sehr beachtenswert ist die gründliche Widerlegung des epikureischen Hedonismus, die Seneca in seiner Schrift *Über das glückliche Leben* bietet. Der erste Teil legt die stoische Lehre vom guten, glücklichen Leben dar, das in Übereinstimmung mit dem Verstand bzw. mit der

Menschennatur ist. Seneca führt mehrere definitorische Merkmale des Guten an, so die folgenden:

»Das höchste Gute ist die Seele, die das Zufallsglück verachtet und Gefallen an der Tugend hat«, oder: »Es ist die unbesiegbare Kraft der Seele, die der Realität kundig ist, ruhig in der Handlung, begabt mit viel Menschlichkeit und mit großem Interesse für die anderen«.[12]

Dies setzt aber voraus, das der Mensch bei sich selber einkehrt, um des Guten, das in der Seele selbst liegt, bewusst zu werden und daran seine Freude und Glück zu haben. Hierauf macht der Autor schon zu Beginn den Leser aufmerksam (Seneca, *Über das glückliche Leben*, Kap. 2, Paragr. 2):

»Wenn es um den Menschen geht, vertraue ich nicht den Augen, sondern habe ein besseres und sichereres Licht, das mir gestattet, das Wahre vom Falschen zu unterscheiden: Das Gute der Seele muss die Seele finden. Wenn man ihr einen Augenblick der Ruhe gönnt, nur einmal eine Möglichkeit, sich in sich selbst zu sammeln, oh wie viel wird sie dann wissen …«

Damit unterscheidet sich Seneca bemerkenswert von der Älteren Stoa, die das Gute sinnlich wahrnehmen will, und nähert sich vielmehr Platon und Aristoteles an. In *Nikomachischer Ethik*, Buch VIII, heißt es, dass zwei Freunde nicht nur aufeinander bezogen sind, sondern jeder auch auf sich selbst, auf das Gute in ihm selbst, um es dem anderen zu wünschen.

Es folgt dann Senecas Widerlegung der epikureischen Lehre, nämlich gegen deren Behauptungen: erstens dass die Tugend unlöslich mit der Lust verbunden ist, und zweitens dass in dieser Verbindung nicht die Tugend, sondern die Lust erstrebt wird (Seneca, *Über das glückliche Leben*, Kap. 6). Seneca klärt die Verhältnisse und stellt fest: Lust findet sich nicht nur bei Tugenden, sondern auch bei Lastern. Wenn sie sich aber bei Tugendtätigkeiten einstellt, ist der eigentliche Zweck, das Objekt des Willens, die Tugend, die um ihrer selbst willen erstrebt wird, nicht die Lust, die zu ihr hinzukommt. »Die Lust ist nicht Lohn noch

[12] Seneca, *Über das glückliche Leben*, Kap. 4, Paragr. 2. Verwendet wird: *L. A. Seneca, Philosophische Schriften*. Lateinisch und Deutsch, hrsg. von Manfred Rosenbach, 5 Bde, Darmstadt 1995 (Wissenschaftl. Buchgesellschaft); Bd. 2, S. 1 ff.: *De vita beata, Über das glückliche Leben.*

Ursache der Tugend, sondern eine Zugabe« (*voluptas non est merces nec causa virtutis, sed accessio.* Seneca, *Über das glückliche Leben*, Kap. 9, Paragr. 2).

Der Hedonismus verkehrt also das Verhältnis von Zweck und »Zutat« *(accessio)*, von Tugend und Lust. Er macht aus der hinzukommenden Qualität, der Lust, den Zweck, und aus dem Zweck, der Tugend, eine Zutat. Damit löst Seneca das Problem auf, und zwar in derselben Weise wie schon Aristoteles, *Nikomachische Ethik* X, 4–5, so dass ein peripatetischer Einfluss auf Seneca zu vermuten ist. Das Kritikwürdige am Hedonismus liegt nicht darin, dass er etwa jeder Lust, und immer der größten, frönte, sondern in der falschen Intention, dass er die Tugend nur um der Lust willen schätzt, nicht um ihrer selbst willen.

5. *Der Weise und die »Fortschreitenden«*

Das zentrale Lehrstück der stoischen Ethik über die Weisheit schließt einerseits an diese Tugend in der sokratisch-platonischen und der aristotelischen Ethik an, bietet sich aber in einer unannehmbaren Einseitigkeit dar, die ihre Ursache in der Physik hat, welche in monistischer Art als real nur das eine Logosprinzip ansetzt und daher auch im Menschen das Irrationale nicht als eigenes Seelenprinzip anerkennt. Anders als bei Platon und Aristoteles bedeuten bei den Stoikern die Tugenden nicht mehr die Integration der Affekte in ein rational geführtes Leben. Der Weise ist gleichsam der verkörperte Logos, mit völlig unterdrückten Affekten. Ein solcher Weiser findet sich aber nicht (μέχρι τοῦ νῦν ἀνεύρετος) (*Stoicorum veterum fragmenta* III, Nr. 32. Vgl. III, Nr. 668; III Nr. 662: Sogar Chrysipp sei hinter dem Ideal des Weisen zurückgeblieben).

Hinzu kommt der stoische Individualismus, der das sittliche Gute mit dem konkreten Handeln verbindet, was zur Folge hat, dass es den Weisen praktisch nicht gibt. Wer handelt schon bis ins Einzelne vollkommen?! Aristoteles unterschied zwischen dem Handeln als Ergebnis aus tugendhafter Haltung, und dieser selbst, als Prinzip des Handelns. Daher kann einer die Tugend der Weisheit besitzen, auch wenn seine Handlungen unvollkommen sind. Die Stoiker verlegen sich auf eine Lehre der »Fortschreitenden« (*prokóptontes, Stoicorum veterum fragmenta* III, Nr. 510–514) auf dem Weg zur Weisheit, nennen aber keinen von ihnen weise und leugnen einen zunehmenden Fortschritt in Weisheit und Tugend selbst. Dagegen hat Plutarch einen solchen verteidigt.[13]

[13] Plutarch, *Moralia. Wie einer seinen Fortschritt in der Tugend bemerken kann.* Verwendet wird die Ausgabe der Loeb Classical Library: *Plutarch's Moralia*, ed. F. C. Babbitt, 16 vol., London/Cambridge, Mass. 1969; Bd. 1, *How a man may become aware of his progress in virtue*, S. 401 ff.

7) Sextus Empiricus

In die hellenistischen Philosophierichtungen reiht sich auch die skeptische ein, die ihre Blütezeit vom 2. Jh. v. Chr. bis zum 2. Jh. n. Chr. hatte. Sie geht auf Pyrrhon von Elis zurück (gest. 270 v. Chr.), der eine skeptische Zurückhaltung *(epoché)* von den Urteilen über die Dinge forderte, und knüpft beim Relativismus und Subjektivismus der Sophisten an, die auf Heraklits Auffassung von den Dingen als bloß veränderlichen Erscheinungen fußen. Auf den Skeptizismus gehe ich hier kurz nur insofern ein, als er jede Lehrposition als »dogmatisch«, d. h. als willkürliche und unbegründete Meinung in Zweifel zieht, in der Überzeugung, dass keine Lehre definitiv begründbar sei. In diesem Sinne haben schon Arkesilaos und Karneades (2. Jh. v. Chr.) die Skeptik in die platonische Akademie eingeführt und besonders die stoischen Lehren als bloß dogmatische kritisiert.

Im Folgenden beschränke ich mich auf Sextus Empiricus (ca. 150 n. Chr.) als Hauptvertreter der skeptischen Richtung, der – im Anschluss an Ainesidemos' zehn sog. »Tropen« (skeptische »Wendungen«) – in seiner Schrift *Pyrrhonische Grundzüge* fünf Tropen darlegt, fünf Gründe für die skeptische Einstellung.

Pyrrhonische Grundzüge

In dieser Schrift legt Sextus in Buch I seine Auffassung über Philosophie im Allgemeinen und seine skeptische im Besonderen dar, mit den fünf sog. »Tropen«. Buch II bringt die Aufhebung der »dogmatischen« Erkenntnis- und Wissenschaftstheorie der früheren Philosophen. Buch III wendet die Skepsis gegen die seinerzeit bestehende Naturphilosophie und Ethik an.

1. *Sextus über seine skeptische Philosophie*

In den einleitenden Aussagen (Nr. 1–13)[1] bestimmt Sextus die Skepsis als ein Suchen nach Wahrheit. Dieses kann entweder mit der positiven Meinung ihrer Auffindung erfolgen, oder mit der negativen oder mit einer unentschiedenen. Während Sextus die erste Meinung die dogmatische nennt und die zweite die akademische (des Kleitomachos und Karneades), erklärt er die dritte als seine eigene, die skeptische, »aporetische«. Er bezeichnet sie als

»die Kunst, auf alle mögliche Weise erscheinende und gedachte Dinge einander entgegenzusetzen, von der aus wir wegen der Gleichwertigkeit der entgegengesetzten Sachen und Argumente zuerst zur Zurückhaltung, danach zur Seelenruhe gelangen« (Nr. 8).

Da die Ratlosigkeit in den verschiedenen Ansichten, »was wahr ist in den Dingen und was falsch«, die Seele beunruhigt, muss man nach der Seelenruhe streben.

»Das motivierende Prinzip der Skepsis nennen wir die Hoffnung auf Seelenruhe« (Nr. 12).

Gegen den Einwand, der Skeptiker selbst sei dogmatisch, verteidigt sich Sextus so: Während der Dogmatiker »eine Sache als wahr setzt«, d. h. »zu irgendeiner der in den Wissenschaften erforschten verborgenen Sachen seine Zustimmung gibt«, stimmt der Skeptiker nur »den vorstellungsmäßig aufgezwungenen Eindrücken« *(páthe)* zu (Nr. 13).

Stellungnahme:

Die Skepsis hat zum Gegenstand nicht mehr die Dinge selbst, sondern nur ihre Erscheinungen, von denen wir lediglich Meinungen haben können, keine Wissenschaft, wie sie die Dogmatiker beanspruchen. Ihre Aussagen über die Dinge selbst werden nun zu unbegründeten Dogmen über unsichtbare Sachen.

Beim Skeptiker verliert die Philosophie ihre primäre Aufgabe, Untersuchung des realen Seienden selbst zu sein, von den Naturdingen, dem Menschen und Gott, stattdessen verkürzt sie sich auf eine Erkenntniskritik, auf eine Kunst des Urteilens, die sich jeder endgültig wahren Aussage enthält.

---

[1] Die Nummern finden sich in: Sextus Empiricus, *Grundriss der Pyrrhonischen Skepsis*, eingeleitet und übersetzt von Malte Hossenfelder, Frankfurt am Main 1968.

Nun ist es zwar richtig, dass wir auf der Ebene der Sinneserfahrung, bezogen auf die sinnlichen Erscheinungen der Dinge keine objektiv wahre Erkenntnis erreichen. Aber die Erkenntnis geht nicht auf bloße Sinneserscheinungen, sondern auf sinnlich erscheinende Dinge, die substantiell da sind. Mögen auch die sinnlichen Daten, welche die Sinne wahrnehmen, bezweifelbar sein, das substantielle Sein der Dinge, das die Vernunft im Bewusstsein erfasst, ist unbezweifelbar evident. Hier liegt die ontologische Voraussetzung für alle Sinneserfahrung und allen Zweifel selbst, während sie Sextus nochmals in Zweifel zieht (weil für ihn das Sein der Dinge wieder nur sinnlich erfahrbar ist).[2]

In der Kritik an den Dogmatikern, dass sie von verborgenen Sachen sprechen, die sich bezweifeln lassen, liegt insofern etwas Richtiges, als die Stoa von den Sinneswahrnehmungen ausgeht, um stufenweise zu allgemeinen Vorstellungen zu gelangen, von denen bezweifelt werden kann, ob ihnen etwas in den Dingen entspricht. Aber die Konsequenz der Kritik ist falsch, die im Skeptizismus endet.

Der Skepsis liegt ein Empirismus zugrunde, welcher die Erkenntnis auf Sinneswahrnehmung und -erfahrung verkürzt. Diesen, zusammen mit dem Subjektivismus und Relativismus, teilt Sextus mit Protagoras, wenn er auch mit ihm nicht identifiziert sein will.

2. *Ainesidems zehn Tropen*

Bevor Sextus seine fünf Tropen vorbringt, referiert er (Nr. 36–163) die zehn Tropen des Ainesidem (1. Jh. v. Chr.), d. h. die Gründe, weshalb es keine objektive, unveränderlich wahre Erkenntnis von den Dingen gebe.

1. Bei den Lebewesen ist die Erfassung der Sinnesobjekte verschieden.
2. Auch beim Menschen selbst sind die Wahrnehmungen derselben Objekte verschieden.
3. Die Aussagen der fünf Sinne auch über dieselben Objekte sind verschieden.
4. Bei wechselnden Zuständen (Wachen, Schlafen, Altersstufen) sind die Wahrnehmungen der Objekte verschieden.

[2] Mario dal Pra, *Lo sceticismo greco*, Milano 1950, 384–85, sieht in Sextus' Leugnung der »premessa ontologica« die Hauptstütze seines Skeptizismus.

5. Die Unterschiede in der Lage und Entfernung derselben Objekte bewirken verschiedene Wahrnehmungen.
6. Die Sinne nehmen die Objekte nicht rein für sich, sondern vermischt mit anderen Körpern (Wasser und Luft, als Medien) wahr.
7. Dieselben Objekte bewirken aufgrund ihrer verschiedenen Quantitäten und Zusammensetzungen verschiedene Wahrnehmungen.
8. Die Wahrnehmungen der Objekte sind relativ, weil jeweils individuell verschieden auf die Subjekte bezogen.
9. Die Gewohnheit bei andauernd sich wiederholenden Wahrnehmungen verändert sie gegenüber seltenen Wahrnehmungen.
10. Die Verschiedenheit der Lebensführung, der Sitten, Gesetze, religiösen Mythen und philosophischen Schulmeinungen bewirkt verschiedene Auffassungen von denselben Objekten.

Die Argumente verweisen, mit Ausnahme des 10., auf die Sinneswahrnehmungen, die bezogen auf die Subjekte, sehr verschieden sind und damit nur eine subjektiv und relativ wahre Erkenntnis ermöglichen. Dem lässt sich durchaus zustimmen. Aber daraus muss nicht folgen, dass unsere menschliche Erkenntnis nur subjektiv und relativ sei, und dass jeder Anspruch auf objektive, definitiv wahre Erkenntnis von den Dingen »dogmatisch« und deshalb abzuweisen sei. Vielmehr ist einzuräumen, dass die menschliche Erkenntnis sehr viel weiter reicht als die Sinneswahrnehmungen, dass es also einen Erkenntnisfortschritt gibt, der über sie hinaus zu Erfahrung, Meinung und schließlich zu Wissenschaft führt, weil auch die Dinge mehr hergeben als nur Sinnesdaten; denn sie bestehen nicht nur aus sinnlich Akzidentellem, sondern auch aus intelligibel Wesentlichem.

3. Sextus' fünf Tropen

An Ainesidems zehn Tropen fügt Sextus fünf eigene an (Nr. 164–177), d. h. Gründe, die zur Zurückhaltung *(epoché)* im Urteilen anraten:

1. Zu jedem gegebenen Objekt haben die Menschen im Alltag wie auch die Philosophen widersprüchliche Meinungen, die relativ sind, d. h. jeweils bezogen auf die verschiedenen Subjekte.
2. Jeder Versuch, Meinungen zu empirisch Gegebenem zu begründen, geht ins Unendliche, weil er immer wieder zu Meinungen führt, die ihrerseits der Begründung bedürfen.

3. Jedes Urteil über Objekte ist relativ, d.h. abhängig vom Subjekt, wie und in welchen Umständen das Objekt jedem erscheint.
4. Wenn die Dogmatiker von ersten Annahmen (Basisaussagen) ausgehen, so sind diese willkürlich und können immer bestritten werden.
5. Beweisargumente werden immer zirkelhaft; denn ihre ersten Prämissen werden mit Aussagen begründet, die wieder auf etwas empirisch Gegebenes und d.h. Zu-Beweisendes zurückgreifen müssen.

Auf diese Argumente ist dasselbe zu erwidern wie zu denen des Ainesidem, da sie von den Objekten (empiristisch verkürzt) nur als von sinnlich wahrgenommenen sprechen, wie sie in den Sinneswahrnehmungen den Subjekten erscheinen, und die Erkenntnis auf Sinneswahrnehmungen und -erfahrungen reduzieren.

Die Tropen betreffen teilweise Sinnestäuschungen, die der skeptische Verstand aufdeckt, der sich aber bei dieser Aufdeckung nicht selbst wieder täuscht, sondern sich vielmehr als den Sinneswahrnehmungen überlegen erweist. In der Skeptik, die sich selbst nicht wiederum der Skeptik unterziehen kann, liegt ein Selbstwiderspruch. Oder sie muss ihre nicht-skeptische Voraussetzung anerkennen und damit den Skeptizismus aufgeben.

Sextus unterschätzt den Wert wissenschaftlicher Erkenntnis überhaupt. Er übt am syllogistischen Beweisverfahren (wie es Aristoteles ausgebildet hat) weiter unten Kritik (*Grundriss*, Buch II, Nr. 195 ff.), wobei er die Natur der Ursachen verkennt,[3] die eben nicht wieder auf der Ebene der Erscheinungen der Sinnesdinge zu suchen sind. Und da sie sich hier nicht zeigen, bezweifelt er sie.

4. Abschließende Bemerkungen zu Sextus

a) Die skeptisch kritische Haltung gegenüber allem sinnlich Wahrnehmbaren ist durchaus berechtigt, wird aber einseitig durch die empiristische Voraussetzung. Sie bezieht alle Erkenntnisse letztlich auf die

---

[3] Siehe vol. 3, Nr. 207 und Nr. 453, der Ausgabe von R. G. Bury, *Sextus Empiricus,* 3 vol., Loeb Class. Library, London/Cambridge, Mass. 1933–1935, repr. 1961: vol. 1 *Outlines of Pyrrhonism,* vol. 2 *Against the logicians,* vol. 3 *Against the physicians and the moralists.*

Sinneswahrnehmung als ihr Fundament, so dass sie dann als bloß subjektiv und relativ zu beurteilen sind.[4] Doch wird dies durch die skeptische Reflexion selbst widerlegt, da sie ja nicht durch die Sinne vollzogen wird, sondern durch den Verstand bzw. die Vernunft. Und letztere hat als Objekt nicht mehr Sinnesdaten, sondern Dinge, die nicht nur sinnliche, sondern auch intelligible Aspekte haben, angefangen beim Sein / Dasein der Sinnesdinge, das kein Sinnesdatum mehr ist.

Ein besonderes Gewicht haben die Sinnestäuschungen, die zum Schluss führen, dass möglicherweise alle Erkenntnis Täuschung sei. Aber dagegen lässt sich einwenden, dass, genau genommen, sich nicht die Sinne täuschen, sondern der Verstand, der ihre Wahrnehmungen falsch beurteilt. Das Entscheidende ist aber, dass der Verstand durch nähere Prüfung sein Fehlurteil erkennt und korrigiert, wodurch er sich und seine Erkenntnis als der Sinneswahrnehmung überlegen bezeugt. Auch Sextus' kritischer Verstand bezeugt dies. Deshalb widerspricht er sich selbst, wenn er seine Überlegenheit mit einem Skeptizismus wieder aufhebt.

b) Gegen den Vorwurf, selber dogmatisch zu sein, verteidigt sich Sextus damit, dass dogmatisch der Anspruch immergültig wahrer Aussagen über Objekte ist, den er aber nicht erhebe. Tatsächlich bietet er ja nicht eine Disziplin über einen Gegenstand, sondern nur eine Erkenntniskritik, die kein Dogma ist, sondern lediglich Zweifel formuliert. Gleichwohl liegt ihr aber unausgesprochen eine Voraussetzung über das Verhältnis des Subjekts zu den Dingen zugrunde, die sich als Empirismus bezeichnen lässt und dogmatisch, weil unbegründet, ist. Dass Erkenntnis nur in Wahrnehmungen fundiert ist und in der Reflexion über sie besteht, wobei sie diese in Meinungen zusammenfasst, die beschrieben, verglichen und bezweifelt werden können, und dass die Dinge lediglich wechselnde Erscheinungen sind, ist ein empiristisches Dogma, das schon von Platon und Aristoteles gründlich widerlegt worden ist.

Sextus' Kritik an der stoischen Philosophie der Erkenntnis ist, wie mir scheint, insofern berechtigt, als durch den feinen Materialismus – der die göttliche Vernunft als Feuer vorstellt – die Untersuchung von

[4] Karl Praechter stellt mit Recht zu Sextus' Skepsis fest: »Ihr Hauptnerv ist die Relativität alles Wahrnehmens und Urteilens« (*Friedrich Ueberwegs Grundriss der Geschichte der Philosophie.* Erster Teil: *Die Philosophie des Altertums,* 581).

den Ursachen der Naturdinge, sowie von der Seele und von Gott, nie eine allgemeine und notwendige Erkenntnis erreicht, sondern »dogmatisch« bleibt. Aber die Alternative zu dieser Konsequenz wäre, die materialistische Voraussetzung aufzugeben, die auch dem Empirismus der Skeptiker selbst zugrunde liegt.

c) Ungerechtfertigt ist schließlich auch die Wendung von der Theorie zur Praxis, mit dem Vorrang dieser vor jener. Die Erkenntniskritik ist eine Theorie, die als Motiv nicht die Seelenruhe haben darf, sondern den Willen zu wahrer Erkenntnis. Für Platon und Aristoteles ist die Theorie in Metaphysik, Physik und Erkenntnislehre eine Vernunfttätigkeit, die mit innerer Freude und Frieden, ja mit Glück verbunden ist. Freilich durch den Empirismus beschneidet die Vernunft ihre eigene Erkenntnistätigkeit und verkümmert in einem Skeptizismus. Die Folge ist eine Abkehr von der Theorie zugunsten einer (hedonistischen) Ethik, die den Seelenfrieden empfiehlt. Es ist aber erst die Abkehr von der Theorie, d. h. der Einsicht in das Wesen der Dinge und des Menschen, in seine Seele und die erste Ursache / Gott, welche die Seele in Unruhe versetzt.

In Form eines Nachtrages sei noch kurz auf die anregende Einleitung von M. Hossenfelder eingegangen, welche seiner Ausgabe: *Grundriss der pyrrhonischen Skepsis,* vorangeht. Sie stellt die Verdienste der skeptischen Schule heraus, ihre Kritik an der Stoa mit den dabei wirksamen Motiven, zeigt aber auch, weshalb sie sich später nicht behaupten konnte, sondern anderen Richtungen, besonders dem Mittleren und Neuplatonismus, weichen musste.

Die erfolgreiche Kritik an der Stoa sieht der Autor – mit Verweis auf Cicero (*Academica* II) und Plutarch (*De Stoicorum repugnantiis,* 1036 b-c) – darin, dass Chrysipp nicht imstande war, das den ganzen Hellenismus durchziehende Erkenntnisproblem zu lösen. Es geht um die Evidenz wahrer Erkenntnisse von den Dingen, deren Falschheit ausgeschlossen ist. Die Stoiker suchten das Kriterium in gewissen, den Verstand »ergreifenden Vorstellungen« *(kataleptikè phantasia),* das aber Einwänden ausgesetzt war. Die skeptischen Akademiker schwächten die Evidenz zu einer »Glaubwürdigkeit« ab, die sich im praktischen Leben bewährt, hielten aber mit den Stoikern an der Möglichkeit wahrer Erkenntnisse fest, womit sie wie diese »dogmatisch« blieben. Das Motiv, an ihr festzuhalten, war letztlich ein praktisch-moralisches, dass nämlich ohne wahre Erkenntnis – besonders auch über das Gute, als

Norm eines guten Lebens – der Mensch nicht glücklich werden kann, und dass er sich daher um sie bemühen muss, um glücklich und in Harmonie mit der göttlichen Vorsehung zu leben.

Sextus' *Pyrrhonische Skepsis* darf mit der akademischen nicht verwechselt werden, wie der Autor nachweist. Sie ist radikaler und verzichtet auf ein Wahrheitskriterium. Dadurch machten sich, wie Cicero bemerkt, die Skeptiker verdächtig, »das gesamte Leben von Grund auf zu zerstören«.[5] Daher hebt der Autor hervor, dass Sextus' Skepsis eine andere »Selbstdeutung« des Menschen zur Grundlage hat, die besagt, dass sein Glück nicht von wahrer Erkenntnis abhängt, sondern von einer – wohl an Epikur anschließenden – moralischen Haltung der »Seelenruhe«, die sich vor Erschütterung bewahrt, um zur Ataraxie zu gelangen, vergleichbar der »Stille des Meeres« *(galéne)*, das vor Sturm bewahrt blieb.

---

[5] Hossenfelder zitiert Cicero, *Lucullus* 31 (*Sextus Empiricus, Grundriss der Pyrrhonischen Skepsis*, 13).

8) Plotin

Nach der Stoa wurde die sog. neuplatonische Schule die bedeutendste in der ausgehenden Antike. Ihr Gründer Plotinos (geboren ca. 203/04 n. Chr. in Lykopolis / Ägypten, gestorben 269/70), über dessen Leben uns die *Vita Plotini* seines Schülers Porphyrios unterrichtet, studierte 232 – 242 in Alexandrien bei berühmten Philosophen, deren Lehren ihn aber nicht befriedigten, bis er zu dem weniger bekannten Ammonios Sakkas (dem »Sackträger«) kam, der ihm die platonische Philosophie nahe brachte und das Interesse für sie weckte. 242 – 244 nahm er an der Expedition des Kaisers Gordian gegen die Perser teil und lernte die persische Philosophie kennen. 244 siedelte er nach Rom über und entfaltete dort eine beachtliche Lehrtätigkeit, welche viele Hörer anzog. Zu ihnen gehörten selbst der Kaiser Galienus und seine Gattin. Plotins Versuch jedoch, in der Kampagne eine »Platonopolis« zu gründen (vielleicht in der schon bestehenden Stadt Pompeji?), schlug fehl.

Erst im Alter von 50 Jahren begann er seine Lehre schriftlich niederzulegen, nach seinen mündlichen Unterredungen und Vorlesungen über spezielle Themen im Kreise von Schülern und Freunden. So verfasste er 54 Abhandlungen, die teilweise noch einen mündlichen Diskussions- und Vortragsstil bewahren. Porphyrios hat sie in sechs Gruppen von jeweils neun Schriften, den sog. »Enneaden«, thematisch eingeteilt, von erkenntnistheoretischem, ethischem, psychologischem und metaphysischem Inhalt. Diese Einteilung ist verschieden von der chronologischen Ordnung, die er in seiner *Vita* angibt. Damit bekundet er, dass für ihn die philosophische Gedankenentwicklung ablösbar ist vom zeitlichen Lebensverlauf des Denkers.

Für die modernen Plotinforscher ist die chronologische Anordnung von besonderem Interesse, um die denkerische Entwicklung des antiken Autors, ähnlich wie im Falle Platons und Aristoteles', zu rekonstruieren, während ich ein systematisches Interesse verfolge. Wesentliche Veränderungen im Denken Plotins, das er erst mit 50 Jahren schriftlich festhielt, sind in den restlichen Jahren nicht zu erwarten. Zu beachten ist, dass Plotin nicht nur ein scharfsinniger Philosoph, sondern auch ein tief religiöser Mann mit mystischer Erfahrung war. Porphyrios bezeugt, dass er mehrmals in den Zustand der Ekstase gelangte, den Plotin selbst an drei Stellen aus der Rückschau darlegt. Es ist aber für einen Mystiker kennzeichnend – wie wir z. B. auch beim Evangelisten Johannes beobachten –, seine Gedanken nicht in linearer Form angeordnet mitzuteilen, sondern gleichsam spiralenförmig: wobei er von der Peripherie her, von vielen gelegentlichen, speziellen Themen aus, immer wieder zu wenigen zentralen Einsichten zurückfindet, gleichsam um sie kreisend.

Bei Plotin sind die Probleme und Lösungen oft nicht mehr dieselben wie bei Platon. Zwei Beispiele: Platons Erörterungen im *Phaidon* über die Wesenheiten der sichtbaren Dinge führte zu ihren Formursachen, den sog. Ideen, die er als abgetrennt von ihnen ansetzte. Plotin hält Platons Ideenlehre schon für anerkannt, erörtert nun aber zu ihr neue Probleme: Wie ist die Vielheit der Ideen aus dem Einen hervorgegangen? Welches Verhältnis haben sie zur kosmischen Vernunft? Da sie nicht außerhalb von ihr sein können, müssen sie in ihr sein, usw. Hinsichtlich der Seele war für Platon das Problem, sie als immateriell, d. h. als unsterblich zu erweisen. Für Plotin ist die immaterielle Natur der Seele schon eine erwiesene Erkenntnis, während sich ihm als neues Problem das des Verhältnisses der Seele zum Leib, sowie der Einheit der Seele stellt, da sie ja zwei entgegengesetzte Strebungen nach unten und nach oben in sich erfährt, zum Leiblichen und zum Intelligiblen, Göttlichen. Die Lösungen, die Plotin findet, sind überwiegend in Platons Sinne, nehmen aber auch Gedanken aus anderen Schulrichtungen auf: der Stoiker, der Peripatetiker, der Neupythagoreer, der Mittelplatoniker. Dadurch geht er über Platon hinaus und erreicht eine Synthese aus mehreren Schulen, was zu seiner eigenen Schule, dem »Neuplatonismus« führt.

Zu Plotins eigenem Gedankengut gehört besonders seine Lehre von den drei göttlichen sog. Hypostasen (immateriellen Substanzen): dem Einen, der kosmischen Vernunft und der kosmischen Seele. Doch hat die Lehre von der kosmischen Vernunft bei modernen Interpreten die Kritik erfahren, dass sie Verhältnisse der menschlichen Vernunft »hypostasiert«, d. h. in eine göttliche Vernunft erhebt, und damit für uns keinen Wert mehr hat. Indes, wenn wir von der Hypostasierung absehen, bleiben wichtige Einsichten in die menschliche Vernunft, sowie in ihre Selbsterkenntnis. Ein so wichtiger Begriff wie das »Sich-Zurückbeugen«, die »Reflexion«, des Subjekts auf sich selbst, hat seinen Ursprung in Plotin und wird weiter in Proklos' Lehre von der »Rückkehr der Seele zu sich selbst« entfaltet. Der Begriff der Reflexion ist inzwischen in alle europäischen Sprachen eingegangen.

Im Folgenden werde ich einige Enneaden durchgehen, um sie systematisch nach den Hauptgesichtspunkten der Metaphysik, Naturphilosophie, Erkenntnislehre, Anthropologie bzw. Psychologie und Ethik auszuwerten.

a) Metaphysik und Naturphilosophie

In Plotins Metaphysik sind entscheidend Platons Lehren von den Ideen *(Phaidon, Staat)* und vom Demiurg *(Timaios)*, der diesen sichtbaren Kosmos formt, indem er auf die Ideen bzw. auf die Idee des Guten als Vorbild blickt. Bei Platon ist mit ihm der Demiurg identisch, der zur Formung des sichtbaren Kosmos als Vermittlung – zwischen ihm und der Idee des Guten – eine kosmische Vernunft und Seele einführt. Plotin hingegen setzt den Demiurg mit der Kosmos-Vernunft gleich und unterscheidet nun drei göttliche Substanzen oder »Hypostasen«: das Gute / Eine, die Kosmos-Vernunft und die Kosmos-Seele, wobei die zweite Hypostase aus der ersten hervorgeht, und die dritte aus der zweiten.

Der griechische Begriff *hypóstasis* (ὑπόστασις), der neu neben *ousía* (οὐσία) auftritt, hat dieselbe Bedeutung wie sie[1] – die adäquate Übersetzung ist der lateinische Begriff *substantia* –, ist aber nun den immateriellen Substanzen vorbehalten, den drei sog. Hypostasen.

Moderne Interpreten sind sich uneinig, ob (im *Timaios*) der Demiurg mit dem Guten selbst identisch oder von ihm verschieden sei. Für die Identität spricht eindeutig, dass Platon ihn mit den höchsten Prädikaten auszeichnet: der Beste, der Vater aller Dinge zu sein, welcher den Kosmos formt, indem er auf sich selbst als Vorbild schaut: weil er gut war und von seiner Gutheit anderem mitteilen wollte.

Indem Plotin die Ideen in die göttliche Vernunft legt, folgt er Platons Anregung (im *Sophistes*), sie als belebte zu verstehen, nicht gleichsam wie tote Standbilder. Er folgt aber auch dem Versuch von Mittelplatonikern, welche den Gegensatz zwischen den aristotelischen Formursachen in den Dingen und den platonischen Ideen abgetrennt

[1] Vgl. die Monographie von Heinrich Dörrie, Ὑπόστασις, München 1976.

über den Dingen dadurch versöhnten, dass sie über den aristotelischen Formursachen in den Dingen (die mit diesen vergehen) zugleich auch die platonischen Ideen anerkannten, und zwar als in der Vernunft Gottes bestehende.

Enn. V 1: Über die drei ursprünglichen Hypostasen

Diese metaphysische Abhandlung[2] geht von einer existentiellen Situation der Menschen aus, die den irdischen Gütern verhaftet sind und ihren göttlichen Ursprung gänzlich vergessen haben. Sie haben die Wertschätzung alles intelligiblen Guten, auch ihrer eigenen Vernunft, verloren und ehren stattdessen mehr das Leibliche und Materielle. Motive der Abkehr der Menschen vom göttlichen Prinzip sind Missbrauch unbeschränkter Freiheit und Eigendünkel. Um diese Menschen zurückzuführen nach oben zu den göttlichen Dingen, versucht Plotin sie dahin zu bringen, dass sie das Irdische, Materielle hier geringachten und das hohe Gut der Seele mit der Vernunft wertschätzen lernen sollen (Kap. 1).

Eine erste Betrachtung ist der gesamten Natur gewidmet, mit all ihren geordneten Bewegungen und Lebensvollzügen, die nicht von der Materie, sondern von seelischen Prinzipien verursacht sind, den individuellen Seelen und der kosmischen Seele, die den Himmel beseelt (Kap. 2). Sodann muss sich die Betrachtung auf die Ursache der kosmischen Seele richten; denn sie ist das Abbild der Vernunft.

Wie wir im Mikrokosmos Mensch erkennen können, lässt sich dies auch vom Makrokosmos erschließen, dass auch hier die Seele Abbild einer Vernunft ist, und zwar einer kosmischen, göttlichen. Das Verhältnis zwischen Abbild und Urbild ist ein solches zwischen Verursachtem und Ursache. Der Erkenntnisfortschritt ist bei Plotin hier, wie in den anderen Schriften, ursächlich ausgerichtet, induktiv von den sinnlich erfahrbaren Dingen als Verursachtem ausgehend. Dies verleiht seiner Philosophie einen realistischen Grundzug.

---

[2] Zitiert wird hier wie im Folgenden aus der zweisprachigen Ausgabe: *Plotins Schriften,* übersetzt von Richard Harder, neubearbeitet mit griechischem Lesetext und Anmerkungen von Rudolf Beutler und Willy Theiler, 6 Bde., Hamburg 1956ff. Die römischen Ziffern sind die der Enneaden-Gruppen. Die arabischen Ziffern geben die Schrift der Gruppe an, dann in der Schrift die Kapitel und die Paragraphen.

Plotin erklärt die Verursachung der Kosmos-Seele von der Vernunft analog zum menschlichen Bereich: Wie bei uns das gesprochene Wort zuerst in der Vernunft ist und dann nach außen geht, so gilt auch im göttlichen Bereich: die kosmische Seele ist das ausgesprochene Wort der Kosmos-Vernunft (αὐτὴ λόγος νοῦ), das zu einem eigenen Stand gelangt, d. h. sich substantialisiert und zu einer neuen Substanz wird (εἰς ἄλλου ὑπόστασιν, 2, 15), verschieden von der Vernunft-Substanz. Dabei ist die Tätigkeit, die (als Wirkung) von der Vernunft ausgehend die Seele hervorbringt, verschieden von der Tätigkeit / Aktualität, die (als Ursache) der Vernunft innerlich zu eigen ist und ihr Wesen ausmacht.

Sehr beachtlich ist m. E., wie zum ersten Male jene Verursachung genial erklärt wird, welche dann in der christlichen Theologie »Schöpfung« genannt wird. Gott sprach – und die Dinge waren da. Von der göttlichen Vernunft geht eine von ihrem ursächlichen Wesen verschiedene Wirkung aus, die so mächtig ist, dass sie als neue untergeordnete Substanz »zum Stehen kommt«. Diesen Vollzug drückt vortrefflich das zum Substantiv *hypóstasis* (ὑπόστασις) gehörige Verbum *hyphístasthai* (ὑφίστασθαι) aus.[3]

Von den Tätigkeiten der Seele richten sich die einen zum Leibe hin, die anderen zur Vernunft hin. Es ist dann Aufgabe der Seele, die ersteren den letzteren unterzuordnen, so dass sie das Ziel ihres Aufstieges zum Vernunft-Bereich erlangt.

Das Wesen der göttlichen Vernunft wird dadurch bestimmt, dass sie das Urbild der Seele ist, von unermesslicher Weisheit und Lebensfülle. Sie lebt in ewiger Seligkeit. Da sie alles Erkennbare in sich enthält und als ihr gegenwärtig erfasst, kennt sie weder Vergangenheit, noch Zukunft, sondern hat alles in ewiger Gegenwart (4, 22–24). Alles Intelligible ist in der göttlichen Vernunft, und zwar identisch mit ihr; denn das Sein alles intelligiblen Seienden ist sein Erkannt-sein in der Vernunft, wenn auch beides, das Subjekt / die Vernunft und das intelligible Objekt verschieden sind. Dies ist die Voraussetzung dafür, dass beide in der Erkenntnis der Vernunft (die auch ihre Selbsterkenntnis ist) zur Identität kommen.

Zur Aussage: »da er (der Intellekt) nichts in sich hat, was er nicht denkt«, macht in *Plotins Schriften*, Bd. 1, 217, der Übersetzer R. Har-

---

[3] Bei Plotin wird das Verbum in medialer und in aktiver Form zu einer reichlich verwendeten Terminologie.

der ein Fragezeichen und kommentiert, 498, dass man nach dem Gedankengang das Umgekehrte erwarten muss: der Intellekt denke nichts, was er nicht habe. »Entweder ist der Text nicht in Ordnung, oder Plotin ist der Stift ausgerutscht.« Indes, mir scheinen Text und Inhalt ganz in Ordnung. Plotin will nicht das Selbstverständliche ausdrücken, dass der Intellekt alles denkt, was er in sich hat, sondern dass er nichts hat, was er nicht denkt, nämlich nichts Schlechtes. Positiv gesagt: Er hat nur das Gute, das er denkt; denn er ist ja Gott und denkt nur das Gute und Beste.

Es folgt abschließend die Betrachtung des göttlichen Einen (Kap. 5 ff.), mit der Frage, wie die Vernunft, sowie die Vielheit des Seienden nach ihr, aus dem Einen hervorgehen kann. Die Antwort erfolgt nach Analogie zu den obigen Erklärungen des Hervorganges der Seele aus der Vernunft. Ausgangspunkt ist die Vernunft, die auf das Eine blickt und sich bewusst ist, von ihm verursacht und abhängig zu sein. Sie weiß auch, dass sie seiner bedarf, um Vernunft zu sein; denn diese ist sie nur in Bezug auf das göttliche Eine und Gute. Dabei betont Plotin nachdrücklich, dass das Eine selbst in sich völlig unbewegt, unveränderlich bleibt, wenn anderes aus ihm hervorgeht (Kap. 6).

Es liegt also kein Emanatismus vor, wie ihn besonders E. Zellers Interpretation Plotin zuschreibt, die vom anderswo gebrauchten Bilde eines Brunnens mit dem abfließenden Wasser missleitet ist.

Die Vernunft ist ein Abbild des Einen und aus ihm hervorgegangen. Es stellt sich aber die Frage, warum nicht das Eine selbst Vernunft hat (Kap. 7). Plotins Antwort ist einfach: Vernunft-haben bedeutet, dass das Subjekt sich zurückbeugt – reflektiert – auf sich selbst und sich als Subjekt verschieden vom Objekt erkennt. Das göttliche Eine steht über einer solchen Reflexion und der mit ihr auftretenden Zweiheit (von Subjekt und Objekt). Wohl besitzt »jenes Eine« das Vermögen zu solcher Reflexion und hat sie auch vollzogen. Aber dieser Vollzug ist ein solcher der Vernunft, die sich damit aus dem Einen ausgesondert und als Reflexion und Zweiheit hypostasiert hat, d. h. eine selbständige, zweite Substanz geworden ist.

»Nun, in dem Gerichtet-sein auf sich selbst erblickt (jenes Eine) sich selbst, und dieses Erblicken (seiner selbst) ist die Vernunft« (7, 38).

Hierzu ist anzumerken, dass Plotin richtig die Selbsterkenntnis der Vernunft durch ihre Rückwendung (τῇ ἐπιστροφῇ) zu sich bestimmt, wie schon Aristoteles lehrte. Diese Verhältnisse treffen aber nur auf die menschliche Vernunft zu, während sie Plotin nun fälschlich auf die göttliche Vernunft überträgt, was ihn folgerichtig dazu führt, sie von der ersten göttlichen Hypostase abzutrennen und als zweite anzusetzen. Es ist ihm Aristoteles' Lehre entgangen, nach welcher der Gott eine von der menschlichen verschiedene Selbsterkenntnis hat, ohne Reflexion, ohne Zweiheit. Gott sieht, als reine Vernunftaktualität, sich selbst direkt in einem vernünftigen einfachen Blick (νοήσεως νόησις).

Die Selbstgegenwart findet sich schon bei der menschlichen Vernunft, als Voraussetzung der Reflexion, mit der sie dann auf sich selbst erkennend zurückkommt, ist also noch keine Selbsterkenntnis, wie bei der göttlichen Vernunft, sondern ein schlichter Akt des Bei-sich-seins.

Bei Plotin erkennt die zweite Hypostase, die göttliche Vernunft, sich selbst mit allem Intelligiblen in ihr, das daher mit ihr ebenfalls aus dem Einen hervorgeht. Dies sind die Wesenheiten aller Dinge, die in ihrer Vielheit nicht im Einen waren, sondern zu ihm nun, wie die göttliche Vernunft selbst, im Verhältnis des Verursachten zur Ursache stehen. Ihre bestimmte Form haben sie erst in der Vernunft (7, 39–41).

Hierzu lässt sich Folgendes sagen: Es ist zwar richtig, dass die Wesenheiten der geschaffenen Dinge nicht als Vielheit in der ersten Ursache, dem Einen, sind, welche sie virtuell in einfacher Einheit in sich befasst, aber nichts hindert, dass das erste Prinzip, das Eine, göttliche Vernunft ist, welche die vielen Wirkungen, die Wesenheiten der Dinge, in einfacher, ursächlicher Einheit in sich befasst, und es ist falsch, sie als Vielheit in der göttlichen Vernunft anzunehmen, die nun als ein zweiter Gott unter dem ersten, dem Einen, steht.

Augustinus hat zu Recht die Lehre von den drei Hypostasen korrigiert und die drei Prinzipien: Leben, Erkennen, Sein, in der einen göttlichen Substanz zusammengefasst, in der die drei Tätigkeiten in eins zusammenfallen. Damit erreicht er kongenial wieder Aristoteles' Lehre von der ersten göttlichen Substanz als erster Seinsursache, die vollkommenes Leben in reiner Vernunfterkenntnis ist.

Plotin geht dann die früheren Denker durch: Parmenides, Anaxagoras, Platon, Aristoteles, um in ihnen seine Lehre teils bestätigt, teils ihnen überlegen zu sehen (Kap. 8–9).

Doch verfälscht dieser Rückblick die Lehren der genannten Philosophen. Das Seiende bei Parmenides steht nicht, wie Plotin sagt, über den sinnlichen Naturdingen, sondern ist diese in intelligibler Einheit, und die göttliche Substanz bei Aristoteles erkennt sich selbst nicht in einer Reflexionsbewegung und Zweiheit.

Plotin kritisiert die aristotelische Lehre, wonach die Ursache alles Seienden, die erste göttliche Substanz, als reine Vernunfttätigkeit sich selbst erkennt, da er sie als Reflexionsbewegung der göttlichen Vernunft, in der Zweiheit von Subjekt und Objekt, versteht. Diese kann dann nur einem »zweiten Gott«, auf der Stufe der zweiten Hypostase zukommen. Doch liegt hier ein Missverständnis vor, offensichtlich aufgrund mangelnder Kenntnis des *Metaphysik*-Textes; denn Aristoteles selbst lehrt ausdrücklich, dass die erste, göttliche Substanz »einfach« ist (1072a 32) und keine Bewegung vollzieht, da sie nur zum Minderen gehen könnte (1074b 26–27). Er bestimmt die Selbsterkenntnis Gottes als »Erkenntnis der Erkenntnistätigkeit« (νόησις νοήσεως), die zugleich sein substantieller Seinsakt ist, im Unterschied zur Selbsterkenntnis der menschlichen Vernunft, in der diese auf sich selbst zurückkommt (ἑαυτὸν νοεῖ), wobei sie verschieden ist von ihrer Erkenntnistätigkeit. Plotin hingegen missversteht, wie gesagt, die göttliche Selbsterkenntnis nach Art der menschlichen.

Daher vermag ich der Bemerkung von Harder in Plotins Schriften, Bd. 1, 506, zur vorliegenden Stelle V, 1, 51–53, nicht zuzustimmen: »Die Kritik an Aristoteles ist eine sehr selbständige, auf genauem Studium des Λ der Metaphysik beruhende, an Theophrasts Kritik anknüpfende Leistung, die übrigens ins Schwarze trifft: W. Jaeger, Aristoteles, 376 ff.«.

Ferner spricht sich Plotin über die Analogie der drei Hypostasen im Kosmos mit einer solchen in uns Menschen aus (Kap. 10).

Anmerkung: Die Analogie zwischen der menschlichen und der göttlichen Vernunft ist sicherlich sehr wichtig für unseren Erkenntnisfortschritt hin zur ersten, göttlichen Ursache von allem. Aber sie führt bei Plotin, wie gesagt, zu einer falschen Übertragung menschlicher Selbsterkenntnis in die göttliche Vernunft. (Die Analogie muss das Gemeinsame in wesentlich Verschiedenem herausstellen!)

Abschließend kommt Plotin wieder auf die Eingangsfrage zurück (Kap. 11), wie es möglich ist, dass die Menschen das Göttliche, das abbildhaft in ihnen ist, ignorieren, und beantwortet dies damit, dass es nur die Vernunft in uns erfassen kann, und die Vernunft dazu erst fähig wird, wenn sie auf das Göttliche, das Urbild, ausgerichtet ist. Da die Menschenseele viele Tätigkeiten vollzieht, die unter den vernünftigen stehen, ist es Aufgabe der Vernunft, mit ihrer auf das Göttliche gerichteten Tätigkeit die ganze Seele zu durchdringen

Enn. VI 1: Über die Gattungen des Seienden

Die Schrift übt an der aristotelischen Kategorien-Einteilung Kritik, weil sie eine solche alles Seienden sein will, tatsächlich jedoch nur auf alle Sinnesdinge geht und sich nicht auf das intelligible Seiende beziehen lässt. So wäre eine Kategorie, die z. B. die sinnliche und die intelligible Substanz umfassen würde, äquivok; denn sie sind dem Sein nach wesentlich verschieden. Wenn es aber (mit Aristoteles) die Substanz als Materie und als Form gibt, so werden die Kategorien mehr den Formen und d. h. dem intelligiblen Bereich zukommen (Kap. 1–2).

Plotins Zuordnung der aristotelischen Materie- und Formursache an die platonischen zwei Welten, die sinnliche und die intelligible, ist zwar konsequent, aber ignoriert Aristoteles' Kritik an Platon, die klarstellt, dass die Sinnesdinge mehr sind als nur materielle Phänomene, nämlich Substanzen mit der ihnen immanenten Formursache, also schon Intelligibles darbieten.

Ferner verkennt Plotin, dass die aristotelische Kategorien-Einteilung sich schlicht nur auf die Sinnesdinge und ihre Eigenschaften bezieht, also noch vor ihrer ursächlichen Erschließung in ihre Materie- und Formursache erfolgt. Da sich zu den Sinnesdingen die platonischen Ideen wie die Ursachen zum Verursachten verhalten, kann die Kategorien-Einteilung nicht auf die Ideen angewandt werden.

Hinzu kommt, dass die Ideen univok allgemeine Arten und Gattungen sind, während nach Aristoteles die Ursachen im Bezug zum Verursachten von analoger Allgemeinheit sind. Plotins Bemerkung, dass die sinnliche und die intelligible Substanz keiner gemeinsamen Kategorie angehören können, weil sie äquivok wäre, ist aus seiner Sicht verständlich, da sie univok sein müsste (und nicht sein kann, weil nur äquivok), aber bedenkt nicht, dass sie analog dieselbe sein kann. So gehören in der aristotelisch-thomistischen Tradition zu Recht die Sinnesdinge, die Seele und Gott der ersten, der Substanz-Kategorie an, aber nicht wie unter dieselbe univoke Gattung fallend, sondern wie analog zugeordnetes Verursachtes und Ursächliches, innerhalb der ersten, der Substanz-Kategorie. Gott ist Substanz als erstes Analogat aller anderen, untergeordneten Substanzen.

Der Text fährt fort (Kap. 3): Wenn es aber bei den Kategorien um das wahrhaft Seiende im intelligiblen Bereich geht, stellt sich die Frage, ob dann alles Seiende mit einer einzigen Kategorie bezeichnet werden kann, nämlich der Substanz. Wenn ferner (bei Aristoteles) von der ersten die zweite Substanz ausgesagt wird, so doch in anderer Weise als die Akzidenzien von ihr ausgesagt werden. Dabei stellt sich die weitere Frage, ob die Akzidenzien nicht wie eine einzige Gattung (nämlich der Substanz) ausgesagt werden können; denn wenn man die einzelnen Akzidenzien als verschiedene Gattungen ansehen würde (wie bei Aristoteles), ergäben sich viele Fragen.

Plotin geht dann die einzelnen Kategorien durch, um zu zeigen, dass jede (im Sinne einer platonischen Idee) etwas substantiell Seiendes ist. Er beginnt mit der des Quantitativen, das sich auf Zahl und Kontinuum zurückführen lässt. Die Zahlen erweisen sich aber (mit Platon) als intelligibel substantiell (Kap. 4–5). Auch die Kategorie des Relativen hat in den verschiedenen Verhältnissen substantielle Form, so z. B. von Wissenschaft und Wissbarem als Gemessenem und Maß (Kap. 6). Wenn den Relationsverhältnissen etwas substantiell zugrunde liegt, kann dies nicht die Materie sein, sondern nur etwas Immaterielles (Kap. 8). Auch die weiteren Erörterungen über die anderen (aristotelischen) Kategorien: das Qualitative (Kap. 10–13), das Wo (Kap. 14), das Tun (Kap. 15 ff.), zu dem auch das Leben gehört (Kap. 19), das Leiden (Kap. 20–23) und die Lage (Kap. 24), führen immer auf ihre substantielle Natur.

Schließlich geht Plotin noch auf eine andere Einteilung des Seienden ein (Kap. 25 ff.), nämlich in vier Gattungen: Zugrundeliegendes, Qualitatives, Verhältnis und Relation, und übt an der Ansicht Kritik, die das Zugrundeliegende als Materie und die anderen Gattungen als ihre Eigenschaften versteht. Dagegen spricht, dass die Eigenschaften in ihrem Träger seinsmäßig gründen, dieser also ein aktuell Seiendes und d. h. Immaterielles sein muss (Kap. 27).

Plotins scharfsinnige Erörterungen enthalten wieder den schon oben festgestellten Fehler, die (von Aristoteles hinsichtlich der Sinnesdinge getroffene) Einteilung in Kategorien – die univoke Gattungen sind – auf den Bereich der intelligiblen Ursachen zu übertragen, die von analoger und allein substantieller Natur sind. Das Problem der platonischen Ideen wird von Plotin nicht gesehen. Es liegt gerade darin, dass sie die Ursachen der Sinnesdinge sein sollen, aber nach der Seinsart univoker Gattungen verstanden werden.

Enn. VI, 9: Über das Gute oder Eine

Die Schrift legt in geschlossener Form die Metaphysik dar, nämlich ihren Weg von der Vielheit der Dinge zum höchsten Prinzip, dem Einen. Die leitende Frage ist die nach der Ursache der Einheit aller Dinge. Bei den Artefakten ist die Ursache ihrer Einheit der Künstler, bei den belebten Naturdingen ihre Lebensursache, die Seele. Bei der Seele des Menschen, die aus verschiedenen Vermögen besteht, stellt sich wieder die Frage ihrer Einheit. Die Antwort geht auf das höchste Vermögen, die Vernunft, der die anderen untergeordnet sind.

Es sei nur erwähnt, dass diese Erörterungen über jedes Seiende, sofern es Eines ist, zu den Quellentexten der späteren, scholastischen Lehre von den Transzendentalien gehören. Mit dieser Lehre verfiel die traditionelle Ontologie / Metaphysik einer herben Kritik bei Existentialisten unserer Zeit, dass sie leer und objektivistisch sei, d. h. das Subjekt ausschließe. Der vorliegende Text beweist das Gegenteil. Der Aspekt der Einheit alles Seienden schließt das Subjekt voll ein und erfordert von ihm die Besinnung auf seine Seele und seine Vernunft, um sich in die Einsicht mit einzubringen, dass jedes Seiende als solches immer Eines ist.

Auch die Vernunft ist nicht die Ursache der Einheit für alle Dinge, da vielmehr sie selbst noch ein komplexes, zusammengesetztes Seiendes ist; denn sie unterscheidet in sich Subjekt und Objekt und enthält viele Erkenntnisinhalte. So fragt Plotin wiederum bei ihr nach der Ursache ihrer Einheit und findet sie schließlich in dem transzendenten, göttlichen Einen, auf das sie sich bezogen weiß, was für die menschliche wie für die kosmische Vernunft gilt.

Beim höchsten Zielpunkt der Metaphysik angelangt, muss Plotin sich dem Problem stellen, dass jenes höchste Prinzip sich unserer Erkenntnis entzieht, da ihm alle positiven Prädikate, die wir Seiendem zuschreiben, abzusprechen sind. Dies ergibt sich daraus, dass jenes göttliche Prinzip nicht mehr ein Seiendes unter anderen Seienden ist, sondern ihnen allen transzendent. So muss die Seele »fürchten, ein Nichts zu fassen« (Kap. 3, 16).

Plotin löst das Problem mit einem zweifachen Erfordernis: Erstens wird für die Begegnung mit dem ersten Prinzip, dem Einen, eine nicht mehr diskursiv vorgehende, wissenschaftliche Erkenntnis erfordert, sondern ein intuitives Erfassen des göttlichen Prinzips, das schon gegenwärtig ist. Zweitens muss das Subjekt bei sich selber einkehren.

Dass die Vernunft sich des schon gegenwärtigen göttlichen Prinzips nicht bewusst wird, liegt an ihrer Zerstreutheit, sofern sie noch dem sinnlich Erfahrbaren zugewandt ist.

Die Seele muss »das göttliche Eine schauen, indem sie mit ihm zusammen und Eines ist, und eben weil sie dann mit ihm Eines ist, glaubt sie noch gar nicht zu haben, was sie sucht« (3, 17).

»Diese Schwierigkeit beruht vor allem darauf, dass die Erfassung Jenes (göttlichen Einen) weder auf dem Wege der Wissenschaft, noch einer Vernunfteinsicht erfolgt, wie beim übrigen Intelligiblen, sondern durch eine Gegenwart (des göttlichen Einen), die stärker als Wissenschaft ist« (κατὰ παρουσίαν ἐπιστήμης κρείττονα, 4, 24).

Die Seele gelangt zur Vereinigung mit dem göttlichen Einen, wie ein Liebender mit dem Geliebten, nur wenn sie »allein« hinaufsteigt, unbelastet mit anderen Erkenntnisinhalten, die sie von Jenem trennen;

»denn Jenes ist gewiss niemandem fern, und doch ist es allen fern: Es ist gegenwärtig und nur gegenwärtig für diejenigen, die es aufnehmen können und gerüstet sind, dass sie sich zu ihm harmonisch fügen und es gleichsam anfassen und berühren können vermöge der Wesensähnlichkeit« (4, 28).

Jenes Eine ist kein Seiendes mehr neben anderem, sondern steht über allem Seienden, als dessen Quelle, erste Ursache, und entzieht sich deshalb unserer Erkenntnis (5, 36). Es kann überwiegend nur negativ bestimmt werden (6, 38 ff.). Daher Plotins Anweisung, Jenes schauend zu erfassen, als der Vernunft schon gegenwärtig (7, 49–50), die »ganz in ihr Inneres einkehren« und nicht nur alle Erkenntnisinhalte draußen lassen, sondern auch »sich selbst ignorieren« muss (51–52). Die Menschen aber fliehen Jenes, ja sie fliehen auch sich selbst (53). Das Zentrum der Seele muss mit Jenem, dem Zentrum alles Seienden, zur Deckung kommen, vergleichbar den Mittelpunkten konzentrischer Kreise.

Aus diesem Vergleich stammt der Begriff der »Konzentration« auf etwas, der in die Alltagssprachen eingegangen ist.

Dass die Vernunft auch sich selbst vergessen muss, heißt, dass sie die Unterscheidung zwischen Subjekt und Objekt aufzugeben hat, da sie zum Einen, dem Ursprung alles Seienden, der Objekte und des Subjekts, gelangt und den Quell des Lebens und ihrer selbst, der Vernunft, berühren will (8, 57 und 9, 60).

Erfordert ist daher für die Begegnung mit dem göttlichen Einen auch ein sittlicher Fortschritt, der den erkenntnismäßigen begleiten muss,[4] wobei sich der Wille von den sinnlichen Gütern weg zum intelligiblen Guten, den Tugenden und der Kontemplation des göttlichen Guten hinwendet (Kap. 8). Unterstützt wird dies durch religiöse Erfahrung, bis hin zur mystischen Ekstase.

In der Tat, wenn jede Erkenntnis sich auf eine Erfahrung stützen muss, so entspricht der metaphysischen Erkenntnis von der ersten, transzendenten Ursache aller Dinge keine Erfahrung der sichtbaren Weltdinge mehr, sondern nur die religiöse Erfahrung vom unsichtbaren Gott.

Nachdem die metaphysische Erkenntnis in rationaler Argumentation zu ihrem Abschluss, zum ersten, transzendenten Prinzip, gelangt ist, wird sie nun durch die religiöse Erfahrung von Gott in der mystischen Ekstase, der Vereinigung der Seele mit Gott, bestätigt und ergänzt. Zu dieser gibt Plotin abschließend eine Anweisung (9, 66 ff.).

»Das Geschaute aber, wenn man denn das Schauende und das Geschaute zwei nennen darf und nicht vielmehr beides Eines, sieht der Schauende in jenem Augenblick nicht – die Rede ist freilich kühn –, unterscheidet es nicht, stellt es nicht als zweierlei vor, sondern er ist gleichsam ein anderer geworden, nicht mehr er selbst, und nicht sein eigen, ist einbezogen in die obere Welt und Jenem Wesen zugehörig, und so ist er Eines, indem er gleichsam Mittelpunkt mit Mittelpunkt berührt« (9, 70–71).

Plotin beschreibt die Ekstase nicht nur als religiöser Mann aus eigener Erfahrung, sondern analysiert und erklärt sie auch als scharfsinniger Philosoph. Während die Ekstase so erfahren wird, dass der Schauende ganz mit dem geschauten Göttlichen in eins zusammenfällt und in ihm aufgeht, ergibt die Analyse, dass in der Ekstase zwar die Unterscheidung zwischen Subjekt und Objekt verlischt, und beide in einer Einheit aufgehen, dass aber, ontologisch betrachtet, der Schauende und das Geschaute zwei verschiedene Substanzen bleiben, die sich vereinigen.

Enn. II 9: Gegen die Gnostiker

In dieser Schrift setzt sich Plotin mit den gnostischen Ansichten auseinander, die in mehrfacher Hinsicht Plotins Lehre entgegengesetzt

---

[4] Die Forderung, dass der Fortschritt in der Erkenntnis und in der sittlichen Gutheit zusammengehen müssen, hat Platon wiederholt gestellt und im einleitenden Teil des *Phaidon* ausführlich dargelegt.

sind, wonach von der ersten Hypostase, dem ersten transzendenten Prinzip, dem Einen, der Weg hinab zur Vielheit der Dinge über die Zwischenstufen der zweiten und dritten Hypostase erfolgt. Für Plotin ist die sichtbare Welt eine gute Auswirkung der kosmischen Seele als der Kraft, aus der die Einzelseelen in den belebten Naturdingen und im Menschen, sowie die Formen der unbelebten Körper hervorgegangen sind. Daher ist die sichtbare Welt in sich selbst gut und spiegelt etwas von den göttlichen Ursachen wider.

Im Gegensatz hierzu verachten die Gnostiker die sichtbare Welt als schlecht und lassen sie entstanden sein durch einen Fehler der Kosmos-Seele. Diese gebar einen sog. Demiurg, der sich dann aber von seiner Mutter abwandte und auf die unterste Stufe der Realität, d. h. der Materie, fiel. Alles, was er hervorgebracht hat, erfolgt nicht nach einem göttlichen Vorbild, auch nicht aus der guten Natur der Kosmos-Seele, sondern nach seiner eigenen Planung und eigenen »Weisheit«, die Plotin scharf kritisiert.

Enn. III 7: Über Ewigkeit und Zeit

Plotin stützt diese Abhandlung auf einige Aussagen von Platons *Timaios* (37a ff), welche die Ewigkeit dem intelligiblen, unveränderlich mit sich identischen Seienden der Kosmos-Vernunft zuschreiben (der die Ideen, die Wesenheiten der Dinge angehören) und die Zeit dem veränderlichen, immer werdenden Seienden (der Sinnesdinge, einschließlich der Menschen). Er kennzeichnet (wie Platon) die Zeit als Abbild der Ewigkeit und versucht sie noch genauer zu bestimmen, mit Hilfe von Aristoteles' Lehre, ohne ihn zu nennen.

Platon lehrte, dass der Gott, indem er die sichtbare Welt formte, die kosmische Seele in die Materie einführte, so dass diese mit ewigem Leben begabt wurde und mit der ewigen Kreisbewegung des Himmels, die ein Abbild der Ewigkeit ist. Plotin erörtert die Frage der Ewigkeit weiter und gelangt zu der Definition, dass sie »das vollkommene Leben ist, das auf dem Sein der (intelligiblen) Seiendheit beruht«. Er identifiziert dieses mit der göttlichen Vernunft, welche die Ideen, d. h. die Wesenheiten aller Dinge erkennt. Ewigkeit ist also ihr vollkommenes Leben, »um das Eine kreisend«. In Plotins Definition der Ewigkeit klingt die von Aristoteles (*Über den Himmel* I, 9, 279a 24–26) gegebene Definition an, wonach die Ewigkeit »der Zweck *(télos)* ist, der die Lebenszeit von jedem umfasst, außerhalb dessen nichts von Natur ist.« Die Zweckursache des ganzen Universums »umfasst die ganze Zeit und die Ewigkeit«. Die Definitionen spielen an die Etymologie des griechischen Wortes αἰών an, das die Griechen aus ἀεὶ ὤν »immer seiend« herleiteten. Es meint die gesamte Lebenszeit von jedem und wird nun auf das Leben des Gottes bezogen.

Hinsichtlich der Frage, was Zeit ist, antwortet Plotin mit der aristotelischen Definition, dass sie »das Maß der Bewegung« ist (man vergleiche auch Platon, *Timaios* 37d), und schreibt sie der sichtbaren Welt des Werdens bzw. der Bewegung zu. Im Gegensatz hierzu gehört die Ewigkeit dem intelligiblen Seienden an, dessen Sein Leben ist. Hiernach ist die Ewigkeit dessen vollkommenes Leben im Ganzen.

b) Anmerkungen zu Plotins Metaphysik, Naturphilosophie und Erkenntnistheorie

Zentral in Plotins Philosophie ist ohne Zweifel seine Metaphysik, zusammen mit der Naturphilosophie, die sich auf Platons *Timaios* gründet. Diese Schrift erklärt die Entstehung des Kosmos durch den göttlichen Demiurgen. Da Platon den Kosmos als vollendetes Lebewesen versteht, begreift er die Idee des Guten als Quelle allen Lebens. Als Vermittlung zwischen ihr und dem Kosmos setzt er eine kosmische Vernunft und eine kosmische Seele an, analog den Verhältnissen im Menschen, dem Mikrokosmos, in welchem die Vernunft durch Vermittlung der Seele mit dem Leib verbunden ist.

Plotin übernimmt die Ordnung der gesamten Realität aus dem *Timaios* und entwickelt sie weiter, indem er die Idee des Guten bzw. das Eine, die Kosmos-Vernunft und -Seele als erste, zweite und dritte göttliche »Hypostase« (latein. *substantia*) betrachtet. Das Eine, als »jenseits der Seiendheit« (ἐπέκεινα τῆς οὐσίας, *Staat* VI), bedeutet, dass es nicht nur den Sinnesdingen transzendent ist, sondern auch den übrigen Ideen, welche Plotin nun in der Kosmos-Vernunft als zweiter Hypostase ansetzt.

Damit greift Plotin ein Lehrstück der Mittleren Platoniker auf, die den Gegensatz zwischen der platonischen Ideenlehre, wonach die Wesenheiten der Sinnesdinge abgetrennt über ihnen stehen, und der aristotelischen Kritik, welche die Wesenheiten in den Dingen sahen, so zu vermitteln suchten, dass sie einerseits mit Aristoteles die Wesenheiten in den Dingen anerkannten, die mit ihnen vergänglich sind, und andererseits mit Platon deren ewige Urbilder, Ideen, in der Vernunft Gottes ansetzten.

Das Eine bestimmt Plotin wie Platon im *Parmenides* (1. Hypothese) negativ, ihm alle Prädikate des Seienden, ja das Seiende selbst absprechend.

Dass es »jenseits der Seiendheit« ist, meint bei Platon und Plotin nicht, dass es Nichts ist, sondern die erste Ursache / Prinzip von allem Seienden, als über ihm stehend. Daher ist seine Wesenheit das Sein selbst. Proklos wird vom Infinitiv »Sein« ὑπάρχειν, die substantivierte Form ὕπαρξις einführen, »das Sein«, und Thomas von Aquin wird es als *ipsum esse* wiedergeben, um die Wesenheit der göttlichen Erstursache zu bezeichnen.

Plotins Interpretation von Platons *Timaios* identifiziert den Demiurg mit der Kosmos-Vernunft, was nicht annehmbar ist, da bei Platon letztere vom Demiurgen hervorgebracht wird. Ferner zeichnet Platon den Demiurg mit den höchsten Prädikaten aus – er ist »der Beste«, »der Vater von allem« u. ä. –, so dass er offensichtlich mit dem Guten selbst identisch ist. Nur wenn man das Bild vom Handwerker zu wörtlich nimmt (nicht mehr als Analogie, die Gemeinsames in Verschiedenem anzeigen will), dann erscheint der Demiurg als verschieden von seinem Vorbild, dem Guten. Indes, aus Platons Äußerungen selbst lässt sich klar die Identität von beidem entnehmen, besonders an der Stelle, wo er fragt, warum der Demiurg diesen Kosmos geformt hat, und die Antwort gibt: weil dieser gut war und keinen Neid kannte, von seiner Gutheit anderem mitzuteilen. Also schaute er auf sich selbst als exemplarisches Urbild, um das Abbild, den sichtbaren Kosmos zu formen.

In Plotins Metaphysik ist die schon platonische Lehre vom Erkenntnisfortschritt der menschlichen Seele einbezogen, der bei der Vielheit der empirischen Dinge beginnt, um stufenweise zu den höheren Gegenständen aufzusteigen, den Prinzipien, bis zum Einen. Doch legt Plotin auch einen gegenläufigen Abstieg dar, der ihn wieder zu einer tiefgründigen Spekulation über den Hervorgang aller Dinge aus dem Einen führt, nämlich durch die vermittelnden Seinsstufen der kosmischen Vernunft und -Seele. Sie sind für die Entstehung der irdischen Dinge verantwortlich, zu den einzelnen Seelen in Pflanzen, Tieren und Menschen hin.

Beim Aufstieg benutzt er Platons Theorie der Wiedererinnerung der Seele, in der eine vage Kenntnis über die Ideen / die Wesenheiten der Dinge, aus ihrer einstigen Schau im Jenseits, verblieben ist, um sie im Lernprozess in dieser Welt voll wiederzugewinnen, von der Sinnes- zur Vernunfterkenntnis fortschreitend.

Die höchste Erkenntnisstufe hinsichtlich des Einen ist von einer mystischen Erfahrung vom göttlichen Einen begleitet. Sie mündet in eine Ekstase, die Plotin aus eigener Erfahrung beschreibt und erklärt. In Berührung mit dem Einen kommt die Seele in einen höheren, göttlichen Zustand von Einheit, da sie alle Unterscheidungen verliert, auch die zwischen Objekt und Subjekt, ganz dem Geschauten hingegeben. Doch die nachfolgende Beschreibung unterscheidet sehr wohl zwischen dem geschauten göttlichen Einen und der Seele: Ihre Vereinigung ist die zwischen dem Geliebten und dem Liebhaber.

c) Anthropologie und Psychologie

Enn. I 1: Was das Lebewesen sei und was der Mensch

Die Schrift bezieht sich auf ein Lehrstück in Aristoteles, *Über die Seele* I, 4, dass die Affekte wie z. B. Freude, Betrübnis, Mut, Furcht usw. zwar Bewegungen in der Seele sind, aber ihr Subjekt nicht die Seele, sondern der Mensch ist, der sich mit der Seele freut, betrübt, mutig ist, sich fürchtet usw. Die Bewegungen kommen teils vom Leib, teils von der Seele selbst.

Im Anschluss an diese Überlegungen geht Plotin weiter der Frage nach, wie die Seele Subjekt nicht nur der Affekte, sondern aller seelischen Tätigkeiten sei. Zur Lösung nimmt er Aristoteles' Unterscheidung zwischen der Seele und ihrer Wesenheit auf. Diese liegt in zwei Prinzipien der Seele, einem, mit dem sie wesentlich in sich selbst verharrt, und einem, mit dem sie sich nach außen wendet zu anderen Dingen. Das erstere ist das vernünftige Prinzip, das letztere das sinnliche, das jenem untergeordnet und in Verbindung mit dem Leib tätig ist. Da nun der Mensch aus Leib und Seele besteht, ist er Subjekt der Affekte durch den sinnenhaften, mit dem Leib verbundenen Seelenteil.

Im Text kann das Pronomen »wir« für die Vernunft allein, aber auch für den ganzen Menschen stehen. Aufgrund der zwei Prinzipien in der Seele, der Vernunft und der Sinnesvermögen, kann »wir« eine zweifache Bedeutung haben: entweder die Vernunft einschließlich der Sinnlichkeit oder ausschließlich ihrer. Daher sind auch in der Alltagssprache zwei Ausdrücke aufgekommen: der eine spricht vom »Lebewesen« in uns, der andere vom »inneren Menschen«.

Enn. IV 8: Der Abstieg der Seele in den Leib

Die Menschenseele erfährt in ihrem Leben zwei sehr verschiedene Zustände. Einmal weiß sie sich selbst als Substanz, die ihren Stand in sich selbst hat, wenn sie konzentriert in rein intellektuellen Tätigkeiten auf das Göttliche ausgerichtet ist, bewusst, in ihm gegründet zu sein. Ein andermal wiederum erfährt sie im Gegenteil sich selbst als Seiendes in Bewegung, auf das Körperliche ausgerichtet, in den Sinnen tätig. So erhebt sich die Frage, wie dieser Zustand der Seele im Leib zu erklären ist. Hat sie im Leib einen Zweck oder nicht? Die Vorsokratiker, wie Heraklit, Empedokles und die Pythagoreer, gaben keine näheren Erklärungen über das Verhältnis zwischen Seele und Leib. Platon äußerte sich darüber etwas mehr, aber in teilweise gegensätzlichen Aussagen. Einmal sagt er *(Phaidon, Phaidros)*, dass der Leib ein Kerker oder Grab der Seele sei, ein andermal *(Timaios)* preist er den sichtbaren Kosmos als vollkommenes Lebewesen, weil mit Seele und Vernunft begabt. Die kosmische Seele vermittelt zwischen der Vernunft (mit den Ideen) und dem Sinnlich-Körperlichen. Analog hat hier auch das Verhältnis zwischen Leib und Seele im Menschen eine positive Bedeutung.

Dem zweiten Gesichtspunkt nachgehend, erörtert Plotin, wie im Menschen die Verbindung zwischen Seele und Leib erklärt werden kann oder, mit anderen Worten, zu welchem Zweck sich die Seele im Leibe befindet und welche Aufgabe sie in ihm zu erfüllen hat. Die Erörterungen führen zu folgenden Ergebnissen: Erstens ist die Seele zwar wesentlich eine in sich ruhende Substanz, aber dazu bestimmt, den Leib zu beherrschen. Nur wenn die Seele in den leiblichen Bereich sich zerstreut und »fällt«, dann wird der Leib ihr Grab oder ihr Kerker, der sie behindert, ihre eigenen, seelisch-vernünftigen Tätigkeiten zu entfalten. Zweitens erwächst der Seele eine zweifache Aufgabe: einerseits für den Leib zu sorgen, aber andererseits sich selbst in ihrem eigenen Sein und in ihren Tätigkeiten zu erhalten, welche zur Betrachtung des Göttlichen hin führen.

Anmerkungen zur Anthropologie und Psychologie:

Die menschliche Seele erweist sich nicht nur als vegetative und als Sinnesseele, mit der sie den Leib aufbaut und ihn als Werkzeug *(organ-*

on) benutzt, sondern besitzt auch das Vernunft-Vermögen. Durch dieses vermag sie über den Leib und die äußere Natur zu herrschen und einen Erkenntnisfortschritt zu erlangen, welcher über die Sinneswelt hinausgeht hin zur Kosmos-Seele, ferner zu den Ideen in der Kosmos-Vernunft und schließlich zur Idee der Ideen, dem Guten / dem Einen selbst, dem ersten Gott.

Wenn also die menschliche Seele eine komplexe Einheit ist, die aus einem niederen, sinnlichen und einem höheren, vernünftigen Prinzip besteht, dann ergibt sich eine zweifache Aufgabe für den Menschen; denn durch das erstgenannte Seelenprinzip ist er dem leiblichen Bereich zugewandt, mit dem zweiten Prinzip hingegen dem intellektuellen, göttlichen Bereich. Aufgrund seiner komplexen Wesensordnung obliegt es dem Menschen, einerseits Sorge zu tragen für den Leib und sich seiner in rechter Weise zu bedienen, andererseits aber den Geist in seinen spezifisch eigenen Tätigkeiten zu entfalten, die ihn zum göttlichen Bereich hinaufführen. Die zweifache Aufgabe entspricht einer gewissen Dynamik der Seele, um sich vom unteren zum höheren Bereich zu bewegen. Dabei muss der Mensch die Wesensordnung in ihm, mit dem Vorrang der Vernunft über dem Trieb, in einem sittlich guten Leben verwirklichen, so dass beide in Harmonie, nicht in Konflikt kommen.

d) Ethik

Enn. I 2: Über Tugenden

Nach Platon besteht die sittliche Aufgabe des Menschen darin, das Böse zu meiden und dem Guten nachzustreben, bis zur »Verähnlichung mit Gott«, was durch Tugenden zu verwirklichen ist. Wenn jedoch dies voraussetzt, dass Gott Tugenden besitzt (denen wir ähnlich werden müssten), so erhebt sich ein Problem. Da Gott nicht denselben Lebensbedingungen unterworfen ist wie wir, welche durch die Tugenden zu bewältigen sind, kann Gott nicht Tugenden haben wie wir. So braucht er z. B. nicht die Tugend der Tapferkeit zu haben, da er ja nicht Gefahren ausgesetzt ist wie wir. Wie müssen wir dann die Verähnlichung mit Gott durch Tugenden verstehen, wenn Gott nicht selbst Tugenden besitzt?

Die Antwort erfolgt mit Hilfe der Unterscheidung zwischen Ursache und Wirkung, oder zwischen dem Vorbild und seiner Nachahmung, die auf das Verhältnis zwischen Gott und dem Menschen anzuwenden ist. In der Tat ist dieses Verhältnis kein zweiseitiges, sondern ein einseitiges.[5] Daher muss Gott nicht dieselben Eigenschaften haben wie der Mensch, sondern nur analog Vergleichbares bei aller wesentlichen Verschiedenheit zwischen ihm und dem Menschen.

Der Begriff der »bürgerlichen Tugenden« findet sich bei Platon und Aristoteles, doch hat letzterer in besonderer Weise die Tugenden der Klugheit und Weisheit als »intellektuelle Tugenden« ausgearbeitet, während bei Platon die Klugheit alle Bürgertugenden umfasste. Plotin verbindet beide Konzeptionen.

Enn. I 5: Ob Glücklichsein in der Zeit zunimmt

Bei der Erörterung dieser Frage stützt sich Plotin auf unsere innere Erfahrung, dass das Glücklichsein dem Jetzt der Gegenwart angehört, nicht der Vergangenheit, durch die Erinnerung, noch der Zukunft durch eine Erwartung. Daher ist die Antwort negativ; denn eine Zunahme des Glücks würde in der Zeit erfolgen, während das Jetzt aus dem Zeitfluss heraustritt. Dieselbe Feststellung trifft schon Aristoteles, *Nikomachische Ethik* X, 3–4, bei der Diskussion der Frage, ob Lust eine Bewegung sei, die er verneint; denn die Bewegung folgt dem Zeitverlauf, wogegen die Lust im Jetzt bewusst ist, als eine unteilbare Einheit.

Plotin hebt hervor, dass Glückseligkeit sich in der Gegenwart verdichtet, im stehenden Jetzt. Sie hängt nicht von Handlungen ab, die gleichsam Bewegungen in der Zeit sind, sondern liegt in einer intellektuellen Tätigkeit, einem aktuellen Seins- / Lebensvollzug.

Glückseligkeit kann zwar mehr oder weniger intensiv sein zu verschiedenen Augenblicken, ist jedoch immer ein in sich vollendeter Lebensakt, ohne Bewegungen des Zu- oder Abnehmens.

---

[5] Vgl. zu dieser wichtigen Unterscheidung auch das oben (S. 247 ff.) zu Aristoteles, *Metaphysik* V, 15 Bemerkte.

Enn. I 6: Über das Schöne

Kap. 1: Angesichts des vielfältigen Schönen auf verschiedenen Gebieten: des Sichtbaren und Hörbaren, aber auch der Beschäftigungen, Handlungen, der seelischen Zustände, der Wissenschaften und schließlich der Tugenden, stellen sich Fragen, was die Schönheit ist, ob sie in allen Bereichen dieselbe oder eine je verschiedene ist, und was die Ursache der Schönheit in all den genannten Dingen ist.

Um mit der Schönheit im Körperlichen zu beginnen: Was macht ihr Wesen aus? Die Antwort, dass sie im harmonischen Verhältnis der Teile in Bezug auf das ganze Ding, wie den Leib, liege, wird als ungenügend zurückgewiesen.

Kap. 2: Erneut die Frage nach dem Wesen der leiblichen Schönheit aufnehmend, geht sie Plotin nun von der Seele aus an, die selber zur oberen Welt der Wesenheiten der Dinge gehört. Wenn sie daher vom sichtbaren Schönen bewegt wird, so deshalb, weil sie etwas Verwandtem begegnet, das auf den Bereich der Wesenheiten verweist und sie zugleich auch an ihre eigene Wesenheit erinnert.

Es stellt sich dann aber die weitere Frage, wie es eine Ähnlichkeit zwischen dem sichtbaren Schönen hier und dem intelligiblen Schönen dort geben soll. Die Antwort erfolgt durch die platonische »Teilhabe« der sinnlichen an der Ideenwelt. Jede Idee stiftet in dem, was in der Sinneswelt aus materiellen Teilen besteht, eine Einheit und Form, die auch eine Schönheit hervorruft, wie dies in Kunstwerken zu beobachten ist.

Kap. 3: Die Seele erkennt das Schöne an den Sinnesdingen, indem sie auf die Ideen hinblickt und von ihnen das Maß der Beurteilung gewinnt. Dies wird an Beispielen mit Tönen und Farben erläutert, die aus der Formung der »dunklen«, d.h. formlosen Materie hervorgehen.

Kap. 4: Doch darf die Seele nicht beim Schönen im sinnlich Körperlichen stehen bleiben, sondern muss stufenweise aufsteigen zu dem Schönen in den seelischen Tätigkeiten, bis zu den Wissenschaften, und weiter in den Tugenden. Um die Schönheit in den Tugenden zu schauen, muss man das entsprechende Vermögen betätigen und lernen, sich an ihr zu erfreuen, weit mehr als an der sinnlichen Schönheit. Das heißt, die Seele muss an den Vernunfttätigkeiten ihren affektiven Teil beteiligen und bilden, um mit Liebe, Erstaunen und Betroffensein auf das vernunftmäßige Schöne zu antworten.

Kap. 5: Wenn man dann nach der Schönheit in der Seele verlangt und nach dem Zusammensein mit sich selbst (ἑαυτοῖς συνεῖναι), sowie nach der Schönheit in allem Intelligiblen, so ist die Ursache hiervon, dass das Verlangen »das wahrhaft Seiende« (τὰ ὄντως ὄντα) antrifft (Platons *Symposion*).

Dieser Text ist in mehrfacher Hinsicht bedeutsam: Plotin unterstreicht (mit Platon und Aristoteles), dass an der praktischen Erkenntnis, welche auf das Gute, das Objekt des Willens, geht, die Affekte teilnehmen. Da sie den Willen beeinflussen, bedürfen sie der Formung in Tugenden. Zum Erkenntnisfortschritt muss der sittliche hinzukommen. Philosophie soll ja Liebe zur Weisheit sein. Das »wahrhaft Seiende« – dies sind die Ursachen, wie die Seele, die Lebensursache für den organischen Leib – hat in seiner ursächlichen Kraft etwas Liebenswertes, Schönes. Aber um dies mit der Vernunft zu sehen und mit den Affekten zu verkosten, muss der Mensch bei sich einkehren, »mit sich zusammensein«, in die Gegenwart von Seele und Vernunft. Dies ist geradezu die Voraussetzung für alles Philosophieren. Ohne diese bleiben nur leere Gedanken, an denen das Subjekt gar nicht beteiligt ist, sondern seinem Gegenstand äußerlich bleibt.

Die Schönheit der Seele liegt in der Herrschaft der Vernunft über die triebhafte Sinnlichkeit. In der hässlichen Seele herrscht die letztere: Die Unbeherrschtheit verdunkelt den Blick auf das Gute, Schöne, nimmt der Seele die Ruhe, macht sie hin- und hergerissen, entfremdet sie sich selbst, wird gleichsam tot. Die Seele muss sich also von den Begierden reinigen, um ihrer eigenen, lebendigen Schönheit ansichtig zu werden.

Der Text enthält hier und im Folgenden Einsichten aus Platon und Aristoteles, die sich Plotin angeeignet hat: dass die Seele der Reinigung von ungeordneter Begierde bedarf, um gleichsam vom Tod zum Leben überzugehen (Platon, *Phaidon*), dass das Laster den Blick auf das Gute verstört und verdunkelt (Aristoteles, *Nikomachische Ethik* VI).

Kap. 6: Alle Tugenden bedeuten eine Reinigung der Seele, einen Übergang vom (seelischen) Tod der Laster zum lebendigen, tugendhaften Zustand. Dann wird sie auch den leiblichen Tod, ihre Trennung vom Leib, nicht fürchten, sondern lieben, alleine mit sich selber zu sein.

Durch die Reinigung wird die Seele schön, »vernunftförmig und dem Göttlichen zugehörig«, dem »Quell des Schönen, von wo alles ihm

Verwandte schön wird«. Die Seele muss sich also auf ihrem Stufenweg zur Vernunft erheben.[6]

Kap. 7: Der Stufenweg endet beim göttlichen Guten selbst, auf das der Wille gerichtet ist, das nun die Seele auch als das Schöne mit dem Affekt der Liebe erstrebt, weil Ursache ihrer Schönheit. Sie genießt das göttliche Gute als Schönes in seliger Schau.

Kap. 8: Anweisung zum Weg in diese Schau. Es ist »der Weg ins Innere, wer es vermag«, Abwendung vom sinnlich Begehrten hin zum intelligiblen, von Vernunft und Willen Erstrebten. Unterscheidung zwischen der Schönheit im sichtbaren Bereich und der im intelligiblen oder göttlichen Bereich. Die sichtbaren Dinge sind »schön durch etwas anderes«, nämlich durch intelligible oder göttliche Ursachen, die »schön an sich selbst« sind. Letztere sind die platonischen Ideen, bzw. die Tugenden und schließlich das göttliche Gute selbst.

In den Erörterungen über das Schöne folgt Plotin weitgehend Platons Lehre im *Symposion*. Er unterscheidet zwischen dem Schönen auf verschiedenen Ebenen, angefangen beim Schönen in den Körpern und fortschreitend zum Schönen in allen Dingen, ferner in der Seele und ihren Betätigungen, bis zu den vernünftigen, Kunstwerken, Unterredungen, Tugenden usw., was schließlich zum Schönen in dem göttlichen Einen führt, das nur noch in negativer Weise beschrieben werden kann, da es allen beschreibbaren Formen enthoben ist. Dabei betont Plotin, dass die niederen Stufen nicht übergangen werden dürfen, wenn man zu den höheren fortschreiten will. In der Betrachtung dieser Ordnung ist die Schönheit im sinnlichen Bereich auf die im übersinnlichen Bereich so bezogen wie das Licht auf die Lichtquelle, die Sonne, wie das Abbild auf das Urbild, wie das Verursachte auf die Zweckursache, das Gute.

e) Abschließende Bemerkungen zu Plotins Philosophie

Aus Platons Metaphysik und Naturphilosophie hat Plotin hauptsächlich die Lehren von den Ideen *(Phaidon, Staat)*, mit der Idee des Guten *(Staat)* bzw. des Einen *(Parmenides)*, ferner vom Demiurg und der kosmischen Vernunft und Seele *(Timaios)* übernommen und zu einem

[6] Der Stufenweg ist der in Platons *Symposion* von der Priesterin Diotima aufgewiesene. Dort wie hier in Plotins Text kommt die religiöse Dimension hinzu.

neuen (»neuplatonischen«) Lehrsystem von den drei Hypostasen weiterentwickelt: Er identifiziert den Demiurg mit der kosmischen Vernunft und legt die Ideen in diese hinein. Dabei schließt er an Antiochos von Askalon der Alten Akademie an, sowie an die Mittelplatoniker Albinos und Attikos. Plotin hat aber auch Aristoteles' Lehre vom sich selbst erkennenden Gott aufgenommen, ferner die der Stoiker vom göttlichen Prinzip als Allnatur, die identisch mit den seelischen Kräften in allem Belebten ist. Daher stellt sich Plotins Lehre von den drei Hypostasen als Synthese aus platonischen, aristotelischen und stoischen Lehren dar, mit einem Vorrang der platonischen.

1. Wenn auch diese Synthese für uns heute nur noch philosophiegeschichtlichen Wert hat, enthält sie doch auch systematische Einsichten von bleibender Wahrheit. Das Lehrstück von den Ideen in der Vernunft Gottes ist in die Schriften der Kirchenväter und Theologen des Mittelalters eingegangen, wobei immer unterschieden wird zwischen der Vielheit der Wesenheiten der Dinge als Wirkungen der göttlichen Ursache, in der sie als Ideen in absoluter Einheit virtuell vorweggenommen sind. Die Vielheit der Ideen besteht also nur in Bezug auf ihre Wirkungen in der Schöpfung.

Wie schon oben zu V, 1, 51–53, erwähnt, legt Plotin Aristoteles' Lehre von der göttlichen Vernunft, die sich selbst erkennt, fälschlich als Bewegung und Zweiheit aus.

2. Plotins Schriften, besonders *Enn.* VI, 9, über das Gute oder Eine, haben in der Plotinforschung von Anfang an zu kontroversen Interpretationen hinsichtlich des Verhältnisses von Philosophie und Religion geführt, die É. Bréhier dargelegt hat:[7] Die eine sieht in Plotins Schriften eine reine Philosophie, auf der Grundlage seiner Metaphysik, die durch diskursive Argumentation zu einer ersten, transzendenten Ursache alles Seienden gelangt, zur ersten Hypostase, dem göttlichen Einen. Wo immer die Argumentation religiöse Äußerungen enthält, drücken sie zwar Plotins religiöse Überzeugung aus, sind aber ohne Bezug zu seiner Philosophie. Eine andere Interpretation dagegen behauptet, dass Plotin, in erster Linie, ein glühender Mystiker ist, dessen religiöse Erfahrungen für sein Philosophieren grundlegend sind. In *Enn.* VI, 9, bestimmt seine religiöse Überzeugung seine Metaphysik vom göttlichen Guten bzw. Einen. Bréhier versucht die Extreme beider

[7] Émile Bréhier, *La philosophie de Plotin*, Paris 1928.

Interpretationsrichtungen zu vermeiden, ohne eine klare Lösung anzubieten.

Die hier erwähnte Kontroverse rührt m. E. von einer zu strikten Trennung von philosophischer Erkenntnis und Religion her, wie sie seit Kant vorherrschend ist. Doch könnte man gerade von den Klassikern Platon, Aristoteles und Plotin lernen, beide in ihrer Zuordnung zu sehen, ungeachtet ihrer Verschiedenheit, was ich im Folgenden kurz darlegen möchte.

Einerseits können wir nicht leugnen, dass Plotin aufgrund seiner Studien an den Schulrichtungen seiner Zeit in Alexandria eine reichhaltige philosophische Argumentation ausbreitet, die in sich selbst schlüssig und verstehbar ist, auch abgesehen von religiösen Äußerungen. Die letzteren machen keinen Teil als Prämissen der Argumente selbst aus. Andererseits sind religiöse Aussagen, einschließlich der Beschreibung der mystischen Ekstase, mehr als nur ein akzidentelles Beiwerk, sondern bekräftigen und bestätigen die Ergebnisse metaphysischer Schlüsse.

Dies lässt sich auch erkenntnistheoretisch rechtfertigen; denn auf jedem Gebiet ruhen die Erkenntnisse, auch die wissenschaftlichen, auf Erfahrungen der konkreten, einzelnen Gegebenheiten auf, aus denen die Vernunft durch Erforschung ihres Wesens allgemeine Erkenntnisse gewinnt. Dasselbe gilt auch für die Metaphysik, welche eine philosophische Disziplin von wissenschaftlicher Form ist. Sie geht von den Erfahrungsdingen dieser Welt, einschließlich der Menschen, aus – genau genommen von ihrem Sein, Etwas-, Eines-, Wahr- und Gut-Sein – und gelangt durch Argumentationen und Beweisschlüsse zur ersten transzendenten Seinsursache alles Seienden. Für die letztere stellt sich als eigentümliche Erfahrung die der religiösen Mystik ein. Dadurch kommen also Philosophie und Religion in ein komplementäres Verhältnis. An sich setzt die religiöse Erfahrung auf weit höherer Ebene, nämlich bei Gott, als die Metaphysik an, welche als Ausgangsgegenstand die Weltdinge als Seiendes hat und erst am Ende, durch Beweisgänge, jene erste Ursache erreicht, die Gott ist. Beide schließen aber einander nicht aus, stehen auch nicht in Konkurrenz gegeneinander, sondern ergänzen sich.

Was Plotins Interpretation der mystischen Vereinigung betrifft, gibt es wiederum eine Kontroverse, ob die Seele substantiell mit Gott eins wird oder nicht, die dann auch zur Frage wird, ob Plotins System monistisch ist oder nicht. Die einen verstehen die einschlägigen Texte wie Eduard Zeller so, dass die Seele, wie er sagt, »im Ozean der göttlichen Substanz« aufgeht. Entsprechend waren Vernunft und Seele aus dem Einen »ausgeflossen«. Dieser Emanatismus beruft sich auf das Bild vom Brunnen, von dem das Wasser abfließt. Dagegen sprechen jedoch die Textstellen selbst. Die Seele erlebt zwar die Vereinigung als Einswerdung mit Gott, weil sie in der Ekstase die Unterscheidung zwischen Subjekt und Objekt verliert. Ontologisch bleiben jedoch die Seele und Gott zwei Substanzen, die sich vereinigen wie »der Liebende und der Geliebte«.

3. Breiten Raum nehmen Plotins reiche Erfahrungen von der Dynamik der menschlichen Seele ein, aufgrund ihrer zwei Prinzipien, Sinnlichkeit und Vernunft, die ineinander greifen und auf harmonisches Zusammenwirken angelegt sind. Die Texte zeigen die Seele in zwei verschiedenen Bewegungen: eine sinnenhafte, abwärts zum Körperlichen hin und eine vernünftige, aufwärts zum Intelligiblen, Göttlichen hin.

Damit verbindet sich eine Kontroverse zweier Interpretationsrichtungen: Nach der einen hat die psychische Dynamik Plotins Metaphysik bestimmt, so dass sie nicht als ein statisches System der Realität anzusehen ist. Nach der anderen Richtung jedoch besteht Plotins Metaphysik gerade in ihrer statischen Ordnung der drei Hypostasen. Sie bestimmt die Ordnung im sichtbaren Kosmos und die Wesensordnung im Menschen, einschließlich der Seelenvermögen, so dass auch deren Dynamik in die statische Ordnung eingebunden ist.

Indes, mir scheinen beide Interpretationen ihr Recht zu haben. Die Frage, wie der dynamische und der statische Aspekt sich zueinander verhalten, lässt sich auf folgende Weise beantworten: Auf der einen Seite lehrt schon Platon, dass die Seele in einer Bewegung oder Entwicklung ist, mit einem »Aufstieg« vom sinnlichen Bereich zum intelligiblen, der einen festen Ausgangs- und Zielpunkt voraussetzt, nämlich die Seele in ihrer komplexen Sinnes- und Vernunftnatur, und das göttliche Eine, Gute. Näher gesehen, ist der Aufstieg ein zweifacher und sollte sich stufenweise entwickeln von den sinnlichen zu den vernünftigen Tätigkeiten hin, kognitiv und moralisch. Plotin ergänzt die platonische Lehre durch einen entsprechenden »Abstieg« der Seele von ihrem himmlischen Ursprung zu den irdischen Lebensverhältnissen. Auch der absteigende Weg hat die zwei Aspekte, den kognitiven und den moralischen, mit der Aufgabe für die Seele, den Leib in rechter Weise zu gebrauchen.

Ferner betrachtet Plotin, mit Aristoteles, die Bewegungen oder Aktivitäten, welche die Seele in aufsteigender und absteigender Richtung vollzieht, als »zweite Akte«, im Unterschied zum »ersten Akt«, mit dem die Seele substantiell existiert. Ferner bestimmt Plotin, Aristoteles folgend, die Bewegungen als Übergang von Potenz zu Akt. Dies setzt in der Seele zwei Prinzipien voraus, das sinnliche und das vernünftige. Beide sind jedoch nicht selbst wieder in Bewegung, sondern substantiell Seiendes; denn sie machen die Wesenheit der Seele aus. Daraus wird deutlich, in welchem Verhältnis Plotin den dynamischen und den statischen Aspekt der Seele sieht. Eine dynamistische Auffassung der Seele, ohne statische Wesenheit,[8] ergibt sich also nur, wenn nicht berücksichtigt wird, dass die Dynamik in der Entwicklung der Seele ihre Vermögen in »zweiten Akten« betrifft, nicht den ersten substantiellen Seins- bzw. Existenzakt der Seele.

Aus dynamistischer Sicht ergibt sich auch folgendes Problem: Einerseits strebe die Seele dynamisch aufwärts zum Bereich der Ideen in der göttlichen Vernunft und über sie hinaus zum Einen / dem Guten. Andererseits stoße sie dort nur auf eine »kalte Wahrheit« bloß theoretischer Formen, an welchen der warme Schwung der Seele »paralysiert« wird. Indes beachtet m. E. diese Sicht nicht die traditionelle Bedeutung der »Theorie«, die im Unterschied zur modernen für die Kontemplation steht, als höchsten Lebensakt. In ihm findet die Dynamik ihre Erfüllung in einem Stehen und ruhenden Betrachten des göttlichen Mysteriums, in Richtung auf die religiösen Wahrheiten. Daher wird die Dynamik der Seele nicht paralysiert, sondern geht in die Kontemplation als vollendete Tätigkeit der Seele ein, zu der sich die Dynamik als noch unvollendete Bewegung verhält.

4. Aber dies gelingt nur bei tugendhafter Verfassung der Seele. Plotins Ethik betrifft daher vor allem die Ausbildung von Tugenden, was auch eine erzieherische Aufgabe ist. Es macht den besonderen Wert der Ethik, d. h. der praktischen Philosophie, bei Plotin wie schon bei Platon und Aristoteles aus, dass sie vom Hörer bzw. Leser die volle Teilnahme erfordert, der also sich selber mit seiner seelischen Erfahrung einbringen soll, um die Einsichten prüfen und ihnen zustimmen

[8] Vgl. hierzu Guiseppe Faggin im Vorwort der von ihm mitherausgegebenen Werkausgabe: *Plotino – Enneadi,* a cura di Guiseppe Faggin, Giovanni Reale e Roberto Radice, Milano ^{3}1992, XIX ff., aus dem ich auch das Problem entnehme, das ich im Folgenden erwähne.

zu können. Hierzu muss er bei sich selber einkehren, in seine Seele, was auch für den modernen Interpreten gilt. Erfordert ist die Teilnahme am Erkenntnisfortschritt. Sonst bleiben nur leere Gedanken. Platons Ideenlehre wird zu einem bloßen Idealismus, fern von der Realität des menschlichen Lebens.

Abschließend sei auf einen Sammelband zu Plotin verwiesen[9], der philosophiehistorisch und philologisch ein reiches Studienmaterial anbietet, mit dem erfolgreichen Versuch, Plotins Philosophie von einem modernen Vorurteil verstiegener Spekulation zu befreien. Doch konnte er in meine Abhandlung von mehr systematischer Art nicht ausgiebiger ausgewertet werden.

Interessant war für mich das allgemeine Thema von Dominic J. O'Meara in seinem Beitrag »Hierarchical ordering of reality in Plotinus«[10]. Charles Darwins Wahlspruch vor Augen: »Never use the words higher and lower!«, möchte er vermeiden, von Hierarchie zu sprechen (die dem empiristischen Zeitgeist zu anstößig wäre), und ersetzt sie durch die Begriffe »früher« und »später«. Dabei gewinnt nun die logische Ordnung eine wichtige Bedeutung. Da aber der Autor hinsichtlich der beiden Begriffe auch auf die aristotelische Einteilung in ihre verschiedenen Bedeutungen zurückgreift, und hier die entscheidende Bedeutung den Vorrang der Ursache vor dem Verursachten betrifft, führt dieser doch wieder zur metaphysisch vertikalen, »hierarchischen« Ordnung, wonach die erste Seinsursache (Gott) über allem Seienden steht, weil sie keine der ihnen immanenten Ursachen mehr sein kann. Ferner, wenn bei Plotin die Vernunft ihren Ursprung aus einer ersten Ursache »vor« oder »über« ihr erfasst (religiös gesprochen aus Gott-Vater), so setzt dies voraus, dass die Vernunft sich ihrer selbst als Substanz bewusst, sich substantiell gegenwärtig ist, was ihr freilich der moderne Empirismus verwehrt.

Wichtig ist auch das von Kevin Corrigan behandelte Thema in seinem Beitrag: »Essence and existence in the Enneads«[11], doch geht seine Untersuchung von Unterscheidungen zu Wesenheit und Existenz aus, die sich in Mittelalter und Neuzeit ausgebildet haben und bis in unsere

9 Lloyd P. Gerson (Ed.), *The Cambridge Companion to Plotinus*, Cambridge 1996.

10 Dominic J. O'Meara, »Hierarchical ordering of reality in Plotinus«, in: Lloyd P. Gerson (Ed.), *The Cambridge Companion to Plotinus*, 66–81.

11 Kevin Corrigan, »Essence and existence in the Enneads«, in: Lloyd P. Gerson (Ed.), *The Cambridge Companion to Plotinus*, 105–129.

Zeit problemreich diskutiert werden, um ihre Anfänge bei antiken Denkern, besonders bei Plotin, zurückzuverfolgen. Corrigan stellt bei ihm vier für das Thema relevante Begriffe fest: 1. das Sein der Dinge, 2. das Seiende, für das Dinge, Seele, Vernunft und Platons oberste Ideen-Gattungen stehen können, 3. die Wesenheit der Dinge und 4. *hypóstasis* oder *hýparxis* als fundamentale Realität oder Existenz. Für den Autor sind der 3. und 4. Begriff die Vorläufer der später so viel diskutierten Unterscheidung in Wesenheit und Existenz, die er als eine solche zwischen verschiedenem Seienden versteht.

Bei dieser Betrachtung, so scheint mir, gerät jene ursprüngliche Unterscheidung zwischen Existenz und Wesenheit außer Sicht, die in der 1. und 3. Bedeutung liegt: die zwischen dem schlichten Sein der Dinge und ihrer Wesenheit, also zwischen zwei Aspekten der Dinge / des Seienden, nicht zwischen zwei Seienden.

Bereits Aristoteles unterscheidet, *Zweite Analytiken* II, 7, zwischen den zwei Aspekten, d. h. zwischen der zu definierenden Wesenheit des Gegenstandes und seinem Sein / Dasein, das für die Definition schon vorausgesetzt wird und daher nicht in sie eingeht. Die zwei Fragen des Ob und des Was richten sich auf dasselbe Ding.

Das Sein der Dinge als schlichtes Dasein übergeht die moderne Interpretation bei Plotin zugunsten jener *hýparxis,* dem Sein der ersten göttlichen Hypostase, deren Wesenheit mit ihrem substantiellen, in sich ruhenden Sein zusammenfällt, das von keiner anderen Ursache mehr abhängt.[12]

Eine vom Autor als Präexistenz angegebene Hyparxis, die »das reine Seiende für sich«, noch vor dem Ding- oder Substanz-Sein und ihrer Akzidenzien, bezeichne, lässt sich bei Plotin nicht finden. (Sie müsste der ersten Hypostase, dem Einen, zukommen.)

Der Beitrag von Sara Rappe: »Self-knowledge and subjectivity in the Enneads«[13], versucht, den cartesianischen Ansatz kritischer Selbstreflexion schon für Plotin nachzuweisen, bei dem er sich im Problem der Selbsterkenntnis der Vernunft äußert. Auf die scharfsinnige, ausführliche Untersuchung der Autorin kann ich hier nicht näher eingehen, sondern nur das Problem, wie sie es in Plotin sieht, kurz wiedergeben: Hiernach kann die Vernunft sich selbst nicht zum Objekt

[12] Diese Einsicht ist bei Thomas von Aquin in die Lehre eingegangen, dass Gottes Wesenheit identischerweise sein substantielles Sein selbst ist, *ipsum esse subsistens.*

[13] Sara Ragge, »Self-knowledge and subjectivity in the Enneads«, in: Lloyd P. Gerson (Ed.), *The Cambridge Companion to Plotinus,* 250–274.

rationaler Selbsterkenntnis machen, da für jede Erkenntnis zwischen der Vernunft und dem Objekt eine Identität entstehen muss, die aber von der Vernunft nicht erreicht wird. Es bleibt immer eine Kluft *(gap, gulf)* zwischen ihr und dem äußeren Objekt. Die Vorstellung *(representation)* vom Objekt kann eine solche Identität nur intendieren, ihrer aber nie gewiss sein: ein dem cartesianischen Zweifel ähnlicher Ansatz. Daher kann die Vernunft auch keine objektive Selbsterkenntnis von sich haben, in der sie sich als Objekt vorstellt, das sich als dem Subjekt gegenüberstünde, mit demselben Problem der Identifizierung. Es bleibt der Vernunft nur die Identität mit sich in der Subjektivität, d. h. in der cartesianischen Isolation.

»The intellect, as the subject or seat of all such representations, cannot fathom itself as an object of thought or of perception: self-awareness does not constitute self-knowledge *eo ipso*. If self-knowledge is to be valid, it must be able to circumvent the intentional structure in which objects are normally represented to consciousness« (252–253).

Diese Aussagen scheinen mir nur teilweise annehmbar. Sie sind insofern richtig, als das schlichte Selbstgewahren oder Selbstbewusstsein der Vernunft noch keine Selbsterkenntnis ist (denn für eine solche ist es schon Voraussetzung). Aber bei Plotin steht die Vernunft mit ihrem schlicht intuitiven Akt in Kontakt mit dem Sein alles Seienden, sowohl mit dem der Außenobjekte, als auch mit ihrem eigenen Sein, mit dem sie sich im Selbstbewusstsein selber substantiell gegeben ist. Ganz anders bei Descartes, für den das Sein der Außendinge nur ein Sinnesdatum ist, und das Bewusstsein als Reflexion des Ich-denke nur auf die eigene Existenz gehen kann.

9) Proklos

Im Anschluss an Plotin muss auch Proklos (410–485 n. Chr.) erwähnt werden, der große Vertreter der athenischen Schule der neuplatonischen Richtung, der seine Ausbildung in Alexandria empfangen hat. Von seinen Schriften berücksichtige ich hier nur die *Theologischen Elemente,* wegen ihrer bewundernswert systematischen Darstellung der Metaphysik bzw. Natürlichen Theologie, die ihm aus den verschiedenen Schulrichtungen, nicht nur der akademischen und mittelplatonischen, sondern auch aus der aristotelisch-peripatetischen und stoischen, überliefert waren, um sie zu einer synthetischen Einheit zusammenzufügen. Die von den Früheren erörterten Probleme mit ihren Lösungen gibt Proklos in den sog. *Propositionen* wieder.[1]

Theologische Elemente

Prop. 1–6: Das Viele und das Eine

Das Vorgehen und den Aufbau der tradierten Metaphysik hat Proklos klar erfasst, wenn er den Ausgangspunkt von den vielen Dingen nimmt und zu den Ursachen ihres Seins und ihrer Einheit fortschreitet, wie die erste Gruppe der *Propositionen* zeigt. Sie gibt bereits (in Anlehnung an Plotin, VI, 9) einen Vorblick auf das erste Prinzip der Einheit von allem, ohne welches es auch keine Vielheit gäbe, die vielen einheitlichen Einzeldinge.

[1] Ich übernehme die Einteilung der *Propositionen* in die Gruppen A-N aus der Ausgabe von: E. R. Dodds, *Proclus – The Elements of Theology,* Oxford 1963.

Prop. 7–13: Über Ursachen

Die nächste Gruppe geht zu den Ursachen über und gibt einige fundamentale Bestimmungen zu ihnen. Die erste besagt, *Prop.* 7, dass »jede hervorbringende Ursache stärker ist als die Natur des Hervorgebrachten«. Aus der Erklärung hierzu wird deutlich, dass es nicht um die Erzeugung des Artgleichen geht, sondern um die Hervorbringung der vielfältigen Arten und Gattungen alles Seienden, auf den verschiedenen Seinsstufen. Dann ist klar, dass ein hervorgebrachtes Seiendes die Wirkung der ursächlich hervorbringenden Kraft eines Seienden höherer Stufe ist und selber auf niederer Stufe auftritt.

Prop. 8: Die erste Ursache von allem ist zugleich das Gute, ausgezeichnet an Vollkommenheit vor allem, was seiend und gut ist. Die Begründung: »Wenn alles Seiende nach dem Guten strebt, dann ist offenbar das in erstem Grade Gute jenseits des Seienden«.[2]

Die *Prop.* 11, dass alles Seiende aus einer ersten Ursache hervorgeht, ergibt sich aus Argumenten, die induktiv auf dem aufsteigenden Wege *(ánhodos)* gewonnen werden. Dieser geht vom vielen Seienden aus, das von einer ersten Ursache abhängen muss; denn unendlich viele Zwischenursachen würden Vollkommenheit, Ordnung und Erkennbarkeit des vielen Seienden aufheben.

Die Argumente der These, dass alles Seiende auf eine erste Ursache zurückgeht, stützen sich auf den zugrundeliegenden Kausalsatz, dass alles Seiende überhaupt von einer Ursache abhängt, der evident ist und nicht mehr bewiesen werden kann.

Prop. 12–13 bestimmen die erste Ursache als das Gute und das Eine; denn das Gute einigt das Vielfältige.

Prop. 14–24: Über die Stufen der Realität

Diese Gruppe teilt alles Seiende ein nach den Kriterien des Bewegten und Unbewegten, d.h. des Verursachten und der Ursachen, sowie des Materiellen und des Immateriellen. Nach dem ersten Kriterium ergibt sich die Dreiteilung:

---

[2] Diese Aussage bezieht sich sowohl auf Platon, *Staat*, VI, 19, als auch auf Aristoteles, *Nikomachische Ethik* I, 1, und *Metaphysik* XII, 10.

BEWEGTES ——	BEWEGT-BEWEGENDES ——	UNBEWEGTES
durch externe Ursachen	durch interne Ursachen	als Ursache für alles andere

Dodds kommentiert richtig, dass es nicht um eine bloß logische Klassifizierung geht, sondern um eine reale Einteilung, die sich an Platons *Phaidros* und *Gesetze* X, wie auch an Aristoteles' *Physik* VIII anschließt.[3] Nach dieser wäre das Bewegt-Bewegende das Lebewesen und das unbewegte erste Bewegende die Seele. Er bemerkt aber, dass wir bei Proklos (s. auch *Prop.* 20 ff.) im Bewegt-Bewegenden eher die Seele, und im unbewegt Bewegenden die Vernunft sehen müssen. Dem möchte ich teilweise zustimmen und auf Aristoteles, *Über die Seele* III, 9–10, sowie auch *Metaphysik* XII 6–7 verweisen (s. o.), wo sich die Triade in dieser Richtung verschiebt, dass das Bewegte für das Lebewesen steht, das bewegt Bewegende für die vernunftbegabte Seele, und das unbewegt Bewegende für das Objekt der Vernunft (als intelligibles Seiendes). Dabei geht es nun bei Proklos, wie bei Plotin, vor allem um die zweite Hypostase, die göttliche Vernunft, die ihr Objekt teils in sich hat, als die intelligiblen Wesenheiten, teils über sich, als das Erste Prinzip, das Eine.

Die *Prop.* 15 gewinnt die wichtige Einsicht, dass das Sich-selbst-Bewegende, d. h. die Vernunft, mit einer Rückwendung auf sich selbst, einem Selbstbezug des Bei-sich-Seins begabt ist, die es vor allem Materiellen auszeichnet, so dass es immateriell sein muss; denn das Materielle besteht aus Teilen, die nicht auf sich als ein Ganzes rückbezogen sind.

Dadurch hat, wie *Prop.* 16 ausführt, das auf sich selbst Rückbezogene auch eine in sich stehende Existenz, abtrennbar von allem Körper.

Diese Bestimmungen, wie die folgenden, gelten nicht nur für die göttliche Vernunft, sondern auch für die menschliche, und werden nach Analogie mit dieser von der göttlichen ausgesagt.

Für die Übersetzung »Existenz« steht im Griechischen einfach das Verbum »Sein« *(eînai*, latein. *esse)*, das sowohl das Existieren, als auch das Sosein bedeuten kann, je nach dem Kontext, und damit auch den Erkenntnisfortschritt vom Existieren eines Dinges zu seinem Sosein / Wesen offen lässt, während der moderne Rationalismus (Essentialis-

---

[3] E. R. Dodds, *Proclus*, 200,

mus) die Existenz aus der Essenz ableitet und der Existentialismus beide in unüberbrückbaren Gegensatz bringt.

Prop. 18–19: Da das Bewegte unter dem Sich-selbst-Bewegenden als das Verursachte unter der Ursache steht, ist das Merkmal, das es vom Sich-selbst-Bewegenden empfängt, in diesem ursprünglicher und primär. Dieses identische Merkmal findet sich dann in der gesamten Gattung oder Art des von ihm Abhängenden.

Prop. 20: Nach den genannten Kriterien des Bewegten – Unbewegten bzw. des Materiellen – Immateriellen ergibt sich eine Stufenordnung des Realen: vom Körperlichen zur Seele, von deren Substanz es abhängt, ferner von der Seele zur ihr vorgeordneten Vernunft-Substanz, und von der Vernunft zu dem jenseits von ihr anzusetzenden Einen.

Die Dreiteilung geht auf Platons *Timaios* zurück, wo der göttliche Demiurg bei der Formung des sichtbaren Kosmos eine kosmische Vernunft und eine Seele einführt, die zwischen der Idee des Guten und der Materie vermitteln. Da die Vernunft nicht direkt mit der Materie in Berührung kommen kann, sondern nur durch die Seele, tritt diese vermittelnd zwischen die Vernunft und die Materie. Die tiefe Einsicht in diese Verhältnisse zwischen Vernunft, Seele und Köper, die sich auf die menschliche Selbsterfahrung stützen kann, behält ihre Bedeutung, wenn wir einmal absehen von der platonischen und neuplatonischen Übertragung dieser menschlichen Verhältnisse auf eine Kosmos-Seele und -Vernunft.

Des ungeachtet ist es aber statthaft, von Zweitursachen, wie die menschliche vernunftbegabte Seele eine ist, auf die erste, transzendente Ursache per Analogie rückzuschließen; denn die analoge Beziehung ist ja keine bloß logische, sondern an sich eine ontologische zwischen Verursachtem und Ursächlichem.

Die *Prop.* 21 spricht – angesichts der Abstufung des Realen vom Verursachten zu den Ursachen, und niederen Ursachen zu den höheren – von einer Ordnung *(táxis)*, die von der Einheit zur Vielheit führt, bzw. von der Vielheit zur Einheit.

Prop. 22: Wenn es in den verschiedenen Bereichen des Realen mehrere Ordnungen gibt, so hat jede ein erstes Prinzip als nur eines.

Diese Wahrheit leuchtet m. E. ein, wenn man in der Stufenordnung des Realen die Analogie beachtet; denn der Analogie zwischen verschiedenen Gliedern ist es eigentümlich, immer auf Eines hin ausgerichtet zu sein, das ein ursächliches Prinzip ist.

Die *Prop.* 23–24 betrachten das Verhältnis zwischen Verursachtem und Ursache als zwischen Teilhabendem und dem, woran es teilhat.

Prop. 25–39: Hervorgang des Seienden aus dem Einen und Rückgang zu ihm

Diese Gruppe von *Propositionen* legt dar, dass die dem Einen untergeordneten Ursachen, da sie mehr oder weniger nahe zu ihm stehen, mehr oder weniger vollkommen sind, und dementsprechend ihr Hervorbringen mehr oder weniger vollkommen ist, mit dem alle Ursachen das Eine nachahmen, indem sie mit mehr oder weniger Kraft etwas hervorbringen.

Prop. 25–28: Das erste Eine bringt, in unbewegter Weise, alles andere zur Existenz. Ebenso auch die zweiten ihm nahe stehenden Ursachen, während die entfernten etwas hervorbringen, indem sie sich verändern. Ferner bringen die dem Einen nahe stehenden zweiten Ursachen etwas ihnen Ähnliches hervor, dagegen die entfernten etwas ihnen Unähnliches.

Prop. 29: »Jeder Hervorgang *(próhodos)* erfolgt nach Ähnlichkeit des zweiten vom ersten (Seienden).«

Prop. 30: »Jedes von etwas (= einer Ursache) unmittelbar Hervorgebrachte bleibt sowohl in dem Hervorbringenden, als auch geht es aus ihm heraus.«

Beide *Propositionen* betonen, dass zwischen Verursachtem und Ursache – so in dem Verhältnis zwischen der Seele und der Vernunft, sowie zwischen der Vernunft und dem Einen – etwas »Gemeinsames« *(koinón)*, »Ähnliches« *(hómoion)*, »Identisches« *(tautón)* besteht, ohne dass der Text angibt, was dieses sei. Daher dann die Schwierigkeit, wie das Verursachte in der Ursache bleibe, die Dodds, *Proclus*, 217, erörtert. Beachten wir aber die Seinsanalogie, die hinter den Texten steht, dann ist klar, dass das Gemeinsame zwischen Verursachtem und Ursache im analog identischen Sein zu finden ist, das in dem verursachten Sein und in dem ursächlichen Sein liegt.

Zur Analogie sei kurz in Erinnerung gebracht, dass sie zwischen dem Univoken und dem Äquivoken steht, wobei die unter das Univoke fallenden Glieder wesensmäßig identisch sind, dagegen die unter das Äquivoke fallenden nur den Namen gemeinsam haben, bei völliger Verschiedenheit der Glieder. Worin besteht dann das Gemeinsame in analogen Gliedern? Die Antwort aus der aristotelisch-thomistischen Tradition lautet: in der ursächlichen Beziehung der analogen Glieder; denn das Verursachte, wiewohl zum eigenen substantiellen Sein gelangt, bleibt in Seinsabhängigkeit von der Ursache.

Prop. 31: Da das Verursachte in seinem Sein unvollkommener ist als das vollkommene Sein der Ursache, strebt es zu diesem in einer Rückwendung zu ihr. Sie äußert sich in dem Streben nach dem Guten in der Ursache, das allem aus ihr Hervorgegangenen innewohnt.

Prop. 34: Das Streben ist gemäß seiner Natur *(katà phýsin)*, seinem substantiellem Wesen *(kat' ousían)*.

Prop. 35: »Alles Verursachte bleibt sowohl in seiner Ursache, als auch geht es aus ihr hervor und kehrt zu ihr zurück«.

Das Bleiben des Verursachten / der Wirkung in der Ursache, sein Hervorgehen aus ihr und sein Zurückkehren zu ihr, sind als drei Momente der Verursachung anzusehen, die »zeitlos« ist, wie Dodds richtig kommentiert: »If the procession is to be timeless …«.[4]

Identisches	VERURSACHUNG Hervorgang	analog Identisches zur Ursache
URSACHE	⟶ ⟵	WIRKUNG
Identisches	Rückgang	analog Verschiedenes zur Ursache

Es leuchtet ein, dass die Wirkung mit der Ursache ontologisch verbunden bleibt, und dass sie einerseits aus der Ursache hervorgehend etwas Verwandtes mit ihr ausweist, etwas analog Identisches, andererseits aber zu eigenem substantiellen Sein gelangt, d. h. etwas von der Ursache Verschiedenes ist, das weniger vollkommen ist als die vollkommene Ursache und dadurch sich auf diese als seine Zweckursache / das Gute rückbezieht.

Proklos' ins Einzelne gehende Ausführungen sind hier nicht mehr zu besprechen, noch auch die Quellen bei Platon, Aristoteles, Stoikern und Mittelplatonikern, die bei Dodds sehr gut dargelegt werden. Dabei ist immer zu berücksichtigen, dass die hohe metaphysische Spekulation bei Proklos sich auf menschliche Selbsterfahrung der Seele und der

---

[4] E. R. Dodds, *Proclus*, 217.

Vernunft stützt. Soweit sie auch von religiöser Erfahrung mit Gott getragen ist, findet diese durch die Metaphysik ihre Bestätigung.

Prop. 40–51: Über das für sich Bestehende

Der Text in *Prop.* 40–41 unterstreicht, dass das Verursachte zu eigenem substantiellen und d.h. selbständigem Sein kommt, wenn auch einem weniger vollkommenen als dem der Ursache. Der Text bezieht sich auf die Seelen, die in ihrem selbständigen Sein ewig sind.

Von besonderem Interesse ist *Prop.* 42, welche die Rückkehr von Substanzen nicht zu ihrer höheren Ursache bedenkt, sondern zu sich selbst, aufgrund ihres substantiellen Vermögens, in sich selbst zu bestehen. Gedacht ist an die Vernunft, die in der Reflexion auf sich selbst zurückkommt.

Bei der Rückwendung der menschlichen Vernunft zu sich selbst ist wohl die erkenntnismäßige Reflexion von ihrem ontologischen Bei-sich-Sein zu unterscheiden, während sie bei der göttlichen Vernunft in eins zusammenfallen.

Abschließende Bemerkung zu Proklos:

Proklos' Theologie hat sowohl in ihrem religiös-mystischen, als auch in ihrem metaphysischen Gehalt eine starke Auswirkung auf die abendländische Tradition ausgeübt, besonders auch durch den *Liber de causis*, den Thomas von Aquin kommentiert hat. Nicht wenige Einsichten sind von Bedeutung bis heute. Ich möchte nur folgende erwähnen. Dass das höchste Prinzip, das göttliche Eine »jenseits« des Seienden / der Wesenheiten liegt, bedeutet, dass es nicht mehr Objekt unserer Erkenntnis ist, aber auch nicht gänzlich unserer Erkenntnis entzogen; denn es ist doch jener erste Bezugspunkt in der Analogie unserer Erkenntnisse auf den untergeordneten Realitätsstufen.

Das höchste Prinzip ist zwar erste Ursache alles Seienden, das von ihm abhängt und auf es bezogen ist, steht aber selbst über dieser ursächlichen Beziehung. Es ist, nach Proklos' vortrefflichem Ausdruck, »beziehungslos zu allem« (ἄσχετον πρὸς πάντα).[5] Das heißt, es ist mehr als nur das Ursache-Sein für alles. Gott hat die Welt nicht mit

[5] Proklos, *Platonische Theologie* III, 8, 133. Ich verwende die Ausgabe: *Proclus, Théologie platonicienne,* in der Reihe: Les belles Lettres, 4 Bde., ed. H. D. Saffrey – L. G. Westerink, Paris 1968.

Wesensnotwendigkeit geschaffen. Er bliebe derselbe, wenn er sie nicht geschaffen hätte. In der Schöpfung drückt sich nicht Gottes Wesenheit aus, wenn auch der Schöpfungsakt derselbe ist wie der Wesensakt Gottes.

Die Beziehungslosigkeit Gottes zur Welt hebt nicht die Beziehung der Welt zu Gott auf, vielmehr erweist sich hier, dass die Beziehung zwischen Gott und Welt keine zweiseitige ist – bei welcher das eine Glied durch das andere bestimmt wird, und dieses durch jenes –, sondern eine einseitige, bei welcher die Welt von Gott bestimmt wird, nämlich als seine Schöpfung, nicht umgekehrt Gott von der Welt bestimmt wird, als würde die Schöpfung seine Wesensbestimmung sein.

Nachwort

Wie im Vorwort angekündigt, hat sich unsere Untersuchung zur Antiken Philosophie auf die systematische Betrachtung ihrer Hauptvertreter verlegt, um bei ihnen die wichtigsten Probleme und Lösungen zu verfolgen. Sie betreffen die Ursachen zur Erklärung der empirischen Gegebenheiten der Natur und des Menschen, auf theoretischem und auf praktischem Gebiet, sowie die erste transzendente Ursache, die mit Gott gleichgesetzt wird.

Die Probleme und Lösungen entwickeln sich über die Zeiträume der Antike hin nicht geradlinig mit der historischen Abfolge der Denker, sondern zeigen Vor- und Rückschritte, Ablehnung und Wiederaufnahme, Kritik und Gegenkritik. Aufs Ganze gesehen, haben sich aber doch bleibende wertvolle Einsichten ergeben, die am Ende der Besprechung jedes Denkers zusammengefasst worden sind und hier nicht im Einzelnen wiederholt werden müssen.

Als eine besonders wichtige Einsicht lässt sich die in gewisse Form- bzw. Bewegungs- und Zweckursachen festhalten, die über den materiellen Ursachen in der belebten Natur und besonders beim Menschen auftreten. Dabei geht in die objektive Betrachtung die subjektive Selbsterfahrung der Philosophierenden mit ein, von Heraklit und Parmenides angefangen bis zu Plotin und Proklos.

Die Einsichten in die Seinsverhältnisse der Dinge als Seienden werden begleitet von einer reichen Erschließung der Erkenntnisverhältnisse des Menschen. Darüber hinaus entfalten sich erstaunlich tiefe Erörterungen über die Seele und über die transzendente erste Ursache, Gott. Sie haben wiederum entscheidend die Überlegungen über das sittlich gute Handeln und Leben des Menschen gefördert.

Wir verfolgen die Anfänge der sich allmählich ausbildenden Disziplinen der Ontologie bzw. Metaphysik (und Natürlichen Theologie), der Gnoseologie (Epistemologie), der Psychologie (Anthropologie), der Ethik und Politik, die sich in systematischen Fragen und Antworten ausbilden, mit neuen Fragen und neuen Antworten im Gefolge.

Die zwei im Vorwort genannten Kriterien zur Beurteilung des

Fortschrittes der philosophischen Erkenntnis, quer durch die historischen Epochen hindurch, waren, nach der objektiven Seite hin, eine zunehmende Einsicht in die Ursachen des Realen und, nach der subjektiven Seite hin, eine immer intensivere Erfüllung der philosophierenden Vernunft. In beiderlei Hinsicht darf man von einem echten Fortschritt in der Antiken Philosophie sprechen, was sich auch darin bestätigt, dass er zu weiteren Fortschritten in Mittelalter und Neuzeit angeregt hat.